Speth
Hug
Kaier
Hahn
Hartmann
Härter
Waltermann

Volks- und Betriebswirtschaftslehre mit Rechnungswesen

für Wirtschaftsschulen

Band 2

Speth
Hug
Kaier
Hahn
Hartmann
Härter
Waltermann

Volks- und Betriebswirtschaftslehre mit Rechnungswesen

für Wirtschaftsschulen

Band 2

Merkur
Verlag Rinteln

Wirtschaftswissenschaftliche Bücherei für Schule und Praxis
Begründet von Handelsschul-Direktor Dipl.-Hdl. Friedrich Hutkap †

Verfasser:

Dr. Hermann Speth, Dipl.-Handelslehrer

Hartmut Hug, Dipl.-Handelslehrer

Alfons Kaier, Dipl.-Handelslehrer

Hans-Jürgen Hahn, Dipl.-Handelslehrer

Gernot B. Hartmann, Dipl.-Handelslehrer

Friedrich Härter, Dipl.-Volkswirt

Aloys Waltermann, Dipl.-Kaufmann Dipl.-Handelslehrer

1. Auflage 2005

Gesamtherstellung:
MERKUR VERLAG RINTELN Hutkap GmbH & Co. KG, 31735 Rinteln

E-Mail: info@merkur-verlag.de
Internet: www.merkur-verlag.de

ISBN 3-8120-**0529-8**

Vorwort

Für das Fach „Volks- und Betriebswirtschaftslehre mit Rechnungswesen" gilt in Baden-Württemberg für die Berufsfachschule (Wirtschaftsschule) ein neuer Lehrplan. Das vorliegende Schulbuch deckt den Lehrplan für das zweite Schuljahr ab. Das Konzept, Jahrbücher anzubieten, erscheint uns sinnvoll, weil sich damit der geforderte themen- und fächerverbindende Unterricht besonders gut realisieren lässt.

Für Ihre Arbeit mit dem vorgelegten Lehrbuch möchten wir auf Folgendes hinweisen:

- Die Lerninhalte werden zu klar abgegrenzten Einheiten zusammengefasst, die sich in die Bereiche Stoffinformationen, Zusammenfassungen und Übungsmaßnahmen aufgliedern. Viele Merksätze, Beispiele und Schaubilder veranschaulichen die praxisbezogenen Lerninhalte.
- Fachwörter, Fachbegriffe und Fremdwörter werden grundsätzlich im Text oder in Fußnoten erklärt.
- Als integrierte Unternehmenssoftware wird die Software **Microsoft Business Solution – Navision**® verwendet.
- Durch die übersichtliche Aufbereitung des Fachwissens wird der Lehrer in die Lage versetzt, seine Projektarbeit auf einer gesicherten Wissensgrundlage aufzubauen.

  Projektkompetenz verlangt Eigenständigkeit, Aktivität und Kreativität vom Schüler. Aus diesem Grund werden fertige Projekte, die vom Schüler nur noch nachvollzogen werden müssen, von den Autoren bewusst nicht angeboten. Eine solche Vorgehensweise würde keine Projektkompetenz schaffen und daher den Intentionen des Lehrplans widersprechen.

Wir wünschen Ihnen einen guten Lehr- und Lernerfolg!

Die Verfasser

Inhaltsverzeichnis

11 Geschäftsprozess Einkauf (Beschaffungsprozess)

12 Existenzgründung

14 Abwicklung betrieblicher Geschäftsprozesse mit Einsatz einer integrierten Unternehmenssoftware

11 Geschäftsprozess Einkauf (Beschaffungsprozess)

11.1 Aufgaben, Gegenstände und Ziele der Beschaffung

(1) Problemstellung

Eine alte kaufmännische Redensart lautet: „Das Geld wird im Einkauf verdient!“ Mit anderen Worten bedeutet dies, dass es Bemühungen im Rahmen des Einkaufs sind, die am wirkungsvollsten zu einer Verbesserung der Gewinnsituation führen. In Amerika bezeichnet man den Einkauf daher auch als einen „Profit-making-Job“ – ein „Job“, mit dem man Geld verdienen kann.

Beispiel:

	Vorher (in EUR)	Nachher (in EUR)
Umsatzerlös – Bezugspreis – Handlungskosten = Gewinn	110,00 50,00 50,00 10,00	110,00 48,00 50,00 12,00
Gewinnzuschlag in %	$= \frac{10,00 \cdot 100}{100,00} = 10\,\%$	$= \frac{12,00 \cdot 100}{98,00} = 12,245\,\%$

Erläuterungen:

Die Minderung des Bezugspreises um 2,00 EUR entspricht einer Preissenkung von 4%. Eine solche Preissenkung führt zu einer Erhöhung des Gewinnzuschlagssatzes von 10% auf 12,245%, was einer Gewinnsteigerung von 22,45% entspricht. Diese hohe Gewinnsteigerung entsteht, weil sich der Gewinnzuschlag an den Selbstkosten (Bezugspreis + Handlungskosten) misst und diese sich nunmehr verringert haben (98,00 EUR statt 100,00 EUR).

(2) Aufgaben der Beschaffung

Die Beschaffung hat in erster Linie die Aufgabe, folgende Fragen zu klären:

- Welche Güter (Art, Qualität) sollen gekauft werden?
- Welche Menge wird benötigt?
- Wann werden diese Güter benötigt?

Sind diese Fragen geklärt, dann muss die Beschaffung durchgeführt werden. Außerdem ist es Aufgabe der Beschaffung, die bezogenen Güter sachgerecht zu lagern und sie dann zeitgerecht zum Angebotsort zu befördern. Damit dient die Beschaffung zugleich der Sicherung der Lieferbereitschaft im eigenen Betrieb.

(3) Gegenstände der Beschaffung

Zu den Gegenständen der Beschaffung gehören in einem Handelsbetrieb in erster Linie die Waren, die auf der Absatzseite angeboten werden. Zusätzlich werden auch Anlagegüter und Dienstleistungen bezogen, wie z.B. Ladentheke, Kassenterminal, Beratung, Instandhaltungen, Software. Soweit die im Rahmen der Beschaffung oder in der Verwaltung benötigten Güter nicht oder nicht vollständig verkauft werden (z.B. Verpackungsmaterial, Ladenhüter), entstehen Abfallstoffe, die besondere wirtschaftliche Probleme (z.B. bei der Entsorgung) aufwerfen können.

(4) Ziele der Beschaffung

Der Beschaffungsbereich bemüht sich im Verbund mit den übrigen Bereichen des Betriebes, die Ziele des Gesamtunternehmens zu verwirklichen. Er konzentriert sich dabei auf jene Ziele, die speziell im Rahmen der Beschaffung beeinflusst werden können, um das Gesamtwohl des Unternehmens zu verbessern. Hierzu gehören folgende Ziele:

- Sicherstellung, dass die benötigten Güter in der **erforderlichen Menge** vorhanden sind,
- Sicherstellung, dass die **günstigsten Einkaufspreise** erzielt werden,
- Sicherstellung, dass die beschafften Güter die **erforderliche Qualität** aufweisen. Dabei hat sich der Betrieb an den Anforderungen der Kunden zu orientieren. Wird die Qualitätserwartung der Kunden unterschritten, dann sind diese enttäuscht, sie wandern ab, die Ware bleibt liegen und muss letztlich zu einem niedrigeren Preis verkauft werden. Eine Qualitätsüberhöhung führt zu höheren Verkaufspreisen, die vom Kunden u.U. nicht akzeptiert werden. Auch hier sucht der Kunde nach passenderen Alternativen. Die Folgen sind vergleichbar.
- Sicherstellung, dass die notwendigen Güter zum **richtigen Zeitpunkt** beschafft werden,
- Sicherstellung, dass in den vorhandenen Vorräten **möglichst wenig Kapital gebunden** ist und gleichzeitig die vom Kunden gewünschte vielfältige Auswahl und die notwendige Lieferbereitschaft gewährleistet ist.
- Sicherstellung, dass die **Kosten der Beschaffungsorganisation** selbst **gering gehalten** werden.

Zwischen den einzelnen Zielen der Beschaffung bestehen i.d.R. **Zielkonflikte.** Von einem Konflikt spricht man, wenn die Verfolgung des einen Zieles zwangsläufig die Erreichung eines anderen Zieles benachteiligt. Da die Ziele also untereinander in einem Wettbewerb stehen, spricht man auch von **konkurrierenden Zielen.**

Beispiele:

- Wird der Lagerbestand sehr niedrig gehalten, um die Kapitalbindung möglichst gering zu halten, kann dies zu Lasten der Lieferbereitschaft gehen.
- Preisgünstige Einkäufe können dem Ziel, eine entsprechende Qualität sicherzustellen, entgegen stehen.

Zielkonflikte können nur durch Kompromisse[1] gelöst werden. Dabei sollte der Kompromiss eine bestmögliche (optimale) Lösung darstellen. Beispiele für solche Kompromisse sind der qualitative Angebotsvergleich (Kapitel 11.4.2.2) und die Ermittlung der optimalen Bestellmenge (Kapitel 11.6.2).

11.2 Einbettung des Einkaufsprozesses in das Gesamtsystem betrieblicher Geschäftsprozesse

(1) Kernprozess Einkauf[2]

Der vereinfachte Kernprozess des Einkaufs umfasst sechs Teilprozesse:

1 Kompromiss (lat.): Übereinkunft auf der Grundlage gegenseitiger Zugeständnisse.

2 Einen Überblick über die Geschäftsprozesse eines Handelsunternehmens finden Sie in Band 1, Kapitel 3.1, S. 26.

Kernprozess: Einkauf	
Teilprozess 1:	Das Unternehmen verschickt an einen oder mehrere Lieferer eine Anfrage, um Angebote einzuholen.
Teilprozess 2:	Die eingetroffenen Angebote werden verglichen und die Entscheidung zu Gunsten eines Lieferanten wird gefällt.
Teilprozess 3:	Die ausgewählte Ware wird bestellt.
Teilprozess 4:	Trifft die Ware ein, wird sie zunächst kontrolliert und gegebenenfalls an das Lager weitergeleitet.
Teilprozess 5:	Die eingegangene Rechnung wird fristgerecht bezahlt.
Teilprozess 6:	Wird die Ware nicht rechtzeitig oder fehlerhaft geliefert, dann müssen Maßnahmen getroffen werden, um die Störung zu beseitigen und die eigenen Ansprüche geltend zu machen.

Der Kernprozess wird dabei dadurch angestoßen, dass im Lager festgestellt wird, dass der Vorrat für ein bestimmtes Gut den Meldebestand erreicht hat (siehe Kapitel 11.7.2.2, S. 64).

(2) Verknüpfung der Prozesskette des Einkaufs mit den dazugehörigen betriebswirtschaftlichen Inhalten

Von der blau hervorgehobenen Prozesskette des Einkaufs lässt sich eine Verbindung zu den betriebswirtschaftlichen Inhalten herstellen. Die nachfolgende Abbildung zeigt diese Verknüpfung auf:

Teilprozesse des Kernprozesses Einkauf	Betriebswirtschaftliche Inhalte
Anfragen an Lieferer (Angebotseinholung)	→ Anfrage
Angebotsvergleich	→ Einkaufskalkulation → Einfaktorenvergleich → Mehrfaktorenvergleich (Entscheidungsbewertungstabelle)
Bestellabwicklung	→ Bestellung → Bestellüberwachung → Terminüberwachung
Wareneingang und dessen Kontrolle	→ Lieferschein → Lagerbestandsführung
Abwicklung der Zahlung	→ Prüfen und Buchen der Eingangsrechnung → Zahlungsausgang
Umgang mit Vertragsstörungen	→ Schlechtleistung (mangelhafte Lieferung) → Nicht-Rechtzeitig-Lieferung (Lieferungsverzug)

11.3 Beschaffungsmarktforschung (Bezugsquellenermittlung)

11.3.1 Überblick

Die Tätigkeiten der Beschaffungsmarktforschung zielen darauf ab, Chancen auf den Beschaffungsmärkten aufzudecken und zu nutzen und Marktrisiken zu vermeiden. Hierzu gehört z. B. das Finden neuer Lieferer, neuer (innovativer) Technologien oder aktueller Ware mit neuen Formen und aus neuen Materialien.

Sollen bisher nicht geführte Waren beschafft werden, muss man sich auf jeden Fall über die möglichen Bezugsquellen (Lieferer) informieren. Aber auch dann, wenn man schon über längere Zeit hinweg bestimmte Lieferer hat, kann es sich lohnen, andere Lieferer ausfindig zu machen, deren Angebote einzuholen und diese Angebote mit denen der bisherigen Lieferer zu vergleichen. Aus Gewohnheit und/oder Bequemlichkeit immer beim gleichen Lieferer einzukaufen, kann teuer werden.

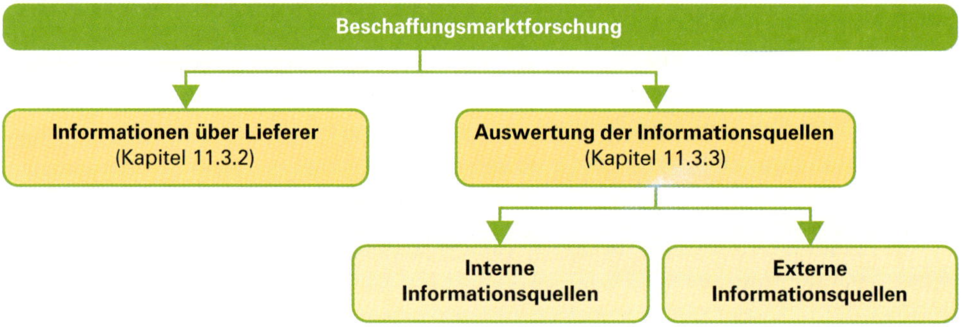

11.3.2 Informationen über Lieferer

Besteht Bedarf nach bereits geführten bzw. neu einzuführenden Waren, muss sich der Einkäufer zunächst darüber klar werden, bei welchen Lieferern (sofern mehrere auf dem Markt sind) er anfragen möchte. Diese *Vorauswahl* trifft der Einkäufer nicht nur danach, welche Lieferer erfahrungsgemäß am **preisgünstigsten** sind. Vielmehr kommt es auch entscheidend darauf an, welche Lieferer bisher die **kürzesten Lieferfristen** und die besten **Qualitäten** anboten. Ein weiteres wichtiges Entscheidungskriterium sind darüber hinaus die Erfahrungen, die mit der **Zuverlässigkeit** der Lieferer gemacht wurden.

Merke:

- Wird die Sammlung und Auswahl der Beschaffungsinformationen und die Liefererauswahl systematisch betrieben, spricht man von **Beschaffungsmarktforschung.**
- Bei der Liefererauswahl können **Checklisten**[1] und **Punktebewertungstabellen** Entscheidungshilfen geben.

1 to check (engl.): prüfen, abhaken.

Checkliste	
1. Alter und Image des Unternehmens	• Seit wann besteht das Unternehmen? • Welchen Ruf genießt das Unternehmen (z. B. Auskünfte der Auskunfteien, Eindrücke unserer Einkäufer)? • Seit wann bestehen Geschäftsbeziehungen mit dem Unternehmen?
2. Konkurrenzverhältnisse	• Wie viel Lieferer haben wir derzeit? • Wie viel zusätzliche Lieferer kommen derzeit in Betracht?
3. Leistungsfähigkeit und -bereitschaft, Aktualität und Kreativität	• Entsprechen die Produktqualitäten – auch hinsichtlich ihrer Umweltfreundlichkeit – unseren Anforderungen? • Sind ausreichende Lieferkapazitäten vorhanden? • Kann der Lieferer auf Abruf liefern? • Entspricht das Personal unseren Anforderungen (Beratung, Lösungsvorschläge bei bestimmten technischen Problemen)? • In welchem Umfang werden Kundendienstleistungen angeboten? • Werden vorhandene Produkte weiterentwickelt? • Werden neue Produkte entwickelt?
4. Pünktlichkeit und Zuverlässigkeit	• Werden vereinbarte Lieferfristen eingehalten? • Werden die zugesagten Qualitäten eingehalten? • Welche Qualitätsgarantien werden übernommen?
5. Preise und Zahlungsziele	• Wie hoch sind die Bezugspreise im Vergleich zu den Bezugspreisen anderer Lieferer? • Wie lange sind die Zahlungsziele? • Können günstigere Konditionen durch Verhandlungen erreicht werden (z. B. Sonderrabatte, Mengenrabatte)? • Werden Sonderangebote unterbreitet?
6. Sonstige Beurteilungskriterien	• Wo befinden sich Gerichtsstand und Erfüllungsort? • Gibt es Haftungsausschlüsse?

Beispiel für eine Checkliste zur Liefererauswahl

Die mit Hilfe der Checkliste geprüften Gesichtspunkte (Kriterien) können bewertet werden. Für die Summe aller Kriterien werden z. B. 100 Bewertungspunkte vergeben. Die Gesamtpunkte werden auf die einzelnen Kriterien verteilt. Wie die Punkte zu verteilen sind, hängt von der Bedeutung ab, die das Unternehmen den Bewertungskriterien beimisst.

Wird z. B. auf Leistungsfähigkeit, Leistungsbereitschaft, Kreativität und Aktualität der größte Wert gelegt, wird diesem Gesichtspunkt auch die höchste Punktzahl zugeteilt. Werden in zweiter Linie die Kriterien Pünktlichkeit und Zuverlässigkeit für wichtig gehalten, erhalten diese die zweithöchste Punktzahl.

Beispiel:[1]

Die aufgrund der Checkliste (S. 15) ermittelten Bewertungspunkte werden in einer Punktebewertungstabelle (Entscheidungsbewertungstabelle) festgehalten. Der Lieferer mit der höchsten Punktzahl wird ausgewählt. In diesem Beispiel ist das der Lieferer Nr. 4715.

Punktebewertungstabelle						
Kriterien	**Höchst-punkt-zahl**	**Lieferer-Nummern**				
		4713	**4714**	**4715**	**4716**	**4717**
1. Alter und Image des Unternehmens	5	2	3	1	1	1
2. Konkurrenzverhältnisse	10	5	4	8	2	2
3. Leistungsfähigkeit und -bereitschaft, Aktualität und Kreativität	30	15	20	30	20	28
4. Pünktlichkeit und Zuverlässigkeit	25	25	25	22	15	15
5. Preise und Zahlungsziele	20	20	10	15	10	12
6. Sonstige Beurteilungskriterien	10	10	5	8	5	5
Summen	**100**	77	67	84	53	63

11.3.3 Informationsquellen

(1) Interne Informationen

Wurden die zu beschaffenden Güter bereits früher schon einmal eingekauft, sind die Bezugsquellen bekannt. Die erforderlichen Informationen können im Betrieb selbst (intern) beschafft werden, sofern die organisatorischen Voraussetzungen vorliegen, z.B. die entsprechenden Tabellen in einer Datenbank angelegt wurden.

Dateien (Tabellen), die bei der internen Informationsbeschaffung benutzt werden:

Dateien mit internen Bezugsquelleninformationen	
Warentabelle	Sie enthält alle Informationen über die Waren, wie z.B. Warennummer, Bezeichnung, Preis, Lagerbestand, Meldebestand
Lierfertabelle	Sie enthält alle Informationen über die Lieferanten, wie z.B. Lieferernummer, Name, Straße, Postleitzahl, Ort
Konditionentabelle	In ihr werden die Lieferungs- und Zahlungsbedingungen (Konditionen) der Lieferer erfasst.
Bezugsquellentabelle	Sie ist die elektronische Ausgabe des „Wer liefert was?" und gibt dem Sachbearbeiter des Einkaufs darüber Auskunft, welche Lieferanten für eine bestimmte Ware in Frage kommen. Sie stellt also eine Verbindung her zwischen der Warentabelle und der Liefertabelle.

1 Ein ausführliches Beispiel finden Sie in Kapitel 11.4.2.2, S. 21.

(2) Externe Informationen

Ist man mit den bisherigen Lieferern nicht mehr zufrieden oder müssen bisher noch nicht bezogene Waren beschafft werden, weil das Sortiment geändert wurde, müssen die Bezugsquellen außerhalb des Betriebs (extern) ermittelt werden.

Bei den externen Informationsquellen kann man zwischen primären und sekundären Informationsquellen unterscheiden.

→ Primäre (direkte, unmittelbare) Informationsquellen

Die zur Beschaffung erforderlichen Informationen werden hierbei direkt (unmittelbar) auf den Beschaffungsmärkten eingeholt. Primäre Informationsquellen sind z. B.:

- schriftliche Informationen, telefonische Anfragen und/oder persönliche Gespräche bei Lieferern und Kunden,
- Besuche von Messen, Ausstellungen und Warenbörsen,
- Berichte der Einkaufs- und Verkaufsreisenden,
- Betriebsbesichtigungen bei Lieferern und Kunden,
- Testanzeigen (für Kauf und Verkauf),
- Vertreterbesuche.

→ Sekundäre (indirekte, mittelbare) Informationsquellen

Hier werden keine speziellen Erhebungen durchgeführt, sondern zu anderen Zwecken erfolgte Aufzeichnungen – so genannte Printmedien[1] – zur Beschaffung ausgewertet.

Sekundäre Informationsquellen sind z. B.:

- Adressbücher, Branchenhandbücher, Einkaufsführer (z. B. „Wer liefert was?", „Einkaufs-1x1 der deutschen Industrie", „ABC der deutschen Wirtschaft" usw.),
- „Gelbe Seiten" der Deutschen Telekom Medien GmbH,
- Verkaufskataloge, -prospekte,
- Fachbücher und Fachzeitschriften,
- Markt- und Börsenberichte,
- Geschäftsberichte, Hauszeitschriften,
- Messekataloge,
- Tages- und Wirtschaftszeitungen,
- Statistiken (z. B. Umsatz- und Preisstatistiken der Verbände, des Statistischen Bundesamts),
- Einschaltung ausländischer Handelskammern und deutscher Handelsmissionen im Ausland,
- Internetseiten (z. B. http://www.gelbeseiten.de; http://www.werliefertwas.de).

Dateien von externen Bezugsquelleninformationen können vom Betrieb selbst angelegt werden. Sie können aber auch in vielen Ausführungen und Größen gekauft werden. Werden diese Informationen in eine Datenbank integriert, dann stehen deren unterstützende Leistungen zur Datenfassung, Datenauswertung und -gruppierung zur Verfügung.

---

1 To print (engl.): drucken. Printmedien: gedruckte Medien, z. B. Zeitung, Fachzeitschriften; Medium: Mittler, Vermittler.

2 Speth u. a. – ISBN 3-8120-0529-8

Zusammenfassung

- Der Einkauf (Beschaffung) ist jener Teil des Unternehmens, der in entscheidendem Maße zur Ertragskraft beiträgt. „Der Gewinn liegt im Einkauf."
- Zu den zu beschaffenden Gegenständen gehören Waren, Dienstleistungen und Anlagegüter. Die Beschaffung ist auch für die Entsorgung bzw. Weiterverwertung der Abfallstoffe zuständig.
- Die Beschaffung verfolgt die Ziele, dass die benötigten Güter
  - in der erforderlichen Menge,
  - zum günstigsten Preis,
  - in der richtigen Qualität,
  - zum richtigen Zeitpunkt beschafft werden,
  - eine möglichst geringe Kapitalbindung des in den Lagervorräten investierten Kapitals verursachen bei gleichzeitig
  - ständiger Lieferbereitschaft.
- Zwischen den einzelnen Zielen der Beschaffung bestehen in der Regel Zielkonflikte.
- Sollen Materialien neu beschafft werden, muss man sich in jedem Fall über neue Bezugsquellen informieren.

Aufgaben zur Sicherung und Vertiefung des Lernerfolgs

1 Herr Merk, der Einkaufsleiter des Elektronikmarktes MEGATRINIC GmbH, möchte den Lagerbestand an Computern, Notebooks, Handys und weiteren Elektronik-Zubehörteilen möglichst niedrig halten. Der Leiter des Bereichs Verkauf, Herr Hausen, will indessen möglichst weit reichende Lagerbestände.

Aufgaben:

1. Welche Ziele verfolgt Herr Merk im Rahmen des Einkaufs?
2. Welche Ziele verfolgt Herr Hausen?
3. Erläutern Sie einen weiteren Zielkonflikt, der zwischen dem Bereich Einkauf und Verkauf bestehen kann!

2 Die Geschäftsleitung des Elektronikmarktes MEGATRINIC GmbH überlegt sich, wie die Liefererauswahl wirkungsvoller organisiert werden kann. Im Gespräch ist die Einführung von Checklisten.

Aufgaben:

1. Begründen Sie, warum Checklisten ein wesentliches Hilfsmittel bei der Liefererauswahl sein können!
2. Man unterscheidet zwischen internen und externen Bezugsquelleninformationen. Erklären Sie diese Begriffe und nennen Sie je zwei Beispiele!

11.4 Einkaufsprozess durchführen

11.4.1 Grundsätzliches

Die Abwicklung von Einkaufsprozessen gehört zu den Kernprozessen eines Handelsunternehmens. Der Prozess wird dadurch ausgelöst, dass für einen bestimmten Artikel der Lagervorrat nicht mehr ausreichend ist. Der Beschaffungsprozess könnte dann wie folgt ablaufen:

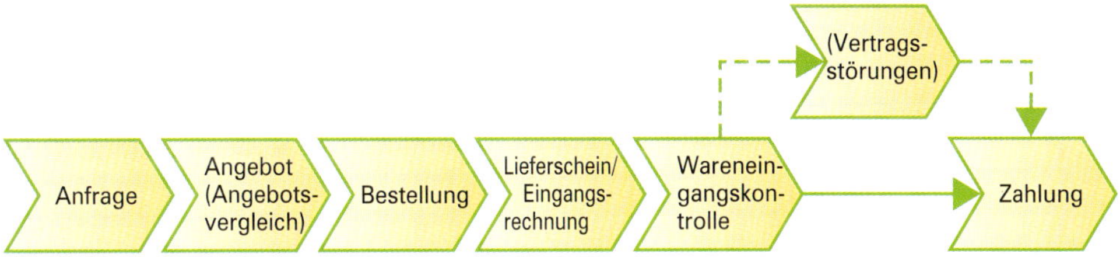

Die Durchführung des Einkaufsprozesses entspricht in weiten Bereichen spiegelbildlich der Abwicklung des Verkaufsprozesses. Dieser wurde bereits ausführlich in Band 1, Kapitel 3, Seite 26ff. beschrieben. Auf eine Wiederholung deckungsgleicher Lerninhalte wird daher verzichtet.[1]

11.4.2 Angebotsvergleich

11.4.2.1 Notwendigkeit des Angebotsvergleichs

In Kapitel 11.3.1 wurde bereits ausgeführt, dass die Tätigkeiten der Beschaffungsmarktforschung darauf abzielen, die Chancen auf den Beschaffungsmärkten zu nutzen und gleichzeitig Marktrisiken zu vermeiden. Konkret bedeutet dies, stets die Augen offen zu halten in Bezug auf neue Lieferer, aktuelle Artikel mit neuer Technologie und/oder Materialien. Der Aufbau künftiger und die Pflege bestehender Geschäftsbeziehungen insbesondere im Hinblick auf aktuelle Preise verlangt, dass Angebote eingeholt, geprüft und miteinander verglichen werden, um den günstigsten bzw. den optimalen Lieferanten zu ermitteln. Das hierfür erforderliche Instrument ist der Angebotsvergleich.

11.4.2.2 Einkaufskalkulation als rechnerische Grundlage für den Angebotsvergleich

(1) Grundlegendes

Holt ein Unternehmen für eine bestimmte Ware Angebote bei verschiedenen Herstellern ein, dann lässt sich nicht auf Anhieb erkennen, wie hoch der Einstandspreis für eine Einheit (Stück, kg, Liter usw.) dieses Produktes ist. Diese Information ist aber grundlegende Voraussetzung, um den günstigsten Lieferer ermitteln zu können. Die Ursache für die anfängliche Unvergleichbarkeit liegt darin, dass die Hersteller nicht zu identischen[2] Bedingungen anbieten. Der eine Lieferer bietet z.B. bei einem höheren Listeneinkaufspreis

1 Zu Inhalt und rechtlicher Wirkung von Anfrage und Angebot siehe Band 1, Kapitel 3.3, Seite 61ff.

2 Identisch: völlig gleich.

einen höheren Rabatt, der andere Lieferer z. B. bei einem geringeren Rabatt noch die Möglichkeit des Skontoabzuges. Um die Angebote eindeutig vergleichbar zu machen, werden sie einem bestimmten Schema, der so genannten Einkaufskalkulation unterworfen.[1]

(2) Einfaktorenvergleich

Legt man nur einen einzigen Auswahlgesichtspunkt (ein Auswahlkriterium) zugrunde, dann kommt man sehr rasch zu einer Auswahlentscheidung. Solche Einfaktorenvergleiche **(quantitative Vergleiche)** beziehen sich in aller Regel auf den Preis als alleiniges Kriterium.

Beispiel:

Der Konstanzer Bootsvermieter Happy Marina GmbH benötigt für die regelmäßige Wartung der Boote 25 kg wasserfesten Bootslack. Zwei Angebote für eine vergleichbare Lackqualität liegen vor:

1. Anbieter: Rheinische Lackfabrik AG

Listenpreis je kg 19,00 EUR, 15 % Rabatt, 2 % Skonto; für Fracht, Anfuhrkosten und Transportversicherung werden 35,00 EUR in Rechnung gestellt.

2. Anbieter: Chemische Werke Oldenburg GmbH

Listenpreis je kg 21,80 EUR, 15 % Rabatt, dieser erhöht sich auf 20 % bei einem Listenpreis von 500,00 EUR, 3 % Skonto, Lieferung frei Haus.

Aufgaben:

1. Berechnen Sie von jedem Anbieter den Einstandspreis je kg Bootslack!
2. Wie viel EUR spart die Happy Marina GmbH, wenn sie den Lack beim günstigeren Anbieter bestellt?

Lösung:

Zu 1.

			Rheinische Lackfabrik AG		Chemische Werke Oldenburg GmbH
	Listeneinkaufspreis		475,00 EUR		545,00 EUR
–	Liefererrabatt	15 %	71,25 EUR	20 %	109,00 EUR
=	Zieleinkaufspreis		403,75 EUR		436,00 EUR
–	Liefererskonto	2 %	8,08 EUR	3 %	13,08 EUR
=	Bareinkaufspreis		395,67 EUR		422,92 EUR
+	Bezugskosten		35,00 EUR		0,00 EUR
=	Einstandspreis, gesamt		430,67 EUR		422,92 EUR
=	**Einstandspreis je kg**		**17,23 EUR**		**16,92 EUR**

Zu 2. Das Angebot der Chemischen Werke Oldenburg GmbH ist um 7,75 EUR (25 kg · 0,31 EUR) günstiger.

(3) Mehrfaktorenvergleich

Häufig ist bei der Auswahl eines Lieferanten nicht nur ein Kriterium, in der Regel der Preis, entscheidend. Vielmehr ist eine Reihe weiterer Faktoren zu berücksichtigen, wie z. B. die Qualität, die Lieferfrist, die Zuverlässigkeit, der Bekanntheitsgrad der Lierermarke usw. Damit entsteht schnell eine sehr undurchschaubare Situation, da die Kriterien einander unter Umständen zuwider laufen, wie z. B. Qualität und Preis. Ein günstiger Preis ist

1 Siehe hierzu im Band 1, Kapitel 6.3.2.1, Seite 229ff.

zumeist mit geringerer Qualität verbunden und umgekehrt. Es besteht die Gefahr, dass man solche Konfliktsituationen „aus dem Bauch heraus" entscheidet oder die Ware „wie immer" bestellt.

Derart komplexe[1] Situationen sind kennzeichnend für unternehmerische Entscheidungen und treten relativ häufig auf. Um für diese schwer durchschaubaren Situationen dennoch tragfähige Lösungen zu finden, benötigt man ein Instrumentarium, das die Entscheidung unabhängig macht von Vorurteilen, Sympathien oder Antipathien, sondern sie auf nachvollziehbare Argumente stützt. Damit wird die Entscheidung zugunsten eines bestimmten Lieferanten auch nachträglich begründbar und kontrollierbar. Eines dieser Instrumentarien ist das **Scoring-Modell**[2] oder auch **Weighted-Point-Method**[3] genannt.

In einer **Entscheidungsbewertungstabelle** werden den Auswahlkriterien (Spalte 1) zunächst Gewichtungen zugeordnet (Spalte 2), die für alle Lieferanten gleichermaßen gelten. Soll das Auswahlkriterium eine hohe Bedeutung haben und damit einen starken Einfluss auf die Entscheidung, dann wird die Gewichtung hoch angesetzt. Weniger bedeutende Kriterien werden entsprechend geringer bewertet. Nach der Gewichtung der Auswahlkriterien werden die Lieferanten einzeln dahingehend überprüft, inwieweit sie die Auswahlkriterien erfüllen. Hierfür werden Punkte vergeben, z.B. 5 = hohe Zielerfüllung, 0 = keine Zielerfüllung (z.B. Spalte 3). Durch Multiplikation der Gewichtungen mit den einzelnen Punkten erhält man je Auswahlkriterium die gewichteten Punkte (z.B. Spalte 4). Ausgewählt wird jener Lieferant, dessen Summe der gewichteten Punkte den höchsten Wert erreicht.

Beispiel:

Zur Auswahl stehen die drei Lieferanten Abel, Bebel und Krüger. Als Entscheidungsfaktoren spielen die Qualität, der Preis, die Liefertreue, der technische Kundendienst und die Unterstützung bei Problemlösungen eine Rolle. Die Gewichtungen für die Entscheidungsfaktoren sind der Spalte 2 zu entnehmen. Eine Beurteilung der Lieferanten ergab jeweils die in den Spalten 3, 5 und 7 dargestellten Punkte.

Auswahlkriterien	Gewichtung	Abel		Bebel		Krüger	
		Punkte Abel	Gewichtete Punkte Abel	Punkte Bebel	Gewichtete Punkte Bebel	Punkte Krüger	Gewichtete Punkte Krüger
(1)	(2)	(3)	(4) = (2) · (3)	(5)	(6) = (2) · (5)	(7)	(8) = (2) · (7)
Qualität	0,30	5	1,5	4	1,2	3	0,9
Preis	0,30	4	1,2	5	1,5	5	1,5
Liefertreue	0,10	3	0,3	4	0,4	5	0,5
Technischer Kundendienst	0,20	5	1,0	3	0,6	4	0,8
Unterstützung bei Problemlösungen	0,10	2	0,2	2	0,2	3	0,3
Summe der Punkte	**1,00**		**4,2**		**3,9**		**4,0**

Erläuterung (am Beispiel Abel):

Die zeilenweise Multiplikation der Gewichtungen mit den Punkten Abels für die einzelnen Kriterien ergibt jeweils die gewichteten Punkte. Deren Summe beträgt bei Abel 4,2. Bebel und Krüger erhielten je 3,9 bzw. 4,0 Punkte. Somit fällt die Entscheidung zugunsten von Abel.

1 Komplex: vielfältig verflochten.
2 Scoring-Modell kann übersetzt werden mit Punktebewertungsmodell.
3 Weighted-Point-Method (engl.): wörtlich „Methode der gewichteten Punkte".

Mit dem Instrument der Entscheidungsbewertungstabelle lassen sich auch betriebswirtschaftliche Konfliktsituationen aus anderen Unternehmensbereichen lösen, z.B. die Standortbestimmung für eine neue Filiale oder die Auswahl eines neuen Mitarbeiters usw. Dieses Verfahren hat den Vorteil, dass neben rein mengenmäßigen (quantitativen) Größen (z.B. Preise) auch die Einbeziehung von **qualitativen Kriterien** (z.B. Qualität, Liefertreue usw.) möglich ist.

Zusammenfassung

- Mit der Aufgabe, mögliche Lieferer zu ermitteln, beschäftigt sich die Beschaffungsmarktforschung.
- Für die Liefererbewertung kann ein einziges Kriterium oder eine Summe von Kriterien herangezogen werden.
- Ein Einfaktorenvergleich (quantitativer Vergleich) berücksichtigt nur ein einzelnes Auswahlkriterium, in der Regel den Einstandspreis. Er wird durch die Bezugskalkulation ermittelt.
- Ein Mehrfaktorenvergleich erlaubt es, neben quantitativen auch qualitative Faktoren zu berücksichtigen. Eines dieser Verfahren ist das so genannte Scoring-Modell, das mit Hilfe einer Entscheidungsbewertungstabelle eine Auswahlentscheidung ermöglicht. Dabei werden gleichzeitig mehrere konkurrierende Ziele berücksichtigt.
- Welche Gründe für die Einkaufsentscheidung maßgebend sind (z.B. der besonders niedrige Angebotspreis, die Lieferzeit oder Qualität der Waren) hängt vor allem von der Dringlichkeit des Bedarfs und der Art der einzukaufenden Waren ab.

Aufgaben zur Sicherung und Vertiefung des Lernerfolgs

Bevor Sie die Aufgaben bearbeiten, wiederholen Sie bitte die ausführlichen Darstellungen zu den Themen Anfrage und Angebot (Band 1, Kapitel 3.3, Seite 61ff.)!

3

1. Welche betriebswirtschaftliche Aufgabe erfüllt der Angebotsvergleich?
2. Nennen Sie vier wichtige Inhaltspunkte der einzelnen Angebote, die ein Einkäufer zu vergleichen hat!
3. Definieren Sie den Begriff Rabatt und nennen Sie vier verschiedene Rabattarten!
4. Worin besteht der Unterschied zwischen Rabatt und Bonus?
5. Erklären Sie den Begriff Skonto!
6. In einem Angebot ist über die Versandaufwendungen nichts gesagt.

   Aufgaben:

   6.1 Wer muss die Versandaufwendungen tragen, wenn das Angebot vom Kunden unverändert angenommen wird?

   6.2 Nennen Sie mindestens drei Möglichkeiten, wie der Anbieter bezüglich der Beförderungsaufwendungen verfahren könnte!
7. In einem Angebot ist über die Zahlungsfristen nichts gesagt.

   Aufgaben:

   7.1 Zu welchem Zeitpunkt muss dann bezahlt werden?

   7.2 Nennen Sie mindestens drei mögliche Zahlungsbedingungen, die von der gesetzlichen Regelung abweichen!

4 Unter qualitativ gleichwertigen Artikeln gleich zuverlässiger Verkäufer soll ein rechnerischer Angebotsvergleich vorgenommen werden. Folgende Angebote liegen vor:

Lieferer Nr. 3102: *3500,00 EUR frei Haus, Ziel 2 Monate, 3 % Skonto innerhalb 3 Wochen;*

Lieferer Nr. 3103: *3360,00 EUR frachtfrei, zahlbar netto Kasse;*

Lieferer Nr. 3108: *3700,00 EUR ab Bahnhof des Käufers, $12^1/_2$ % Rabatt und 2 % Skonto innerhalb 14 Tagen, Ziel vier Wochen.*

Die Fracht beträgt 200,00 EUR, die Kosten für die An- und Zulieferung belaufen sich auf je 30,00 EUR.

Aufgaben:

1. Ermitteln Sie mit Hilfe einer Tabellenkalkulation das günstigste Angebot!
2. Mit dem teuersten Anbieter soll verhandelt werden, um dessen Rabattangebot zu verbessern.
   2.1 Ermitteln Sie unter Verwendung der Tabellenkalkulation, welchen Rabattsatz der teuerste Lieferer gewähren muss, damit sein Listeneinkaufspreis genauso günstig ist, wie der des günstigsten Anbieters!
   2.2 Beschreiben Sie kurz Ihr Vorgehen!
3. Es wird beim rechnerisch günstigsten Verkäufer bestellt. Da es sich um Gattungsware handelt, werden lediglich Vereinbarungen über die zu liefernden Mengen und Preise getroffen.
   3.1 Wer trägt bei fehlenden vertraglichen Vereinbarungen die Verpackungsaufwendungen und wer die Beförderungsaufwendungen? Begründen Sie Ihre Antworten mit dem Gesetz!
   3.2 Binnen welcher Frist ist nach dem BGB bei einem Kaufvertrag zu liefern und zu zahlen? Begründen Sie Ihre Antworten mit dem Gesetz!
   3.3 Welche weiteren Vereinbarungen können in einem Kaufvertrag beispielsweise hinsichtlich der Verpackungs- und Beförderungsaufwendungen getroffen werden?

5 **Fallstudie: Angebotsvergleich**

Der Elektronikgroßhändler Topsound GmbH, Überlingen, erhält von einem Internetshop am 10. Januar 20.. einen Auftrag über 4000 Stück des Transistors TC472. Da der Lagervorrat nur noch 300 Stück beträgt, sollen insgesamt 5000 Stück bestellt werden. Dem Einkauf liegen bis heute drei Angebote vor:

(1) Elektronik Werke Freiburg AG, vom 15. Januar 20..

„Wir bieten Ihnen, befristet bis zum 15. Februar 20.., Transistoren TC472 für 2,87 EUR/Stück ab Werk an. Wir gewähren 5 % Mengenrabatt und ab 5000 Stück 10 %. Die Zahlung soll erfolgen innerhalb von 10 Tagen nach Rechnungserhalt unter Abzug von 2 % Skonto oder innerhalb 30 Tagen netto Kasse." Hinweis: Die Frachtkosten von Freiburg bis Überlingen betragen für 5000 Stück 200,00 EUR.

(2) Elektroteile Überlingen GmbH, vom 27. Januar 20..

Lieferung für 3,10 EUR/Stück, frei Haus, innerhalb vier Wochen nach Bestelleingang; Mengenrabatt 15 %, ab 5000 Stück 20 %; zahlbar innerhalb 20 Tagen unter Abzug von 2 % Skonto oder innerhalb 60 Tagen rein netto.

(3) Hans Haas e.Kfm., Köln, vom 25. Januar 20..

Sonderangebot bis 10. Februar gültig. Bei Lieferung von 500 oder mehr Transistoren 3,00 EUR/Stück, frei Haus. Bei Abnahme von weniger als 500 Stück werden für Verpackung, Fracht und Bearbeitungsgebühr 50,00 EUR gesondert in Rechnung gestellt. Mengenrabatt 10 %, ab 4000 Stück 15 %; Rechnungen sind zahlbar innerhalb von 30 Tagen ohne Abzug.

Um die optimale Bezugsquelle zu ermitteln, werden vom Lager und vom Einkauf Berichte[1] über die Geschäftsverbindung mit den Verkäufern zusammengestellt. Den Qualitätsanforderungen (mindestens vier von acht Punkten) genügen alle Anbieter:

1 Diese Berichte sind einer Fallstudie von Dr. Wolfram Neumaier entnommen.

Elektronik Werke Freiburg AG

Die Qualität ist mit acht von zehn Punkten sehr hoch. Geliefert wurde meistens fehlerfrei, nur einmal enthielt eine Lieferung einen beachtlichen Teil falsche Artikel. Die verwaltungstechnische Abwicklung der Einkäufe verlief stets ohne Beanstandungen. Liefertermine wurden allerdings mehrmals nicht eingehalten; einmal mussten sogar drei Mahnungen gesandt werden. Verpackung und Auslieferung hingegen waren makellos. Die technische Beratung seitens der Elektronik Werke Freiburg AG lässt zu wünschen übrig. Direkte, persönliche Auskünfte sind nicht zu erhalten; der zuständige Fachmann ist „nie zu erreichen". Auch werden Rückfragen nachlässig behandelt. Die Elektronik Werke Freiburg AG liefert frei Haus ab 150 km Entfernung an.

Elektroteile Überlingen GmbH

Die Elektroteile Überlingen GmbH, praktisch in Sichtweite gelegen, hat die Produktion erst vor etwa 15 Monaten aufgenommen. Die Qualitätsstufe ist 6 von 10 Punkten. Angenehm ist die räumliche Nähe bei Rückfragen und technische Beratung. Letztere allerdings ist nicht allzu qualifiziert. Auch der Fax- und Telefonverkehr ist billig. Aufgrund der geografischen Nähe legt die Elektroteile Überlingen GmbH keinen Wert auf Verpackung bei Anlieferung. Lieferzusagen werden eingehalten. Bei schriftlichen Unterlagen (Auftragsbestätigung, Rechnung etc.) sind jedoch fast immer Beanstandungen aufgetreten, manchmal sogar sehr ärgerliche. Auf den schriftlichen Informationsverkehr ist wenig Verlass.

Hans Haas e. Kfm.

Köln ist 460 km entfernt. Obwohl die Qualität mit 7 von 10 Punkten hoch ist, reicht die schriftlich angeforderte Beratung nicht aus. Dafür werden Verpackung und Anlieferung stets besonders gelobt. Auch Liefertermine wurden – ausgenommen eine unverschuldete Verzögerung – pünktlich eingehalten. Rückfragen jeder Art werden schnell bearbeitet und beantwortet. In zwei Fällen musste die Auftragsbestätigung angemahnt werden. Sonst waren keine besonderen Beanstandungen festgestellt worden.

Aufgaben:

1. Führen Sie zunächst mit Hilfe einer Tabellenkalkulation einen Einfaktorenvergleich durch, um den preisgünstigsten Lieferer zu ermitteln!
2. Verwenden Sie zur Festlegung des Rabattsatzes die WENN-Funktion! Wie würde sich der Angebotsvergleich ändern, falls nur 4000 Stück gekauft würden?
3. Führen Sie anhand der Entscheidungsbewertungstabelle einen qualitativen Angebotsvergleich zur Ermittlung des optimalen Lieferanten durch!

   Hinweise:

   (1) Neben dem Preis und der Qualität sind von Ihnen für den Vergleich anhand des Informationsmaterials weitere Kriterien festzulegen.

   (2) Bei der Kriteriengewichtung sind im ersten Schritt aus einer Zehnerstaffel (10, 20, ...) entsprechend der „Wichtigkeit" Punkte zu verteilen. Die Punktsumme ist auf 100 anzupassen.

   (3) Bewerten Sie für jeden Lieferer, wie er die vorgegebenen Kriterien erfüllt. Sie haben einen Spielraum zwischen 1 (schlecht) und 5 (sehr gut) Punkten. Dabei muss die als beste angesehene Bezugsquelle nicht unbedingt volle 5 Punkte und die als schlechteste betrachtete Bezugsquelle nicht unbedingt 1 Punkt bekommen.

   (4) Die gewichteten Punkte erhalten Sie durch Multiplikation der Punkte mit der Kriteriengewichtung.

   (5) Bilden Sie nach Abschluss der Bewertung die Summen der gewichteten Punkte.

   Welcher der Verkäufer wird aufgrund der Summe aller gewichteten Punkte den Auftrag erhalten?

11.4.2.3 Bestellung

11.4.2.3.1 Begriff, Wesen und rechtlicher Gehalt der Bestellung

Hinweis:

Bitte wiederholen Sie den Begriff, das Wesen und die rechtlichen Bestimmungen der Bestellung im Band 1, Kapitel 3.4.1, S. 73f.

→ Ablauf der Bestellung

Die Bestellunterlagen werden an den Lieferer geschickt. In einem herkömmlichen Bestellverfahren (ohne IUS-Unterstützung) wird jeweils eine Kopie

- ans Lager weitergeleitet, um im Rahmen der späteren **Wareneingangskontrolle** die gelieferte Ware mit der bestellten zu vergleichen.
- in einem Terminordner abgelegt, um (in einem manuellen Verfahren) die **Terminüberwachung** sicherzustellen.
- in der Einkaufsabteilung aufbewahrt, um die Auftragsbestätigung des Lieferers mit der Bestellung abzugleichen **(Bestellüberwachung)**. Stimmen Bestellung und Auftragsbestätigung nicht überein, muss mit dem Lieferer Kontakt aufgenommen werden.

11.4.2.3.2 Electronic Commerce (E-Commerce)

(1) Stand der Entwicklung

Gegenwärtig wickeln die Betriebe mehr und mehr ihre Bestellvorgänge über das Internet ab. Zu Recht bezeichnet man daher das Internet auch als das „Kaufhaus der Zukunft".

In welchem Maße das Internet die Geschäftsbeziehungen zwischen Unternehmen (**B2B**: **B**usiness **to** **B**usiness) und zwischen Unternehmen und Privatpersonen (**B2C**: **B**usiness **to** **C**onsumer) erobert, lässt sich der nebenstehenden Grafik entnehmen.

So wurden in 2004 täglich Kaufverträge im Wert von rund 500 Mio. EUR über das Netz abgewickelt.

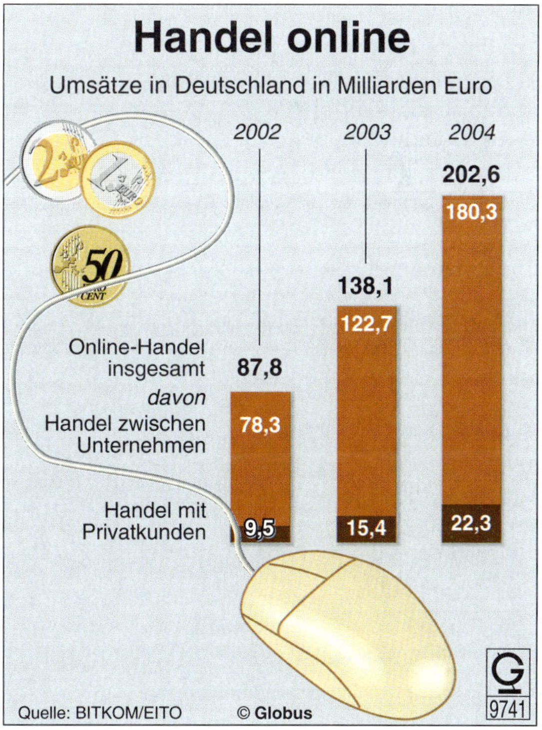

(2) Begriff[1]

> **Merke:**
>
> **Electronic Commerce** (elektronischer Handel) bezeichnet Geschäftsvorgänge, bei denen die Beteiligten auf elektronischem Wege, insbesondere auf dem Weg über das Internet, ihre Geschäfte anbahnen und abwickeln.

Man unterscheidet folgende wichtige Partner-Beziehungen:

- **B2C:** **Business to Consumer.** Die Geschäftsbeziehung berührt auf der Verkäuferseite ein Unternehmen, auf der Käuferseite eine Privatperson.
- **B2B:** **Business to Business.** Beide Partner sind Unternehmen.
- **B2A/B2G:** **Business to Administration[2] / Business to Government[3].** Es handelt sich um Aktivitäten zwischen Unternehmen und staatlichen Einrichtungen, z.B. Steuererklärungen, Anträge auf Erlass eines Mahnbescheides, Ausschreibungen für Handwerksleistungen.

(3) Arten

Der elektronische Handel kann in verschiedenen Ausbaustufen betrieben werden. Diese verschiedenen Ausbaustufen werden im Folgenden kurz dargestellt.

→ Internet als Informationsquelle

Hier wird das Internet als universelles Nachschlagewerk genutzt, über das nahezu jede gewünschte Information zu erhalten ist. Der Zugang erfolgt entweder über

- **spezialisierte Informationsanbieter** (Beispiele hierfür sind die Fahrplanauskünfte der Deutschen Bahn AG, Telefonnummern, Wetterdienste, Börsen- und Wirtschaftsinformationen) oder über
- **Portale.** Dies sind Eingangspforten ins Internet, die z.B. von Providern erstellt werden (z.B. T-Online) oder auch von Suchmaschinen (z.B. Google).

→ Webvertising

Web-Advertising heißt sinngemäß Werbung im Netz. Hierbei wird das Internet genutzt als Instrument zur Information der Kunden und zur Kommunikation zwischen Lieferer und Kunde. Das Unternehmen stellt seine Produkte im Internet dar, bietet E-Mail- und Kontaktadressen, Gästebücher und ein Forum zum Austausch von Meinungen und Fragen an.

→ Electronic Shopping

Beim Electronic-Shopping werden Waren über das Internet an private Endkunden (B2C) oder an Unternehmen verkauft (B2B). Hierbei handelt es sich um eine neue Form des Versandhandels, die neben die traditionellen Formen tritt. Der Vertrieb der Waren erfolgt über den traditionellen Weg via Post bzw. die Paketdienste oder ebenfalls über das Internet, z.B. bei Software.

---

1 Die rechtlichen Aspekte des E-Commerce bei Geschäften mit Verbrauchern werden im Kapitel 11.8.3 dargestellt. Bei Geschäften zwischen Unternehmungen gelten die Bestimmungen des Kaufvertrags (vgl. Band 1, Kapitel 3.2.5, S. 50ff.) bzw. die vom Verkäufer geschaffenen „Allgemeinen Geschäftsbedingungen" (vgl. hierzu Kapitel 11.8.2).

2 Administration: Verwaltung, Verwaltungsbehörde.

3 Government: Regierung.

→ Electronic Data Interchange

So bezeichnet man ein Verfahren, bei dem Daten zwischen zwei Betrieben ausgetauscht werden. Erkennt z. B. das EDV-System des Kunden die Notwendigkeit einer Nachbestellung, dann werden die Bestelldaten direkt in das EDV-System des Verkäufers eingeschleust. Eingriffe von Hand entfallen auf beiden Seiten. Dadurch werden Personalkosten eingespart und Tippfehler vermieden. Bisher allerdings werden solche Verfahren des Datenaustausches vorwiegend innerhalb geschlossener Netze durchgeführt. Offene Netze, wie das Internet, verfügen noch nicht über die erforderlichen Sicherheitsstandards.

(4) Vor- und Nachteile des E-Commerce

	für den Käufer	für den Verkäufer
Vorteile	• permanente Öffnungszeiten • rasche Suche nach Waren durch Shop-eigene Suchmaschinen • umfangreiches Angebot • bequem von zu Hause/vom Betrieb aus erreichbar, keine Fahrten notwendig, keine Parkplatzsuche, Ware wird ins Haus gebracht • einfache Preisvergleiche • große Auswahl	• weltweites Absatzgebiet • keine Ladenöffnungszeiten • Kunden hinterlassen – quasi als Abfallprodukt – ihre elektronisch gespeicherten Daten. Sie können daher in der Folgezeit wirkungsvoll direkt und warenbezogen beworben werden („one-to-one"-Marketing) • Automatisierung des Verkaufs- und Zahlungsverkehrs • aufwendige Warenpräsentation und Ladeneinrichtung entfällt • Kostenersparnis beim Verkaufspersonal
Nachteile	• in Deutschland noch weitgehend Befangenheit bezüglich der Sicherheit beim Zahlungsvorgang • Einkaufserlebnis entfällt • kein Berühren/Prüfen der Waren möglich	• hohe Unsicherheit • hohe Anfangsinvestitionen

Zu den rechtlichen Aspekten siehe Kapitel 11.8.3.3, S. 79ff. (Fernabsatzverträge).

11.4.2.4 Lieferschein und Eingangsrechnung

Hinweis:

Wiederholen Sie hierzu die Ausführungen in Band 1, Kapitel 3.4.3, Seite 74 (Lieferschein) und die entsprechenden Ausführungen in Band 1, Kapitel 3.5.1, Seite 83f. (Ausgangsrechnung).

11.4.2.5 Kontrolle des Wareneingangs

(1) Warenabnahme und Warenannahme[1]

Vertragsgemäß gelieferte Waren und Werkstoffe muss der Käufer **abnehmen** (körperliche Entgegennahme). Für die Warenabnahme sind meistens die verantwortlichen Lagerverwalter zuständig. In größeren Unternehmen ist hierfür aus Gründen der Kostenersparnis (Rationalisierungsgründen) in der Regel eine besondere **Warenabnahmestelle** (sie wird häufig als Warenannahmestelle bezeichnet) eingerichtet. Von dieser werden dann alle angelieferten Waren in Empfang genommen und nach deren Prüfung an das Lager oder – bei dezentraler Lagerung – an die Lager weitergeleitet.

Die erfolgte oder die geplante Versendung der Ware teilen die Verkäufer dem Käufer meist durch eine **Lieferanzeige** mit. Dadurch kann der Käufer rechtzeitig die zur Warenabnahme erforderlichen Vorkehrungen treffen (z.B. Anmieten eines Kranes bei schweren Gütern, Räumen des Lagers für die neuen Waren).

Merke:

Bereits bei der Übergabe der Ware muss die Abnahmestelle die Unversehrtheit der Verpackung, die Übereinstimmung der gelieferten Stückzahlen, Gewichte und/oder Volumeneinheiten mit den auf den Warenbegleitpapieren (Lieferscheine, Frachtbriefe) angegebenen Zahlen und, soweit möglich, die unverpackten Waren selbst prüfen.

Zur ordnungsgemäßen Warenabnahme gehört auch das **Ausfüllen eines Wareneingangsscheins** mit einem Durchschlag.

Ist von vornherein erkennbar, dass die Ware beschädigt oder unvollständig ist, ist die Abnahme zu verweigern. In diesem Fall wird vom Überbringer eine Bescheinigung über den festgestellten Mangel verlangt (Tatbestandsaufnahme).

(2) Warenprüfung

Alle übergebenen Waren müssen vor ihrer endgültigen Einlagerung (z.B. Einsortieren in die Lagerregale) **unverzüglich** einer genauen Prüfung unterzogen werden. Nur dadurch kann vermieden werden, dass mangelhafte Waren auf Lager genommen werden.

- Die **Warenprüfung** erstreckt sich z. B. auf die Liefermenge, die Art, Güte, Beschaffenheit und Funktionsfähigkeit der Ware.
- **Unterlagen für die Warenprüfung** sind Warenbegleitpapiere (z.B. Packzettel, Lieferscheine, Versandanzeigen, Frachtbriefe), Bestelldurchschriften und Auftragsbestätigungen, Rechnungen, Muster und Proben, besondere Prüfvorschriften, die vor allem bei den so genannten „Stichproben" oft mit dem Verkäufer abgestimmt sind.

Da die Warenprüfung meistens während der Übergabe der Ware zeitlich nicht abgeschlossen werden kann, ist es angebracht, eine Empfangsbestätigung stets mit einem Vermerk zu versehen, der darauf hinweist, dass mit dieser Bestätigung nicht die vertragsgemäße (ordnungsgemäße) Lieferung bescheinigt wird (übliche Klausel z.B. „Vorbehaltlich der noch nicht abgeschlossenen Warenprüfung ...").

1 Die Abnahme und Annahme des Kaufgegenstandes ist rechtlich scharf zu trennen.
- Die **Abnahme** ist die tatsächliche Entgegennahme der Ware, wodurch der Käufer unmittelbar Besitz erlangt.
- Die **Annahme** des Kaufgegenstandes ist hingegen eine Willenserklärung und bedeutet die Erklärung der vertragsmäßigen Erfüllung des Kaufvertrags. Auf die Annahme der Leistung durch den Käufer hat der Verkäufer keinen Anspruch.

Abnahme und Überprüfung von gelieferten Waren

11.4.3 Zahlung des Kaufpreises

Der Käufer ist verpflichtet, dem Verkäufer den vereinbarten Kaufpreis zu zahlen. Geldschulden sind gesetzlich im Zweifel Schickschulden, d.h., der Käufer übernimmt im Zweifel die Gefahr und die Kosten der Geldübertragung. Die Zahlungsart ist in der Regel dem Käufer überlassen.[1]

Zusammenfassung

- **Kopien der Bestellung** verbleiben
  - im Lager zur Wareneingangskontrolle,
  - im Terminordner zur Terminkontrolle,
  - beim Einkauf zur Bestellüberwachung.
- **Electronic Commerce** bezeichnet Geschäftsvorgänge, bei denen die Beteiligten auf elektronischem Wege, insbesondere auf dem Weg über das Internet, ihre Geschäfte anbahnen und abwickeln.
- Vertragsgemäß gelieferte **Ware** muss der Käufer **abnehmen**. Sofern er Kaufmann ist, muss der Käufer die erhaltenen Waren unverzüglich untersuchen und die festgestellten Mängel unverzüglich rügen.
- Der Käufer ist verpflichtet, dem Verkäufer den vereinbarten **Kaufpreis** zu **zahlen** und die gekaufte mängelfreie Sache abzunehmen.

1 Zu den Zahlungsarten siehe Band 1, Kap. 5.1.1.2, S. 138; zu den Zahlungsbedingungen siehe Band 1, Kap. 3.3.2.2.3, S. 67f.

■ Ein **störungsfreier Einkaufsprozess** lässt sich vereinfacht als folgende **Funktionskette** darstellen:

Bedarfsmeldung	Ein Bedarf entsteht, wenn der Lagerbestand kleiner als der Meldebestand ist.
↓ Lieferantenzuordnung	Das DV-System (IUS) gibt darüber Auskunft, bei welchem Lieferanten und zu welchen Bedingungen die Ware beschafft werden kann.
↓ Neues Angebot einholen	Ist der gespeicherte Preis älter als ein Jahr, wird ein Angebot zur Aktualisierung der Unterlagen eingeholt.
↓ Angebotsvergleich durchführen	Mit Hilfe eines Angebotsvergleiches wird die Entscheidung zu Gunsten eines Lieferers gefällt.
↓ Bestellung erstellen und versenden	Die Bestellung wird im DV-System erfasst. Gegebenenfalls werden für den Lieferer weitere Unterlagen zusammengestellt, z. B. Konstruktionszeichnung.
↓ Wareneingang und Wareneingangskontrolle	Die Wareneingangskontrolle ist unverzüglich durchzuführen und eventuelle Mängel sind zu rügen.
↓ Lagerbestandsführung	Die gelieferten Teile werden im DV-System aufgrund des Lieferscheines gebucht.
↓ Rechnungseingang	Die Liefererrechnung wird auf Richtigkeit geprüft. Die Prüfung bezieht sich auf – den korrekten Artikel, – die Menge, – den Preis, – den tatsächlichen Wareneingang.
↓ Zahlungsabwicklung	Der Rechnungsbetrag wird gemäß der Zahlungsvereinbarung beglichen.

Aufgaben zur Sicherung und Vertiefung des Lernerfolgs

6

1. Erläutern Sie den Begriff Electronic Commerce (E-Commerce)!
2. Nennen Sie Beispiele aus Ihrer Erfahrungswelt, bei denen Sie das Internet nutzen können
   2.1 als Informationsquelle
   2.2 zum Kauf!
3. Nennen Sie je zwei Vor- und Nachteile des E-Commerce für den Käufer!
4. Beschreiben Sie kurz die Tätigkeiten, die im Rahmen der Warenabnahme und Warenprüfung erforderlich sind!

11.5 Vertragsstörungen im Einkaufsbereich

11.5.1 Mangelhafte Lieferung (Schlechtleistung)

Einführendes Beispiel:

Am 21. April 20.. kauft sich der Auszubildende Jürgen Witt von seinem ersten selbst verdienten Geld bei der Möbel Kaiser OHG einen neuen Schreibtisch. Am 23. April 20.. wird der Schreibtisch ausgeliefert. Am Abend, als Jürgen von der Arbeit nach Hause kommt, stellt er verärgert fest, dass die Schreibtischplatte Kratzer aufweist und an einer Seite Leimdurchschläge vorhanden sind.

Überlegen Sie, welche Rechte Jürgen gegen die Möbel Kaiser OHG geltend machen kann! Gehen Sie davon aus, dass dem Möbelkauf die gesetzlichen Vorschriften des BGB zugrunde liegen.

→ Lösung des Rechtsfalls siehe S. 40.

11.5.1.1 Begriff mangelhafte Lieferung

Merke:

Übergibt und übereignet der Verkäufer dem Käufer die im Kaufvertrag vereinbarte Sache (Leistung) mit **Sach- und/oder Rechtsmängeln** behaftet, so liegt eine **mangelhafte Lieferung** vor. Die Lieferung einer mangelhaften Sache stellt eine **Pflichtverletzung** im Sinne des § 280 BGB dar.

Eine **Pflichtverletzung** des **Schuldners** kann darin bestehen, dass er

- **überhaupt nicht leistet** (z. B. weil die Leistung unmöglich geworden ist),[1]
- **schlecht leistet** (Schlechtleistung, mangelhafte Lieferung),
- **zu spät leistet** (die Sache wird vom Verkäufer zu spät geliefert [Lieferungsverzug])[2] oder der fällige Zahlungsbetrag wird vom Käufer zu spät entrichtet [Zahlungsverzug]).[3]

11.5.1.2 Arten von Mängeln

11.5.1.2.1 Sachmängel

Die Sachmängel sind in § 434 BGB geregelt. Man unterscheidet Mängel in der Beschaffenheit, fehlerhafte Montageanleitungen und Montagemängel sowie Falsch- und Minderlieferungen.

(1) Mangel in der Beschaffenheit

→ Die vertraglich vereinbarte Beschaffenheit fehlt

Maßgeblich dafür, ob ein Mangel vorliegt, ist ausschließlich die ausdrücklich oder stillschweigend getroffene **vertragliche Vereinbarung.** Es gilt daher, Über- und Unterschreitungen des Qualitätsstandards durch eine vertragliche Vereinbarung zu beachten.

Beispiel:

Im Kaufvertrag ist vereinbart, dass die maximale Leistung der Kühlanlage 35° C betragen soll. Die tatsächliche Leistung der Kühlanlage beträgt jedoch nur 30° C.

1 Auf die Unmöglichkeit der Leistung wird im Folgenden nicht eingegangen.
2 Siehe hierzu Kapitel 11.5.2.
3 Siehe hierzu Band 1, Kapitel 3.6.2, Seite 88ff.

→ Die Sache eignet sich nicht für die nach dem Vertrag vorausgesetzte Verwendung

Damit werden die Fälle angesprochen, bei denen die **Beschaffenheit** zwar **nicht konkret vereinbart** worden ist, diese jedoch z. B. im Vorfeld des Vertrags oder aufgrund langjähriger Geschäftsbeziehungen als selbstverständlich vorausgesetzt ist.

Beispiel:

Die Farbengroßhandlung Müller KG bestellt bei der Farbenfabrik Bunt OHG einen Lack, wobei sie der Farbenfabrik Bunt OHG lediglich mitteilt, dass der Lack zum Anstrich einer Witterungseinflüssen ausgesetzten Stahlkonstruktion verwendet wird. Nach dem Anstrich zeigt sich jedoch bereits nach vier Wochen, dass der gelieferte Lack nicht witterungsbeständig ist. In diesem Fall ergibt sich der Sachmangel (Beschaffenheitsmangel) aus der fehlenden Eignung (Eigenschaft) für die nach dem Kaufvertrag vorausgesetzte Verwendung des Lacks.

→ Die Sache eignet sich nicht für eine gewöhnliche Verwendung

Damit werden die Fälle angesprochen, bei denen die Qualität der gelieferten Sache den durchschnittlichen Qualitätsstandard nicht erreicht.

Beispiele:

Der Wäschetrockner hat eine defekte Steuerungselektronik. – Der PC-Schrank entspricht nicht der entsprechenden DIN-Norm. – Die fabrikneue CD hat einen Kratzer.

→ Die Beschaffenheit der Sache entspricht nicht den Eigenschaften, die der Käufer nach öffentlichen Äußerungen des Verkäufers oder Herstellers, insbesondere aufgrund der Werbung, erwarten kann

Entspricht die Sache nicht der konkreten Eigenschaftsbeschreibung einer Werbung, einer Kennzeichnung (z. B. Marke) bzw. einer Produktbeschreibung, so ist die Sache mangelhaft.[1]

Beispiel:

Der Energieverbrauch eines Herdes wird als besonders niedrig beschrieben, obwohl er nur geringfügig unter dem durchschnittlichen Energieverbrauch von vergleichbaren Herden liegt.

(2) Fehlerhafte Montageanleitungen bzw. Montagemangel

Ein Sachmangel ist auch dann gegeben, wenn die vereinbarte **Montage** durch den Verkäufer **unsachgemäß** durchgeführt wurde.

Beispiel:

Der Käufer übernimmt den Zusammenbau eines Büroschranks. Aufgrund einer falschen Montageanleitung gelingt der Zusammenbau nicht. Außerdem werden einige Elemente beschädigt.

Führt eine **fehlerhafte Montageanleitung** zu einem falschen Zusammenbau durch den Käufer oder einen Dritten, bedeutet dies ebenfalls einen Sachmangel. Ein Sachmangel entsteht jedoch dann nicht, wenn die Sache durch den Käufer gleichwohl fehlerfrei montiert wurde. Einer fehlerhaften Montageanleitung steht eine falsche Betriebsanleitung gleich.

1 Hierdurch wird versucht, überzogene Werbeaussagen, die oft zu einer „Irreführung" der Verbraucher führen, zu verhindern.

(3) Falschlieferung (Aliud) oder Lieferung einer Mindermenge (Minderlieferung)

Ein Sachmangel liegt auch vor, wenn eine andere Sache oder eine zu geringe Menge geliefert wird.

Beispiele:

Anstelle der bestellten 100 Silberlöffel werden 100 Silbermesser geliefert (Falschlieferung). – Statt 20 Stück eines bestimmten Posters werden nur 15 Stück geliefert (Minderlieferung).

Merke:

Für **alle Sachmängel** gilt: Es gibt gesetzlich keine Bagatellgrenze,[1] d.h., auch geringfügige Mängel sind Sachmängel.

11.5.1.2.2 Rechtsmängel

Die Rechtsmängel sind in § 435 BGB geregelt. Ein Rechtsmangel liegt vor, wenn ein Dritter in Bezug auf die Sache Rechte gegen den Käufer geltend machen kann, die im Kaufvertrag nicht vereinbart wurden.

Beispiel:

Der Verkauf von Marken-Jeans ohne Lizenz stellt einen Rechtsmangel dar, da dem Käufer verschwiegen wird, dass die Rechte Dritter (hier Recht an einer Marke) verletzt werden.

11.5.1.3 Arten der Mängel im Hinblick auf ihre Entdeckbarkeit

(1) Offene Mängel

Hier handelt es sich um Mängel, die bei gewissenhafter Prüfung der Kaufsache **sofort** entdeckbar sind.

(2) Versteckte Mängel

Diese Mängel sind bei der Übergabe der Sachen (z.B. Waren) trotz gewissenhafter Prüfung zunächst **nicht** entdeckbar. Sie werden erst später, z.B. während ihres Gebrauchs oder ihrer Verarbeitung, erkennbar.

(3) Arglistig[2] verschwiegene Mängel

Es sind versteckte Mängel, die der Verkäufer dem Käufer **absichtlich** verschweigt.

1 Bagatelle: Kleinigkeit, Nebensächlichkeit.

2 **Arglistig** handelt, wer wahre Tatsachen unterdrückt (der Verkäufer kennt z.B. den erheblichen Mangel der Kaufsache bereits bei Übergabe der Kaufsache an den Käufer) oder falsche Tatsachen „vorspiegelt" (der Verkäufer erklärt z.B. wahrheitswidrig, dass das verkaufte Auto für 100 km Fahrstrecke auch bei Höchstgeschwindigkeit höchstens 8,0 Liter Treibstoff verbraucht).

3 Speth u.a. – ISBN 3-8120-0529-8

11.5.1.4 Rechte des Käufers (Gewährleistungsrecht)[1]

11.5.1.4.1 Überblick

Hat der Verkäufer den Kaufvertragsgegenstand bereits übergeben und übereignet, dann stehen dem **Käufer** nach § 437 BGB **folgende Rechte zu**:

1. Stufe (vorrangige Rechte)	**Rechte ohne Fristsetzung**
	Nacherfüllung • Mängelbeseitigung oder • Ersatzlieferung
	Schadensersatz neben der Leistung

2. Stufe (nachrangige Rechte)	**Rechte nach Ablauf einer angemessenen Frist zur Mängelbeseitigung oder Ersatzlieferung**
	Rücktritt vom Kaufvertrag
	Minderung (eventuell Schadensersatz neben der Leistung)
	Schadensersatz statt der Leistung
	Ersatz vergeblicher Aufwendungen

11.5.1.4.2 Rechte ohne Fristsetzung

(1) Nacherfüllung [§ 439 BGB]

Ohne Fristsetzung kann der Käufer auf **Nacherfüllung** bestehen. Dabei kann der **Käufer** nach **seiner Wahl** die **Beseitigung des Mangels (Mängelbeseitigung)** oder die **Lieferung einer mangelfreien Sache (Ersatzlieferung)** verlangen. Er hat hierfür dem Verkäufer eine angemessene[2] Zeit einzuräumen. Die Aufwendungen, die zum Zweck der Nacherfüllung anfallen, hat der Verkäufer zu tragen. Der **Verkäufer** kann allerdings die Leistung **verweigern,** wenn die vom Käufer gewählte Art der Nacherfüllung für ihn nur mit **unverhältnismäßigen Kosten** verbunden ist.

Beispiel:

Einfache Quarzuhren lassen sich häufig nur mit unverhältnismäßigem Aufwand reparieren, soweit dies nicht ohnehin technisch ausgeschlossen ist. Entscheidet sich der Käufer dafür, die Beseitigung des Mangels zu verlangen, kann der Verkäufer dies ablehnen und stattdessen eine andere mangelfreie Uhr liefern.

1 Im Folgenden werden sowohl die **Rechte beim Verbrauchsgüterkauf** als auch die **Rechte beim zweiseitigen Handelskauf** behandelt.

2 **Angemessen** besagt, dass die Frist so lange sein muss, dass der Schuldner die Leistung tatsächlich noch erbringen kann. Allerdings muss sie dem Schuldner nicht ermöglichen, mit der Leistungserbringung erst zu beginnen. Der Schuldner soll nur die Gelegenheit bekommen, die bereits in Angriff genommene Leistung zu beenden.

Der Anspruch auf Nacherfüllung kann vom Käufer nicht „übersprungen" werden. Der Käufer kann somit nicht unmittelbar vom Kaufvertrag zurücktreten, Minderung oder (gegebenenfalls auch) Schadensersatz statt der Leistung verlangen. Erst wenn die Nacherfüllung verweigert oder erfolglos ist, kann der Käufer erneut wählen. Für die Nacherfüllung sollte der Käufer dem Verkäufer sofort eine Frist setzen.

(2) Schadensersatz neben der Leistung [§ 280 I BGB]

Neben dem Recht auf Nacherfüllung hat der Käufer **zusätzlich** noch einen **Anspruch auf Schadensersatz neben der Leistung. Voraussetzungen** für den einfachen Schadensersatz sind: **Pflichtverletzung** und **Verschulden des Verkäufers.** Die Art der Pflichtverletzung ist völlig unerheblich (z. B. schlecht, zu viel oder zu wenig, am falschen Ort geleistet, Verletzung einer Haupt- oder einer Nebenpflicht).

Steht die Pflichtverletzung fest, muss der Schuldner (z. B. der Einzelhändler gegenüber dem Großhändler) beweisen, dass er die Pflichtverletzung nicht zu vertreten hat.

Regelung der Beweislast beim Verbrauchsgüterkauf:[1]

Dem Verbraucher ist es oft nicht möglich, einem Unternehmer zu beweisen, dass die Kaufsache bereits beim Vertragsabschluss und/oder bei deren Übergabe mangelhaft war (einen Sachmangel aufweist). Beim **Verbrauchsgüterkauf** besteht deshalb eine (auf diesen Kauf beschränkte) so genannte (gewährleistungsrechtliche) **Beweislastumkehr.**

Nach § 476 1. HS BGB wird beim Auftreten eines Sachmangels in den ersten sechs Monaten nach Gefahrübergang zugunsten des Verbrauchers gesetzlich vermutet, dass der Mangel bereits beim Gefahrübergang (Übergabe der Sache; § 446 S. 1 BGB) der Kaufsache vorhanden war. Der Gegenbeweis obliegt dann dem Verkäufer (z. B. Einzelhändler).

Beispiel:

Bei einem im Juli erworbenen Dachfenster tritt im Oktober bei Regen Wasser ein. Es zeigt sich, dass sich Dichtungen im Rahmen großflächig ablösen. Hier spricht die Vermutung für eine von Anfang an fehlerhafte Qualität der Dichtungen bzw. ihrer Verklebung.

Bestreitet der Unternehmer (z. B. Einzelhändler), dass der Mangel bereits beim Gefahrübergang bestand, dann muss er dies dem Verbraucher beweisen (den „Gegenbeweis" führen). Diese Beweislastumkehr gilt auch beim **Verbrauchsgüterkauf gebrauchter Sachen.**[2] Die zwingende Rechtsvorschrift der Beweislastumkehr kann weder einzelvertraglich noch durch „Allgemeine Geschäftsbedingungen"[3] ausgeschlossen werden.

---

1 Ein **Verbrauchsgüterkauf** liegt vor, wenn ein **Verbraucher** von einem **Unternehmer** eine **bewegliche Sache** kauft [§ 474 I S. 1 BGB].

- Nach § 13 BGB ist jede natürliche Person (jeder Mensch) ein **Verbraucher,** wenn sie ein Rechtsgeschäft zu einem Zweck abschließt, der weder ihrer gewerblichen noch ihrer selbstständigen beruflichen Tätigkeit zugerechnet werden kann.
- **Unternehmer** ist nach § 14 BGB eine natürliche oder juristische Person (z. B. GmbH, AG) oder eine rechtsfähige Personengesellschaft, die beim Abschluss eines Rechtsgeschäfts (z. B. Kaufvertrag) in Ausübung ihrer gewerblichen oder selbstständigen beruflichen Tätigkeit handelt. Die Unternehmereigenschaft ist unabhängig davon, ob eine Gewinnerzielungsabsicht besteht oder nicht. Siehe hierzu Kapitel 11.8.3.3, S. 79.

2 Um spätere Streitigkeiten möglichst zu vermeiden, sollten deshalb beim Verbrauchsgüterkauf gebrauchter Sachen typische Verschleißerscheinungen (z. B. abgefahrene Reifen, Rostflecken, Lackfehler beim Gebrauchtwagenkauf) im Kaufvertrag eindeutig aufgeführt werden.

3 **Allgemeine Geschäftsbedingungen** (AGB) sind alle für eine **Vielzahl von Verträgen** vorformulierten **Vertragsbedingungen,** die **eine** Vertragspartei (Verwender) der anderen Vertragspartei bei Abschluss eines Vertrags stellt [§ 305 I S. 1 BGB]. Zu Einzelheiten siehe Kapitel 11.8.2.

Die Vermutung eines bei der Übergabe der Sache bereits vorhandenen Sachmangels gilt nicht, wenn die Sache z.B. Schäden aufweist, die offensichtlich durch unsachgemäße Verwendung oder Gewalteinwirkung verursacht sind.

Beispiel:

Weisen die Dichtungen am Dachfenster Einschnitte und mechanische Verletzungen auf, wird man davon ausgehen dürfen, dass die Art des Mangels gegen die Vermutung eines Herstellerfehlers spricht.

Schadensersatz neben der Leistung wird der Käufer verlangen, wenn er den Kaufgegenstand behält und einen eventuell angefallenen Schaden ersetzt haben will.

Beispiel:

Die Franz Sauber KG kauft eine Autowaschanlage. Wie der Verkäufer bei Übergabe fahrlässig nicht bemerkt, ist die Wasserleitung der Anlage defekt. Die Franz Sauber KG kann die Anlage drei Tage lang nicht einsetzen und erleidet einen Gewinnausfall von 800,00 EUR. Die Franz Sauber KG kann (ohne Fristsetzung) Ersatz des Betriebsausfallschadens verlangen.

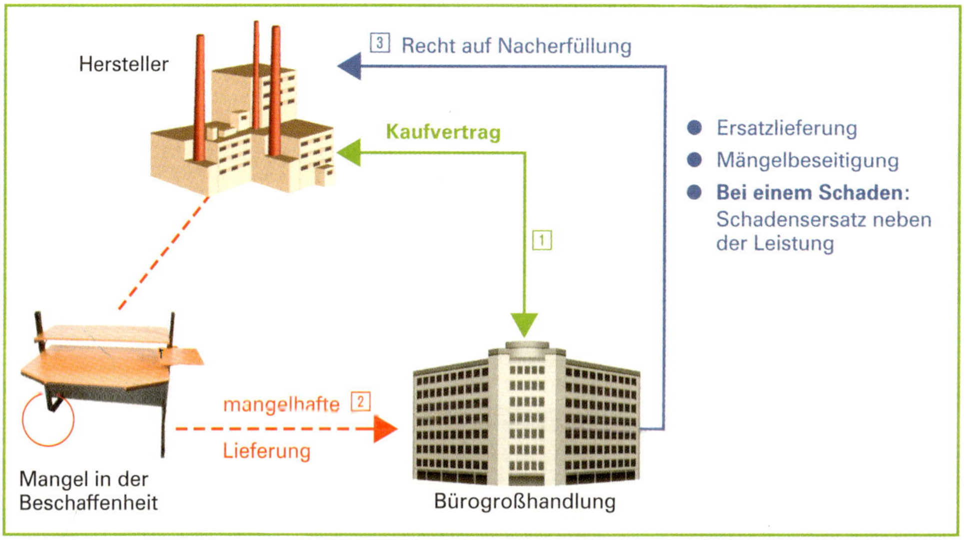

11.5.1.4.3 Rechte nach Ablauf einer angemessenen Fristsetzung (erfolglose Nacherfüllung)

(1) Rücktritt vom Kaufvertrag [§§ 323 – 326 BGB]

Der Gläubiger kann von einem **gegenseitigen Vertrag** zurücktreten, wenn eine **Pflichtverletzung** des **Schuldners** vorliegt und die Frist zur Nacherfüllung erfolglos abgelaufen ist. Eine vom Käufer verlangte Nacherfüllung durch Mängelbeseitigung gilt z.B. dann als erfolglos, wenn der Verkäufer **zweimal** vergeblich eine Nachbesserung versucht hat. Das Rücktrittsrecht des Käufers ist **nicht von einem Verschulden des Verkäufers abhängig.**

Beispiel:

Die Heinz Fromm KG hat für das Weihnachtsgeschäft eine bestimmte Hi-Fi-Anlage gekauft und zum vereinbarten Termin auch erhalten. Die Anlage ist jedoch defekt. Weil diese Anlage nicht mehr hergestellt wird und der Lieferer auch keinen Ersatz auf Lager hat, verlangt die Heinz Fromm KG zunächst eine Reparatur der Anlage. Weil die Anlage auch nach einer zweimaligen Reparatur noch nicht einwandfrei funktioniert, tritt die Heinz Fromm KG vom Kaufvertrag zurück.

Wegen der einschneidenden Wirkung des Rücktritts sieht das Rücktrittsrecht allerdings eine **Einschränkung des Rücktrittsrechts** vor. Der Rücktritt des Gläubigers ist z.B. ausgeschlossen, wenn im Falle der Schlechtleistung die Pflichtverletzung des Schuldners **unerheblich** ist.

Beispiel:

Befindet sich an einem neuen Pkw ein kleiner Kratzer unter der Motorhaube, ist kein Rücktritt möglich, weil die Schlechtleistung unerheblich ist.

Bei vertraglichem wie bei gesetzlichem Rücktrittsrecht sind im Falle des Rücktritts die empfangenen Leistungen zurückzugewähren und der gezogene Nutzen herauszugeben.

Beispiel:

Ein Käufer, der einen mangelhaften Pkw erhalten und genutzt hat, muss zum einen den Pkw zurückgeben und zum anderen sich vom Verkäufer ein Nutzungsentgelt anrechnen lassen.

Trotz seines Rücktritts kann der Käufer zusätzlich Ersatz des ihm entstandenen Schadens verlangen. Es handelt sich um einen Anspruch auf **Schadensersatz statt der Leistung.**

(2) Minderung [§ 441 BGB]

Der Käufer kann statt vom Kaufvertrag zurückzutreten auch den Kaufpreis durch eine Erklärung gegenüber dem Verkäufer herabsetzen, d.h. **Minderung** verlangen. Minderung bedeutet, dass der Kaufpreis der Sache um den Betrag gekürzt wird, um den der Mangel den Wert der Sache, gemessen am Kaufpreis, mindert. Erforderlichenfalls ist die Minderung durch Schätzung zu ermitteln. Das Recht auf Minderung gilt auch für **unerhebliche Mängel.**

Beispiel:

Eine Musikanlage, die von einem Medienhaus für 300,00 EUR bar gekauft wurde, leistet nicht wie vertraglich vorgesehen 500 Watt, sondern nur 400 Watt. Da es nicht innerhalb einer gesetzten Frist zur Nacherfüllung durch den Lieferer kommt, verlangt das Medienhaus Minderung. Eine Musikanlage mit einer Leistung von 400 Watt könnte es für 200,00 EUR erwerben. Dem Medienhaus steht ein Minderungsanspruch in Höhe von 100,00 EUR zu.

Minderung wird in der Regel verlangt, wenn die Sache nur kleinere Mängel aufweist, sodass der Käufer die Sache weiter verwenden (z.B. verarbeiten oder weiterveräußern) kann.

Ist ein zusätzlicher Schaden entstanden und liegt ein Verschulden des Verkäufers vor, kann der Käufer neben der Minderung auch noch **Schadensersatz neben der Leistung** [§ 280 I BGB] verlangen.

(3) Schadensersatz statt der Leistung [§§ 280 I, III; 281 BGB]

Ein Schadensersatz statt der Leistung bei mangelhafter Leistung kann nur verlangt werden, wenn neben einer Pflichtverletzung und dem Verschulden des Verkäufers **zusätzlich** noch eine **erfolglose angemessene** Fristsetzung zur Nacherfüllung vorliegt.

Einen Schadensersatz statt der Leistung wählt der Käufer, wenn er den gelieferten Kaufgegenstand zurückgibt und ihm ein Schaden entstanden ist. Abgedeckt wird sowohl der eigentliche Mangelschaden als auch ein sich anschließender eventueller Mangelfolgeschaden.

Beispiel:

Wegen eines Mangels ist in einer Bäckerei eine Kaffeemaschine nicht einsatzfähig. Nach Ablauf einer erfolglosen Fristsetzung zur Nacherfüllung erwirbt der Käufer bei einem anderen Verkäufer eine gleichartige Maschine (so genannter **Deckungskauf**). Dabei entstehen Mehrkosten in Höhe von 180,00 EUR. Außerdem kann zwei Tage lang kein Kaffee ausgeschenkt werden. Der entstandene Schaden (Mangelfolgeschaden) beträgt 250,00 EUR. Die gesamte Schadenssumme in Höhe von 430,00 EUR kann als Schadensersatz geltend gemacht werden.

(4) Aufwendungsersatzansprüche [§ 284 BGB]

Anstelle des Schadensersatzes statt der Leistung kann der Gläubiger **Ersatz der Aufwendungen** verlangen, die er im Vertrauen auf den Erhalt der Leistungen gemacht hat.

Beispiel:

Ein Teppichhaus hat eine spezielle Waschmaschine für Teppiche bestellt und die entsprechenden Strom-, Wasser- und Fliesenarbeiten im Voraus ausgeführt. Die Waschmaschine kann aus technischen Gründen nicht geliefert werden.

Das Teppichhaus kann in diesem Fall alle seine entstandenen Kosten vom Verkäufer zurückverlangen.

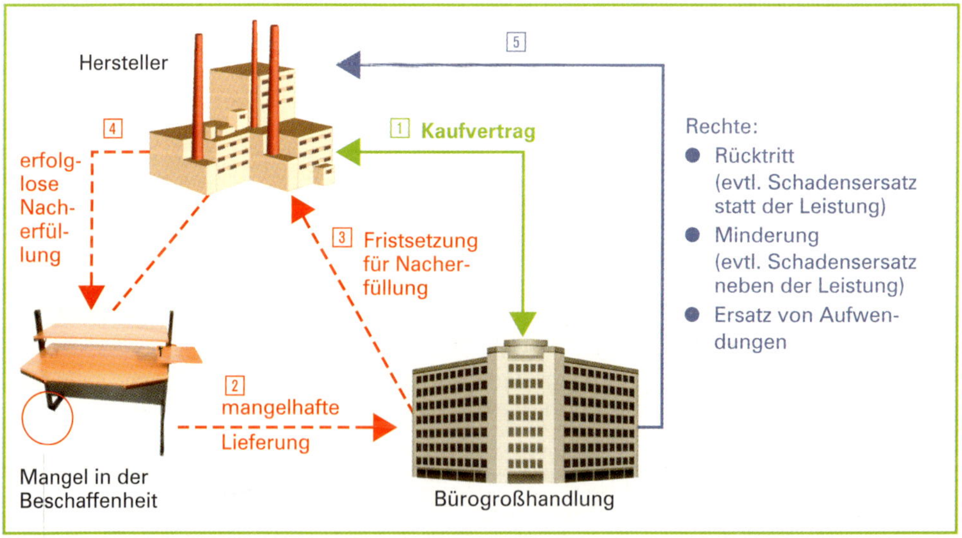

Sonderregelungen zu den Gewährleistungspflichten beim Verbrauchsgüterkauf

→ **Gefahrübergang**

Beim Verbrauchsgüterkauf tritt der Gefahrübergang erst ein, wenn der Verbraucher die Kaufsache erhalten hat [§ 446 BGB]. Die Gefahrübergangsregelung beim Versendungskauf [§ 447 BGB][1] findet auf den Verbrauchsgüterkauf keine Anwendung [§ 474 II BGB].

→ **Eigenständiger Rückgriffsanspruch des Unternehmers**[2]

Werden neu hergestellte Sachen an Verbraucher verkauft, machen diese grundsätzlich ihre Gewährleistungsansprüche gegenüber dem Verkäufer (z.B. Einzelhändler) geltend.

Der Händler hat in diesem Fall einen Rückgriffsanspruch gegen seinen Lieferanten, dieser gegen den Vorlieferanten bis hin zum Hersteller [§ 478 BGB].

Ein Rückgriff des Letztverkäufers (und auch seiner Vorlieferanten auf deren Vorlieferanten) ist jedoch grundsätzlich nur möglich,

- wenn z.B. der Verbraucher wegen eines Sachmangels der Kaufsache den Kaufpreis gemindert hat,
- wenn der Letztverbraucher die gekaufte Sache von seinem Kunden zurücknehmen musste (z.B. bei Nacherfüllung oder Rücktritt des Verbrauchers) und
- wenn es sich bei der verkauften Sache um eine **neu hergestellte Sache** handelt (Näheres siehe § 478 BGB).

→ **Ausschluss der Gewährleistungsrechte**

Ein mit einem **Unternehmer** erfolgter einzelvertraglicher **Ausschluss** der Gewährleistungsrechte des Verbrauchers oder ein Ausschluss durch allgemeine Geschäftsbedingungen der Unternehmen ist **rechtswirksam nicht möglich.**[3]

11.5.1.5 Garantie

Die Garantie ist in zweifacher Weise geregelt: Zum einen gibt es Regelungen zur Beschaffenheits- und Haltbarkeitsgarantie, die für alle Kaufverträge gelten [§ 443 BGB], und zum anderen gibt es darüber hinaus noch Regelungen, die spezifisch auf Verbrauchsgüterkaufverträge ausgerichtet sind [§ 477 BGB].

(1) Beschaffenheits- und Haltbarkeitsgarantie [§ 443 BGB]

Bei einer Beschaffenheits- und/oder Haltbarkeitsgarantie übernimmt der Verkäufer oder ein Dritter[4] – unabhängig davon, ob beim Gefahrübergang ein Mangel besteht oder nicht besteht – die **Garantie** (Gewähr) für die **zugesicherte Beschaffenheit** der Sache **(Beschaffenheitsgarantie)** oder dafür, dass die Sache für eine **bestimmte Dauer** eine **bestimmte Beschaffenheit behält (Haltbarkeitsgarantie).**

---

1 Beim **Handelskauf** erfolgt der Gefahrübergang am Leistungsort. Ist vertraglich nichts vereinbart, so ist der Leistungsort für den Verkäufer seine gewerbliche Niederlassung [§ 269 II BGB]. Nach der Übergabe der Ware am (gesetzlichen) Leistungsort trägt der Käufer das Transportrisiko (Gefahr des zufälligen Untergangs oder der zufälligen Verschlechterung der Ware auf dem Weg vom Verkäufer zum Käufer) [§ 466 S. 1 BGB]. Vgl. auch Band 1, Kapitel 3.2.5.2.2, Seite 53ff.

2 Durch den Rückgriffsanspruch soll vor allem verhindert werden, dass der Handel allein die Nachteile des verbesserten Verbraucherschutzes tragen muss. Der **Schadensverursacher** (letztlich der Hersteller der Kaufsache) soll haften.

3 Zwischen Verbrauchern (Privatpersonen) ist jedoch ein Ausschluss der Gewährleistungsrechte möglich.

4 Dritte sind meistens die Hersteller der Sachen (Industrie- und Handwerksbetriebe).

Beispiele:

- Die Kölner Lack und Farben GmbH bezeichnet ihre Produkte als garantiert hitze- und säurebeständig.
- Die Baustoffhandel Baumeister OHG garantiert die Frostsicherheit ihrer verkauften Spanplatten (**Beschaffenheitsgarantien** aufgrund einer **Garantieurkunde**).
- Die Münchener Kesselbau AG gibt eine Garantie dafür, dass ihre Dampfkessel innerhalb der nächsten fünf Jahre nicht durchrosten.
- Die Leipziger Werkzeugbau KG garantiert, dass ihre hergestellten Stahlfedern innerhalb der nächsten 8 Jahre (auch bei hoher, dauernder Belastung) nicht brechen werden **(Haltbarkeitsgarantien).**

Tritt der Garantiefall ein, dann kann der Käufer – **neben** seinen **gesetzlichen Ansprüchen aus der Sachmängelhaftung** – seine **Garantierechte** zu den in der Garantieerklärung und den in der betreffenden Werbung[1] angegebenen Bedingungen gegenüber dem Verkäufer oder Dritten geltend machen.

(2) Zusätzliche Bestimmungen für Garantien beim Verbrauchsgüterkauf [§ 477 BGB]

Beim Verbrauchsgüterkauf werden durch die Vorschriften im § 477 BGB (i.V.m. § 433 BGB) besondere, dem Schutz der Verbraucher dienende Anforderungen an die Garantieerklärungen des Verkäufers (Unternehmers) gestellt. Im Einzelnen sind vom Verkäufer folgende **verbraucherschützende Vorschriften (Anforderungen)** zu beachten [§ 477 I, II BGB]:

- einfache und verständliche Abfassung der Garantieerklärung,
- Hinweis auf die gesetzlichen Rechte des Verbrauchers und deren uneingeschränkte Geltung,
- Mindestinhalt der Garantieerklärung (Angaben über die Geltendmachung der Garantie, insbesondere Dauer und räumlicher Geltungsbereich des Garantieschutzes, Name und Anschrift des Garantiegebers),
- das Recht des Verbrauchers auf Aushändigung der Garantieerklärung (zumindest) in Textform sowie
- die Wirksamkeit der Garantieverpflichtung auch im Falle der Nichteinhaltung der genannten Anforderungen.

Lösung des einführenden Rechtsfalls:

Nach den Informationen dieses Kapitels wissen Sie, dass Jürgen Witt eine mangelhafte Lieferung erhalten hat. Die Möbel Kaiser OHG haftet für die Sachmängel des Schreibtisches gemäß § 437 BGB. Jürgen Witt kann folgende Gewährleistungsansprüche geltend machen: Zunächst muss er der Möbel Kaiser OHG eine angemessene Frist setzen und Mängelbeseitigung oder Ersatzlieferung fordern. Bleibt die Nacherfüllung erfolglos, kann er vom Kaufvertrag zurücktreten oder Minderung verlangen. Falls ein Schaden entstanden ist, kann Jürgen Witt auch Schadensersatz verlangen.

1 Der Käufer kann seine Garantieansprüche somit auch mit den in der einschlägigen Werbung angegebenen Bedingungen begründen, nicht nur mit der Garantieurkunde selbst.

Zusammenfassung

- Eine **mangelhafte Lieferung** liegt vor, wenn die im Kaufvertrag vereinbarte Leistung zum **Zeitpunkt** der **Übergabe (Gefahrübergang)** mit einem **Sach-** und/oder einem **Rechtsmangel** behaftet ist.

- Wir unterscheiden folgende **Sachmängel**:

Sachmängel

- Mängel in der **Beschaffenheit**
- Mängel in der **Montage**
- Mängel in der **Montageanleitung**
- **Falschlieferung** oder **Minderlieferung**

Mängel in der Beschaffenheit:

- **bei vertraglicher** Vereinbarung:
  - Beschaffenheit der Sache weicht von der vereinbarten Beschaffenheit ab
- **ohne vertragliche** Vereinbarung:
  - Beschaffenheit ist ungeeignet für die im Vertrag vorausgesetzte Verwendung
  - Sache ist für gewöhnliche Verwendung ungeeignet
  - Beschaffenheit der Sache weicht z. B. von der Werbeaussage oder Kennzeichnung ab

- Bei der Lieferung mangelhafter Sachen hat der Käufer folgende **Rechte**:

I. Ohne Fristsetzung: Nacherfüllung

• **Ersatzlieferung** (Ausnahme: z. B. unverhältnismäßige Kosten) und • **Schadensersatz neben der Leistung** (nur bei Verschulden)	• **Mängelbeseitigung** (Ausnahme: z. B. unverhältnismäßige Kosten) und • **Schadensersatz neben der Leistung** (nur bei Verschulden)

II. Nach Ablauf der gesetzten angemessenen Frist (erfolglose Nacherfüllung)

Minderung und eventuell **Schadensersatz neben der Leistung**	**Rücktritt** (Ausnahmen: Pflichtverletzung unerheblich bzw. überwiegend vom Gläubiger zu vertreten)	**Schadensersatz statt der Leistung** (nur bei Verschulden und erheblicher Pflichtverletzung)	**Ersatz vergeblicher Aufwendungen** (nur anstelle von Schadensersatz statt der Leistung)

- Bei einer **Beschaffenheits- und/oder Haltbarkeitsgarantie** übernimmt der Verkäufer oder ein Dritter die Garantie für die zugesicherte Beschaffenheit der Sache oder dafür, dass die Sache für eine bestimmte Dauer eine bestimmte Beschaffenheit behält [§ 443 I BGB]. Für die Garantieerklärung gelten besondere Vorschriften [§ 477 BGB].

- Ansprüche aus der Garantie kann der Käufer **neben seinen Gewährleistungsrechten** geltend machen.

- Ein **Verbrauchsgüterkauf** liegt vor, wenn ein Verbraucher von einem Unternehmer eine bewegliche Sache kauft [§ 474 I S. 1 BGB].
- Für den Verbrauchsgüterkauf gelten Sonderregelungen, die zu einer **rechtlichen Besserstellung des Verbrauchers** führen.
- Wichtige **Sonderregelungen beim Verbrauchsgüterkauf**:
  - Der **Gefahrübergang** tritt erst ein, wenn der Verbraucher die Kaufsache erhalten hat.
  - Es besteht eine **Beweislastumkehr,** d.h., beim Auftreten eines Sachmangels wird in den ersten sechs Monaten nach Gefahrübergang vermutet, dass der Mangel bereits beim Gefahrübergang der Kaufsache vorhanden war. Der Gegenbeweis obliegt dann dem Verkäufer.
  - Der **Ausschluss der Gewährleistungsrechte des Verbrauchers** ist rechtswirksam **nicht möglich.**
  - Wenn der Verbraucher eine mangelhafte Sache z.B. einem Einzelhändler zurückgibt, kann dieser die Ware an seinen **Vorlieferanten zurückgeben.**

Aufgaben zur Sicherung und Vertiefung des Lernerfolgs

7

1. Begründen Sie, warum der Verkäufer auch für Sachmängel haftet, die ohne sein Verschulden entstanden sind!
2. Welche Gewährleistungsansprüche hat der Käufer bei einer mangelhaften Lieferung?
3. Überlegen Sie, warum der Käufer bei mangelhafter Lieferung nicht ohne weiteres statt Nacherfüllung auf Rücktritt oder Minderung des Kaufpreises bestehen kann!
4. Unter welchen wirtschaftlichen Voraussetzungen würden Sie Ersatzlieferung, Mängelbeseitigung oder den Rücktritt vom Kaufvertrag verlangen?
5. Das Möbelhaus Klaus Walter e.K. bestellt bei der Möbelfabrik Fuchs GmbH 50 Stühle in Kirschbaumholz.

   Bei der Überprüfung der Stühle wurde festgestellt:

   (1) Fünf Stühle wurden in Nussbaum geliefert.

   (2) Drei Stühle weisen leichte Lackfehler auf.

   Aufgaben:

   5.1 Um welche Mängelarten handelt es sich bei den Fällen (1) und (2)?

   5.2 Welches Recht sollte Ihrer Meinung nach das Möbelhaus Klaus Walter e.K. geltend machen? Begründen Sie Ihre Ansicht!

   5.3 Was muss das Möbelhaus Klaus Walter e.K. unternehmen, um diese Rechte nicht zu verlieren?
6. Das Lagerhaus Laupheim e.G. kauft am 15. Oktober beim Autohaus Hagel GmbH einen Transporter, der am 20. Oktober ausgeliefert wird. Nach einer Fahrleistung von wenigen hundert Kilometern entsteht ein Getriebeschaden, der zweifelsfrei auf einen Fabrikationsfehler zurückzuführen ist.

   Aufgaben:

   6.1 Was muss das Lagerhaus unternehmen, um seine Rechte gegenüber dem Autohaus Hagel GmbH zu wahren?

6.2 Das Lagerhaus Laupheim e. G. besteht auf der Reparatur des Schadens. Das Autohaus Hagel GmbH tauscht das beanstandete Getriebe gegen ein neues aus. Nach zwei Wochen ist das neue Getriebe wieder defekt. Die Warenauslieferung des Lagerhauses Laupheim e. G. erfolgt deshalb mit einem Mietfahrzeug, das täglich 80,00 EUR höhere Kosten verursacht als der Transport mit dem eigenen Fahrzeug.

Welche Rechte kann das Lagerhaus Laupheim e. G. gegenüber dem Autohaus Hagel GmbH geltend machen?

7. Die Vorschrift des BGB, dass auch eine mangelhafte Montageanleitung einem Sachmangel gleichsteht, wird von den Juristen als „IKEA-Klausel" bezeichnet.

Aufgabe:

Können Sie sich den Grund für diese Bezeichnung denken?

8. Bei der Überprüfung einer Getreidesendung stellt der Händler fest, dass 40 % des Getreides feucht sind. Das Getreide kann an die Mühlen nur weiterverkauft werden, wenn es unter erheblichem Aufwand getrocknet wird.

Aufgaben:

8.1 Welcher Mangel liegt vor?

8.2 Nennen und begründen Sie zwei Gewährleistungsrechte, die aufgrund der Feuchtigkeit des Getreides geltend gemacht werden können!

8

1. Die Glashandlung Felix Weckerle e. K. bestellt bei dem Möbelhaus Linder GmbH einen Schreibtisch für das Büro. Es wird vereinbart, dass der Schreibtisch durch einen Spediteur per Lkw zugestellt wird. Durch einen Unfall auf eisglatter Straße entsteht an dem Lkw des Spediteurs sowie an der Ladung Totalschaden. Den Fahrer des Lkw trifft kein Verschulden.

Aufgaben:

1.1 Muss die Glashandlung Felix Weckerle e. K. den Kaufpreis für den durch den Unfall vernichteten Schreibtisch bezahlen?

1.2 Gleicher Sachverhalt. Besteller des Schreibtisches ist jedoch Ralph Singer, der den Schreibtisch für das Kinderzimmer seines Sohnes Gebhard bestellt hat. Muss Ralph Singer den Kaufpreis bezahlen?

2. Das Autohaus Sigmund Ertle e. K. verkauft an den Privatmann Norbert Spöri einen fünf Jahre alten Kleinwagen. Zwei Wochen nach dem Kauf tritt erheblicher Ölverlust an der Servolenkung auf. Herr Spöri möchte die Reparaturkosten vom Autohaus ersetzt haben. Das Autohaus lehnt die Kostenübernahme mit der Begründung ab, der Ölverlust sei erst nach Abschluss des Kaufvertrags aufgetreten.

Aufgaben:

2.1 Wer hat die Beweislast für den aufgetretenen Mangel zu tragen? Begründen Sie Ihre Meinung mit Hilfe des Gesetzestextes!

2.2 Gleicher Sachverhalt. Der Autokauf wurde jedoch von der Alexander Heinzler GmbH getätigt. Wie ist die Rechtslage in diesem Fall?

3. Die Anton Weber OHG hat dem Privatmann Hans Fahr beim Kauf eines neuen Computers eine Garantieerklärung mit folgendem Wortlaut ausgehändigt: „Die Anton Weber OHG übernimmt für den gekauften Rechner ein Jahr Garantie." Elf Monate nach Erwerb des Computers versagt die Festplatte ihren Dienst. Es kann nicht mehr festgestellt werden, ob dies auf einen bereits bei Gefahrübergang vorliegenden Materialfehler des Gerätes oder auf unsachgemäße Behandlung durch Herrn Hans Fahr zurückzuführen ist.

Aufgabe:

Hat Hans Fahr Rechte gegenüber der Anton Weber OHG aus der Garantie?

9 Familie Helmut Rettinger bestellt beim Möbelhaus Seitz GmbH ein Wohnzimmer. Der Vertrag wird auf einem vorgedruckten Bestellformular abgeschlossen, wobei der Verkäufer ausdrücklich auf die allgemeinen Geschäftsbedingungen auf der Rückseite des Formulars hinweist. Nachdem das Wohnzimmer etwa drei Wochen im Gebrauch ist, stellt Frau Rettinger fest, dass die ursprünglich gängigen Türen des Wohnzimmerschrankes klemmen. Ursache ist ein Materialfehler.

Aufgaben:

1. Was verstehen Sie unter einer ordnungsgemäßen Lieferung?
2. Welche Mängel liegen im Hinblick auf die Sache und im Hinblick auf die Erkennbarkeit vor?
3. Herr Rettinger reklamiert beim Möbelhaus Seitz GmbH und bittet um Ersatzlieferung. Das Möbelhaus Seitz GmbH lehnt ab und verweist auf die Punkte 2 und 5 ihrer auf dem Vertragsformular abgedruckten Geschäftsbedingungen, die wie folgt lauten:

Punkt 2: Mängelrügen aller Art finden nur dann Berücksichtigung, wenn diese innerhalb von acht Tagen nach Eingang der Ware schriftlich erfolgen.

Punkt 5: Für Materialfehler haftet der Verkäufer nicht, sondern ausschließlich der Hersteller der Möbel.

3.1 Begründen Sie, ob diese beiden Klauseln mit den allgemeinen Geschäftsbedingungen zu vereinbaren sind [Hinweis zur Lösung: Lesen Sie § 309, 8. b) ee) und 8. b) aa) BGB]!

3.2 Welches Recht wird die Familie Rettinger durchsetzen können? (Begründung!)

10 1. Franz Fuchs hat am 8. April 20.. im Baumarkt Baufix KG einen neuen Rasenmäher gekauft. Am 22. Mai 20.. brach beim Rasenmähen der Gashebel ab. Nun verlangt er von der Baufix KG einen neuen Rasenmäher.

Aufgaben:

1.1 Erklären Sie unter Angabe des entsprechenden Paragrafen, warum der Rasenmäher wegen des Abbrechens des Gashebels einen Sachmangel hat!

1.2 Wie kann und darf die Baufix KG auf die Forderung von Herrn Fuchs nach einem neuen Rasenmäher reagieren? Begründen Sie Ihre Antwort!

1.3 Angenommen, die Baufix KG lehnt den Anspruch von Herrn Fuchs total ab. Sie verweist auf ihre allgemeinen Geschäftsbedingungen, in denen sich folgende Klausel befindet:

„Unsere Produkte unterliegen einer strengen Qualitätskontrolle. Ansprüche wegen Mängeln an unseren Produkten können nur gegenüber den Herstellern geltend gemacht werden.“

Zeigen Sie mit Paragrafenangabe auf, ob die Baufix KG einen Anspruch von Herrn Fuchs ablehnen darf!

2. Falko Luchs fährt mit seinem neuen Rennrad auf einer Trainingsfahrt steil bergab. Als plötzlich der rechte Bremsgriff (Hinterradbremse) abbricht, stürzt er schwer. Ein entgegenkommendes Auto muss, um Schlimmeres zu verhindern, ausweichen und fährt dabei gegen einen Baum. Schaden am Auto: 3500,00 EUR. Falko Luchs muss im Krankenhaus behandelt werden. Kosten des Krankenhausaufenthaltes: 4800,00 EUR.

Aufgabe:

Überprüfen Sie ausführlich, welche Ansprüche/Rechte Falko Luchs gegen wen geltend machen kann!

3. Frau Neugebauer kauft am 16. Mai einen teuren Pelzmantel beim Kleiderhaus Wiederhold GmbH. Am 31. Mai stellt sie fest, dass der Mantel an einigen Stellen Mottenfraß aufweist. Am 1. Juni ruft Frau Neugebauer ihre Freundin an und fragt diese um Rat. Diese meint, dass es sich zwar um einen Verbrauchsgüterkauf handle, dass aber die 14-tägige Widerrufsfrist vorüber sei, sodass Frau Neugebauer wohl nichts mehr machen könne.

Aufgaben:

3.1 Beurteilen Sie, ob bzw. inwieweit die Freundin von Frau Neugebauer Recht hat!

3.2 Frau Neugebauer ist mit dem Rat ihrer Freundin nicht zufrieden. Sie will sich noch anderweitig erkundigen. Da keiner ihrer Bekannten so richtig Bescheid weiß, wendet sie sich erst nach ihrem Auslandsurlaub Anfang Juli an das Kleiderhaus Wiederhold GmbH und verlangt mutig die Lieferung eines mangelfreien Mantels. Der Verkäufer teilt ihr mit, dass Reklamationen nur binnen 14 Tagen entgegengenommen werden (über der Kasse hängt ein mit diesem Hinweis versehenes Schild). Außerdem – so meint er – hätte Frau Neugebauer sofort nach Entdeckung des Schadens rügen müssen.

Nehmen Sie zu den Äußerungen des Verkäufers Stellung!

11.5.2 Lieferungsverzug (Nicht-Rechtzeitig-Lieferung)

Einführendes Beispiel:

Die Baumarktkette Gerhard Scheuerle OHG bestellt bei der Maschinenfabrik Schlegel GmbH in Fürth achtzig Bohrmaschinen. Die Bestellung der Gerhard Scheuerle OHG wird von der Schlegel GmbH mit Auftragsbestätigung vom 1. Juli 20.. angenommen. Als Liefertermin ist der 20. Juli 20.. vereinbart. Der vereinbarte Kaufpreis beträgt 4200,00 EUR zuzüglich 16% USt.

Am 28. Juli 20.. schreibt die Gerhard Scheuerle OHG an die Schlegel GmbH unter anderem: „Obwohl der vereinbarte Liefertermin um acht Tage überschritten ist, haben Sie noch immer nicht geliefert. Einen Grund für die Lieferungsverzögerung haben Sie uns bis heute nicht mitgeteilt. Da wir die Bohrmaschinen dringend benötigen und ein anderer Verkäufer uns diese sofort liefern kann, treten wir vom Kaufvertrag zurück. Da uns der neue Verkäufer 4400,00 EUR zuzüglich 16% USt berechnet, verlangen wir außerdem 200,00 EUR Schadensersatz statt der Leistung."

Überlegen Sie, ob die Baumarktkette Gerhard Scheuerle OHG die geltend gemachten Rechte hat, vor allem, ob sie überhaupt vom Kaufvertrag zurücktreten und auch noch Schadensersatz statt der Leistung verlangen kann! Lesen Sie zur Lösung dieses Rechtsfalls die §§ 280, 286, 323, 281 BGB!

→ Lösung des Rechtsfalls siehe S. 49.

11.5.2.1 Begriff Lieferungsverzug

Merke:

Wenn der Schuldner seine geschuldete Leistung (z.B. der Verkäufer die rechtzeitige und mängelfreie Übergabe der Kaufsache [§ 433 I BGB]) nicht oder **nicht rechtzeitig** erfüllt und er diese Nichtleistung oder zu späte Leistung **verschuldet** hat, dann kommt er in Verzug. Ist der Schuldner ein **Verkäufer** (Lieferant), dann bezeichnet man diesen **Schuldnerverzug** auch als **Lieferungsverzug.**

Ein Lieferungsverzug liegt jedoch nur vor, wenn die geschuldete Leistung noch **möglich** ist (Nachholbarkeit der unterbliebenen rechtzeitigen Leistung). Ist dies nicht der Fall, dann liegt kein Lieferungsverzug, sondern eine **Unmöglichkeit** der Leistung[1] vor, für die andere gesetzliche Vorschriften des BGB gelten.

1 Auf die Unmöglichkeit der Leistung wird im Folgenden nicht eingegangen.

Beispiel für Unmöglichkeit der Leistung:

Durch die Unachtsamkeit eines Verkäufers zerbricht eine verkaufte wertvolle alte chinesische Vase vor deren Übergabe an den Käufer. Weil dem Verkäufer und auch anderen Personen die Leistung objektiv nicht mehr möglich ist, wird der Verkäufer nach § 275 I BGB von seiner Leistungspflicht befreit. Der Verkäufer verliert jedoch, weil den Gläubiger kein Verschulden an der Unmöglichkeit der Leistung trifft, seinen Anspruch auf die Gegenleistung. Der Käufer muss somit den Kaufpreis nicht zahlen [§ 326 I BGB].

11.5.2.2 Voraussetzungen des Lieferungsverzugs

(1) Fälligkeit der Leistung (Lieferung)

Unter **Fälligkeit einer Leistung** versteht man den **Zeitpunkt,** von dem ab der Gläubiger eine **Leistung** (z.B. der Käufer die Übergabe und Übereignung der Kaufsache) **verlangen kann.** Soweit im Kaufvertrag über die Leistungszeit **keine** Vereinbarung getroffen wurde und diese nicht gesetzlich oder durch die Umstände des Kaufvertrags bestimmt ist, hat der Käufer das Recht, die Lieferung **sofort** zu verlangen [§ 271 BGB].

(2) Mahnung des Käufers an den Verkäufer

Ist der **Kalendertag,** an dem der Verkäufer die Übergabe und Übereignung der Kaufsache zu leisten hat, **kalendermäßig weder direkt noch indirekt genau bestimmt** (z.B. eine Bestellung zur „sofortigen Lieferung", „sobald wie möglich", „ab 20. Juli 20.."), so muss der Verkäufer durch eine **Mahnung** in Verzug gesetzt werden [§ 286 I, S. 1 BGB]. Durch die Mahnung wird der Verkäufer zur Leistung aufgefordert. Die Form der Mahnung bestimmt der Käufer. Die Mahnung muss nach Fälligkeit erfolgen.

Ausnahmen: In folgenden Fällen ist nach § 286 II BGB keine Mahnung erforderlich:

- Für die Leistungszeit ist ein **bestimmter Kalendertag festgelegt** (z.B. „Warenlieferung am 24. April 20..", „Lieferung Ende Mai 20..") oder die **Leistungszeit** kann **kalendermäßig berechnet** werden.

  Beispiele:

  - Die Lieferung der Kaufsache erfolgt innerhalb von vierzehn Kalendertagen nach Erhalt der Bestellung.
  - Der Kaufpreis ist sechs Kalendertage nach dem Eingang der Rechnung zu zahlen.
  - Spätestens 30 Kalendertage, nachdem der Notar die Beurkundung des Grundstückskaufvertrags mitgeteilt hat, ist der Kaufpreis auf das vom Verkäufer angegebene Konto zu überweisen.

- Die **geschuldete Leistung** wird durch den Verkäufer (Schuldner) **ernsthaft und endgültig verweigert.**

(3) Verschulden des Verkäufers

Der Verzug setzt voraus, dass der Verkäufer die Nichtleistung verschuldet hat. **Verschuldet** hat der Verkäufer die unterbliebene Leistung, wenn die Lieferungsverzögerung durch

fahrlässiges[1] oder **vorsätzliches** Handeln des Verkäufers eingetreten ist [§§ 276–278 BGB]. Der Schuldner (z.B. Verkäufer) kommt **nicht in Verzug,** solange die Leistung infolge eines Umstandes unterbleibt, den er **nicht verschuldet**[2] hat [§ 286 IV BGB].

Beispiel:

Der Verkäufer kann deshalb nicht termingerecht liefern, weil er sich nicht rechtzeitig bei seinem Lieferer mit den Waren, die er verkauft, eingedeckt hat oder weil er es als Geschäftsinhaber versäumt hat, für den Fall seiner Abwesenheit eine Vertretung zu bestimmen. (Im letzten Fall liegt ein so genanntes Organisationsverschulden des Verkäufers vor.)

11.5.2.3 Erweiterte Haftung (Verantwortlichkeit) des Schuldners (Verkäufers) während des Verzugs

Nach dem Eintritt des Lieferungsverzugs haftet der Verkäufer nicht nur für Vorsatz und jede Fahrlässigkeit. Er haftet während des Verzugs **auch für Zufall** (z. B. für die durch Zufall eingetretene Unmöglichkeit der Leistung), es sei denn, dass der Schaden auch bei rechtzeitiger Leistung eingetreten sein würde [§ 287 BGB]. Die Beweislast dafür, dass der Schaden auch bei rechtzeitiger Leistung eingetreten wäre, trägt der Verkäufer. Die Haftung ist **verschuldungsunabhängig** und bezieht sich nur auf die eigentlichen Leistungspflichten.

11.5.2.4 Rechte des Käufers beim Lieferungsverzug

11.5.2.4.1 Überblick

Gemeinsamer Anknüpfungspunkt für die Rechte des Käufers beim Lieferungsverzug ist – wie für alle Leistungsstörungen – die Pflichtverletzung. Die Ansprüche, die sich aus einer Pflichtverletzung ergeben [§ 280 I BGB], gelten daher grundsätzlich auch für den Lieferungsverzug. Neben den Rechten aus der Pflichtverletzung (Rücktritt vom Kaufvertrag, Schadensersatz statt der Leistung, Ersatz vergeblicher Aufwendungen) legt der Gesetzgeber im § 280 II BGB in Verbindung mit § 286 BGB noch einen besonderen Anspruch fest, der sich allein aus der Verspätung der geschuldeten Leistung ableitet: **den Ersatz von Verzögerungsschäden** [§ 280 II BGB].

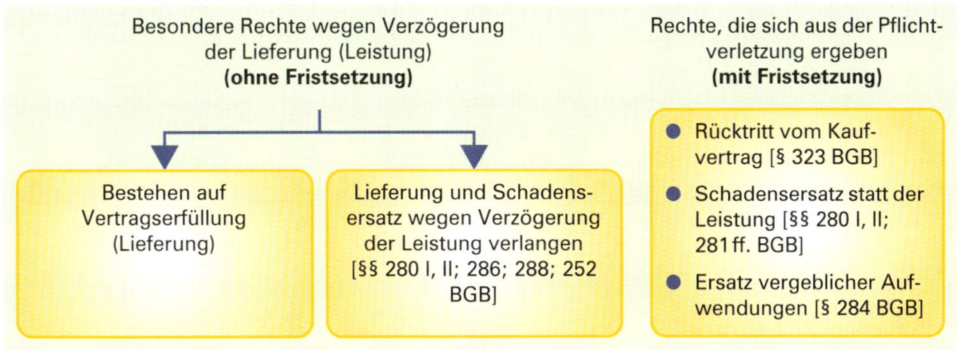

1 **Fahrlässig** handelt, wer die **verkehrsübliche Sorgfaltspflicht** außer Acht lässt. Bei einer besonders schweren Verletzung der im Geschäftsverkehr erforderlichen Sorgfaltspflicht liegt **grobe Fahrlässigkeit** vor.

2 **Nicht verschuldet** hat der Verkäufer solche Lieferungsverzögerungen, die z.B. auf **höhere Gewalt** zurückzuführen sind (z.B. Unwetter, Hochwasser, Streik).

11.5.2.4.2 Rechte ohne Fristsetzung: Besondere Rechte wegen Verzögerung der Lieferung

(1) Bestehen auf Vertragserfüllung (Lieferung)

Da der Verkäufer seiner Leistungspflicht aus dem Kaufvertrag [§ 433 I BGB] noch nicht nachgekommen ist, hat der Käufer das Recht, weiterhin auf **Vertragserfüllung** zu bestehen.

Gründe des Käufers, keine weitergehenden Rechte geltend zu machen, sind z.B.

- langjährige gute Geschäftsbeziehungen mit dem Verkäufer,
- die Lieferungsverzögerung ist für den Käufer von untergeordneter Bedeutung,
- bei anderen Verkäufern bestehen längere Lieferfristen, höhere Preise und/oder ungünstigere Zahlungsbedingungen als beim säumigen Verkäufer.

(2) Bestehen auf Vertragserfüllung (Lieferung) und Schadensersatz wegen Verzögerung der Leistung (Lieferung)

Besteht der Käufer auf Erfüllung der Leistung und möchte er gleichzeitig den durch die Verzögerung der Leistung verursachten Schaden ersetzt haben, so kann er zusätzlich noch **Schadensersatz wegen Verzögerung der Leistung** (Verzugsschaden, Verspätungsschaden) nach §§ 280 II; 286 BGB verlangen.

Beispiel:

Der Einzelhandelskaufmann Walter Sauter e.K. hätte den bei der Duisburger Elektrohandelsgesellschaft GmbH zum Preis von 500,00 EUR gekauften Kühlschrank an Frau Adelinde Reisch zu 800,00 EUR weiterverkaufen können. Abzüglich aller Kosten hätte Walter Sauter einen Gewinn von 240,00 EUR erzielen können. Wegen Verzugs der Duisburger Elektrohandelsgesellschaft GmbH scheitert der Weiterverkauf. Der Einzelhandelskaufmann Walter Sauter e.K. kann 240,00 EUR entgangenen Gewinn als Verzugsschaden geltend machen.

11.5.2.4.3 Rechte des Käufers nach erfolglosem Ablauf einer dem Verkäufer gesetzten angemessenen Frist zur Leistung oder Nacherfüllung

(1) Rücktritt vom Kaufvertrag

Der Käufer kann vom Kaufvertrag zurücktreten, wenn die dem Verkäufer vorher gesetzte **angemessene Frist** zur Leistung oder Nacherfüllung (siehe § 439 BGB) **erfolglos abgelaufen** ist. Diese **Fristsetzung** ist z. B. **entbehrlich,** wenn der Verkäufer die Leistung ernsthaft und endgültig verweigert, beim **Fixkauf**[1] oder wenn vorliegende Umstände unter Abwägung der beiderseitigen Interessen den **sofortigen Rücktritt rechtfertigen.** Der Käufer ist trotz Wahrnehmung des Rücktrittsrechts berechtigt, für die verzugsbedingten Schäden Ersatz zu verlangen [§ 325 BGB].

1 Ein **Fixkauf** liegt vor, wenn der Zweck des Kaufvertrags mit der Einhaltung eines bestimmten Termins steht oder fällt. Nachstehende Klauseln in einem Kaufvertrag weisen auf ein Fixgeschäft hin: 60 Weihnachtsbäume, lieferbar fix zum 20. Dezember 20..; die Ware ist genau am 15. April 20.. zu liefern; Ablieferung des Hochzeitsstraußes spätestens am 11. Februar 20.., 10:00 Uhr.

Beispiel:

Der Vertragspartner liefert nicht. Der Käufer tritt vom Kaufvertrag zurück, weil er die bestellte Ware inzwischen anderweitig zu einem günstigeren Preis kaufen kann. Trotz des nicht mehr bestehenden Vertrags wird der Warenschuldner (Verkäufer) mit den bereits entstandenen Verzugskosten belastet.

(2) Schadensersatz statt der Leistung

Ist die Leistung oder Nacherfüllung nach Ablauf der gesetzten angemessenen Frist nicht erfolgt, so kann der Käufer nach §§ 280 I, II; 281 ff. BGB **Schadensersatz statt der Leistung** verlangen. Ersatzfähig sind in diesem Fall insbesondere die Mehrkosten eines **Deckungsgeschäfts.** Daneben kann der Käufer auch Ersatz für solche Schäden verlangen, die dadurch entstanden sind, dass er Aufträge nicht ausführen kann und es daraufhin zu Gewinneinbußen kommt (entgangener Gewinn). Verlangt der Käufer Schadensersatz statt der Leistung, hat er keinen Anspruch mehr auf die Leistung [§ 281 IV BGB].

Bei der **Schadensberechnung** sind drei Vorgehensweisen zu unterscheiden: die konkrete Schadensberechnung, die abstrakte Schadensberechnung und die Konventionalstrafe.

Konkrete Schadensberechnung	Musste sich der Käufer die Waren anderweitig zu einem höheren Preis beschaffen, kann er von dem säumigen Verkäufer anhand der quittierten Rechnung den Preisunterschied zwischen dem Vertragspreis und dem Preis des **Deckungskaufs** verlangen.
Abstrakte Schadensberechnung	Falls der Käufer keinen Deckungskauf getätigt hat, kann er Schadensersatz für den ihm durch den Lieferungsverzug wahrscheinlich „entgangenen" Gewinn geltend machen.
Konventionalstrafe	Um den Verkäufer zum pünktlichen Einhalt der Lieferfrist anzuhalten und um Schäden nicht nachweisen zu müssen, wird manchmal eine Vertragsstrafe vereinbart. Der Geldbetrag wird dann im Allgemeinen vom Verkäufer bei einer Bank hinterlegt. Er verfällt, sobald der Verkäufer in Verzug gerät.

(3) Ersatz vergeblicher Aufwendungen

Der Käufer kann anstelle des Schadensersatzes statt der Leistung auch Ersatz vergeblicher Aufwendungen verlangen. Diese müssen aber angemessen sein und nachgewiesen werden.

Lösung des einführenden Rechtsfalls:

Die Maschinenfabrik Schlegel GmbH befindet sich seit dem 20. Juli 20.. in Lieferungsverzug, da die Leistung zu diesem Zeitpunkt fällig ist, eine Mahnung wegen der kalendermäßigen Bestimmtheit der Leistungszeit nicht erforderlich ist und ein Verschulden des Lieferers angenommen werden kann. Die Baumarktkette Gerhard Scheuerle OHG kann weiterhin die Lieferung der Bohrmaschinen und zusätzlich noch Schadensersatz wegen Verzögerung der Leistung fordern [§§ 280 I, II; 286, 288, 252 BGB].

Die Baumarktkette Gerhard Scheuerle OHG muss, will sie vom Kaufvertrag zurücktreten oder Schadensersatz statt der Leistung verlangen, der Maschinenfabrik Schlegel GmbH zunächst eine angemessene Frist setzen. Erst wenn die dem Verkäufer gesetzte angemessene Frist zur Leistung oder Nacherfüllung (siehe § 439 BGB) erfolglos abgelaufen ist, ist ein Rücktritt und ein Schadensersatz statt der Leistung möglich [§§ 323, 280 I, III; 281ff. BGB].

4 Speth u. a. – ISBN 3-8120-0529-8

Zusammenfassung

- Ein **Lieferungsverzug** liegt vor, wenn ein Verkäufer seine geschuldete Leistung nicht oder nicht rechtzeitig erfüllt und er diese Nichtleistung oder zu späte Leistung verschuldet hat.
- **Voraussetzungen des Lieferungsverzugs**
  - Fälligkeit der Leistung
  - Verschulden des Verkäufers
  - Mahnung
- Eine **Mahnung** ist in folgenden Fällen **nicht erforderlich**:
  - Die Leistungszeit ist kalendermäßig bestimmt oder bestimmbar.
  - Die geschuldete Leistung wird durch den Verkäufer (Schuldner) ernsthaft und endgültig verweigert.
- **Rechtsfolge des Lieferungsverzugs**:

  Erweiterte Haftung (Verantwortlichkeit) des säumigen Verkäufers während des Verzugs, auch für Zufall (z. B. höhere Gewalt).
- **Rechte des Käufers**
  - ohne angemessene Fristsetzung
    - nachträgliche Leistung und/oder Verzugsschaden (Verspätungsschaden)
  - nach erfolglosem Ablauf einer angemessenen Frist
    - Schadensersatz
      - Schadensersatz statt der Leistung
      - anstelle des Schadensersatzes statt der Leistung: Ersatz vergeblicher Aufwendungen
    - Vertragsrücktritt (beim gegenseitigen Vertrag) und gegebenenfalls Schadensersatz statt der Leistung

Aufgaben zur Sicherung und Vertiefung des Lernerfolgs

11 1. Die Holzhandlung Hubert Spieß e. Kfm. bestellte am 15. März aufgrund eines verbindlichen Angebots vom 13. März bei der Holzgroßhandlung Spallek GmbH 60 m^3 Eichenschnittholz. Lieferung: sofort. Nach 14 Tagen ist die Lieferung noch nicht erfolgt. Es liegt ein Versehen der Versandabteilung vor.

Aufgaben:

1.1 Prüfen Sie, ob die Holzgroßhandlung Spallek GmbH in Verzug ist! Begründen Sie Ihre Entscheidung!

1.2 Ändert sich die Rechtslage, wenn die Holzgroßhandlung Spallek GmbH die Lieferung bis 25. März fest zugesagt hat?

1.3 Wir gehen davon aus, dass die Lieferung bis zum 25. März hätte erfolgen müssen (Fall 1.2), die Lieferung aber noch nicht bei der Holzhandlung Hubert Spieß e. Kfm. eingetroffen ist. Welche Rechte stehen der Holzhandlung Hubert Spieß e. Kfm. mit und ohne Fristsetzung zu, falls die Holzgroßhandlung Spallek GmbH in Verzug ist?

1.4 Von welchem Recht wird die Holzhandlung Hubert Spieß e.Kfm. Gebrauch machen, wenn – ausgehend von Fall 1.3 – der Preis für Eichenschnittholz inzwischen gefallen ist?

2. Kann der Käufer beim Lieferungsverzug vom Kaufvertrag zurücktreten und zusätzlich noch Schadensersatz verlangen?

3. Unter welchen wirtschaftlichen Bedingungen wird der Käufer beim Lieferungsverzug:
   3.1 nur auf Erfüllung der vertraglichen Verpflichtungen bestehen,
   3.2 Erfüllung und Verzugsschaden fordern,
   3.3 vom Kaufvertrag zurücktreten und
   3.4 Schadensersatz statt der Leistung verlangen?

4. Entscheiden Sie bei folgenden Angaben der Leistungszeit, ob der Verkäufer vom Käufer durch eine Mahnung in Verzug gesetzt werden muss:
   4.1 Heute in drei Monaten,
   4.2 im Juli 20..,
   4.3 im Laufe des März 20..,
   4.4 am 28. Juli 20..,
   4.5 14 Tage nach Weihnachten 20..,
   4.6 8 Tage nach Abruf,
   4.7 sofort,
   4.8 20 Tage nach Erhalt der Bestellung.

5. Der Holzgroßhändler Gnädinger e.Kfm. hat am 29. Juni 20.. 60 m^3 Eichenschnittholz zu liefern. Weil er den Termin vergessen hat, liefert er nicht vereinbarungsgemäß. Am 4. Juli 20.. verbrennt sein Holzlager durch Brandstiftung.

   Aufgabe:

   Ist Gnädinger hierdurch von seiner Leistungspflicht befreit?

6. Die Thorsten Stiefenhofer KG (Verkäufer) und Maria Kieble e.Kfr. (Käuferin) vereinbaren im Kaufvertrag den 20. April 20.. als Liefertermin.

   Maria Kieble e. Kfr. schreibt der Thorsten Stiefenhofer KG am 10. April 20.., sie würde sich in Lieferungsverzug befinden, da die Lieferung bis jetzt noch nicht bei ihr eingegangen sei.

   Aufgaben:

   6.1 Was würden Sie der Thorsten Stiefenhofer KG raten, Maria Kieble e.Kfr. zu schreiben?
   6.2 Die Thorsten Stiefenhofer KG hat bis 20. April 20.. (vereinbarter Liefertermin) nicht geliefert. Befindet sich die Thorsten Stiefenhofer KG in Lieferungsverzug, wenn sie die Kaufsache wegen eines mehrwöchigen Streiks nicht produzieren kann?

7. Das Spielwarenhaus Götz Strübel OHG bestellt Spielwaren bei der Leonberger Spiele GmbH. Vereinbarter Liefertermin: fix 14. Oktober d.J. Am 14. Oktober teilt die Leonberger Spiele GmbH mit, dass sich die Lieferung wegen einer Überschwemmung nach einem Unwetter um einige Wochen verzögern wird.

   Aufgaben:

   7.1 Prüfen Sie, ob sich die Leonberger Spiele GmbH in Lieferungsverzug befindet! Begründen Sie Ihre Ansicht!
   7.2 Ändert sich die Rechtslage, wenn es sich um Spielwaren handelt, die nur die Leonberger Spiele GmbH herstellt und vertreibt?

8. Die Gemüsekonserven der Lebensmittelwerke Reiter KG werden vom Lebensmittelgeschäft Schlachter & Rauch OHG geprüft und auf Lager genommen. Bei einer späteren Kontrolle ist deutlich zu erkennen, dass 10 Dosen verdorben (Bombage) und deshalb unverkäuflich sind.

   Aufgaben:

   8.1 Innerhalb welcher Frist müssen bei zweiseitigen Handelsgeschäften versteckte Mängel angezeigt werden?

8.2 Welche Ansprüche kann das Lebensmittelgeschäft Schlachter & Rauch OHG bei rechtzeitig erteilter Mängelrüge gegen die Lebensmittelwerke Reiter KG geltend machen?

8.3 Was wird das Lebensmittelgeschäft Schlachter & Rauch OHG in diesem Fall zweckmäßigerweise verlangen?

12 1. Das Kinderland Hannelore Schlegel e.Kfr., Blaustein, erhielt folgendes schriftliches Angebot der Textilwerke Maucher GmbH, Bruchsal (Datum des Angebots: 10. Mai 20..):

> Kindermatratze Schlafwohl, 100 x 48 x 10 cm
> Preis pro Stück 35,00 EUR
>
> Lieferbedingungen: Die Lieferung erfolgt 10 Tage nach Auftragserteilung durch die Deutsche Bahn AG „frachtfrei". Mindestbestellmenge: 50 Stück. Es gilt der gesetzliche Erfüllungsort.

Am 15. Mai 20.. bestellt das Kinderland Hannelore Schlegel e.Kfr. lt. Angebot 80 Matratzen.

Aufgaben:

1.1 Begründen Sie, ob durch die Bestellung ein Kaufvertrag zustande kam!

1.2 Welche Pflichten entstehen beim Abschluss eines Kaufvertrags durch den Käufer und den Verkäufer?

1.3 Wie werden die Transportkosten in diesem Fall aufgeteilt?

1.4 Wo befindet sich jeweils der gesetzliche Erfüllungsort?

1.5 Am 10. Juni 20.. sind die Kindermatratzen noch nicht eingetroffen.

1.5.1 Prüfen Sie, ob sich die Maucher GmbH im Lieferungsverzug befindet!

1.5.2 Würde sich an der Rechtslage etwas ändern, wenn als Liefertermin der 28. Mai 20.. vereinbart worden wäre?

1.5.3 Welche Rechte kann der Käufer grundsätzlich beim Lieferungsverzug geltend machen?

1.5.4 Für welches Recht würden Sie sich entscheiden, wenn die Matratzen dringend benötigt werden und kurzfristig von keinem anderen Lieferanten bezogen werden können?

2. Die Lebensmitteleinzelhandlung Heinz Schaffer KG, Pforzheim, bestellte am 20. Februar 20.. telefonisch bei ERNTEFRISCH-Conserven GmbH, Groß-Gerau, 200 1/1 Dosen Mischpilze zum Preis von 0,65 EUR netto wie gehabt zur Lieferung bis 28. Februar fest. Der Auftrag wurde umgehend schriftlich bestätigt.

Aufgaben:

2.1 Welche Kaufvertragsart liegt vor?

2.2 Trotz Auftragsbestätigung mit fest zugesagtem Liefertermin trifft die dringend benötigte Ware am 28. Februar nicht ein. Herr Oberem, Einkäufer bei der Heinz Schaffer KG, bestellt deshalb am 1. März bei den Lebensmittelwerken Schübel KG, Karlsruhe, 200 1/1 Dosen Mischpilze zum Preis von 0,80 EUR je Dose. Am 2. März trifft die bei der Schübel KG bestellte Ware ein.

2.2.1 Welche Rechte stehen der Lebensmitteleinzelhandlung Heinz Schaffer KG gegenüber der ERNTEFRISCH-Conserven GmbH wahlweise zu?

2.2.2 Für welchen Anspruch wird sich Herr Oberem entscheiden? Begründen Sie Ihre Entscheidung!

13

„Ich weiß auch nicht, warum unser Verkäufer ...“

Über den Versuch eines Kunden, bestellte Möbel auch geliefert zu bekommen.

Der Kunde, der an einem schönen Mittwochmorgen am 23. August ein Möbelhaus betritt, wendet sich an einen Verkäufer: „Guten Tag, ich hätte gerne die 4 Regalteile dort, diesen Schreibtisch, beides in Kirschbaum, und dazu noch einen solchen Bürostuhl.“ Zunächst irritiert über die Entschlussfreudigkeit des Kunden, greift der Verkäufer sofort zum Auftragsbuch, nimmt die Wünsche entgegen, rechnet den Gesamtpreis aus und weist den Kunden auf die übliche Anzahlung von 20% hin. „Kein Thema“, sagt der Kunde. Bis zu diesem Zeitpunkt also nahezu ein Bilderbuchfall. Dann versteigt sich der Verkäufer zu einer Äußerung, die sich im nachhinein als fatal[1] erweisen sollte: „Dieser Hersteller liefert nach meinen Erfahrungen sehr zügig, die Möbel sind in ungefähr drei Wochen da.“

Am 19. September mahnt der Kunde das Möbelhaus an, um sich nach dem Verbleib seiner Möbel zu erkundigen, auf die er bereits seit einer Woche wartet. Die Antwort: „Der Hersteller hat uns die Lieferung der Möbel bis zum Ende dieser Woche, also bis zum 24. September versprochen. Wir liefern Ihnen dann unverzüglich am 27. September.“

Nächster Anruf des Kunden am 28. September. Eine Schreckensnachricht: Die Möbel sollen jetzt erst in der 41sten Woche ankommen, also Mitte Oktober, glatte 4 Wochen nach dem vorgesehenen Termin. Als der Kunde seinen Unmut darüber äußert, entgegnet ihm seine Gesprächspartnerin, sie „könne ja nichts dafür“, wenn der Hersteller nicht pünktlich liefere. „Ich vermittle doch nur zwischen Ihnen und dem Hersteller.“ Der Käufer stellt klar: „Ich will die Möbel bis zum 5. Oktober haben!“

Am 5. Oktober sind die Möbel endlich beim Kunden eingetroffen. Beim Auspacken stellt der Kunde fest, dass die Möbel bis in das kleinste Teil nach Lego-Art zerlegt sind, kein Teil ist montiert. Zum Zusammenbau der Regale benötigt der Kunde vier Stunden.

Den Höhepunkt bildet jedoch der Schreibtisch: In den Holzplatten sind nicht einmal Löcher gebohrt! „Wie soll ich denn die Schrauben hineindrehen ohne Löcher?“, stöhnt der Kunde. Entnervt wendet er sich seiner letzten Neuerwerbung zu. Endlich klappt alles. Der Bürostuhl ist äußerst bequem. Am nächsten Tag sitzt der Käufer auf seinem Stuhl und ruft wieder beim Möbelhaus an, um seinen Schreibtisch zu reklamieren. Plötzlich bricht die Rückenlehne ab und er stürzt schwer zu Boden und bricht sich beide Arme.

In Anlehnung an Martin T. Roth, FAZ 28.11.2000.

Aufgaben:

1. Beschreiben Sie verbal oder mit Hilfe einer Skizze, wie in vorliegendem Fall ein Kaufvertrag zustande kommt!
2. Der Kunde wartet auf seine Möbel.
   2.1 Ab wann ist das Möbelhaus in Verzug? Begründen Sie Ihre Antwort!
   2.2 Welche Rechte hat der Kunde zu diesem Zeitpunkt?
   2.3 Was erreicht der Käufer mit seiner Fristsetzung am 28. September?
3. Beurteilen Sie die Aussage: „Ich vermittle doch nur zwischen Ihnen und dem Hersteller“ aus rechtlicher Sicht!
4. Begründen Sie, ob der Kunde die Zeit zum Aufbau der Regale dem Möbelhaus in Rechnung stellen kann!
5. Um welchen Sachmangel handelt es sich beim Fehlen von Montagebohrungen?

1 Fatal: Verhängnisvoll.

11.6 Wirtschaftlichkeit der Beschaffung

11.6.1 Zielkonflikt zwischen Beschaffung und Lagerhaltung

Fasst man die Ziele der Beschaffung zusammen[1] und gliedert sie nach ihrer Wichtigkeit, so ist festzuhalten:

- **Oberstes Ziel** der Beschaffung ist die richtige **Mengen- und Zeitplanung** für die Bereitstellung der Güter.
- Das **zweite Ziel** der Beschaffung besteht darin, dass die beschafften **Teile so preiswürdig wie möglich** sind.
- Als **drittes Ziel** lässt sich festhalten, dass die **Kosten der Beschaffungsorganisation** selbst **so gering wie möglich** gehalten werden.

Zwischen dem zweiten und dritten Ziel besteht ein **Zielkonflikt.** Begründung: Bevorzugt man vorrangig die Verfolgung des dritten Ziels, dann führte dies dazu, dass möglichst wenig Beschaffungsvorgänge durchgeführt und dafür große Mengen auf einmal beschafft würden. Dies hätte zwangsläufig zur Folge, dass große Lagervorräte zu verwalten wären und diese Lagerhaltung die Teile kostenmäßig belasten würde. Damit wäre die Erreichung des zweiten Ziels behindert.

Das Unternehmen kann sich im Rahmen der Beschaffung entscheiden, wie es will: Große Bestellmengen und damit seltene Beschaffungsvorgänge senken einerseits die Bestellkosten, erhöhen aber andererseits die Lagerhaltungskosten. Geringe Bestellmengen und damit häufige Beschaffungsvorgänge senken zwar die Lagerhaltungskosten, erhöhen aber die Bestellkosten.

Um diesen Konflikt zu lösen und die kostengünstigste Beschaffungsmenge zu ermitteln, ermittelt man die **optimale Bestellmenge.**

11.6.2 Optimale Bestellmenge als Verfahren zur Mengenplanung

(1) Bestellkosten

Die Bestellkosten fallen bei jeder Bestellung in nahezu gleich bleibender Höhe an, gleichgültig wie groß die Menge bzw. wie hoch der Wert der bestellten Waren ist. Man bezeichnet diese Kosten daher auch als **bestellfixe Kosten.**

Hierzu gehören die Kosten der Bearbeitung der Bedarfsmeldung, der Angebotseinholung, des Angebotsvergleichs, der Bestellabwicklung, der Wareneingangsprüfung und der Rechnungsprüfung.

(2) Lagerhaltungskosten[2]

Zu den Lagerhaltungskosten zählen z. B. die Personalkosten für die im Lager beschäftigten Personen, die im Wert der gelagerten Güter gebundenen Zinsen und die Kosten des Lagerrisikos.

---

1 Wiederholen Sie hierzu das Kapitel 11.1, S. 11f.

2 Die **fixen (festen) Lagerhaltungskosten** bleiben bei den folgenden Überlegungen außer Acht, weil sie unabhängig von der Größe des Lagerbestands anfallen. Hierzu gehören z. B. die Abschreibungskosten für die Lagerräume und Lagereinrichtungen. (Die Abschreibung wird in Kapitel 11.11.2, S. 120ff. dargestellt.)

Beispiel für die Ermittlung der optimalen Bestellmenge:

Die fixen Bestellkosten je Bestellung betragen 50,00 EUR. Der Einstandspreis je Stück beläuft sich auf 30,00 EUR und der Lagerhaltungskostensatz[1] auf 25 %. Außer Betracht bleibt, dass mit zunehmender Bestellgröße i. d. R. Mengenrabatte in Anspruch genommen werden können. Außerdem wird nicht berücksichtigt, dass bei größeren Bestellungen häufig Verpackungs- und Transportkosten eingespart werden können.

Aufgaben:

1. Ermitteln Sie rechnerisch die optimale Bestellmenge bei einem Jahresbedarf von 3600 Stück und der vorgegebenen Anzahl der Bestellungen je Periode!
2. Stellen Sie die optimale Bestellmenge grafisch dar!

Lösung:

Zu 1. Berechnung der optimalen Bestellmenge:

Bestellmenge in Stück	Anzahl der Bestellungen	Bestellkosten in EUR	Durchschn. Lagerbestand[2] in Stück	Durchschn. Lagerbestand in EUR	Lagerhaltungskosten in EUR	Gesamtkosten in EUR
50	72,00	3600,00	25,00	750,00	187,50	3787,50
100	36,00	1800,00	50,00	1500,00	375,00	2175,00
150	24,00	1200,00	75,00	2250,00	562,50	1762,50
200	18,00	900,00	100,00	3000,00	750,00	1650,00
250	14,40	720,00	125,00	3750,00	937,50	1657,50
300	12,00	600,00	150,00	4500,00	1125,00	1725,00
350	10,29	514,29	175,00	5250,00	1312,50	1826,79
400	9,00	450,00	200,00	6000,00	1500,00	1950,00
450	8,00	400,00	225,00	6750,00	1687,50	2087,50
500	7,20	360,00	250,00	7500,00	1875,00	2235,00

Erläuterungen:

Werden z. B. 50 Stück bestellt, muss der Bestellvorgang 72-mal wiederholt werden. Die Bestellkosten betragen dann 3600,00 EUR und die Lagerhaltungskosten 187,50 EUR. Mit zunehmender Bestellmenge verringert sich die Anzahl der Bestellungen und damit sinken auch die Bestellkosten, während im Gegenzug die Lagerhaltungskosten steigen. Da der Betrieb **beide** Kostenarten berücksichtigen muss, ist das Optimum erreicht, wenn **die Summe beider Kosten** einen möglichst geringen Wert (Minimum) erreicht haben. Dieses Minimum liegt bei den vorgegebenen Mengenintervallen bei 200 Stück.[3]

1 Der **Lagerhaltungskostensatz** gibt an, wie groß die Lagerkosten sind gemessen am durchschnittlichen Lagerbestand, ausgedrückt in Prozent. In obigem Beispiel bedeutet dies, dass für jedes gelagerte Stück im Wert von 30,00 EUR Lagerkosten in Höhe von 7,50 EUR (25 %) anfallen.

2 Zur Berechnung des durchschnittlichen Lagerbestandes siehe Kapitel 11.7.2.3, S. 64f.

3 Eine exakte Berechnung (mit Hilfe der Andler-Formel) ermittelt eine optimale Bestellmenge von 219 Stück bei Gesamtkosten von 1643,17 EUR. Zur Andler-Formel siehe S. 60.

Zu 2. Grafische Darstellung der optimalen Bestellmenge:

Trägt man an der x-Achse die jeweilige Bestellmenge und an der y-Achse die Kosten ab, erhält man folgendes Bild:

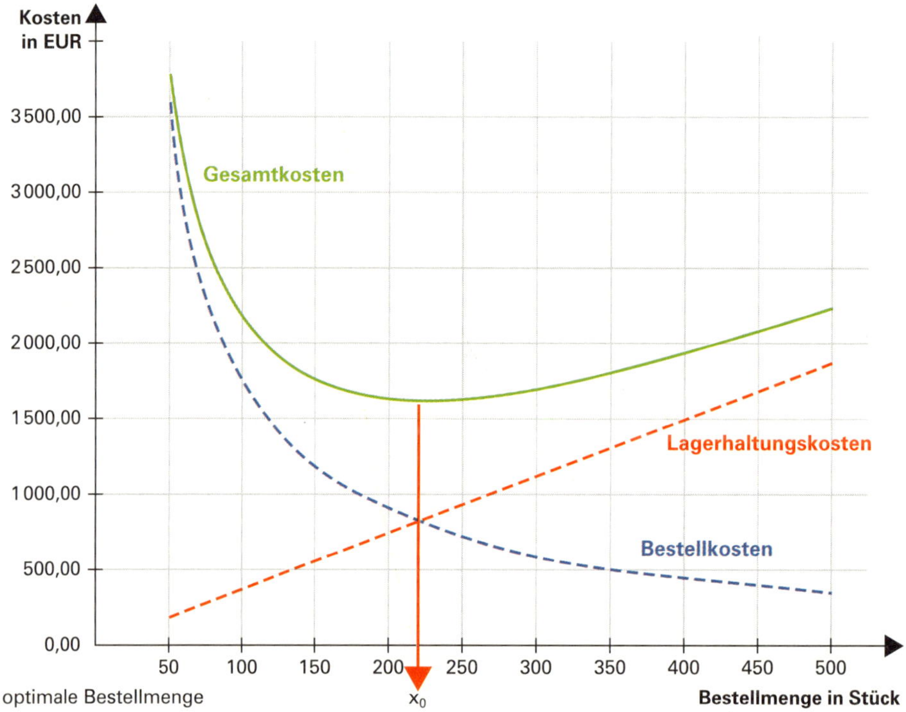

x_0: optimale Bestellmenge

Merke:

Die **optimale Bestellmenge** ist diejenige Beschaffungsmenge, bei der die Gesamtkosten (Summe aus Bestell- und Lagerhaltungskosten) am niedrigsten sind. Bei dieser Menge gleichen sich die bei steigenden Bestellmengen je Bestellung sinkenden Bestellkosten und die steigenden Lagerhaltungskosten aus.

Werden bei steigender Bestellgröße Liefererrabatte gewährt und/oder Transport- und Verpackungskosten gespart, vergrößert sich die optimale Bestellmenge. An der grundsätzlichen Aussage des Modells ändert sich nichts.

Die Anwendung dieser Modellrechnung in der Praxis ist ungleich komplizierter, weil zahlreiche weitere Bedingungen berücksichtigt werden müssten, die hier aus Gründen der Vereinfachung vernachlässigt wurden. So gewähren z.B. die Lieferer unterschiedliche Zahlungs- und Lieferungsbedingungen oder für größere Einkaufsmengen Rabattstaffelungen. Da das Verfahren zur Berechnung der optimalen Bestellmenge relativ aufwendig und damit teuer ist, wird sich deren Berechnung daher nur bei solchen Gütern lohnen, die einen hohen Warenwert haben. Voraussetzung zu ihrer Berechnung und Umsetzung im Rahmen der Beschaffung ist außerdem, dass der Lieferer die „optimale" Menge auch tatsächlich liefern kann, was nicht immer der Fall sein muss. Außerdem muss die Lagergröße ausreichen und die erforderliche Liquidität vorhanden sein, um die optimale Bestellmenge aufzunehmen bzw. zu finanzieren.

11.6.3 Bestellpunktverfahren als Verfahren der Zeitplanung

(1) Problemstellung

Aufgabe der Zeitplanung ist es, die **Bestellzeitpunkte** für die Teile so zu bestimmen, dass einerseits die Kundenwünsche stets bedient werden können, andererseits aber auch keine unnötigen Lagervorräte in Kauf genommen werden müssen. Ein sehr sicheres Verfahren, um gegenüber den Kunden stets lieferfähig zu sein, ist das **Bestellpunktverfahren**.

(2) Strategie des Bestellpunktverfahrens

Merke:

Beim **Bestellpunktverfahren** wird mit jeder Entnahme geprüft, ob damit der Meldebestand unterschritten wurde. Ist dies der Fall, wird eine Nachbestellung ausgelöst.

Dabei gibt es zwei Möglichkeiten des Vorgehens.

➜ **Beschreibung der ersten Möglichkeit**

Nach Unterschreiten des Meldebestandes wird mit einer festen Bestellmenge (i. d. R. mit der optimalen Bestellmenge) aufgefüllt.

Beispiel:

Übertragen auf einen Pkw-Fahrer wäre es so, als ob dieser nach Aufleuchten der Tankanzeige an der nächsten Tankstelle jeweils 40 Liter tankt.

➜ **Beschreibung der zweiten Möglichkeit**

Nach Unterschreiten des Meldebestandes wird jeweils die Fehlmenge bis zur Lagerobergrenze (Grundbestand) aufgefüllt.

Beispiel:

Übertragen auf einen Pkw-Fahrer wäre es so, als ob dieser nach Aufleuchten der Tankanzeige an der nächsten Tankstelle jeweils voll tankt.

In der nachfolgenden Abbildung soll exemplarisch die zweite der beiden Möglichkeiten dargestellt werden.

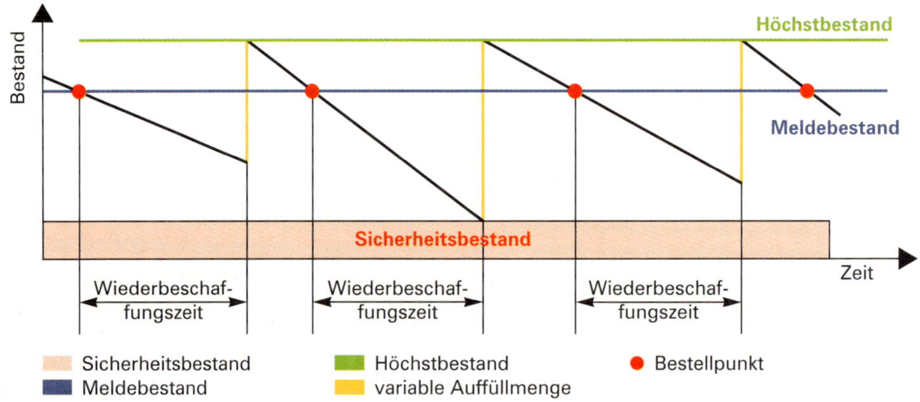

Erläuterungen:

- **Sicherheitsbestand:** Er dient zur Abdeckung von Bestands-, Bedarfs- und Bestellunsicherheiten. Er steht nur für unvorhergesehene Ereignisse zur Verfügung und darf daher zur laufenden Disposition nicht verwendet werden.
- **Meldebestand:** Erreicht der Lagerbestand diese Bestandshöhe, dann ist eine neue Bestellung auszulösen.
- **Höchstbestand:** Er gibt an, welcher Warenbestand maximal eingelagert wird. Der Höchstbestand wird immer nach Eintreffen der bestellten Ware erreicht.
- **Variable Auffüllmenge:** Es handelt sich um die Warenmenge, die bestellt werden muss, um das Lager bis zum Höchstbestand aufzufüllen.
- **Bestellpunkt:** Zeitpunkt, zu welchem bestellt werden muss, um die Versorgung während der Wiederbeschaffungszeit sicherzustellen.
- **Wiederbeschaffungszeit:** Zeitbedarf für eigene Überlegungszeit (z.B. Liefererauswahl), Durchführung der Bestellung, Laufzeit der Post, Lieferzeit, Zeit für Wareneingangskontrolle und Einlagerung.

Das Bestellpunktverfahren ist durch folgende Merkmale gekennzeichnet:

(1) Es handelt sich um eine **sehr sichere** Strategie. Dadurch, dass mit jeder Entnahme geprüft wird, ob der Meldebestand erreicht ist, ist auch die Gefahr, dass einmal nicht genügend Vorräte vorhanden sind (Unterdeckung), sehr gering.

(2) Es ist geeignet für Güter, bei denen ein hoher Grad an Lieferbereitschaft verlangt wird.

(3) Wird jedes Mal bis zur Lagerobergrenze aufgefüllt, dann führt dies verstärkt dazu, dass hohe Lagerbestände geführt werden.

(4) Der Kontrollaufwand ist relativ hoch.

(5) Dadurch, dass die Bestandskontrolle ständig geführt wird, ist das Verfahren auch geeignet für Güter mit schwankendem Bedarf.

Zusammenfassung

- Das **Hauptproblem der Bestellmengenplanung** ist die Festlegung der **optimalen Bestellmenge,** denn es besteht ein Spannungsverhältnis zwischen den hohen Lagerkosten bei großen Lagervorräten einerseits und hohen Bestellkosten bei niedrigen Lagervorräten andererseits.
- Die **optimale Bestellmenge** ist die Beschaffungsmenge, bei der die Gesamtkosten **(Summe aus Bestell- und Lagerhaltungskosten) am niedrigsten** sind.
- Die **Hauptaufgabe der Zeitplanung** ist es, den **Bestellzeitpunkt** optimal festzulegen, damit einerseits stets genügend Vorräte zur Erfüllung der Kundenwünsche vorhanden sind und andererseits das Lager nicht zu voll ist.

Aufgaben zur Sicherung und Vertiefung des Lernerfolgs

14 Das Hauptproblem der Mengenplanung ist die Ermittlung der optimalen Bestellmenge.

Aufgaben:

1. Erläutern Sie, was unter der optimalen Bestellmenge zu verstehen ist!
2. Erstellen Sie eine Tabellenkalkulation gemäß nachfolgendem Muster zur Ermittlung der optimalen Bestellmenge aufgrund des Zahlenbeispiels von S. 55!

	A	B	C	D	E	F	G
1							
2	**Einstandspreis je Stück**			**30,00 €**			
3	**Fixkosten je Bestellung**			**50,00 €**			
4	**Lagerhaltungskostensatz in %**			**25**			
5	**Jahresbedarf in Stück**			**3.600**			
6							
7	**Bestell-menge in Stück**	**Anzahl der Bestellungen**	**Bestell-kosten in EUR**	**Durchschn. Lager-bestand in Stück**	**Durchschn. Lager-bestand in EUR**	**Lager-haltungs-kosten in EUR**	**Gesamt-kosten in EUR**
8	(1)	(2)	(3)	(4)	(5)	(6)	(7)
9	50	72,00	3.600,00	25	750,00	187,50	3.787,50
10	100	36,00	1.800,00	50	1.500,00	375,00	2.175,00
11	150	24,00	1.200,00	75	2.250,00	562,50	1.762,50

   2.1 Wie heißen die nach unten kopierfähigen Formeln in den Zellen C9 bis G9?

   2.2 Wie verändert sich Ihr Ergebnis, wenn

      2.2.1 die Bestellkosten sich auf 100,00 EUR verdoppeln und die übrigen Bedingungen gleich bleiben,

      2.2.2 der Lagerhaltungskostensatz auf 45% steigt und die übrigen Bedingungen gleich bleiben?

3. Zeichnen Sie die entsprechenden Kostenkurven zu den Aufgaben 2.2.1 und 2.2.2!
4. Fassen Sie Ihre Erkenntnisse aus den Aufgaben 2.2.1 und 2.2.2 in Form von Regeln zusammen!

5. Mit Hilfe der Andler-Formel lässt sich der exakte Wert für die optimale Losgröße bestimmen. Die Andler-Formel lautet:

$$Q_{opt} = \sqrt{\frac{200 \cdot F \cdot M}{P \cdot L}}$$

Q_{opt}: Optimale Losgröße
F: Fixe Bestellkosten
M: Jahresbedarf
P: Einstandspreis je Stück
L: Lagerhaltungskostensatz in Prozent

Überprüfen Sie die Richtigkeit Ihrer Ergebnisse!

6. Nennen Sie je drei Beispiele für Bestellkosten und Lagerhaltungskosten!
7. Geben Sie Argumente an, welche die exakte Ermittlung der optimalen Bestellmenge in der Praxis erschweren!

15 Bei der Farben-Schäfer OHG liefert die Artikeldatei folgende Zahlen:

Artikel-Nr	Artikelbezeichnung	Jahresbedarf	Bestellhäufigkeit	Einstandspreis	Lagerkostensatz in %
3004714	Wandfarbe Bio-Weiss	26880	15	27,00 €	25

Die bestellfixen Kosten belaufen sich auf 80,00 EUR. Die Geschäftsleitung möchte die Bestellhäufigkeit auf 12 Bestellvorgänge pro Jahr verringern.

Aufgaben:

1. Wie groß ist die Bestellmenge?
2. Wie hoch sind jetzt
   2.1 die jährlichen Bestellkosten,
   2.2 die jährlichen Lagerhaltungskosten?
3. Prüfen Sie, ob diese Senkung der Bestellhäufigkeit zu einer Kostenersparnis führt!

16 1. Beschreiben Sie kurz das Bestellpunktverfahren!
2. Welche Vor- und Nachteile sind mit dem Bestellpunktverfahren verbunden?

11.7 Wirtschaftlichkeit der Lagerhaltung

Einführendes Beispiel:

Harry Fleiner hat seit einer Woche einen Ferienjob bei „Young Fashion", einer Modeboutique für die junge Generation. Seinem Freund Frank erzählt er, dass er in dieser Woche überwiegend damit beschäftigt war, die neue Winterware auszupacken und diese im Verkaufsraum entsprechend einzusortieren.

Frank erkundigt sich danach, ob denn das Fachgeschäft über kein Lager verfüge. Harry klärt seinen Freund mit dem Satz auf:

„Wir haben kein Lager. Unsere Geschäftsräume sind dafür zu klein und ein Lager einzurichten wäre wegen der City-Lage auch viel zu teuer."

Hat Harry Fleiner mit der Aussage über das Lager Recht?

→ Lösung des Falls siehe S. 68.

11.7.1 Aufgaben der Lagerhaltung

Die Notwendigkeit der Lagerhaltung am Beispiel der Einkaufslager ergibt sich durch folgende Aufgaben (Funktionen) der Einkaufslager:

→ Reifungsfunktion

Erst durch die Lagerung erreichen die Güter einen Zustand, der ihre technische Bearbeitung ermöglicht oder erst durch die Lagerung wird ein für den Verkauf notwendiger Reifegrad (Qualitätsgrad) erreicht.

Beispiele:

Holzlagerung (Schnittholz) in der Möbelindustrie oder für den Bau von Musikinstrumenten; Lagerung von Wein oder Käse; einige technische Kunstharze müssen vor ihrer Verarbeitung eine bestimmte Zeit gelagert werden.

→ Zeitüberbrückungsfunktion

Die Lagerhaltung ermöglicht den zeitlichen Ausgleich zwischen Beschaffung und Verkauf.

Beispiele:

Manche Waren können nur zu bestimmten Jahreszeiten beschafft werden (Obst, Gemüse, Getreide). Bei saisongebundenen Waren (Textilien, Wintersportartikeln, Heizmaterial) ist es erforderlich, vor Saisonbeginn ein ausreichendes Lager zu besitzen, um Stockungen im Verkauf vermeiden zu können.

→ Sicherheitsfunktion

Die Lagerhaltung ermöglicht das Anlegen „eiserner Bestände" für wichtige Waren. Dadurch wird ein reibungsloser Warenverkauf bei (vorübergehenden) Beschaffungsschwierigkeiten gewährleistet.

Beispiele:

Mindestvorräte an Waren können bei Streiks, Transportschwierigkeiten oder Lieferungsverzögerungen den Betriebsablauf sichern helfen.

→ Preisausgleichsfunktion

Die Lagerhaltung dient dazu, größere Preisschwankungen auszugleichen.

Beispiele:

Bei zu erwartenden beträchtlichen Preissteigerungen werden die Lager aufgefüllt, bei Preissenkungen abgebaut.

→ Kostensenkungsfunktion

Die Lagerhaltung ermöglicht eine Kostensenkung durch Bestellung größerer Mengen: Größere Bestellmengen führen in der Regel zu einer Verringerung der Einstandspreise.

Beispiele:

Gewährung von Mengenrabatten, Skonti; Senkung der Transportkosten durch bessere Auslastung des Laderaums und günstigere Frachtsätze, Einsparung von Verpackungskosten durch Verwendung von Großraumbehältern (Containern). Hierbei sind jedoch unbedingt die mit steigenden Lagerbeständen verbundenen höheren Lagerhaltungskosten zu berücksichtigen.

11.7.2 Lagerkennzahlen als Messgrößen zur Beurteilung der Wirtschaftlichkeit der Lagerhaltung

11.7.2.1 Arten der Lagerkosten

(1) Überblick

Jede Lagerung verursacht zahlreiche Kostenarten. Einen ersten Überblick liefert nachstehende Abbildung.

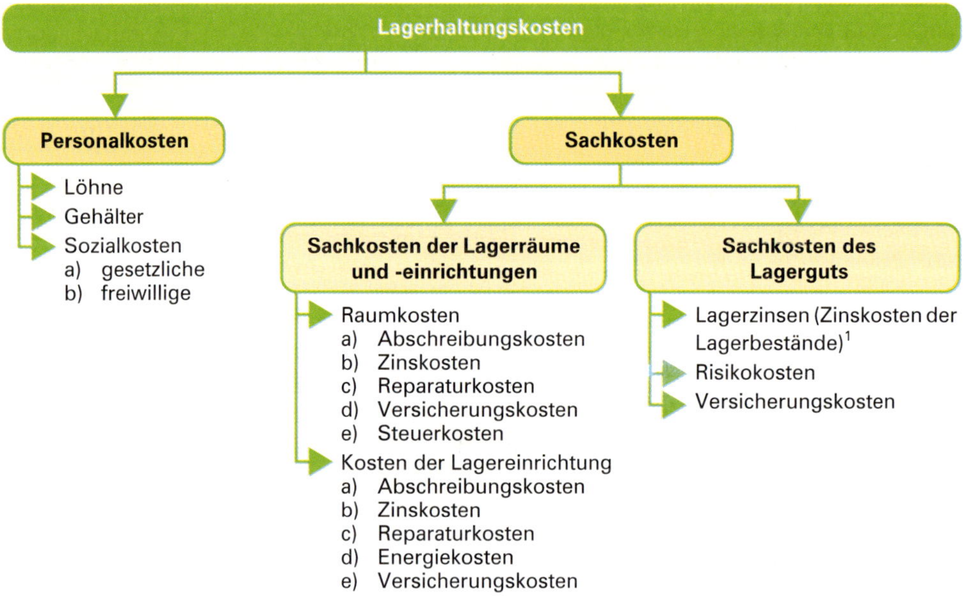

(2) Erläuterung der Lagerkosten

➜ Personalkosten

Für das im Lager arbeitende Personal entstehen Personalkosten. Diese setzen sich aus den Löhnen, den gesetzlichen Sozialkosten (Arbeitgeberanteil an der Sozialversicherung) und den freiwilligen Sozialleistungen des Arbeitgebers (z.B. Essenskostenzuschüsse, Fahrtkostenzuschüsse, betriebliche Altersversicherung) zusammen.

➜ Sachkosten

- **Raumkosten**

Während für die Benutzung fremder Lagerräume Miete zu bezahlen ist, entsteht durch die Lagerung in eigenen Räumen eine ganze Reihe von sachlichen Kosten. Zunächst müssen **Abschreibungen** für den Wertverlust, dem die Gebäude im Zeitablauf und durch Nutzung unterliegen, berücksichtigt werden. Hinzu treten die Kosten für die **Verzinsung** des in den Räumlichkeiten investierten Kapitals. Zur Erhaltung der Lagerräume fallen **Reparaturkosten** an. Schließlich sind noch die anteiligen **Steuerkosten** (Grundsteuer) und **Versicherungskosten** zu berücksichtigen.

1 Der Lehrplan sieht die Behandlung der Lagerzinsen nicht vor.

- **Kosten der Lagereinrichtung**

Ebenso wie für die Baulichkeiten fallen auch bei den Lagereinrichtungen (z.B. Regale, Fördereinrichtungen, Büroausstattung) Abschreibungskosten, Zinskosten, Reparaturkosten, Steuerkosten und Versicherungskosten an. Hinzu kommen die Energiekosten (z.B. für Belüftung, Heizung, Kühlung, Beleuchtung).

- **Risiko- und Versicherungskosten**

Die Lagerung von Waren ist risikobehaftet. Abgesehen vom Schwund, Verderb, Diebstahl oder Veralten besteht das Hauptrisiko im Spannungsverhältnis von unsicherer Absatzerwartung einerseits und dem Zwang andererseits, eine Entscheidung über die Art und Höhe der Lagerbestände treffen zu müssen. Auch die Preisrisiken gehören zu diesem Bereich.

- **Versicherbare Risiken.** Einige Risiken wie Diebstahl, Einbruchdiebstahl, Veruntreuung sowie Wasser- und Feuerschäden lassen sich versichern **(spezielle Risiken).**
- **Nicht versicherbare Risiken.** Mengenverluste durch Schwund, Verderb (Fäulnis) und Qualitätseinbußen (z.B. Geschmacks- und Geruchseinbußen) sind nicht versicherbar. Auch Preisrisiken sowie Risiken, die durch Änderung der Verbrauchergewohnheiten entstehen (z.B. Modewechsel), können nicht versichert werden **(allgemeines Unternehmerrisiko).**

(3) Zusammenhang zwischen Lagerrisiko und Lagerdauer

Zwischen Lagerrisiko und Lagerdauer besteht der gleiche Zusammenhang wie zwischen Lagerzins und Lagerdauer: Je kürzer die Lagerdauer ist, desto niedriger sind die Wagniskosten für die Lagerbestände. Auch aus dieser Sicht wird die Wirtschaftlichkeit des Lagers durch eine Verkürzung der Lagerdauer erhöht. Aus dieser Tatsache leitet sich auch die zunehmende Bedeutung für das so genannte Just-in-time-Verfahren (siehe S. 67f.) ab.

11.7.2.2 Festlegung von Mindest- und Meldebeständen

(1) Mindestbestand

Die meisten Betriebe legen für die wichtigsten Waren Mindestbestände fest, die ohne Genehmigung der Einkaufsleitung, oft sogar ohne Zustimmung der Geschäftsleitung, nicht unterschritten werden dürfen.

Merke:

Die **Mindestbestände,** auch **eiserne Bestände** genannt, sind so hoch zu bemessen, dass sie auch bei vorübergehenden Beschaffungsschwierigkeiten einen reibungslosen Verkaufsablauf garantieren.

Die Mindestbestände sollten umso höher sein, je größer das Risiko von Beschaffungsstockungen für den Verkauf ist. Sie müssen für jedes Gut gesondert festgestellt werden. Ändern sich die Beschaffungskonditionen (insbesondere die Lieferfristen) und die Bedarfsmengen, ist auch die Höhe der Mindestbestände an die neuen Bedingungen anzupassen.

(2) Meldebestand

Merke:

Der **Meldebestand** ist jene Lagermenge, bei deren Erreichung beim Bestellpunktverfahren dem Einkauf Meldung (Bedarfsmeldung) zur Auffüllung des Warenlagers zu machen ist. Der Meldebestand bestimmt somit den Zeitpunkt der Bestellung (Bestellpunkt, Bestellzeitpunkt).

Der Meldebestand muss so hoch sein, dass das Auffüllen des Lagers vor Erreichung des Mindestbestands möglich ist. Der Meldebestand wird in der Regel wie folgt berechnet:

$$\text{Meldebestand} = \text{Tagesabsatz} \cdot \text{Wiederbeschaffungszeit} + \text{Mindestbestand}$$

Bei der Bestimmung der Wiederbeschaffungszeit sind unbedingt die Lieferfrist, die Transportzeit, aber auch die gesamte Bearbeitungszeit der Bedarfsmeldung, vor allem im Einkauf (Angebotseinholung, Angebotsprüfung und -vergleich, Verhandlungen, Schreiben der Bestellungen), und die Laufzeit der Bestellungen zum Lieferer zu berücksichtigen (zu addieren).

Beispiel:

100 Stück Verkauf täglich
6 Tage Wiederbeschaffungszeit insgesamt
600 Stück Mindestbestand
Meldebestand $100 \cdot 6 + 600 = \underline{\underline{1\,200 \text{ Stück}}}$

11.7.2.3 Berechnung von Lagerkennzahlen

(1) Durchschnittlicher Lagerbestand

Der durchschnittliche Lagerbestand bildet die Grundlage für die Bestimmung der Lagerumschlagshäufigkeit und der durchschnittlichen Lagerdauer. Der durchschnittliche Lagerbestand kann z.B. als arithmetisches Mittel (Durchschnitt) aus dem **Jahresanfangsbestand** und dem **Jahresschlussbestand** berechnet werden.

Beispiel:

Der Jahresanfangsbestand in einem Lager beträgt 72000,00 EUR; der Schlussbestand beträgt 68000,00 EUR.

$$\text{Durchschnittlicher Lagerbestand} = \frac{72\,000 + 68\,000}{2} = \underline{\underline{70\,000{,}00 \text{ EUR}}}$$

Außerdem gibt es z.B. folgende Berechnungsmöglichkeiten:

$$\text{Durchschnittlicher Lagerbestand} = \frac{\frac{1}{2}\text{ Anfangsbestand} + 11 \text{ Monatsschlussbestände} + \frac{1}{2}\text{ Schlussbestand}}{12}$$

oder

$$\text{Durchschnittlicher Lagerbestand} = \frac{\text{Anfangsbestand} + 12 \text{ Monatsschlussbestände}}{13}$$

Merke:

Der **durchschnittliche Lagerbestand** sagt aus, welcher Wert an Waren zu Einstandspreisen durchschnittlich auf Lager ist. In dieser Höhe ist ständig Kapital des Unternehmens gebunden.

(2) Lagerumschlagshäufigkeit

Sie gibt an, wie oft die Menge oder der Wert des durchschnittlichen Lagerbestands in einer Zeitperiode, z. B. in einem Jahr, umgesetzt wurde. Die Lagerumschlagshäufigkeit schwankt je nach Branche, Güterart und Organisationsstandard der Lagerwirtschaft eines Unternehmens.

$$\text{Lagerumschlagshäufigkeit} = \frac{\text{Umsatz zu Einstandspreisen}}{\text{durchschnittlicher Lagerbestand zu Einstandspreisen}}$$

Beispiel:

Beträgt der Umsatz zu Einstandspreisen z. B. 840 000,00 EUR und der durchschnittliche Lagerbestand 70 000,00 EUR (siehe Beispiel auf S. 64), so ergibt sich die Lagerumschlagshäufigkeit wie folgt:

$$\text{Lagerumschlagshäufigkeit} = \frac{840\,000}{70\,000} = \underline{\underline{12}}$$

Ergebnis:

Die Zahl 12 besagt, dass der durchschnittliche Lagerbestand in der Rechnungsperiode zwölfmal umgeschlagen wurde.

Merke:

Durch die **Lagerumschlagshäufigkeit** erfährt der Unternehmer, wie oft sich der (durchschnittliche) Lagerbestand in einer Rechnungsperiode umgeschlagen hat.

(3) Beziehungen zwischen Lagerumschlagshäufigkeit und Höhe des Kapitalbedarfs

Die Höhe der Lagerumschlagshäufigkeit hat auch Auswirkungen auf die **Höhe des Kapitalbedarfs** eines Einzelhandelsbetriebs.

Beispiel:

Eine Kleider-Boutique möchte durch Werbemaßnahmen die Lagerumschlagshäufigkeit von bisher 4 auf 5 erhöhen. Der bisherige Wareneinsatz betrug netto 226 000,00 EUR.

Aufgabe:

Wie viel EUR weniger Kapital muss die Kleider-Boutique dann einsetzen?

5 Speth u. a. – ISBN 3-8120-0529-8

Lösung:

Bisheriger Kapitalbedarf

Wareneinsatz	:	Lagerumschlagshäufigkeit	=	Kapitaleinsatz
226000,00 EUR	:	4	=	56500,00 EUR

Neuer Kapitalbedarf

226000,00 EUR	:	5	=	45200,00 EUR

Ergebnis:

Durch die Erhöhung der Lagerumschlagshäufigkeit werden 56500,00 EUR – 45200,00 EUR = 11300,00 EUR an Kapital eingespart.

Merke:

- Eine **Erhöhung der Lagerumschlagshäufigkeit** führt zu einem **Absinken des Kapitalbedarfs.**
- Ein **Absinken der Lagerumschlagshäufigkeit** führt zu einer **Erhöhung des Kapitalbedarfs.**

(4) Durchschnittliche Lagerdauer

Sie ist die Zeit (z. B. in Tagen ausgedrückt) zwischen dem Eingang der Waren im Lager und deren Verkauf, und zwar im Durchschnitt gerechnet. Die Lagerdauer soll so kurz wie möglich sein, um z. B. die Lagerzinsen zu senken sowie Schwund, Diebstahl sowie technische und wirtschaftliche Überholung zu vermeiden.

$$\text{Durchschnittliche Lagerdauer in Tagen} = \frac{360}{\text{Lagerumschlagshäufigkeit}}$$

Beispiel:

Bei einer im vorherigen Beispiel ermittelten Lagerumschlagshäufigkeit von 12 errechnet sich die durchschnittliche Lagerdauer wie folgt:

$$\text{Durchschnittliche Lagerdauer} = \frac{360\ \text{Tage}}{12} = \underline{\underline{30\ \text{Tage}}}$$

Ergebnis:

Das Lagergut liegt durchschnittlich 30 Tage im Lager.

Merke:

Aus der **durchschnittlichen Lagerdauer** sieht der Unternehmer, wie lange die Waren im Durchschnitt im Lager waren.

11.7.2.4 Risiken einer fehlerhaften Lagerplanung

Zu hohe Lagerbestände binden Kapital und verursachen Kosten. Ein zu großes Lager bringt außerdem die Gefahr mit sich, dass infolge technischer Änderungen und/oder infolge Geschmacks- bzw. Modewandels das Lagergut veraltet.

Zu niedrige Lagerbestände können zu Absatzstockungen führen.

Beispiel:

Können wegen zu geringer Vorräte Kundenwünsche nicht erfüllt werden, dann sind die im Unternehmen anfallenden Kosten (z.B. Löhne, die für die weiterhin benötigten Mitarbeiter bezahlt werden müssen; Zinsen für die aufgenommenen Kredite; Abschreibungskosten für das im Unternehmen investierte Sachkapital der Gebäude, Lager- und Verkaufseinrichtungen usw.) nicht mehr voll durch den möglichen Verkauf der Waren gedeckt.

Besonders nachteilig wirken sich zu niedrige Lagervorräte aus, wenn hierdurch fest zugesagte Liefertermine nicht eingehalten werden können und deshalb Kunden nicht mehr bei dem Unternehmen kaufen. Absatzstockungen führen mittel- bis langfristig auch zu Zahlungsschwierigkeiten. Während die Aufwendungen im Wesentlichen in unveränderter Höhe weiterlaufen, verbleiben oder sinken die Erträge bei Absatzstockungen.

11.7.3 Just-in-time-Lieferung

(1) Begriff und Voraussetzungen der Just-in-time-Konzeption

Die Beschaffung hat dafür zu sorgen, dass die für den Verkauf benötigten Waren zur richtigen Zeit am richtigen Ort und in der richtigen Menge bereitgestellt werden. Dies geschieht entweder aus dem Lager (mit Vorratshaltung) und/oder durch zeitgerechte Anlieferung (ohne Vorratshaltung) der Waren durch den Hersteller.

Beim **System der zeitgerechten Anlieferung (Just-in-time)** wird versucht, die Anlieferung der Ware so zu organisieren, dass auf eine Lagerhaltung weitgehend verzichtet werden kann. In diesem Fall erfolgt die Anlieferung der Ware direkt zum Verkaufsort.

Organisatorische Voraussetzungen für die Just-in-time-Konzeption sind:

- ein gut ausgebautes Warenwirtschaftssystem auf Seiten des Handels und ein hoch entwickeltes Waren-Vertriebssystem auf Seiten des Lieferers.
- garantierte Zuliefertermine,
- garantierte Beförderungszeiten,
- Qualitätsgarantien durch den Lieferer.

Das Prinzip der lagerlosen Sofortverwendung der Waren wird vor allem von solchen Großhandelsbetrieben angewendet, die ihren Bedarf an großvolumigen[1] und hochwertigen Waren genau vorausberechnen können (z.B. Maschinen- und Werkzeuggroßhandel). Das Lagerrisiko und die Lagerkosten werden auf die Hersteller abgewälzt. Außerdem ist der Großhändler in der Lage, rasch und flexibel[2] auf Kundenwünsche einzugehen.

1 Volumen: Fassungsvermögen.

2 Flexibel: anpassungsfähig.

Merke:

Die **Just-in-time-Konzeption** bezieht sich heute keineswegs nur darauf, den Lagerbestand möglichst klein zu halten. Sie ist vielmehr eine marktorientierte Art der Unternehmensführung, die darauf abzielt, rasch und flexibel auf die sich ändernde Kundennachfrage reagieren zu können.

Die Just-in-time-Konzeption ist gegenwärtig im Handel erst in Ansätzen verwirklicht.

(2) Vor- und Nachteile der Just-in-time-Konzeption

Vorteile	Nachteile
● Die Bestellmenge und der Bestellzeitpunkt ist unmittelbar durch die Kundenbestellung bestimmt. ● Die Lagerhaltung beschränkt sich auf Sicherheitsbestände (Mindestbestand). ● Lagerkosten und Lagerrisiken werden dem Hersteller aufgebürdet. ● Längerfristige Lieferverträge ermöglichen trotz unregelmäßigem Warenbezug (je nach Auftragslage) Preisvorteile wie beim Großbezug.	● Produktionsausfälle beim Hersteller sowie verkehrs- und streikbedingte Zulieferschwierigkeiten können zu Engpässen beim Verkauf führen. ● Umweltbelastung, z.B. bei der Belieferung durch Lastwagen (Versiegelung der Landschaft durch Straßenbau, Belastung der Luft durch Reifenabrieb und Abgase). ● Längerfristige Lieferverträge können zu einer Abhängigkeit gegenüber dem Lieferer führen.

Lösung des einführenden Falls:

Jedes Einzelhandelsgeschäft benötigt ein Warenlager. Im vorliegenden Fall lagert das Fachgeschäft die Ware im Verkaufsraum. Es liegt somit ein Verkaufslager vor. Harry Fleiner hat mit seiner Aussage über das Lager nicht Recht.

Zusammenfassung

- Die **Aufgaben (Funktionen) der Lagerhaltung** sind:
  - Reifungsfunktion
  - Zeitüberbrückungsfunktion
  - Sicherheitsfunktion
  - Preisausgleichsfunktion
  - Kostensenkungsfunktion
- Für wichtige Waren werden **Mindest- und Meldebestände** festgelegt.
- Die wichtigsten **Lagerkennzahlen** sind:
  - der durchschnittliche Lagerbestand,
  - die Lagerumschlagshäufigkeit und
  - die durchschnittliche Lagerdauer.
- **Zu hohe Lagerbestände** binden dringend benötigte Finanzmittel, verursachen hohe Lagerkosten und sind mit dem Risiko des technischen und wirtschaftlichen Veraltens der Lagervorräte verbunden.
- **Zu niedrige Lagervorräte** führen zu Umsatzausfällen und damit zu Zahlungsschwierigkeiten, einer Verschlechterung der Wirtschaftlichkeit und zu Kundenverlusten.
- Die **Just-in-time-Konzeption** ist eine marktorientierte Art der Unternehmensführung, die darauf abzielt, rasch und flexibel auf die sich ändernde Kundennachfrage reagieren zu können.

Aufgaben zur Sicherung und Vertiefung des Lernerfolgs

17 Der Senior der Baustoff- und Werkzeuggroßhandlung August Lämmle & Sohn OHG ist noch vom alten Schrot und Korn. Nur sehr widerwillig lässt er sich vom Sohn und künftigen Nachfolger August Lämmle jr. in die Geschäftsführung hineinreden. Zeitlebens ist der Senior seinem Wahlspruch „Vorsicht ist die Mutter der Porzellankiste" treu geblieben. Zum x. mal streitet er sich mit seinem Sohn über die Höhe der Lagerbestände. Der Senior tendiert mehr zu großen, weit reichenden Vorräten, während der Sohn eher zu geringeren Beständen neigt.

Aufgaben:

1. Welche Argumente sprechen für die Auffassung des Seniors?
2. Der Junior will die Richtigkeit seiner Auffassung anhand von Zahlen für Elektromotoren verdeutlichen. Dabei geht er von folgenden einfachen Zahlen aus:

   Jahresbedarf 12 000 Stück
   Einstandspreis 1 000,00 EUR

   2.1 Stellen Sie die Situation grafisch dar, wenn der Jahresbedarf

   2.1.1 in einer einzigen Bestellung beschafft wird.

   2.1.2 durch 12 Bestellungen beschafft wird.

   Tragen Sie auch die Höhe des durchschnittlichen Lagerbestandes ein! Auf einen Sicherheitsbestand wird verzichtet.

   2.2 Angenommen, das im Lager gebundene Kapital muss durch einen Bankkredit finanziert werden, der zu 7 % verzinst werden muss.

   Unterstützen Sie die Argumentation des Juniors, indem Sie mit Hilfe einer Tabellenkalkulation (gemäß nachfolgendem Muster)

   2.2.1 den durchschnittlichen Lagerbestand

   2.2.2 die Umschlagshäufigkeit

   2.2.3 die durchschnittliche Lagerdauer

   2.2.4 das im Lager gebundene Kapital

   2.2.5 die zu zahlenden Bankzinsen

   ermitteln für die Fälle, dass der Jahresbedarf

   a) durch eine einzige Jahresbestellung

   b) durch zwei Bestellungen pro Jahr

   c) durch 12 Bestellungen pro Jahr

   d) durch 24 Bestellungen pro Jahr

   beschafft wird.

	A	B	C	D	E
1					
2					
3	**Jahresbedarf in Stück**		12.000		
4	**Einstandspreis pro Stück**		1.000,00		
5	**Kreditzinssatz der Bank**		7		
6					
7	**Bestellhäufigkeit pro Jahr**				
8	**Bestellmenge**				
9	**Durchschnittl. Lagerbestand in Stück**				
10	**Umschlagshäufigkeit**				
11	**Durchschnittliche Lagerdauer**				
12	**Durchschnitt. gebundenes Kapital**				
13	**Bankzinsen**				
14	**Ersparnis Bankzinsen in EUR**				
15	**Ersparnis Bankzinsen in %**				

2.3 Formulieren Sie die mögliche Argumentation des Juniors in Form einer Gesetzmäßigkeit („Je kleiner der durchschnittliche Lagerbestand, desto ...")!

2.4 Wie erklärt es sich, dass bei einer Bestellhäufigkeit von 1-mal jährlich die Umschlagshäufigkeit 2 beträgt?

2.5 Betrachten Sie die Grafik aus Aufgabe 2.1.2:
Fall 1: Die Nachlieferungen erfolgen jeweils zum 28. eines Monats.
Fall 2: Die Nachlieferungen erfolgen jeweils am 2. eines Monats.

Angenommen, die Lagerstatistik ermittelt den durchschnittlichen Lagerbestand mit Hilfe der Monatsschlussbestände. Welche Folgen haben diese beiden Nachfüllstrategien auf die Kennzahl des durchschnittlichen Lagerbestandes und der übrigen Lagerkennzahlen?

18 Bei der Schweikert OHG, einem Baustoffgroßhändler, sieht die Lagerkarte für Aluminiumprofile, Artikel-Nr. 35847, wie folgt aus (in lfd. Meter):

Artikel: Aluminiumprofil Artikel-Nr.: 35847		**Meldebestand: 100 lfd. Meter**	
Datum	**Eingang**	**Ausgang**	**Bestand**
01.01.			100
18.01.	50		150
09.02.		70	80
12.03.	80		160
05.04.		90	70
28.04.		30	40
05.05.	150		190
05.06.		140	50
20.06.	120		170
26.06.		50	120
15.07.		70	50
05.09.	190		240
01.10.		120	120
05.11.		40	80
25.11.	120		200
12.12.		60	140
31.12.			140

Aufgaben:

1. Berechnen Sie folgende Kennzahlen:
   1.1 Durchschnittlicher Lagerbestand! Berücksichtigen Sie dabei den Jahresanfangsbestand und die 12 Monatsschlussbestände!
   1.2 Umschlagshäufigkeit!
   1.3 Durchschnittliche Lagerdauer!
2. Aus dem Jahresabschluss der Schweikert OHG für das abgelaufene Kalenderjahr ergeben sich folgende Informationen:
   Wareneinsatz: 7 425 000,00 EUR
   Durchschnittlicher Lagerbestand: 1 650 000,00 EUR
   Ermitteln Sie die Kennzahlen für die Umschlagshäufigkeit und die durchschnittliche Lagerdauer für die Schweikert OHG und erklären Sie die Unterschiede zu den Ergebnissen aus den Aufgaben 1.2 und 1.3!
3. Wodurch unterscheiden sich Warenabsatz, Wareneinsatz und Warenumsatz?

4. Aus der Branchenzeitschrift „Der Metallbauer" entnimmt Herr Schweikert als branchentypische Kennzahl für die Umschlagshäufigkeit die Ziffer 8. In Bezug auf den Wareneinsatz liegt die Schweikert OHG im Branchenmittel.
   4.1 Wie lässt sich die Abweichung vom Branchenschnitt erklären?
   4.2 Berechnen Sie die finanzielle Mehrbelastung für die Schweikert OHG auf Grund der Abweichung vom Branchenschnitt! Der Lagerkostensatz liegt bei 25%.
   4.3 Machen Sie einen Vorschlag, wie die Wirtschaftlichkeit der Lagerhaltung angesichts der ermittelten Kennzahlen bei der Schweikert OHG verbessert werden könnte!

19 Der Elektronikgroßhändler „Jupiter" hat für einen Zehnerpack CD-Rohlinge folgende Lagerdaten ermittelt:

Jahresanfangsbestand:	1760 Stück
Summe der Zugänge:	13440 Stück
Jahresschlussbestand:	860 Stück
Summe der Monatsschlussbestände:	12740 Stück
Einstandspreis pro Stück:	6,50 EUR
Verkaufspreis pro Stück	9,80 EUR
Lagerkostensatz in %	25

Aufgaben:

Übertragen Sie die obigen Daten in eine Tabellenkalkulation und ermitteln Sie:

1. Warenabsatz,
2. Wareneinsatz,
3. Warenumsatz,
4. Durchschnittlicher Lagerbestand in Stück (auf der Basis der Monatsinventur),
5. Durchschnittlicher Lagerbestand in EUR,
6. Umschlagshäufigkeit,
7. Durchschnittliche Lagerdauer,
8. Lagerkosten pro Jahr!

20 1. Eine Erweiterung des Warensortiments bedeutet häufig gleichzeitig eine Erweiterung des Lagerraums.

Aufgaben:

1.1 Welche zusätzlichen Kosten treten dabei auf? (Nennen Sie drei Beispiele!)

1.2 Für die Lagerkosten gilt: „Je kürzer die Lagerdauer, desto geringer die Kosten." Nennen Sie zwei Maßnahmen, durch die eine Verkürzung der durchschnittlichen Lagerdauer erreicht werden kann!

1.3 Berechnen Sie den durchschnittlichen Lagerbestand, die Lagerumschlagshäufigkeit sowie die durchschnittliche Lagerdauer nach den folgenden Angaben:

Warenanfangsbestand am 1. Januar ...	150000,00 EUR
Warenzugänge	700000,00 EUR
Warenschlussbestand am 31. Dezember ...	250000,00 EUR

1.4 Begründen Sie, wie sich eine Erhöhung der Lagerumschlagshäufigkeit auf die Lagerkosten und das Lagerrisiko auswirkt!

2. Der Jahresanfangsbestand eines Artikels beträgt 590000,00 EUR, der Jahresschlussbestand 670000,00 EUR und der Umsatz zu Einstandspreisen 6300000,00 EUR.

Aufgaben:

2.1 Berechnen Sie
   2.1.1 den durchschnittlichen Lagerbestand,
   2.1.2 die Lagerumschlagshäufigkeit und
   2.1.3 die durchschnittliche Lagerdauer!

2.2 Machen Sie Vorschläge, wie die durchschnittliche Lagerdauer verkürzt werden kann!

21 Das Mannheimer Möbelhaus MÖBELMAXXX GmbH hat in letzter Zeit dank neuer und besonders ansprechender Modelle den Absatz wesentlich steigern können. Immer wieder gab es aber empfindliche Beschaffungsengpässe, wodurch es zu Schwierigkeiten kam bei der Einhaltung von eigenen Lieferzusagen gegenüber den Kunden. Folglich sollen Lagerhaltung und Beschaffung neu überdacht werden. Die Bestandskarte für Dunstabzugshauben weist aus: Mindestlagerbestand 100 Stück; Meldebestand 400 Stück.

Aufgaben:

1. Zunächst soll geprüft werden, ob die bisher üblichen Mindestlagerbestände ausreichen:
   1.1 Nennen Sie vier Gründe, weshalb es notwendig ist, einen Mindestlagerbestand zu halten!
   1.2 Unter welchen Voraussetzungen darf der Mindestlagerbestand angegriffen werden?
2. Der Lagerverwalter soll künftig Neubestellungen rechtzeitig bei der Einkaufsabteilung veranlassen.
   2.1 Bei welchem Lagerbestand muss er die Einkaufsabteilung informieren?
   2.2 Berechnen Sie die Wiederbeschaffungszeit bei einem durchschnittlichen Tagesbedarf von 10 Stück!
   2.3 Nennen Sie zwei Gründe, die dazu führen können, dass der Meldebestand erhöht werden muss!
3. Die Lagerumschlagshäufigkeit für die Warengruppe Küchenmöbel steigt von 6 auf 8 an. Der jährliche Wareneinsatz beträgt unverändert 680400,00 EUR.
   3.1 Welche Auswirkungen hat die Steigerung der Lagerumschlagshäufigkeit auf das eingesetzte Kapital? Führen Sie den rechnerischen Nachweis!
   3.2 Erläutern Sie zwei Gründe, die zu einer Veränderung der Lagerumschlagshäufigkeit führen können!
4. Im Hinblick auf die Wettbewerbssituation sollen die Kosten und die Risiken der Lagerhaltung untersucht werden.
   4.1 Nennen Sie fünf Kostenarten, die durch die Lagerhaltung verursacht werden!
   4.2 Erläutern Sie drei Risiken, die mit der Lagerhaltung verbunden sind!
5. Lagerkosten und Lagerrisiko stehen in engem Zusammenhang mit den Lagermesszahlen. Die Buchhaltung liefert für das Elektrolager folgende Informationen:

Anfangsbestand am 1. Januar	120000,00 EUR
12 Monatsendbestände insgesamt	1180000,00 EUR

   Berechnen Sie den durchschnittlichen Lagerbestand!
6. Bei den Küchenaccessoires werden folgende Zahlen angegeben:

Anfangsbestand am 1. Januar	80000,00 EUR
Zugänge 1. Januar – 31. Dezember	960000,00 EUR
Schlussbestand am 31. Dezember	240000,00 EUR

   Berechnen Sie die Lagerumschlagshäufigkeit und die durchschnittliche Lagerdauer!

22

1. Erklären Sie den Begriff „Just-in-time"!
2. Stellen Sie in einer Tabelle die Vor- und Nachteile der Vorratshaltung und des Just-in-time-Prinzips einander gegenüber!
3. Begründen Sie, warum die lagerlose Sofortanlieferung (die Anwendung des Just-in-time-Prinzips bei der Beschaffung) nicht in jedem Fall möglich ist!
4. Begründen Sie, warum die Just-in-time-Beschaffung im Widerspruch zum Umweltschutz stehen kann!

11.8 Verbraucherschutzmaßnahmen

Normalerweise wickelt ein Händler seine Kaufverträge in der Eigenschaft eines Kaufmanns ab. Daneben handelt er außerhalb seines Geschäftsbetriebes als Privatmann. In dieser Eigenschaft ist er von den Vorschriften zum Verbraucherschutz betroffen.

11.8.1 Notwendigkeit von staatlichen Verbraucherschutzmaßnahmen

In aller Regel hat der Verbraucher gegenüber den Verkäufern (Unternehmen) eine schwächere rechtliche und wirtschaftliche Position. In der sozialen Marktwirtschaft hat deshalb der Staat die Aufgabe, den Schwächeren dort zu schützen, wo dieser keine Möglichkeit zur Durchsetzung seiner berechtigten Interessen gegenüber dem Stärkeren hat.

Merke:

Unter **Verbraucherschutz** versteht man die Gesamtheit aller Maßnahmen zum Schutz des Endverbrauchers vor einer Gefährdung seiner Sicherheit und Gesundheit sowie vor Täuschung und Übervorteilung durch die Verkäufer (Unternehmer) von Sachgütern und Dienstleistungen.

Mittel der staatlichen Verbraucherschutzpolitik sind

- die Gesetzgebung,
- die Rechtsprechung durch die Gerichte und
- die Rechtsüberwachung durch Behörden.

Im Folgenden werden wichtige gesetzliche Verbraucherschutzvorschriften vorgestellt.

11.8.2 Allgemeine Geschäftsbedingungen

11.8.2.1 Wesen, Zielsetzungen und Begriff der Allgemeinen Geschäftsbedingungen

(1) Wesen und Zielsetzungen

Die Verkäufer (Unternehmer) sind unter Berufung auf den Grundsatz der Vertragsfreiheit bestrebt, durch verbindliche Allgemeine Geschäftsbedingungen für sie günstigere vertragliche Vereinbarungen zu erzielen. Es geht den Verkäufern z.B. darum,

- die den Käufern (Verbrauchern) nach dem BGB zustehenden **Gewährleistungsansprüche einzuschränken,**
- die im Vertrag **versprochenen Leistungen zum Nachteil der Käufer abzuändern** oder
- die **Rechte des Käufers auf Nacherfüllung zu beschränken.**

Die §§ 305–310 BGB haben daher zum Ziel, einen Missbrauch der Allgemeinen Geschäftsbedingungen (AGB) zu verhindern und die Verbraucher vor ungerechtfertigten rechtlichen und wirtschaftlichen Nachteilen zu schützen.

(2) Begriff Allgemeine Geschäftsbedingungen

Merke:

Allgemeine Geschäftsbedingungen (AGB) sind für eine **Vielzahl von Verträgen** vorformulierte **Vertragsbedingungen,**[1] die **eine Vertragspartei (Verwender)** der anderen Vertragspartei bei Abschluss eines Vertrags stellt [§ 305 I S. 1 BGB]. Werden „Allgemeine Vertragsbedingungen" zwischen den Vertragsparteien im Einzelnen ausgehandelt, liegen keine AGB vor [§ 305 I S. 3 BGB]. Solche Individualvereinbarungen gehen den AGB immer vor [§ 305b BGB].

11.8.2.2 Allgemeine Geschäftsbedingungen und Verbraucherschutz

(1) Gültigkeit der Allgemeinen Geschäftsbedingungen

Ein „Trick" mancher Verwender allgemeiner Geschäftsbedingungen ist, diese möglichst klein[2] in für Kunden unverständlicher juristischer Sprache in einer blassen Farbe auf die Rückseite der Angebote oder gar Auftragsbestätigungen bzw. Rechnungen zu drucken. Solche Unterschiebungen sind nach dem BGB verboten. Allgemeine Geschäftsbedingungen werden vielmehr **nur dann Vertragsbestandteil,** wenn

- der Verwender beim Vertragsabschluss die andere Vertragspartei **ausdrücklich** auf sie hinweist,
- der andere **Vertragspartner in zumutbarer Weise vom Inhalt der AGB Kenntnis nehmen kann** und
- mit deren Geltung **einverstanden** ist [§ 305 II BGB].

Überraschende und mehrdeutige Klauseln, mit denen der Vertragspartner des Verbrauchers nicht zu rechnen braucht, werden kein Vertragsbestandteil (Näheres siehe § 305c BGB).

(2) Allgemeine Vorschriften

Durch die Formulierung von Allgemeinen Vorschriften über die Verwendung von AGBs greift das Bürgerliche Gesetzbuch in die Gestaltung rechtsgeschäftlicher Schuldverhältnisse ein. Im Folgenden sollen zwei wesentliche Bestimmungen herausgegriffen werden:

- In der **Generalklausel**[3] schreibt das BGB vor [§ 307 I BGB], dass Bestimmungen von Allgemeinen Geschäftsbedingungen dann **unwirksam** (ungültig) sind, wenn sie den Vertragspartner des Verwenders entgegen den Geboten von Treu und Glauben (siehe § 242 BGB) unangemessen benachteiligen. Ob eine unangemessene Benachteiligung vorliegt, muss von Fall zu Fall geprüft werden.

---

1 Allgemeine Geschäftsbedingungen werden vor allem von den Wirtschaftsverbänden der Industrie, des Handels, der Banken, der Versicherungen, der Spediteure usw. normiert (vereinheitlicht) und den Verbandsmitgliedern zur Verwendung empfohlen (z. B. „Allgemeine Lieferbedingungen für Erzeugnisse und Leistungen der Elektroindustrie", „Allgemeine Deutsche Spediteurbedingungen").

2 Deswegen werden die AGB in der Umgangssprache auch als das „Kleingedruckte" bezeichnet.

3 Generalklausel: Bestimmung, die generell (d. h. allgemein, ohne Ausnahme) gültig ist.

Beispiele:

- Unangemessen kurze Rügefristen („Reklamationen können nur innerhalb von 8 Tagen nach Warenempfang angenommen werden"),
- Unzumutbare Liefer- und Nachfristen,
- Rücktritts- und Änderungsvorbehalte des Verwenders.

- **Individuelle Vertragsvereinbarungen** haben Vorrang vor allgemeinen Geschäftsbedingungen [§ 305 b BGB].

Beispiel:

In den Allgemeinen Geschäftsbedingungen eines Unternehmens steht: „Liefertermine sind unverbindlich". Haben sich Käufer und Verkäufer auf den Liefertermin 15. Juli geeinigt, so gilt diese Vereinbarung.

(3) Klauselverbote[1]

In den §§ 308 und 309 BGB sind Klauseln formuliert, die die Verwendung von AGBs unwirksam machen. Dabei sind zwei Gruppen von Klauseln zu unterscheiden:

→ Klauselverbote ohne Wertungsmöglichkeit [§ 309 BGB]

Hier handelt es sich um Klauseln, deren Unwirksamkeit ohne richterliche Wertung feststeht. Beispielhaft werden folgende Klauseln vorgestellt:

- Die pauschale Festlegung einer Schadenshöhe ist **stets unwirksam,** wenn es dem anderen Vertragsteil z. B. nicht ausdrücklich gestattet wird, dass er nachweist, **dass ein Schaden oder eine Wertminderung gar nicht** oder nur in wesentlich niedrigerer Höhe **eingetreten** ist [§ 309 Nr. 5 b BGB].

Beispiel:

In den AGB einer Autovermietung steht: Bei jedem Unfall, bei dem ein Schaden an dem gemieteten Pkw entsteht, wird, ohne dass der Vermieter einen Nachweis zu führen hat, ein Mindestentgelt von 750,00 EUR fällig.

- Falls die allgemeinen Geschäftsbedingungen die Möglichkeit einräumen, dass bei einer Warenlieferung innerhalb von vier Monaten nach Abschluss des Kaufvertrags eine **kurzfristige Preiserhöhung** erlaubt ist, so ist diese für **Verbraucher unwirksam** [§ 309 Nr. 1 BGB].

Beispiel:

In einem am 2. März abgeschlossenen Kaufvertrag über die Lieferung eines Pkw ist als Liefertermin der 15. Mai festgelegt. Eine in der Zwischenzeit eingetretene Preiserhöhung ist für den Käufer ohne Bedeutung.

- Bei **neu hergestellten Waren** ist ein **Ausschluss der Gewährleistung** und eine **Einschränkung des Rechts zur Leistungsverweigerung unwirksam** (Näheres siehe § 309 Nr. 2 und 8 BGB).

---

1 Bei gegenüber einem Unternehmer verwendeten AGB gelten die Bestimmungen der § 305 II, III und §§ 308, 309 BGB jedoch nicht [§ 310 I S. 1 BGB].

Beispiele:

- Die AGB eines Elektrofachgeschäfts legen fest, dass der Kunde im Fall einer zu Recht bestehenden Beanstandung lediglich ein Recht auf Beseitigung des Mangels haben soll.
- Die AGB eines Baumarkts enthalten folgende Klausel: „Bei Ratenkäufen entbindet auch eine berechtigte Reklamation den Käufer nicht von seiner Verpflichtung zur pünktlichen Ratenzahlung."

→ Klauselverbote mit Wertungsmöglichkeit [§ 308 BGB]

Diese verbotenen Klauseln sind dadurch gekennzeichnet, dass sie (im Unterschied zu den nach § 309 BGB verbotenen Klauseln mit bestimmten Rechtsbegriffen) **unbestimmte Rechtsbegriffe** verwenden. Im Falle eines Rechtsstreits ist es daher erforderlich, dass ein Richter über die Wirksamkeit bzw. Unwirksamkeit der Allgemeinen Geschäftsbedingung urteilt.

Beispiele:

- Bestimmungen, durch die sich der Verwender unangemessen lange oder nicht hinreichend bestimmte Fristen für die Annahme oder Ablehnung eines Angebots oder die Erbringung einer Leistung vorbehält;
- Bestimmungen, durch die sich der Verwender für die von ihm zu erbringenden Leistungen eine von Rechtsvorschriften abweichende **unangemessen lange** oder nicht hinreichend bestimmte **Nachfrist** vorbehält;
- Sachlich nicht gerechtfertigte Rücktrittsvorbehalte (Näheres siehe § 308 BGB).

(4) Rechtsfolgen bei Nichteinbeziehung und Unwirksamkeit Allgemeiner Geschäftsbedingungen

Wenn Allgemeine Geschäftsbedingungen ganz oder teilweise kein Vertragsbestandteil geworden oder rechtsunwirksam sind, dann bleiben die anderen Vertragsbestandteile wirksam. Für den Vertragsinhalt gelten dann die gesetzlichen Vorschriften [§ 306 I BGB].

11.8.3 Sondervorschriften des BGB für Verbraucherverträge

11.8.3.1 Einführung

Merke:

Ein **Verbrauchervertrag** ist jeder Vertrag zwischen einem Unternehmer[1] und einem Verbraucher.[2] Für Verbraucherverträge gelten die allgemeinen Vorschriften des BGB sowie ergänzende besondere gesetzliche Vorschriften.

1 **Unternehmer** ist nach § 14 BGB eine natürliche oder juristische Person (z.B. GmbH, AG) oder eine rechtsfähige Personengesellschaft, die beim Abschluss eines Rechtsgeschäfts (z.B. Kaufvertrag) in Ausübung ihrer gewerblichen oder selbstständigen beruflichen Tätigkeit handelt. Die Unternehmereigenschaft ist unabhängig davon, ob eine Gewinnerzielungsabsicht besteht oder nicht.

2 Nach § 13 BGB ist jede natürliche Person (jeder Mensch) ein **Verbraucher,** wenn sie ein Rechtsgeschäft zu einem Zweck abschließt, der weder ihrer gewerblichen noch ihrer selbstständigen beruflichen Tätigkeit zugerechnet werden kann.

Im Folgenden wird aus der Menge der Verbraucherverträge der Verbrauchsgüterkaufvertrag in Form des Fernabsatzvertrags und des Haustürgeschäfts vorgestellt.

Da der Verbraucher bei allen Verbraucherverträgen grundsätzlich ein Widerrufsrecht oder gegebenenfalls ein Rückgaberecht hat, wird hierauf zunächst in einem eigenen Kapitel eingegangen.

11.8.3.2 Widerrufs- und Rückgaberecht bei Verbraucherverträgen

(1) Widerrufsrecht bei Verbraucherverträgen

→ Grundsätzliches

Das Widerrufsrecht ist in § 355 BGB geregelt. Ist dem Verbraucher durch Gesetz ein Widerrufsrecht eingeräumt (wie z. B. beim Fernabsatzvertrag oder beim Haustürgeschäft) und hat der Verbraucher seine auf den Vertragsabschluss ausgerichtete Willenserklärung fristgerecht widerrufen, dann ist er nicht mehr an seine Willenserklärung gebunden [§ 355 I S. 1 BGB].

→ Art und Weise des Widerrufs (Verbraucherwiderrufs)

Der Widerruf kann durch eine Formulierung in Textform oder durch Rücksendung der Sache innerhalb von **zwei Wochen** gegenüber dem Unternehmer erklärt werden. Dabei muss der Verbraucher den Widerruf **nicht begründen.** Die Widerrufsfrist ist eingehalten, wenn der Widerruf [§ 355 I S. 2 BGB] **rechtzeitig abgesandt** wurde.

Die Widerrufsfrist beginnt erst dann zu laufen, wenn der Verbraucher ordnungsgemäß (deutlich gestaltet) über sein Widerrufsrecht belehrt wurde. Die Belehrung ist von dem Verbraucher gesondert zu unterschreiben oder mit einer qualifizierten elektronischen Signatur zu versehen (Ausnahme: notariell beurkundete Verträge). Setzt der Vertrag die Schriftform voraus, dann beginnt die Frist üblicherweise erst dann zu laufen, wenn der Verbraucher eine Vertragsurkunde oder eine Abschrift (Durchschrift) der Vertragsurkunde erhalten hat (Näheres siehe § 355 II BGB).

→ Erlöschen des Widerrufsrechts (Verbraucherwiderrufsrechts)

Fehlt die Belehrung über das Widerrufsrecht des Verbrauchers oder ist sie unzureichend, dann ist der Beginn der Widerrufsfrist gehemmt (siehe § 355 II BGB). In diesem Fall erlischt das Widerrufsrecht spätestens sechs Monate nach Vertragsabschluss. Bei der Lieferung von Waren beginnt die Frist erst mit dem Tag des Wareneingangs beim Empfänger [§ 355 III BGB]. Diese „Höchstfrist" von sechs Monaten gilt grundsätzlich für alle Vorschriften des Verbraucherschutzes.[1]

→ Rechtsfolgen

Im Fall eines ordnungsgemäßen Widerrufs ist die Rückabwicklung des Vertrages notwendig. Hierfür sind die Vorschriften über den Rücktritt vom Vertrag anzuwenden [§ 357 I BGB]. Das bedeutet, dass **jeder Vertragspartner die erhaltene Leistung zurückgeben muss.**

---

1 Hierdurch soll der Unternehmer, der z.B. seine Informationspflicht nach den §§ 355 II, 312d II BGB nicht erfüllt, von einem „ewigen" Widerrufsrecht des Verbrauchers geschützt werden.

Folgen für den Verkäufer:	Der Unternehmer hat das empfangene Entgelt zurückzugeben [§ 346 BGB]. Hierfür hat er eine Frist von 30 Tagen ab der Widerrufserklärung des Käufers. Danach gerät er in Verzug und hat von da ab den Betrag zu verzinsen [§§ 286 III, 288 BGB].
Folgen für den Käufer:	• Der Käufer ist zur Rücksendung verpflichtet, wenn die Ware durch Paket versandt werden kann. Kosten und Gefahr der Rücksendung trägt der Unternehmer. Erfolgt der Widerruf im Rahmen eines Fernabsatzvertrages, dürfen dem Verbraucher die regelmäßigen Kosten der Rücksendung vertraglich auferlegt werden, wenn der Preis der zurückzusendenden Sache einen Betrag von 40,00 EUR nicht übersteigt oder – bei einem höheren Preis der Sache – wenn der Verbraucher noch keine Leistung (z.B. Zahlung) erbracht hat. (Ausnahme: Die gelieferte Ware entspricht nicht der bestellten [§ 357 II BGB]). • Hat der Käufer die erhaltene Sache zu dem vorgesehenen Zweck in Gebrauch genommen und ist dadurch eine Verschlechterung ihrer Beschaffenheit eingetreten, hat er dem Unternehmer Wertersatz zu leisten, sofern er spätestens bei Vertragsabschluss in Textform (z.B. in einer Gebrauchsanweisung) auf diese Rechtsfolge und die Möglichkeit, wie der Schaden hätte vermieden werden können, hingewiesen worden ist. Die Verpflichtung zur Leistung von Wertersatz besteht allerdings nicht, wenn der Käufer die Ware zum **Zweck der (Funktions-)Prüfung** in Gebrauch genommen hat und die Verschlechterung **ausschließlich** darauf zurückzuführen ist [§ 357 III S. 2 BGB].

(2) Rückgaberecht bei Verbraucherverträgen

→ Grundsätzliches

Das zweiwöchige Widerrufsrecht des Verbrauchers bei Verbraucherverträgen nach § 355 BGB kann (soweit dies in einem Gesetz ausdrücklich zugelassen ist) unter bestimmten Voraussetzungen durch ein ebenfalls zwei Wochen betragendes **uneingeschränktes Rückgaberecht** des Verbrauchers ersetzt werden.

Voraussetzungen sind, dass

- die **Rückgabe ausdrücklich durch ein Gesetz zugelassen** ist (siehe z.B. § 312 d I S. 2 BGB für Fernabsatzverträge),
- der Vertrag mit dem Verbraucher aufgrund eines Verkaufsprospekts mit einer **deutlichen Belehrung über das Rückgaberecht** geschlossen wurde,
- der Verbraucher den **Verkaufsprospekt in Abwesenheit des Unternehmers eingehend zur Kenntnis nehmen** konnte und
- dem **Verbraucher das Rückgaberecht in Textform eingeräumt** wird [§ 356 I BGB].

Das Rückgaberecht wird dadurch ausgeübt, dass der Käufer die Sache an den Händler zurücksendet. Dieses Recht kann er innerhalb der zweiwöchigen Widerrufsfrist ausüben. Die Widerrufsfrist beginnt mit dem Erhalt der Sache zu laufen. Die Frist ist gewahrt, wenn die Sache rechtzeitig abgesandt wurde [§§ 356 II, 355 I S. 2 BGB]. Kann die Sache nicht in einem Paket versendet werden, wird die Rücksendung der Sache durch ein **Rücknahmeverlangen** des Verbrauchers ersetzt [§ 356 II S. 1 BGB].

→ Rechtsfolgen der ordnungsgemäßen Rückgabe

Für die Abwicklung der Rückgabe sind die Vorschriften über den Rücktritt vom Vertrag anzuwenden [§§ 357 I S. 1, 346 BGB]. Danach sind die empfangenen Leistungen zurückzugewähren, gezogene Nutzungen herauszugeben und (statt der Rückgewähr) unter bestimmten Voraussetzungen vom Schuldner ein Wertersatz zu leisten (z.B. wenn eine Herausgabe einer Sache wegen deren Verbrauch, Verarbeitung oder Veräußerung nicht mehr möglich ist; Näheres siehe § 346 BGB).

11.8.3.3 Verbraucherkaufvertrag

(1) Begriff Verbraucherkaufvertrag

Merke:

Ein **Verbraucherkaufvertrag** liegt immer dann vor, wenn

- ein **Verbraucher**
- von einem **Unternehmer**
- eine **bewegliche Sache** kauft [§ 474 I BGB].

Gesetzlich besonders geregelte **Verbraucherkaufverträge** sind unter anderem der **Fernabsatzvertrag** [§§ 312b ff. BGB], das **Haustürgeschäft** [§ 312 BGB], das **Teilzahlungsgeschäft** [§§ 501 ff. BGB] und der **Ratenlieferungsvertrag** [§ 505 BGB].[1]

(2) Fernabsatzverträge

→ Begriff

Merke:

Fernabsatzverträge sind Verträge über die Lieferung von Waren oder über die Erbringung von Dienstleistungen, die zwischen einem Unternehmer und einem Verbraucher unter **ausschließlicher** Verwendung von Fernkommunikationsmitteln im Rahmen eines für den Fernabsatz organisierten Vertriebs- oder Dienstleistungssystems abgeschlossen werden [§ 312b 1 BGB].

Fernkommunikationsmittel sind Kommunikationsmittel, die zur Anbahnung oder zum Abschluss eines Vertrages zwischen einem Verbraucher und einem Unternehmer eingesetzt werden können, ohne dass deren gleichzeitige körperliche Anwesenheit erforderlich ist. Dies sind z. B. Briefe, Kataloge, Telefonanrufe, Telekopien und E-Mails [§ 312b II BGB].[2] Ob ein Fernabsatzvertrag vorliegt, entscheidet allein die Art und Weise seines Abschlusses und nicht sein Vertragsinhalt. Damit gelten die Vorschriften des BGB zu Fernabsatzverträgen für althergebrachte Absatzwege wie den Katalogverkauf ebenso wie für das Telefonshopping und den Vertrieb über das Internet.

---

1 Die Behandlung des Teilzahlungsgeschäfts und des Ratenlieferungsvertrags ist im Lehrplan nicht vorgesehen.

2 Bestimmte Kauf-, Dienst-, Werk- und Geschäftsbesorgungsverträge zwischen Unternehmer und Verbraucher dürfen nicht in der Form eines Fernabsatzvertrages abgeschlossen werden (z.B. Fernunterricht, Veräußerung von Grundstücken, Verträge über Versicherungen und deren Vermittlung sowie Verträge über die Lieferung von Lebensmitteln, Getränken und sonstigen Haushaltsgegenständen des täglichen Bedarfs. Vgl. § 312b III Nr. 1 bis 7 BGB).

Entscheidend für das Vorliegen eines Fernabsatzvertrages ist das Schlüsselwort „ausschließlich".

Beachte:

- Wenn ein Vertragsabschluss zwar über Fernkommunikationsmittel, etwa per Telefon, angebahnt, dann aber infolge eines persönlichen Vertreterbesuchs beim Kunden abgeschlossen wird, kann dies nicht mehr als „ausschließlich" bezeichnet werden und es gelten nicht die Vorschriften über Fernabsatzverträge.
- Die Vorschriften zu Fernabsatzverträgen gelten auch dann nicht, wenn der Vertragsabschluss nicht im Rahmen eines speziell für den Fernabsatz organisierten Vertriebs- oder Dienstleistungssystems erfolgt. Wird also nur ausnahmsweise oder gelegentlich eine Bestellung per Telefon angenommen und dann per Postversand abgewickelt, dann liegt ebenfalls kein Fernabsatzvertrag vor.

Ob ein Fernabsatzvertrag vorliegt, hängt daher von den Bedingungen des einzelnen Falls ab.

→ Unterrichtung

Setzt ein Unternehmer Fernkommunikationsmittel zur Anbahnung oder zum Abschluss von Fernabsatzverträgen ein, dann muss er den Verbraucher rechtzeitig vor Abschluss eines Fernabsatzvertrages in einer dem eingesetzten Fernkommunikationsmittel entsprechenden Weise klar und verständlich

- über die **Einzelheiten des Vertrags** (z. B. über die Identität und Anschrift des Unternehmers, wesentliche Merkmale der Ware oder Dienstleistung, den Preis der Ware oder Dienstleistung, zusätzliche Liefer- und Versandkosten, Zahlung, das Bestehen eines Widerrufs- oder Rückgaberechts und über die Gültigkeitsdauer befristeter Angebote, insbesondere des Preises) sowie
- über den **geschäftlichen Zweck des Vertrags**

informieren.

Bei Telefongesprächen muss der Unternehmer seine Identität und den geschäftlichen Zweck des Vertrags bereits zum Gesprächsbeginn ausdrücklich offen legen [§ 312c I BGB].

→ Widerrufs- bzw. Rückgaberecht bei Fernabsatzverträgen

Der Verbraucher hat bei Fernabsatzverträgen ein Widerrufsrecht nach § 355 BGB. Bei Verträgen über die Lieferung von Waren kann dem Verbraucher anstelle des Widerrufsrechts auch ein Rückgaberecht nach § 356 BGB eingeräumt werden [§ 312d I BGB].[1] Der Verbraucher kann das zweiwöchige Widerrufsrecht nach § 355 BGB oder das zweiwöchige Rückgaberecht nach § 356 BGB ohne Begründung wahrnehmen.

1 Bei bestimmten Fernabsatzverträgen (z. B. über schnell verderbliche Waren; Sonderanfertigungen; Lieferung von Zeitungen, Zeitschriften und Illustrierten) besteht kein Widerrufsrecht [§ 312d IV BGB].

Beim Kauf von Waren beginnt die Widerrufsfrist, wenn der Käufer die Ware erhalten hat, bei Dienstleistungen bereits mit Vertragsabschluss.

Beachte:

Abweichend von § 355 II BGB setzt bei Fernabsatzverträgen der Beginn der Widerrufsfrist voraus [§ 312d II BGB], dass

❶ der Unternehmer seine Informationspflicht vollständig erfüllt hat [§ 312c II BGB] und

❷ der Käufer in Textform (z.B. Fax, E-Mail, schriftlich) ordnungsgemäß über sein Widerrufsrecht belehrt wurde.

Kommt der Unternehmer den Informationspflichten (siehe oben, Voraussetzung ❶) nicht nach, dann ist der Beginn der zweiwöchigen Widerrufsfrist gehemmt. In diesem Fall erlischt das Widerrufsrecht erst nach sechs Monaten (siehe Kapitel 11.8.3.2). Versäumt der Unternehmer die ordnungsgemäße Belehrung (siehe oben, Voraussetzung ❷), dann kann der Vertrag ohne zeitliche Beschränkung widerrufen werden.

Wenn der Unternehmer mit der Ausführung einer Dienstleistung mit ausdrücklicher Zustimmung des Verbrauchers vor dem Ende der Widerrufsfrist begonnen hat oder der Verbraucher diese selbst veranlasst hat, dann erlischt das Widerrufsrecht [§ 312d III BGB].

Von den die Verbraucher schützenden Rechtsvorschriften zu den Fernabsatzverträgen darf grundsätzlich nicht zum Nachteil des Verbrauchers oder Kunden abgewichen werden (Näheres siehe § 312f BGB).

→ Pflichten im elektronischen Geschäftsverkehr [§ 312e BGB]

Benutzt der Unternehmer zum Zweck des Vertragsabschlusses über die Lieferung von Waren oder die Erbringung von Dienstleistungen Teledienste (z.B. Internet), dann muss er dem Kunden u.a.

- angemessene, wirksame Mittel zur Verfügung stellen, damit der Kunde Eingabefehler vor Abgabe seiner Bestellung erkennen und berichtigen kann,
- die in der Rechtsverordnung nach Artikel 241 des Einführungsgesetzes zum Bürgerlichen Gesetzbuch bestimmten Informationen (z.B. Identität des Unternehmers, seine Anschrift) rechtzeitig vor der Abgabe von dessen Bestellung klar und verständlich mitteilen,
- den Zugang von dessen Bestellung unverzüglich auf elektronischem Wege bestätigen und
- die Möglichkeit verschaffen, die Vertragsbestimmungen einschließlich der Allgemeinen Geschäftsbedingungen bei Vertragsabschluss abzurufen und in wiedergabefähiger Form zu speichern.

Bestellung und Empfangsbestätigung im Sinne von § 312e I Nr. 3 BGB gelten als zugegangen, wenn die Parteien, für die sie bestimmt sind, sie unter gewöhnlichen Umständen abrufen können.

6 Speth u.a. – ISBN 3-8120-0529-8

(3) Haustürgeschäfte

➔ **Begriff**

Merke:

Ein **Haustürgeschäft** ist ein Vertrag zwischen einem Unternehmer und einem Verbraucher, der eine entgeltliche Leistung zum Gegenstand hat und zu dessen Abschluss der Verbraucher

- durch eine mündliche Verhandlung an seinem Arbeitsplatz oder in seiner Wohnung,
- anlässlich einer vom Unternehmer oder von einem Dritten zumindest auch im Interesse des Unternehmers durchgeführten Freizeitveranstaltung (z.B. bei so genannten Kaffeefahrten mit Verkaufsveranstaltungen),
- im Anschluss an ein überraschendes Ansprechen in Verkehrsmitteln oder im Bereich öffentlich zugänglicher Verkehrsflächen

bestimmt worden ist [§ 312 I BGB].

➔ **Widerrufs- bzw. Rückgaberecht bei Haustürgeschäften**

Der Verbraucher hat nach den §§ 312 I S. 1, 355 BGB ein Widerrufsrecht von zwei Wochen. Unter bestimmten Bedingungen kann dem Verbraucher anstelle des Widerrufsrechts auch ein Rückgaberecht nach § 356 BGB eingeräumt werden [§ 312 I S. 2 BGB].

Das Widerrufs- und Rückgaberecht besteht nicht

- bei Versicherungsverträgen,
- wenn die mündliche Verhandlung, die zum Vertragsabschluss geführt hat, auf einer vorhergehenden Bestellung des Verbrauchers beruht,
- wenn die Leistung beim Abschluss der Verhandlungen sofort erbracht und bezahlt wird und das Entgelt 40,00 EUR nicht übersteigt oder
- wenn die Willenserklärung des Verbrauchers von einem Notar beurkundet worden ist [§ 312 III BGB].

Von den die Verbraucher schützenden Rechtsvorschriften zu den Haustürgeschäften darf grundsätzlich nicht zum Nachteil des Verbrauchers oder Kunden abgewichen werden (Näheres siehe § 312f BGB).

➔ **Rechtsfolgen des Widerrufs und der Rückgabe**

Die Rechtsfolgen eines ordnungsgemäßen Widerrufs sind, dass **jeder Teil die erhaltenen Leistungen zurückgeben muss** – der Kunde also die Sache und der Unternehmer das empfangene Geld [§ 346 BGB]. Die beiderseitigen Verpflichtungen, die sich als Rechtsfolgen des vom Kunden erklärten Widerrufs ergeben (Rückgewähr der Leistungen, Zahlung von Wertersatz), sind **Zug um Zug** zu erfüllen [§ 348 BGB].

Zusammenfassung

- Zum **Verbraucherschutz** gehören alle Maßnahmen zum Schutz des Endverbrauchers. Geschützt werden sollen vor allem seine Gesundheit und Sicherheit im Rechtsverkehr. Außerdem soll der Verbraucher vor einer Täuschung und ungerechtfertigten (vom Staat nicht gewollten) Benachteiligung durch die wirtschaftlich meistens stärkeren Unternehmer (Anbieter der Sach- und Dienstleistungen) geschützt werden. Die Stellung der Verbraucher im Rechts- und Wirtschaftsverkehr soll auch durch eine größere Markttransparenz (Marktübersicht) verbessert werden.
- Maßnahmen des Verbraucherschutzes sind **private Maßnahmen** (z.B. Selbstkontrollen und Selbstverpflichtungen der Unternehmen; Verbraucherberatung durch Verbraucherverbände) und **staatliche Maßnahmen,** vor allem durch gesetzliche Vorschriften zum Verbraucherschutz.
- **Wichtige Rechtsvorschriften** zum Verbraucherschutz stehen u.a. **im BGB.**
- Geschützt wird der Verbraucher [§ 13 BGB], wenn dieser mit einem Unternehmer [§ 14 BGB] z.B. folgende Rechtsgeschäfte (Verträge) abschließt:
  - Rechtsgeschäfte (z.B. Kaufverträge, Werkverträge), bei denen **„Allgemeine Geschäftsbedingungen (AGB)"** in das Rechtsgeschäft einbezogen sind [§§ 305ff. BGB], und
  - **Verbraucherverträge** wie
    - Verbrauchsgüterkauf [§§ 474ff. BGB],
    - Fernabsatzverträge [§§ 312bff. BGB],
    - Haustürgeschäfte [§ 312 BGB].
- Der Schutz des Verbrauchers bei abgeschlossenen **Verbraucherverträgen** erfolgt vor allem
  - durch das **Widerrufsrecht,**
  - das (unter bestimmten Voraussetzungen bestehende) **Rückgaberecht** des Verbrauchers (wobei der Verbraucher grundsätzlich eine Frist von **zwei Wochen** einhalten muss) [§§ 355ff. BGB] und
  - dadurch, dass dem Unternehmer **bestimmte Pflichten** auferlegt sind.

Aufgaben zur Sicherung und Vertiefung des Lernerfolgs

23

1. Welchen Zweck verfolgen die Vorschriften des BGB zur Gestaltung rechtsgeschäftlicher Schuldverhältnisse durch Allgemeine Geschäftsbedingungen [§§ 305–310 BGB]?

2. Prüfen Sie, ob folgende Klauseln in Allgemeinen Geschäftsbedingungen gegenüber Nichtkaufleuten rechtswirksam sind. Lesen Sie hierzu §§ 308, 309 BGB!

   Klauseln:

   2.1 „Vereinbarte Liefertermine sind unverbindlich. Wir sind jedoch bemüht, die Liefertermine pünktlich einzuhalten."

   2.2 „Erfolgt die Lieferung nicht zum vereinbarten Termin, so kann uns der Käufer eine dreimonatige Nachfrist setzen mit der Erklärung, dass er nach deren fruchtlosem Ablauf vom Kaufvertrag zurücktreten werde."

   2.3 „Wir sind jederzeit berechtigt, vom Kaufvertrag zurückzutreten."

   2.4 „Kleinere fabrikationstechnisch bedingte Farbabweichungen müssen wir uns vorbehalten."

   2.5 „Verlangt ein Käufer aufgrund berechtigter Reklamation Nacherfüllung, müssen wir eine Nutzungsgebühr in Höhe von 50 % des Barverkaufspreises verlangen."

3. Die Rentnerin Gut ließ sich an der Haustür von einem Zeitschriftenwerber dazu überreden, ein Jahresabonnement für die Zeitschrift „Die gute Hausfrau“ zu unterschreiben.

   Schon am nächsten Tag kommen Frau Gut Bedenken. Erstens braucht Sie diese Zeitschrift gar nicht und zweitens ist ihr knappes Budget ohnedies durch die kürzlich gestiegenen Gas-, Wasser-, Strom- und Heizungskosten arg strapaziert.

   Aufgabe:

   Kann Frau Gut noch aus dem Vertrag „herauskommen“ oder gilt der Satz „Vertrag ist Vertrag“? Begründen Sie Ihre Entscheidung!

4. Begründen Sie die Notwendigkeit des Verbraucherschutzes in einer sozialen Marktwirtschaft und erklären Sie an drei Beispielen, wie der Gesetzgeber in Deutschland den privaten Verbraucher (Konsumenten) durch Verbraucherschutzgesetze schützt!

24

1. Frau Müller hat beim Möbelhaus Thein e.K. einen Wohnzimmerschrank gekauft. Nach der Übergabe stellt Frau Müller fest, dass der im Schrank eingebaute Spiegel einen Sprung hat. Als sie diesen Schaden reklamiert, lehnt das Möbelhaus Thein e.K. die Haftung ab und verweist hierbei auf Punkt 10 der Frau Müller bekannten Geschäftsbedingungen, nach denen Schäden an Glasscheiben, Marmorplatten und Spiegeln von den Gewährleistungsansprüchen ausgeschlossen sind.

   Aufgabe:

   Ist das Möbelhaus Thein e.K. im Recht?

2. Oma Otto hat sich auf einer Kaffeefahrt von Volkert eine Heizdecke „andrehen“ lassen. Schon nach wenigen Tagen merkt sie, dass es sich um einen völligen Fehlkauf gehandelt hat und wirft die Decke weg. Als sie ihrem Enkel Jakob, einem Berufsfachschüler, davon erzählt, weist dieser seine Oma auf ihr Widerrufsrecht hin. Dabei stellen beide fest, dass Volkert die Oma Otto über ihr Widerrufsrecht nicht belehrt hatte. Oma Otto erklärt darauf umgehend den Widerruf und verlangt den Kaufpreis von 100,00 EUR zurück. Volkert hält den Widerruf für unwirksam. Jedenfalls könne Oma Otto den Kaufpreis nicht zurückverlangen, da er von ihr 100,00 EUR für die weggeworfene Decke (Wert: 50,00 EUR) verlangen könne.

   Aufgabe:

   Trifft dies zu? Begründen Sie Ihre Entscheidung mit Hilfe des Gesetzestextes!

3. 3.1 Erläutern Sie unter Angabe von Gesetzesparagrafen den Begriff des Fernabsatzvertrags!

   3.2 Nennen Sie zwei Fälle, in denen die Vorschriften des Fernabsatzvertrags keine Anwendung finden, obwohl die jeweiligen Verträge mit Hilfe von Fernkommunikationsmitteln abgeschlossen worden sind!

   3.3 Nennen Sie zwei Pflichten, die der Unternehmer gegenüber dem Verbraucher beim Abschluss von Fernabsatzverträgen beachten muss!

   3.4 Welche Rechtsfolgen ergeben sich für den Verbraucher, wenn er einen abgeschlossenen Fernabsatzvertrag fristgerecht widerruft?

11.9 Das Rechnungswesen beim Geschäftsprozess Wareneinkauf

11.9.1 Wareneingangsbuchung mit Vorsteuer

Die Wareneingangsbuchung mit Vorsteuer ist bereits dargestellt und geübt worden.[1] Im Folgenden geht es nun darum, besondere Geschäftsvorfälle aus dem Geschäftsprozess Wareneinkauf zu buchen. Um den Zusammenhang zu diesen Geschäftsvorfällen herzustellen, soll nochmals kurz die Grundbuchung, die beim Einkauf von Waren anfällt, wiederholt werden.

Der **Wareneinkauf** stellt für das Handelsunternehmen einen **Aufwand** dar und wird auf dem **Aufwandskonto 6000 Aufwendungen für Waren** gebucht. Die vom Lieferer beim Einkauf der Ware in Rechnung gestellte Umsatzsteuer kann der Kaufmann gegenüber dem Finanzamt als **Vorsteuer** geltend machen. Die Vorsteuer hat den **Charakter einer Forderung**[2] und ist daher auf dem **Aktivkonto 2600 Vorsteuer** zu buchen.

Beispiel:

Spielwarenfabrik Freuer GmbH

Spielwarenfabrik Freuer GmbH · Wasserstr. 15-30 · 38644 Greifswald

Spielwarengroßhandlung
Helmut Batzer GmbH
Hauptmarkt 20
86741 Ehingen a. Ries

Lieferdatum: 28. März 20..
Rechnungsdatum: 28. März 20..

Ihre Zeichen/Nachricht vom	Unsere Abteilung/Bearbeiter	Telefon
--	VK II-E/Sb	0171 643172

Barverkauf Nr. 411/05

Ihre Bestellung vom 25. März 20..

10 Tretautos	4396,00 EUR
+ 16% Umsatzsteuer	703,36 EUR
	5099,36 EUR

Mit freundlichen Grüßen

SPIELWARENFABRIK FREUER GMBH Greifswald

ppa. *Maier* i.V. *Haus*

Betrag bar erhalten
28. März 20..
i.A. Fritz Kuhnle

Sitz der Gesellschaft: Greifswald; Registergericht: Greifswald; HRB 24
Steuer-Nr.: 34471/15380

Aufgabe:
Bilden Sie den Buchungssatz für die Spielwarengroßhandlung Helmut Batzer GmbH!

1 Wiederholen Sie im Band 1 das Kapitel 8.2 „Buchhalterische Behandlung der Umsatzsteuer bei den Grundfällen (Ein- und Verkauf von Waren)", S. 357ff.

2 Wiederholen Sie im Band 1 das Kapitel 8.1 „Umsatzsteuer", S. 354ff.

Lösung:

Geschäftsvorfall		Konten	Soll	Haben
Wir kaufen Waren gegen Barzahlung				
Warenwert netto	4 396,00 EUR	6000 Aufwend. f. Waren	4 396,00	
+ 16 % USt	703,36 EUR	2600 Vorsteuer	703,36	
Rechnungsbetrag	5 099,36 EUR	an 2820 Kasse		5 099,36

Aufgaben zur Sicherung und Vertiefung des Lernerfolgs

25 Bilden Sie zu den folgenden Geschäftsvorfällen die Buchungssätze!

1.	Kauf von Waren gegen Bankscheck netto		2 140,00 EUR
	+ 16 % USt		342,40 EUR
			2 482,40 EUR
2.	Kauf von Waren bar netto		890,00 EUR
	+ 16 % USt		142,40 EUR
			1 032,40 EUR
3.	Wir erhalten von einem Hersteller Provision		
	durch Banküberweisung	1 720,00 EUR	
	+ 16 % USt	275,20 EUR	1 995,20 EUR
4.	Wir zahlen Versicherungsbeiträge durch Banklastschrift		481,50 EUR
5.	Wir verkaufen Ware bar netto	4 800,00 EUR	
	+ 16 % USt	768,00 EUR	5 568,00 EUR
6.	Wir kaufen Ware bar netto	1 060,00 EUR	
	+ 16 % USt	169,60 EUR	1 229,60 EUR

11.9.2 Kreditorenbuchhaltung

11.9.2.1 Grundprinzip der Kreditorenbuchhaltung

Bisher haben wir den Geschäftsverkehr mit den Lieferanten nur über das Sachkonto 4400 Verbindlichkeiten aus Lieferungen und Leistungen abgewickelt. Das Sachkonto 4400 Verbindlichkeiten aus Lieferungen und Leistungen gibt Auskunft über den Gesamtbetrag der Verbindlichkeiten gegenüber den Lieferern. Um aber die Lieferungen und Zahlungsvorgänge gegenüber **jedem Lieferer** überwachen zu können, müssen in der Praxis neben dem Sachkonto 4400 Verbindlichkeiten aus Lieferungen und Leistungen des Hauptkontos zusätzlich entsprechende **Personenkonten (Kreditorenkonten)** geführt werden. Bei Geschäftsvorfällen mit Lieferern erfolgen beide Buchungen (Soll- und Habenbuchungen) nicht mehr auf zwei entsprechenden Sachkonten, sondern die eine Seite der Buchung wird auf einem entsprechenden Personenkonto in der Nebenbuchhaltung erfasst.

Beispiel:

Wir kaufen Waren auf Ziel bei der Franz Forster GmbH lt. Eingangsrechnung (ER) Nr. 25 vom 5. Oktober:

Warenwert 10500,00 EUR zuzüglich 16 % USt.

Aufgabe:

Richten Sie in einer Nebenbuchhaltung ein entsprechendes Kreditorenkonto ein und buchen Sie diesen Geschäftsvorfall!

Lösung:

Hauptbuchhaltung

S	6000 Aufwend. f. Waren	H
44001	10500,00	

S	2600 Vorsteuer	H
44001	1680,00	

S	4400 Verb. a.L.u.L.	H

Nebenbuchhaltung

Beispiel für ein Liefererkonto (Kreditorenkonto)

44001: Franz Forster GmbH

Datum[1]	Beleg	Text	Soll	Haben	Saldo
10 – 01		Saldovortrag			64265,00
10 – 05	ER 25	6000/2600		12180,00	

Erläuterungen:

In diesem Beispiel erscheinen in der Hauptbuchhaltung zwei Sollbuchungen mit einer Gesamtsumme von 12180,00 EUR. Die Gegenbuchung hierzu erscheint auf dem Kreditorenkonto in der Nebenbuchhaltung. In diesem Fall fehlt zunächst in der Hauptbuchhaltung die Gegenbuchung auf dem Sachkonto 4400 Verbindlichkeiten aus Lieferungen und Leistungen. Eine Summenprobe (die Summe der gebuchten Sollbeträge entspricht der Summe der gebuchten Habenbeträge) ist daher erst möglich, nachdem die in der Nebenbuchung erfassten Beträge in die Hauptbuchhaltung übertragen wurden.

11.9.2.2 Darstellung der Zusammenhänge zwischen Hauptbuchhaltung und Nebenbuchhaltung am Beispiel der Kreditorenbuchhaltung

Beispiel:

I. Anfangsbestände:

Sachkonto: 4400 Verbindlichkeiten aus Lieferungen und Leistungen 48635,00 EUR.

Dieser Anfangsbestand betrifft die folgenden Einzelverbindlichkeiten:

Konto-Nr.	Name des Lieferanten	Saldo
44002	Otto Sauer KG	25346,00 EUR
44003	Werner Prompt OHG	12672,00 EUR
44004	Max Weber GmbH	10617,00 EUR
	Summe der Einzelsalden	48635,00 EUR

1 Da wir im schulischen Bereich auf die Datumsspalte verzichten, lassen wir die Angabe des Datums bei den folgenden Übungsaufgaben wegfallen.

II. Geschäftsvorfälle:

1. Einkauf von Waren auf Ziel lt. ER 25 beim Lieferer O. Sauer KG. Nettowert 3500,00 EUR zuzüglich 16 % USt.
2. Zahlung an Lieferer W. Prompt OHG lt. ER 20 durch Banküberweisung 2875,00 EUR.
3. Einkauf von Waren auf Ziel lt. ER 26 bei M. Weber GmbH. Nettowert 800,00 EUR zuzüglich 16 % USt.
4. Einkauf von Waren auf Ziel lt. ER 27 bei W. Prompt OHG. Nettowert 1500,00 EUR zuzüglich 16 % USt.
5. Zahlung an Lieferer M. Weber GmbH lt. ER 24 durch Banküberweisung 2415,00 EUR.

III. Aufgaben:

1. Bilden Sie die Buchungssätze im Grundbuch!
2. Buchen Sie auf den entsprechenden Konten in der Haupt- und in der Nebenbuchhaltung!
3. Übertragen Sie die auf den Kreditorenkonten gebuchten Soll- und Habenbeträge jeweils in einer Summe auf das Konto 4400 Verbindlichkeiten aus Lieferungen und Leistungen!
4. Stellen Sie für die einzelnen Verbindlichkeiten aus Lieferungen und Leistungen jeweils eine Saldenliste auf und überprüfen Sie, ob die Endsumme mit dem Endsaldo auf dem Konto der Hauptbuchhaltung (Konto 4400) übereinstimmt!

Hinweis zu den Buchungen:

Beim Buchen der Geschäftsvorfälle im Grund- und im Hauptbuch wird **nicht** – wie bisher – das **Sachkonto 4400 Verbindlichkeiten aus Lieferungen und Leistungen angesprochen, sondern die jeweiligen Personenkonten.**

Die zunächst noch fehlende Buchung auf dem Sachkonto 4400 Verbindlichkeiten aus Lieferungen und Leistungen wird durch eine **summarische Übertragung der Verkehrszahlen, die auf den Personenkonten stehen, im Rahmen der Abschlussarbeiten** vorgenommen.

Lösung:

Zu 1. Buchungssätze im Grundbuch:

Geschäftsvorfälle	Buchungssätze		
	Konten	Soll	Haben
1. Einkauf von Waren auf Ziel lt. ER 25 beim Lieferer Sauer KG Nettowert 3500,00 EUR zuzügl. 16 % USt	6000 Aufw. f. Waren 2600 Vorsteuer an 44002 (Sauer KG)	3500,00 560,00	 4060,00
2. Zahlung an Lieferer Prompt OHG lt. ER 20 durch Banküberweisung 2875,00 EUR	44003 (Prompt OHG) an 2800 Bank	2875,00	 2875,00
3. Einkauf von Waren auf Ziel lt. ER 26 bei Max Weber GmbH Nettowert 800,00 EUR zuzügl. 16 % USt	6000 Aufw. f. Waren 2600 Vorsteuer an 44004 (Weber GmbH)	800,00 128,00	 928,00
4. Einkauf von Waren auf Ziel lt. ER 27 bei Werner Prompt OHG Nettowert 1500,00 EUR zuzügl. 16 % USt	6000 Aufw. f. Waren 2600 Vorsteuer an 44003 (Prompt OHG)	1500,00 240,00	 1740,00
5. Zahlung an Lieferer Weber GmbH lt. ER 24 durch Banküberweisung 2415,00 EUR	44004 (Weber GmbH) an 2800 Bank	2415,00	 2415,00
		12018,00	12018,00

Zu 2., 3. und 4. Buchungen in der Haupt- und Nebenbuchhaltung:

Nebenbuchhaltung

44002 (Sauer KG)

Text	Soll	Haben	Saldo
AB			25346,00
6000/2600		4060,00	29406,00
Üb. 4400	-	4060,00	

44003 (Prompt OHG)

Text	Soll	Haben	Saldo
AB			12672,00
2800	2875,00		9797,00
6000/2600		1740,00	11537,00
Üb. 4400	2875,00	1740,00	

44004 (Weber GmbH)

Text	Soll	Haben	Saldo
AB			10617,00
6000/2600		928,00	11545,00
2800	2415,00		9130,00
Üb. 4400	2415,00	928,00	

Hauptbuchhaltung

S 6000 Aufw. f. Waren H

Soll		Haben	
44002	3500,00		
44004	800,00		
44003	1500,00		

S 2600 Vorsteuer H

Soll		Haben	
44002	560,00		
44004	128,00		
44003	240,00		

S 2800 Bank H

Soll		Haben	
		44003	2875,00
		44004	2415,00

S 4400 Verb. a. Lief. u. Leist. H

Soll		Haben	
Üb.	5290,00	AB	48635,00
Saldo	50073,00	Üb.	6728,00
	55363,00		55363,00

Übertrag Soll:
2875,00 + 2415,00 = 5290,00

Übertrag Haben:
4060,00 + 1740,00 + 928,00 = 6728,00

Saldenliste der Verb. a. Lief. u. Leist.	
44002 (Sauer KG)	29406,00 EUR
44003 (Prompt OHG)	11537,00 EUR
44004 (Weber GmbH)	9130,00 EUR
Summe:	50073,00 EUR

Erläuterungen:

(1) Zu den Anfangsbeständen

- Die Gesamtsumme der Anfangsbestände bei den Verbindlichkeiten beträgt 48635,00 EUR. Den Betrag tragen wir – wie gewohnt – auf dem Sachkonto *4400 Verbindlichkeiten aus Lieferungen und Leistungen* in der Hauptbuchhaltung als Anfangsbestand ein.
- Dieser Gesamtbetrag der Verbindlichkeiten setzt sich aus Einzelverbindlichkeiten gegenüber verschiedenen Lieferanten zusammen. Um diese Einzelverbindlichkeiten und deren pünktliche Zahlung kontrollieren zu können, wird in der Nebenbuchhaltung für jeden Lieferanten ein gesondertes Konto angelegt. Um eine effektive Kontrolle ausüben zu können, werden diese Personenkonten in der Praxis häufig noch mit weiteren Informationsdaten ausgestattet. Es könnten dort z.B. noch das Datum der Eingangsrechnung, das Datum der Fälligkeit des Betrages, die erfolg-

ten Mahnungen und was sonst noch von Interesse sein könnte, vermerkt werden. Da diese Einzelheiten für uns nicht von Interesse sind, haben wir der Einfachheit halber bei der Einrichtung der Personenkonten darauf verzichtet.

- Auf diesen in der Nebenbuchhaltung geführten Personenkonten tragen wir die jeweils noch bestehende Verbindlichkeit ein. Damit die später in einer Summe in die Hauptbuchhaltung zu übernehmenden Verkehrszahlen durch einfache Addition der Soll- und Habenspalten schnell und problemlos ermittelt werden können, tragen wir den jeweiligen Anfangsbestand nicht in der Habenspalte, sondern in einer gesondert geführten Saldenspalte ein. So erscheint z.B. bei dem Lieferer Sauer KG als erster Betrag in der Saldenspalte die noch nicht beglichene Verbindlichkeit in Höhe von 25346,00 EUR.
- Addiert man die auf den Personenkonten als Saldovorträge (AB) erfassten Einzelverbindlichkeiten, muss die Summe der Einzelverbindlichkeiten in der Nebenbuchhaltung mit dem auf dem Sachkonto in der Hauptbuchhaltung ausgewiesenen Anfangsbestand übereinstimmen (25346,00 + 12672,00 + 10617,00 = 48635,00). Das ist in unserem Beispiel auch der Fall. Daher können wir sagen, dass bezüglich der Verbindlichkeiten die Hauptbuchhaltung mit der Nebenbuchhaltung abgestimmt ist.

(2) Zu den Geschäftsvorfällen

- Ist – wie in der Praxis üblich – für den Geschäftsverkehr mit den Kunden eine Nebenbuchhaltung eingerichtet, wird bei Geschäftsvorfällen, die die Lieferanten betreffen, nicht das entsprechende Sachkonto der Hauptbuchhaltung angesprochen, sondern das betreffende Personenkonto in der Nebenbuchhaltung. In der Praxis der Computerbuchführung ist das Sachkonto für Verbindlichkeiten für eine direkte Buchung häufig gesperrt.
- Beim Buchen der Geschäftsvorfälle, die den Verkehr mit den Lieferanten betreffen, wird daher immer der Zugang oder Abgang an Verbindlichkeiten zunächst auf den jeweiligen Personenkonten gebucht, während die Gegenbuchungen auf entsprechenden Konten der Hauptbuchhaltung erfasst werden. Auf diese Weise besteht also immer beim Buchen von Geschäftsvorfällen, die den Verkehr mit den Lieferanten betreffen, eine Verbindung zwischen Nebenbuchhaltung und Hauptbuchhaltung.
- Am Beispiel dieses ersten Geschäftsvorfalles ist erkennbar, dass in der Hauptbuchhaltung nur Sollbuchungen erfolgt sind. Die entsprechende Habenbuchung erscheint in der Nebenbuchhaltung. Insofern ist also innerhalb der Hauptbuchkonten der Buchungskreis (Sollbuchung entspricht der Habenbuchung) noch nicht geschlossen. Hier fehlt noch die Habenbuchung.

(3) Zu der Schließung des Buchungskreises in der Hauptbuchhaltung

- Da bei jedem Geschäftsvorfall der zu buchende Betrag mit der einen Seite der Buchung (Sollseite oder Habenseite) in der Nebenbuchhaltung erscheint, fehlt in der Hauptbuchhaltung jeweils die entsprechende Gegenbuchung.
- Diese Lücken werden dadurch geschlossen, dass die in der Nebenbuchhaltung erfassten Verkehrszahlen auf den Personenkonten auf das Sachkonto der Hauptbuchhaltung übernommen werden. Solange diese Übertragung nicht erfolgt ist, sind Zwischenabstimmungen bzw. Abschlüsse nicht möglich.
- Für die Übernahme der entsprechenden Beträge, z.B. für das Sachkonto Verbindlichkeiten, sind alle auf der Sollseite und der Habenseite der einzelnen Liefererkonten erfassten Beträge zu addieren und diese beiden Summen sind auf das Verbindlichkeitskonto in der Hauptbuchhaltung zu übertragen. Das ist keine Buchung, sondern lediglich eine statistische Übernahme von Zahlen, durch die der noch offene Buchungskreis in der Hauptbuchhaltung erst geschlossen wird.
- Da wir auf den einzelnen Liefererkonten Zwischensummen dieser so genannten Verkehrszahlen gebildet haben, sind diese Zwischensummen zu addieren. Wir erhalten z.B. für die auf das Sachkonto 4400 Verbindlichkeiten aus Lieferungen und Leistungen zu übertragende Habensumme einen Betrag von 6728,00 EUR. Dieser Wert setzt sich aus der Summe der auf den einzelnen Per-

sonenkonten gebuchten Habenbeträge zusammen. (Sauer KG [4060,00 EUR] + Prompt OHG [1740,00 EUR] + Weber GmbH [928,00 EUR] = 6728,00 EUR). Entsprechendes gilt für die zu übertragende Sollsumme in Höhe von 5290,00 EUR.

- Nach Übernahme dieser Beträge auf das Sachkonto Verbindlichkeiten ist bezüglich der Verbindlichkeiten der Buchungskreis in der Hauptbuchhaltung geschlossen. Beim Abschluss des Sachkontos Verbindlichkeiten aus Lieferungen und Leistungen ergibt sich ein Saldo in Höhe von 50073,00 EUR. Das ist der Gesamtbestand der Verbindlichkeiten zum Zeitpunkt des Abschlusses. Dieser Betrag muss mit der Summe der auf den einzelnen Liefererkonten ausgewiesenen Endsalden übereinstimmen. Wie aus der aufgestellten Saldenliste der Verbindlichkeiten, in der Praxis als Opos-Liste (Offene-Posten-Liste) bezeichnet, hervorgeht, ist das in unserem Beispiel auch der Fall. Auch beim Abschluss ist also in Bezug auf die Verbindlichkeiten die Hauptbuchhaltung mit der Nebenbuchhaltung abgestimmt.

Zusammenfassung

- Um die Verbindlichkeiten aus Lieferungen und Leistungen sowie den Zahlungsverkehr mit jedem einzelnen Lieferanten überwachen zu können, werden in der Praxis diese Vorgänge auf entsprechenden Personenkonten in einer so genannten **Kreditorenbuchhaltung** erfasst, die außerhalb der Hauptbuchhaltung als Nebenbuchhaltung geführt wird.
- Da bei dieser Buchungsweise ein Teil der Buchung in der Hauptbuchhaltung und der andere Teil auf den entsprechenden Personenkonten in der Nebenbuchhaltung erscheint, müssen vor jedem Abschluss der Hauptbuchhaltung die auf den Personenkonten gebuchten Beträge auf das entsprechende **Sachkonto der Hauptbuchhaltung** (4400 Verbindlichkeiten aus Lieferungen und Leistungen) **übertragen** werden. Erst danach ist der Buchungskreis in der Hauptbuchhaltung (Sollbuchung entspricht der Habenbuchung) geschlossen.
- Was hier am Beispiel der Kreditorenbuchhaltung dargestellt wurde, gilt entsprechend auch für eine **Debitorenbuchhaltung** (Personenkonten für die einzelnen Kunden).[1]

Aufgaben zur Sicherung und Vertiefung des Lernerfolgs

26 **I. Anfangsbestände zum 1. September**

1. Richten Sie in der Hauptbuchhaltung das Sachkonto 4400 Verbindlichkeiten aus Lieferungen und Leistungen ein und tragen Sie einen Anfangsbestand in Höhe von 18700,00 EUR vor!
2. Richten Sie innerhalb der Kreditorenbuchhaltung die folgenden Liefererkonten ein und tragen Sie zum 1. September jeweils die angegebenen Anfangsbestände darauf vor:
   - Ravensburger Metallwerke AG, Lief.-Nr. 44005, Saldovortrag 10500,00 EUR,
   - Großhandelshaus Stark GmbH, Lief.-Nr. 44006, Saldovortrag 8200,00 EUR.

II. Geschäftsvorfälle

Lief.-Nr.	Vorgang	Betrag
44005	Zieleinkauf von Waren einschl. 16 % USt	6960,00 EUR
44006	Zieleinkauf von Waren einschl. 16 % USt	7540,00 EUR
44005	Zieleinkauf von Waren einschl. 16 % USt	4060,00 EUR
44005	Bankscheck	9250,00 EUR
44006	Banküberweisung	11100,00 EUR
44006	Zieleinkauf von Waren einschl. 16 % USt	5800,00 EUR
44005	Zieleinkauf von Waren einschl. 16 % USt	9860,00 EUR
44005	Barzahlung	7400,00 EUR
44006	Barzahlung	2000,00 EUR

1 Näheres hierzu siehe Band 1, Kapitel 8.4.3, S. 363ff.

III. Aufgaben

1. Bilden Sie praxisgerecht die Buchungssätze für die angegebenen Geschäftsvorfälle!
2. Übertragen Sie die Werte der Buchungssätze auf die entsprechenden Konten der Haupt- und Kreditorenbuchhaltung (Personenkonten)!
3. Übertragen Sie die auf den Kreditorenkonten gebuchten Verkehrszahlen auf das Sachkonto 4400 Verbindlichkeiten aus Lieferungen und Leistungen!
4. Schließen Sie die Kreditorenkonten und das Sachkonto 4400 Verbindlichkeiten aus Lieferungen und Leistungen ab und stellen Sie eine Oposliste über die bestehenden Verbindlichkeiten auf!
5. Überprüfen Sie, ob das Sachkonto 4400 Verbindlichkeiten aus Lieferungen und Leistungen der Hauptbuchhaltung mit der Saldenliste der Kreditorenbuchhaltung abgestimmt ist!

27

I. Anfangsbestände zum 1. September

1. Richten Sie in der Hauptbuchhaltung das Sachkonto 4400 Verbindlichkeiten aus Lieferungen und Leistungen ein und tragen Sie einen Anfangsbestand in Höhe von 22400,00 EUR vor!
2. Richten Sie innerhalb der Kreditorenbuchhaltung die folgenden Liefererkonten ein und tragen Sie zum 1. September jeweils die angegebenen Anfangsbestände darauf vor:
   - Fritz Freund KG, Lief.-Nr. 44007, Saldovortrag 12600,00 EUR,
   - Kempf GmbH, Lief.-Nr. 44015, Saldovortrag 9840,00 EUR.

II. Geschäftsvorfälle

Lief.-Nr.	Vorgang	Betrag
44007	Zieleinkauf von Waren zuzügl. 16 % USt	7200,00 EUR
44015	Zieleinkauf von Waren zuzügl. 16 % USt	7800,00 EUR
44007	Zieleinkauf von Waren zuzügl. 16 % USt	4200,00 EUR
44007	Bankscheck	11100,00 EUR
44015	Banküberweisung	13320,00 EUR
44015	Zieleinkauf von Waren zuzügl. 16 % USt	6000,00 EUR
44007	Zieleinkauf von Waren zuzügl. 16 % USt	10200,00 EUR
44007	Barzahlung	8880,00 EUR
44015	Barzahlung	2400,00 EUR

III. Aufgaben

1. Bilden Sie praxisgerecht die Buchungssätze für die angegebenen Geschäftsvorfälle!
2. Übertragen Sie die Werte der Buchungssätze auf die entsprechenden Konten der Haupt- und Kreditorenbuchhaltung!
3. Übertragen Sie die auf den Kreditorenkonten gebuchten Verkehrszahlen auf das Sachkonto 4400 Verbindlichkeiten aus Lieferungen und Leistungen!
4. Schließen Sie die Kreditorenkonten und das Sachkonto 4400 Verbindlichkeiten aus Lieferungen und Leistungen ab und stellen Sie eine Oposliste über die bestehenden Verbindlichkeiten auf!
5. Überprüfen Sie, ob das Sachkonto 4400 Verbindlichkeiten aus Lieferungen und Leistungen der Hauptbuchhaltung mit der Saldenliste der Kreditorenbuchhaltung abgestimmt ist!

11.9.3 Buchung von Sofortnachlässen und Bezugskosten

(1) Problemstellung

Die Bezugskosten wie z.B. Frachtkosten, Verpackungskosten, Transportversicherungskosten und Zölle, die zusätzlich in Rechnung gestellt werden, erhöhen den Anschaffungspreis. Sie können direkt auf dem Konto 6000 Aufwendungen für Waren gebucht werden. Um die Bezugskosten für die Kalkulation leichter erfassen zu können, werden sie jedoch zunächst auf dem **Unterkonto 6001 Bezugskosten** erfasst. Man will wissen, wie hoch der reine Warenwert und wie hoch die Nebenkosten sind. Beim Abschluss der Konten wird das Unterkonto Bezugskosten über das Hauptkonto 6000 Aufwendungen für Waren abgeschlossen.

Nachlässe, die sofort bei Rechnungserstellung gewährt werden, wie z.B. Mengen-, Wiederverkäufer-, Messerabatt, Nachlass für kleine Mängel u.Ä. (so genannte **Sofortnachlässe**), werden **nicht gebucht**. Gebucht wird der verminderte Einkaufspreis.

(2) Buchung von Sofortnachlässen

Beispiel:

Geschäftsvorfall		Konten	Soll	Haben
Wareneinkauf bar	2 000,00 EUR	6000 Aufwend. f. Waren	1 800,00	
– 10 % Mengenrabatt	200,00 EUR	2600 Vorsteuer	288,00	
	1 800,00 EUR	an 2820 Kasse		2 088,00
+ 16 % USt	288,00 EUR			
	2 088,00 EUR			

Merke:

Sofortnachlässe vom Lieferer werden nicht gebucht.

(3) Buchung des Wareneinkaufs mit Sofortnachlässen und Bezugskosten

Beispiel:

Geschäftsvorfälle		Konten	Soll	Haben
Buchung der Bezugskosten				
Kauf von Waren gegen				
Banküberweisung netto	1 600,00 EUR			
– vereinbarter Mengenrabatt	100,00 EUR			
	1 500,00 EUR	6000 Aufw. f. Waren	1 500,00	
+ Verpackung	50,00 EUR	6001 Bezugskosten	200,00	
+ Fracht	150,00 EUR	2600 Vorsteuer	272,00	
	1 700,00 EUR	an 2800 Bank		1 972,00
+ 16 % USt	272,00 EUR			
	1 972,00 EUR			
Abschluss des Kontos 6001 Bezugskosten		6000 Aufw. f. Waren	200,00	
über das Hauptkonto		an 6001 Bezugskosten		200,00

Zusammenfassung

- **Sofortnachlässe** vom Lieferer werden **nicht gebucht.** Gebucht wird der verminderte Einkaufspreis.
- Die **Nebenkosten** wie z. B. Frachtkosten, Verpackungskosten, Transportversicherungskosten und Zölle werden zunächst auf dem **Unterkonto 6001 Bezugskosten** erfasst.
- Beim **Abschluss der Konten** wird daher das **Unterkonto 6001 Bezugskosten** über das **Hauptkonto 6000 Aufwendungen für Waren** abgeschlossen.

Aufgaben zur Sicherung und Vertiefung des Lernerfolgs

28 Ein Großhandelsunternehmen erhält für einen Wareneinkauf bei der Otto GmbH (44011) folgende Rechnung:

Listenpreis	1 250,00 EUR
– 25 % Liefererrabatt	312,50 EUR
	937,50 EUR
– 3 % Jubiläumsrabatt	28,13 EUR
	909,37 EUR
+ 16 % USt	145,50 EUR
Rechnungsbetrag	1 054,87 EUR

Aufgabe:

Buchen Sie die vorliegende Eingangsrechnung im Grundbuch!

29 Einer Möbelgroßhandlung liegt folgende Wareneingangsrechnung der Hans Kempter KG (44018) vor:

5 Bürotische zu je 950,00 EUR	4 750,00 EUR
– 20 % Händlerrabatt	950,00 EUR
	3 800,00 EUR
+ Fracht	320,00 EUR
+ Verpackung	90,00 EUR
+ Transportversicherung	47,50 EUR
	4 257,50 EUR
+ 16 % USt	681,20 EUR
Rechnungsbetrag	4 938,70 EUR

Aufgabe:

Buchen Sie die vorliegende Eingangsrechnung im Grundbuch!

30 a) Für den Bezug von Waren (44009)[1] liegt folgende Rechnung vor:

Warenwert	645,00 EUR
+ Frachtpauschale	80,00 EUR
+ Transportversicherung	10,50 EUR
	735,50 EUR
+ 16 % USt	117,68 EUR
Rechnungsbetrag	853,18 EUR

b) Die Kosten für die Zufuhr in Höhe von 35,80 EUR zuzüglich 16 % USt wurden von uns bar bezahlt.

Aufgabe:

1. Bilden Sie die Buchungssätze für die beiden Geschäftsvorfälle!

1 Der Name des Lieferanten (Kreditors) ist der Kreditorenliste zu entnehmen, die auf der Rückseite des Kontenplans abgedruckt ist.

2. Richten Sie die Konten 6000 Aufwendungen für Waren und 6001 Bezugskosten ein!
   Tragen Sie die Beträge von Geschäftsvorfall a) und b) in diese Konten ein! Schließen Sie das Konto 6001 Bezugskosten ab und ermitteln Sie den Anschaffungspreis der Waren!

31 Ein Lebensmittelgroßhändler bestellt bei Fritz Leist e.K. (44008) 45 Kartons Wein zu je 12 Flaschen. Eine Flasche Wein kostet 7,80 EUR zuzüglich 16 % USt. An Bezugskosten für die Lieferung fallen 74,00 EUR zuzüglich 16 % USt an. Die Verpackungskosten werden pauschal mit 32,00 EUR zuzüglich 16 % USt in Rechnung gestellt.

Aufgaben:

1. Erstellen Sie die Eingangsrechnung!
2. Buchen Sie den Geschäftsvorfall jeweils im Grundbuch!
3. Wie viel EUR beträgt der Einstandspreis für eine Flasche Wein?

32 Die Großhandlung für Heimwerkerbedarf Zuverlässig OHG, Beethovenstr. 145, in 47239 Duisburg, erhält von Franz Sicherheit e.Kfm., Hoher Weg 126, in 01109 Dresden (44021), eine Rechnung für die Lieferung von 450 Stück Kleinmotoren zum Preis von 150,00 EUR je Stück zuzüglich 16 % USt. Der Warenwert der Rechnung wird um 20 % Mengenrabatt gekürzt. Für Fracht und Verpackung werden 1 870,00 EUR zuzüglich 16 % USt in Rechnung gestellt.

Aufgaben:

1. Erstellen Sie die Rechnung!
2. Bilden Sie den Buchungssatz für die Eingangsrechnung aus Sicht der Zuverlässig OHG!

33 Bilden Sie den Buchungssatz aus der Sicht von Inge Happel e.Kfr. (44022)!

Magdeburger Möbelfabrik GmbH · 39116 Magdeburg

Magdeburger Möbelfabrik GmbH, Waltherstr. 17, 39116 Magdeburg

Bürobedarf
Inge Happel e.Kfr.
Oderweg 17
78532 Tuttlingen

DURCHSCHRIFT

Rechnungsdatum 20..–03–27
Lieferdatum: 20..–03–19

Rechnung Nr. 1415

Lt. Lieferschein Nr. 107050 lieferten wir Ihnen

Art.-Nr.	Art.-Bezeichnung	Liefer-menge	Einzelpreis EUR	Gesamtpreis EUR
382 T 16	Bandscheibendrehstuhl Modell 858	5	1 465,00	7 325,00

Summe	7 325,00
– 10 % Rabatt	732,50
	6 592,50
+ Verpackungs- u. Transportkosten	160,00
	6 752,50
+ 16 % USt	1 080,40
Gesamt	7 832,90

Sitz der Gesellschaft: Magdeburg   RG Magdeburg: HRB 227   Steuer-Nr.: 39211/78520

11.9.4 Buchung von Rücksendungen, Preisnachlässen, Liefererboni

11.9.4.1 Buchung von Rücksendungen und Preisnachlässen

(1) Buchung von Rücksendungen

Durch die Rücksendung von Waren nimmt der ursprünglich gebuchte Bruttowert der Eingangsrechnung um den Bruttowert der Rücksendung ab. Daher muss eine **Sollbuchung auf dem Konto 4400 Verbindlichkeiten aus Lieferungen und Leistungen** erfolgen.

Gleichzeitig muss auch der ursprünglich gebuchte Anschaffungspreis durch eine **Habenbuchung auf dem Aufwandskonto 6000 Aufwendungen für Waren** gebucht werden. Diese Minderung könnte direkt auf diesem Hauptkonto gebucht werden. Um die Rücksendungen jedoch später noch feststellen zu können, werden sie zunächst auf dem **Unterkonto 6002 Preisnachlässe und Rücksendungen** erfasst, das beim Abschluss der Konten über das **Hauptkonto 6000 Aufwendungen für Waren** abzuschließen ist. Erst danach weist das Hauptkonto als Saldo den Anschaffungspreis aus.

Da sich durch die nachträgliche Änderung des Anschaffungspreises die Berechnungsgrundlage für die Umsatzsteuer (hier Vorsteuer) geändert hat, muss auch das **Konto 2600 Vorsteuer** durch eine entsprechende **Habenbuchung korrigiert** werden.

Beispiel:

I. Ausgangssituation:

Folgende Eingangsrechnung für einen Einkauf von Waren auf Ziel (44020) wurde bei uns bereits gebucht:

Warenwert, netto	15000,00 EUR
+ 16 % USt	2400,00 EUR
Rechnungsbetrag	17400,00 EUR

II. Problemfall:

Von der bereits bei uns gebuchten Warenlieferung senden wir Waren an den Lieferer zurück (Falschlieferung).

Warenwert, netto	500,00 EUR
+ 16 % USt	80,00 EUR
	580,00 EUR

III. Aufgaben:

1. Buchen Sie den Problemfall auf den Konten des Hauptbuches!
2. Schließen Sie das Unterkonto 6002 Preisnachlässe und Rücksendungen über das Hauptkonto 6000 Aufwendungen für Waren ab!
3. Bilden Sie die Buchungssätze:
   3.1 für den Problemfall,
   3.2 für den Abschluss des Unterkontos 6002 Preisnachlässe und Rücksendungen!

Lösung:

Zu 1./2. Buchung auf den Konten des Hauptbuches:

S	6000 Aufwendungen für Waren		H
4400	15000,00	6002	500,00

(3.2)

S	6002 Preisnachlässe u. Rücksendungen		H
6000	500,00	44020	500,00

S	2600 Vorsteuer		H
4400	2400,00	44020	80,00

(3.1)

S	44020 Franz Gut OHG		H
6002/2600	580,00	6000/2600	17400,00

Zu 3. Buchungssätze:

Nr.	Vorgänge	Konten	Soll	Haben
3.1	Von der bereits gebuchten Warenlieferung schicken wir Waren zurück: Nettowert 500,00 EUR + 16 % USt 80,00 EUR Bruttowert 580,00 EUR	44020 Franz Gut OHG an 6002 Preisnachlässe u. Rücksend. an 2600 Vorsteuer	580,00	 500,00 80,00
3.2	Abschluss des Unterkontos 6002 über das Hauptkonto 6000	6002 Preisn. u. Rücksend. an 6000 Aufw. f. Waren	500,00	 500,00

(2) Buchung von Preisnachlässen

Bei den hier zu behandelnden Preisnachlässen handelt es sich um Preisnachlässe, die ein Lieferer **nach** der beim Empfänger gebuchten Eingangsrechnung gewährt. Preisnachlässe, die sofort bei Rechnungsausstellung gewährt werden, so genannte **Sofortnachlässe, erscheinen in der Buchführung nicht** (vgl. S. 93).

Nachträgliche Gutschriften (Preisnachlässe) des Lieferers werden ebenfalls auf dem **Unterkonto 6002 Preisnachlässe und Rücksendungen** gesammelt und am Ende der Rechnungsperiode auf das **Hauptkonto 6000 Aufwendungen für Waren** umgebucht.

Beispiel:

Aufgrund unserer Reklamation an den gelieferten und gebuchten Waren erhalten wir vom Lieferer (44006) eine Gutschrift über folgenden Preisnachlass:

Warenwert, netto	300,00 EUR
+ 16 % USt	48,00 EUR
Rechnungsbetrag	348,00 EUR

7 Speth u. a. – ISBN 3-8120-0529-8

Aufgaben:

Bilden Sie die Buchungssätze:

1. für den Geschäftsvorfall,
2. für den Abschluss des Unterkontos 6002 Preisnachlässe und Rücksendungen!

Lösung:

Vorgänge	Konten	Soll	Haben
1. Buchung einer Liefererqutschrift wegen Mängel an der Warenlieferung.	44006 Stark GmbH an 6002 Preisn. u. Rücks. an 2600 Vorsteuer	348,00	 300,00 48,00
2. Abschluss des Unterkontos 6002 über das Hauptkonto 6000.	6002 Preisn. u. Rücks. an 6000 Aufw. f. Waren	300,00	 300,00

Zusammenfassung

- **Warenrücksendungen an den Lieferer** und **Gutschriften des Lieferers aufgrund einer Mängelrüge** werden auf dem **Konto 6002 Preisnachlässe und Rücksendungen** gebucht. Beide Fälle führen daher zum gleichen Buchungssatz.
- Beim Abschluss der Konten wird das **Unterkonto 6002 Preisnachlässe und Rücksendungen** über das **Hauptkonto 6000 Aufwendungen für Waren** abgeschlossen.

Aufgaben zur Sicherung und Vertiefung des Lernerfolgs

34 Bilden Sie die Buchungssätze für die folgenden Geschäftsvorfälle!

1. 1.1 Ein Großhändler für Büromaschinen kauft 5 Faxgeräte im Gesamtwert von 2150,00 EUR zuzüglich 16 % USt gegen Rechnung (44008).

   1.2 Nach Buchung und Überprüfung der Sendung werden zwei Faxgeräte im Nettowert von 860,00 EUR wegen Qualitätsmängeln zurückgesandt.

2. 2.1 Wir kaufen Waren auf Ziel lt. ER 689 (44004) im Warenwert von 2900,00 EUR zuzüglich 16 % USt.

   2.2 Einen Teil der bereits gebuchten Ware senden wir wegen Beschädigung zurück. Warenwert 480,00 EUR zuzüglich 16 % USt.

3. Wir erhalten eine Gutschrift aufgrund unserer Reklamation (44001),

Nettowert	540,00 EUR	
+ 16 % USt	86,40 EUR	626,40 EUR

4. Wareneinkauf auf Ziel (44003), Warenwert netto

Warenwert netto	5000,00 EUR	
– 5 % Rabatt	250,00 EUR	
	4750,00 EUR	
+ Fracht und Verpackung	50,00 EUR	
	4800,00 EUR	
+ 16 % USt	768,00 EUR	5568,00 EUR

5. Aufgrund unserer Reklamation erhalten wir vom Lieferer (44020) eine Gutschrift. Betrag der Gutschrift einschließlich 16 % USt 522,00 EUR

11.9.4.2 Buchung von Liefererboni

Um treue Kunden zu belohnen, gewähren Lieferer bei Erreichung einer bestimmten Umsatzhöhe häufig eine Umsatzrückvergütung. Dieser nachträgliche Preisnachlass wird Umsatzbonus (kurz: Bonus) genannt. Der Bonus ist somit ein Mengen- oder Treuerabatt. Die uns von Lieferern gewährten Boni werden auf dem **Unterkonto 6004 Liefererboni** gesammelt und am Ende der Rechnungsperiode auf das **Hauptkonto 6000 Aufwendungen für Waren** umgebucht.

Beispiel:

Geschäftsvorfall	Konten	Soll	Haben
1. Heinz Pfeffer e. K. gewährt uns einen Umsatzbonus in Form folgender Gutschrift: Halbjahresbonus 2 % von 35 000,00 EUR = 700,00 EUR + 16 % USt 112,00 EUR Gutschriftsbetrag 812,00 EUR	44012 Heinz Pfeffer an 6004 Liefererboni an 2600 Vorsteuer	812,00	 700,00 112,00
2. Abschluss des Unterkontos 6004 über das Hauptkonto 6000.	6004 Liefererboni an 6000 Aufw. f. Waren	700,00	 700,00

Merke:

- **Umsatzboni** des Lieferers werden auf der Habenseite des **Unterkontos 6004 Liefererboni** gebucht.
- Beim Abschluss der Konten wird das **Unterkonto 6004 Liefererboni** über das **Hauptkonto 6000 Aufwendungen für Waren** abgeschlossen.

Aufgaben zur Sicherung und Vertiefung des Lernerfolgs

35 Bilden Sie zu folgenden Geschäftsvorfällen die Buchungssätze:

1. Ein Lieferer (44016) gewährt uns einen Umsatzbonus in Form einer Gutschrift
   Bruttowert einschließlich 16 % USt — 1 183,20 EUR
2. Wir schicken bereits gebuchte Waren an den Lieferer (44021) zurück
   Nettowert 571,20 EUR
   + 16 % USt 91,39 EUR — 662,59 EUR
3. Ein Lieferer (44013) gewährt uns am Jahresende einen Bonus in Höhe von 820,00 EUR zuzüglich 16 % USt.
4. Formulieren Sie zu dem folgenden Buchungssatz die beiden möglichen Geschäftsvorfälle!
   4400 Verbindlichkeiten aus Lieferungen und Leistungen — 174,00 EUR
   an 6002 Preisnachlässe und Rücksendungen — 150,00 EUR
   an 2600 Vorsteuer — 24,00 EUR
5. Wir senden Leihverpackung für Waren zurück und erhalten vom Lieferer (44007) eine Gutschrift von 85,00 EUR zuzüglich 16 % USt.

36

Metall Peter GmbH

75177 Pforzheim
Friedrich-Ebert-Str. 159 – 170

Großhandlung
Franz Nadi e.K.
Bahnhofstr. 45
76137 Karlsruhe

Gutschrift: Nr. 914 — 20..-01-04

Umsatzbonus für den Zeitraum 1. Jan 20.. bis 31. Dez. 20..

Nettoumsatz	89 790,00 EUR
davon 4 % Bonus	EUR
+ 16 % USt	EUR
Gutschriftsbetrag:	EUR

Sitz der Gesellschaft: Pforzheim; Registergericht: Pforzheim HRB 9105; St.-Nr. 79511/90510

Aufgaben:

1. Errechnen Sie den Gutschriftsbetrag!
2. Bilden Sie den Buchungssatz aus Sicht der Großhandlung Franz Nadi e.K. (44014) für den gewährten Bonus!

37

Einkaufsfachverband Baden-Württemberg eG

70327 Stuttgart, Hartmutweg 15 – 18

Großhandlung
Max Weber GmbH
Hauptstraße25
71642 Ludwigsburg

Eingegangen am
9. Juli 20..
Fritz Schnell

Sehr geehrter Herr Schnell,

wir bestätigen die Rücksendung von zwei Rennrädern wegen Qualitätsmängeln.

Warenwert	995,80 EUR
+ 16 % USt	159,33 EUR
Gesamtwert	1 155,13 EUR

Bitte nehmen Sie eine entsprechende Verrechnung in Ihrer Buchhaltung vor.

Mit freundlichen Grüßen

ppa. Schmitz

Sitz der Gesellschaft: Stuttgart; Registergericht: Stuttgart HRB 810; St.-Nr. 88501/52213

Aufgabe:

Bilden Sie die Buchungssätze für die Warenrücksendung aus der Sicht der Großhandlung Max Weber GmbH (44004)!

38 Bilden Sie die Buchungssätze für die folgenden Geschäftsvorfälle!

1. Der Lieferer (44008) sendet uns eine Gutschrift für zurückgesandte Waren zu:

Warenwert	350,00 EUR
+ 16 % USt	56,00 EUR
Gutschrift	406,00 EUR

2. Für eine per Bahn erhaltene Warenlieferung lösen wir den Frachtbrief bar ein, einschließlich 16 % USt — 87,00 EUR

3. Wir schicken die Leihverpackung an den Lieferer (44010) zurück:

Nettowert	145,00 EUR	
+ 16 % USt	23,20 EUR	168,20 EUR

4. Wir erhalten vom Lieferer (44018) eine Gutschrift für Umsatzbonus: 5 % vom Bruttoumsatz in Höhe von 18560,00 EUR — 928,00 EUR

5. Von einer bereits gebuchten Warenlieferung (44005) schicken wir Waren im Nettowert von 710,00 EUR zuzüglich 16 % USt zurück.

6. Für Verpackungs- und Versandkosten stellt der Lieferer (44022) eine gesonderte Rechnung aus, die wie folgt lautet:

   Für die Warenlieferung vom 20..–10–11 stellen wir Ihnen folgende Nebenkosten in Rechnung:

Verpackungskosten	110,00 EUR	
Transportkosten	90,00 EUR	
Nettowert	200,00 EUR	
+ 16 % USt	32,00 EUR	232,00 EUR

7. Wir erhalten 200 kg Äpfel zum Nettopreis von 2,50 EUR/kg. Die Rechnung wurde bereits gebucht.

   Nach eingehender Kontrolle der Ware stellt sich heraus, dass einige Äpfel bereits Flecken und Faulstellen aufweisen. Aufgrund unserer Reklamation erhalten wir vom Einkaufsverband Baden-Württemberg eG (44016) auf den Nettopreis einen Preisnachlass in Höhe von 25 % in Form einer Gutschrift.

   Hinweis: Für Äpfel gilt der ermäßigte Steuersatz von 7 %.

8. Eine Großhandlung erhält von ihrem Lieferanten (44020) einen nach Bruttoumsätzen gestaffelten Bonus.

Bei Monatsumsätzen	bis zu 11600,00 EUR	5 %
	bis zu 23200,00 EUR	7,5 %
	bis zu 34800,00 EUR	9 %
	darüber	12 %

   Der letzte Monatsumsatz betrug netto 28500,00 EUR.

   Den Umsatzbonus erhält die Großhandlung durch eine Gutschriftsanzeige des Lieferanten!

11.9.5 Rechnungsausgleich

11.9.5.1 Buchung des Zahlungsausgangs ohne Skonto

Im Laufe des Buchführungsunterrichts haben wir das Buchen von Zahlungseingängen und Zahlungsausgängen kennen gelernt. Im Folgenden sollen die Buchungen der wichtigsten Zahlungsvorgänge wiederholt werden.

Aufgaben zur Sicherung und Vertiefung des Lernerfolgs

Bilden Sie für die Bürogroßhandlung Hermann Bode OHG, Hauffweg 14, 88213 Ravensburg, die Buchungssätze für die nachfolgenden Belege!

39 **Beleg 1**

Spedition Lauf GmbH – Güterbeförderung – Lagerung

Spedition Lauf GmbH, Harkortstr. 12, 44225 Dortmund

Bürogroßhandlung
Hermann Bode OHG
Hauffweg 14
88213 Ravensburg

Rechnung Nr. 234/90 — Rechnungsdatum: 20..–03–31

	EUR-Betrag
Anlieferung von 3 Containern für Warensendungen per Lkw vom 20..–03–22	198,00 EUR
+ 16 % USt	31,68 EUR
	229,68 EUR

Zahlungsweise sofort rein netto
ohne jeden Abzug.

Sitz der Gesellschaft: Dortmund; Registergericht: Dortmund HRB 759; St.-Nr. 786/22753

Beleg 2

Beleg für Kontoinhaber/Einzahler-Quittung

Name und Sitz des Kreditinstituts des Überweisenden: Kreissparkasse Ravensburg
Bankleitzahl: 650 501 10

Begünstigter: Name, Vorname/Firma (max. 27 Stellen): Finanzamt Ravensburg

Konto-Nr. des Begünstigten: 173 405 100
Bankleitzahl: 650 501 10

Kreditinstitut des Begünstigten: Kreissparkasse Ravensburg

EUR — Betrag: Euro, Cent: 598,00 -------------

Kunden-Referenznummer - Verwendungszweck, ggf. Name und Anschrift des Überweisenden - (nur für Begünstigten): KFZ-Steuer RV-XX 100

noch Verwendungszweck (insgesamt max. 2 Zeilen à 27 Stellen):

Kontoinhaber/Einzahler: Name, Vorname/Firma, Ort (max. 27 Stellen, keine Straßen- oder Postfachangaben): Bürogroßhandlung Bode OHG

Konto-Nr. des Kontoinhabers: 637 526

Beleg 3

Kontonummer		KREISSPARKASSE RAVENSBURG	UST-ID DE 146350450	Bankleitzahl
637 526				650 501 10

	Buchungstag	Tag der Wertstellung	Verwendungszweck/Buchungstext	Buchungsnummer	alter Kontostand 35902,20 +
3.1	25.03.	25.03.	Telekom Buchh. FFM 230200072299	300002	135,45 –
3.2	27.03.	27.03.	Re.-Nr. 4155138 Empfänger: Franz Nadi e.K.	300007	300,11 –
3.3	28.03.	28.03.	Auszahlung	300102	1500,00 –
3.4	29.03.	28.03.	Gutschrift Re.-Nr. 12366 vom 14. März 20.. Franz Abel OHG	300103	4398,41 +

Bitte beachten Sie die Hinweise auf der Rückseite

Hermann Bode OHG
Bürogroßhandlung
Hauffweg 14
88213 RAVENSBURG

38267,05 +
neuer Kontostand

Kontoauszug vom	Auszug	Blatt
31.03.20..	25	1

Beleg 4

Quittung

EUR
Betrag 185,60
Nr.
inclusive 16 % MwSt./Betrag 25,60
Betrag in Worten Einhundertfünfundachtzig
von Hermann Bode OHG Ravensburg
für Entsorgung von Altgeräten
dankend erhalten
Datum/Ort 5. Febr. 20.., Tübingen
Buchungsvermerke
Stempel/Unterschrift des Empfängers
Altmetallhandel
K. Fölle e.Kfm.
Tübingen Fölle

11.9.5.2 Buchung des Zahlungsausgangs mit Skonto

Skonto wird gewährt als Anreiz für schnelle Zahlung. Die Skontogewährung ist vom Zeitpunkt der Zahlung abhängig.

Der Schuldner kann aufgrund der Zahlungsbedingungen selbst entscheiden, ob er innerhalb der Skontofrist zahlen möchte. Die Inanspruchnahme von Skonto verschafft dem Schuldner die Möglichkeit einer **nachträglichen** Preisminderung.

Werden Liefererrechnungen unter Skontoabzug gezahlt, so mindert dies die Anschaffungskosten der Waren. Der Skontonachlass kann direkt auf dem Hauptkonto 6000 Aufwendungen für Waren gebucht werden. Um die Skonti später leichter feststellen zu können, werden sie jedoch zunächst auf dem **Unterkonto 6003 Liefererskonti** gebucht. Beim Abschluss der Konten wird das Unterkonto 6003 Liefererskonti über das Hauptkonto 6000 Aufwendungen für Waren abgeschlossen.

Beispiel:

Wir bezahlen die bereits gebuchte Liefererrechnung der Max Weber GmbH (44004) für Waren über 5800,00 EUR
unter Abzug von 2 % Skonto 116,00 EUR
durch Banküberweisung 5684,00 EUR

Aufgaben:

1. Buchen Sie den Geschäftsvorfall auf Konten und schließen Sie das Unterkonto 6003 Liefererskonti ab!
2. Bilden Sie dazu die Buchungssätze:
   2.1 für die Bezahlung der Eingangsrechnung unter Skontoabzug,
   2.2 für den Abschluss des Kontos 6003 Liefererskonti!

Lösung:

Zu 1. Buchung auf den Konten und Abschluss des Kontos 6003:

S 6000 Aufwendungen für Waren H

44004	5000,00	6003 (2.2)	100,00

S 2600 Vorsteuer H

44004	800,00	44004	16,00

S 2800 Bank H

AB 7500,00		44004	5684,00

S 6003 Liefererskonti H

6000	100,00	44004	100,00

S 44004 Weber GmbH H

2600/ 2800/6003 (2.1)	5800,00	6000/ 2600	5800,00

Zu 2.1 und 2.2 Buchungssätze:

Nr.	Geschäftsvorfälle	Konten	Soll	Haben
2.1	Wir bezahlen die Liefererrechnung der Max Weber GmbH für Waren über 5800,00 EUR unter Abzug von 2 % Skonto 116,00 EUR durch Banküberweisung 5684,00 EUR	44004 Weber GmbH an 2800 Bank an 6003 Liefererskonti an 2600 Vorsteuer	5800,00	 5684,00 100,00 16,00
2.2	Abschluss des Unterkontos 6003 über das Hauptkonto 6000:	6003 Liefererskonti an 6000 Aufw. f. Waren	100,00	 100,00

Erläuterung zur Berechnung der Steuerberichtigung:

Der Skontoabzug in Höhe von 116,00 EUR stellt eine nachträgliche Preisminderung dar, die eine Korrektur der ursprünglich gebuchten Vorsteuer nach sich ziehen muss. Da der Skontobetrag vom Bruttowert der Eingangsrechnung berechnet wird, ist der Korrekturbetrag in diesem Skontobetrag enthalten. Er kann wie folgt berechnet werden:

$$\begin{array}{rcl} 116\,\% & \widehat{=} & 116{,}00\ \text{EUR} \\ 16\,\% & \widehat{=} & x\ \ \text{EUR} \end{array} \qquad x = \frac{116 \cdot 16}{116} = \underline{\underline{16{,}00\ \text{EUR}}}$$

Aufgaben zur Sicherung und Vertiefung des Lernerfolgs

40 Der Einkaufsverband Baden-Württemberg eG erhält die nachfolgende Eingangsrechnung:

Baustoffe Putz KG · Paulusstr. 53–55 · 63741 Aschaffenburg

Einkaufsverband Baden-Württemberg eG
Hartmutweg 15–18
70327 Stuttgart

Rechnung

Kunden-Nr.	Geschäftsstelle	Beleg-Nr.	Datum	Versandart	Liefer-Datum	Auftrags-Nr.	Bl.-Nr.
8086415	58050	78543	20..-01-27	Zufuhr	20..-01-04	10341-2	01

Artikel-Bezeichnung	Artikel-Nr.	Berechnungs-		Preis		Netto-Betrag	USt
		Menge	Einheit	EUR	je		
Putzeckleisten lt. LS	58473	28,0	m	0,90	1 m		2
Klebemörtel grau	59035	25,0	kg	0,90	1 kg		2
Gasb. Blöcke G 2 49/24/5–7,5	54001	1,5	m^2	10,20	1 m^2		2
Maschinenputz lt. LS	53167	480,0	kg	227,00	1000 kg		2
Gipsgrundierung lt. LS	59012	5,0	kg	6,03	1 kg		2
Klebemörtel grau	59035	75,0	kg	0,90	1 kg		2
Gipskartonplatten 9,5 mm	58612	81,3	m^2	4,50	1 m^2		2
Leichtbauplatten zementgebunden 2,5 cm	58405	2,0	m^2	6,65	1 m^2		2
Maschinenputz lt. LS	53167	240,0	kg	227,00	1000 kg		2
Fugenweiß	59060	20,0	kg	1,50	1 kg		2
Gipsk. Fugenfüller	58701	50,0	kg	1,20	1 kg		2
Glasfaser-Fugendeckstreifen 25 lfm R	58713	3,0	Stck	24,50	1 Stck		2
		USt 1/7%		USt 2/16%			

Bei Zahlung bis	Skonto	aus EUR	Skonto Betrag	zu zahlen EUR
10. Febr.	2,0%			
26. Febr.	Netto			

Sitz der Gesellschaft: Aschaffenburg RG Aschaffenburg: HRA 189 Steuer-Nr. 313/72150

Aufgaben:

1. Errechnen Sie aus der abgedruckten Eingangsrechnung die Nettobeträge der einzelnen Artikel, den Bruttobetrag, den Skontobetrag sowie den Zahlungsbetrag am 10. Februar bzw. 26. Februar!
2. Bilden Sie die Buchungssätze für den Einkaufsverband Baden-Württemberg eG:
   2.1 für die Eingangsrechnung,
   2.2 für die Zahlung am 10. Februar durch Banküberweisung!

Zusammenstellung aller 8 Fälle mit nachträglichen Preisänderungen

Geschäftsvorfälle		Konten	Soll	Haben
I. Warenrücksendungen/Gutschriften				
1. Wir schicken an den **Lieferer Ware**		44... Personenkonto	580,00	
zurück im Werte von netto	500,00 EUR	an 6002 Preisnachlässe		
+ 16 % USt	80,00 EUR	u. Rücksend.		500,00
Gutschriftanzeige	580,00 EUR	an 2600 Vorsteuer		80,00
2. Aufgrund unserer Reklamation		44... Personenkonto	348,00	
erhalten wir vom **Lieferer einen**		an 6002 Preisnachlässe		
Preisnachlass in Form einer		u. Rücksend.		300,00
Gutschrift über netto	300,00 EUR	an 2600 Vorsteuer		48,00
+ 16 % USt	48,00 EUR			
	348,00 EUR			
3. Ein **Kunde** schickt **Ware an uns**		5001 Preisnachlässe		
zurück im Werte von netto	500,00 EUR	u. Rücksendungen	500,00	
+ 16 % USt	80,00 EUR	4800 Umsatzsteuer	80,00	
Gutschriftanzeige	580,00 EUR	an 24... Personenkonto		580,00
4. Aufgrund seiner Reklamation erhält		5001 Preisnachlässe		
ein **Kunde** einen **Preisnachlass**		u. Rücksendungen	300,00	
in Form einer **Gutschrift**		4800 Umsatzsteuer	48,00	
über netto	300,00 EUR	an 24... Personenkonto		348,00
+ 16 % USt	48,00 EUR			
Gutschriftanzeige	348,00 EUR			
II. Boni				
1. Wir erhalten vom **Lieferer** eine		44... Personenkonto	1 160,00	
Umsatzrückvergütung (Bonus)		an 6004 Liefererboni		1 000,00
in Form einer Gutschrift		an 2600 Vorsteuer		160,00
über netto	1 000,00 EUR			
+ 16 % USt	160,00 EUR			
Gutschriftanzeige	1 160,00 EUR			
2. Ein **Kunde** erhält einen		5003 Kundenboni	1 000,00	
Umsatzbonus im Werte		4800 Umsatzsteuer	160,00	
von netto	1 000,00 EUR	an 24... Personenkonto		1 160,00
+ 16 % USt	160,00 EUR			
Gutschriftanzeige	1 160,00 EUR			
III. Skonti				
1. Liefererskonto		44... Personenkonto	5 800,00	
Wir zahlen eine **Lieferer-**		an 2800 Bank		5 684,00
rechnung über	5 800,00 EUR	an 6003 Liefererskonti		100,00
unter Abzug von		an 2600 Vorsteuer		16,00
2 % **Skonto**	116,00 EUR			
per Banküberweisung	5 684,00 EUR			
2. Kundenskonto		2800 Bank	5 684,00	
Ein **Kunde** zahlt eine		5002 Kundenskonti	100,00	
Rechnung über	5 800,00 EUR	4800 Umsatzsteuer	16,00	
unter Abzug von		an 24... Personenkonto		5 800,00
2 % **Skonto**	116,00 EUR			
per Banküberweisung	5 684,00 EUR			

41 Am Monatsende ergeben sich bei einem Großhandelsbetrieb folgende Werte:

S	6000 Aufwend. f. Waren		H
Su	98 900,00		

S	6002 Preisnachlässe u. Rücksend.		H
		Su	3 160,00

S	6001 Bezugskosten		H
Su	4 200,00		

S	6003 Liefererskonti		H
		Su	5 780,00

S	6004 Liefererboni		H
		Su	2 200,00

Aufgabe:

Schließen Sie die Konten ab und ermitteln Sie die Aufwendungen für Waren!

42 Der Großhandlung Franz Nadi e.K., Brucknerstr. 45, 88400 Biberach an der Rieß, liegen die folgenden Belege vor:

Haushaltswaren Busch GmbH

70327 Stuttgart
Fellbacher Str. 159–170

Großhandlung
Franz Nadi e.K.
Brucknerstr. 45
88400 Biberach an der Riß

Rechnung Nr. 24364367

Rechnungsdatum: 20..–11–17
Lieferdatum: 20..–11–12

Bei Zahlung und Schriftwechsel bitte angeben!

Auftrags-Datum	Menge	Artikel-Nr.	Artikel-Bezeichnung	Brutto-Preis	Netto-Preis	Netto-Betrag
7. Juli	4	5675	GP 3 Salatteller	25,50	12,75	51,00
8. Aug.	1	1407	Kaffeeservice	276,80	139,70	139,70
20. Sept.	2	4993	GP Ku. Ga Bamberg	42,00	21,25	42,50
28. Okt.	3	4993	GP Ku. Ga Bamberg	42,00	21,25	63,75
8. Nov.	2	5001	Tafellöffel	14,20	7,19	14,38
	2	5002	Tafelgabel	14,20	7,19	14,38
	2	5003	Tafelmesser	25,30	12,80	25,60

Netto-Betrag	Porto/Fracht	Verp.-Kosten	Zwischensumme	%	MwSt	Total EUR
351,31	11,10	2,50	364,91	16	58,39	423,30

bei Zahlung bis	Skonto %	Skonto-Betrag
27. Nov.	3	12,70

Sitz der Gesellschaft: Stuttgart RG Stuttgart: HRB 1020 Steuer-Nr. 68432/38345

Aufgaben:

1. Bilden Sie die Buchungssätze:
   1.1 für die Wareneingangsrechnung,
   1.2 für die Zahlung der Rechnung am 27. Nov. unter Abzug von 3% Skonto mit Bankscheck!
2. Banküberweisung an einen Lieferer mit Skontoabzug

Überweisung
COMMERZBANK
AKTIENGESELLSCHAFT

Bitte immer ausfüllen
Bankleitzahl Kontoinhaber/in: 654 400 87

Bitte möglichst mit Schreibmaschine ausfüllen. Bei Handausschreibung in Druckschrift und »GROSSBUCHSTABEN«

Begünstigter: Name, Vorname/Firma (max. 27 Stellen): Inge Happel e. Kfr., Oderweg 17, 78532 Tuttlingen
Konto-Nr. des Begünstigten: 600001005
Bankleitzahl: 63040053
Kreditinstitut des Begünstigten: Commerzbank Ulm
EUR
Betrag: Euro, Cent: 49,37
Kunden-Referenznummer - Verwendungszweck, ggf. Name und Anschrift des Überweisenden - (nur für Begünstigten): Rechnung Nr. 99493 vom 3. Mai 20..
noch Verwendungszweck (insgesamt max. 2 Zeilen à 27 Stellen): ./. 2% Skonto
Kontoinhaber/Einzahler: Name, Vorname/Firma, Ort (max. 27 Stellen, keine Straßen- oder Postfachangaben): Franz Nadi e.K. Biberach
Konto-Nr. des Kontoinhabers: 9400649
16

Bitte NICHT VERGESSEN:
Datum/Unterschrift
20..-05-10 — Datum
H. Bahne — Unterschrift

Aufgabe:
Bilden Sie den Buchungssatz für den Zahlungsbeleg!

43 Buchen Sie im Grundbuch eines Großhandelsbetriebs die folgenden Geschäftsvorfälle:

1. Ein Großhändler kauft bei der Stark GmbH (44006) 25 Damenjacken zu je 105,00 EUR zuzügl. 16% USt auf Ziel.
2. 5 Jacken sind leicht beschädigt. Der Großhändler erhält vom Lieferer hierfür eine Gutschrift in Höhe von 50,00 EUR zuzüglich 16% USt je Jacke.
3. 2 Jacken sind so stark beschädigt, dass der Großhändler sie zurücksendet.
4. Der Großhändler bezahlt die korrigierte Rechnung unter Abzug von 2% Skonto durch Bankscheck.

44 Buchen Sie im Grundbuch eines Großhandelsbetriebes:

1. Ein Großhändler verkauft an die Franz Abel OHG (24002) 30 Herrenmäntel zu je 210,00 EUR zuzüglich 16% USt auf Ziel.
2. Drei Mäntel sind leicht beschädigt. Der Kunde erhält hierfür eine Gutschrift von 60,00 EUR zuzüglich 16% USt je Mantel.
3. Ein Mantel ist so stark beschädigt, dass er zurückgenommen wird.
4. Der Kunde bezahlt die Rechnung unter Abzug von 3% Skonto durch Banküberweisung.

45 Bilden Sie zu folgenden Geschäftsvorfällen die Buchungssätze!

1. Ein Lieferer (44013) gewährt uns den vierteljährlichen Umsatzbonus in Form folgender Gutschrift:		
Umsatzrückvergütung netto	700,00 EUR	
+ 16 % USt	112,00 EUR	812,00 EUR
2. Ein Kunde (24019) zahlt eine Rechnung über	1 040,52 EUR	
unter Abzug von 2,5 % Skonto	26,01 EUR	
per Banküberweisung		1 014,51 EUR
3. Wir gewähren einem Kunden (24020) einen Umsatzbonus durch folgende Gutschriftanzeige:		
Umsatzbonus netto	400,00 EUR	
+ 16 % USt	64,00 EUR	464,00 EUR
4. Wir zahlen eine Liefererrechnung (44008) über		1 415,20 EUR
unter Abzug von 2,5 % Skonto		35,38 EUR
per Banküberweisung		1 379,82 EUR
5. Wir senden Waren an unseren Lieferer (44011) zurück: Bruttowert (16 % USt)		974,40 EUR
6. Wir gewähren unserem Kunden (24003) eine Gutschrift: netto		140,00 EUR
+ 16 % USt		22,40 EUR
		162,40 EUR
7. Wir erhalten von unserem Lieferer (44012) aufgrund einer Mängelrüge eine Gutschrift von brutto (16 % USt)		104,40 EUR

46 Auf dem Bankkonto der Otto GmbH, 88212 Ravensburg, geht eine Gutschrift der Gertrud Traub OHG (24006), Ravensburg, ein:

1. Berechnen Sie den Skontobetrag und den Rechnungsbetrag!
2. Buchen Sie im Grundbuch aus der Sicht der Otto GmbH den Zahlungseingang!

Kontonummer				Bankleitzahl
196 517	KREISSPARKASSE RAVENSBURG		UST-ID DE 146350450	650 501 10
Buchungstag	Tag der Wertstellung	Verwendungszweck/Buchungstext	Buchungsnummer	alter Kontostand
				7 238,00 +
20.01.	20.01.	Überweisung Gertrud Traub Rechnung vom 15. Jan. 20.. abzüglich 3% Skonto		1 350,24 +
				8 588,24 +
				neuer Kontostand

Großhandelshaus
Otto GmbH
88212 RAVENSBURG

Kontoauszug vom	Auszug	Blatt
20.01.20..	5	1

© BOG, Osnabrück
Bitte beachten Sie die Hinweise auf der Rückseite

47 Richten Sie folgende Konten ein: 2000 Waren, 5000 Umsatzerlöse, 5001 Preisnachlässe und Rücksendungen, 5002 Kundenskonti, 5003 Kundenboni, 6000 Aufwendungen für Waren, 6001 Bezugskosten, 6002 Preisnachlässe und Rücksendungen, 6003 Liefererskonti, 6004 Liefererboni, 8010 SBK, 8020 GuV-Konto.

Tragen Sie die folgenden Beträge auf den Konten vor und ermitteln Sie buchhalterisch den Warengewinn!

Anfangsbestand an Waren 75500,00 EUR, Wareneinkäufe 137120,00 EUR, Bezugskosten 5810,00 EUR, Preisnachlässe vom Lieferer 3100,00 EUR, Rücksendungen an den Lieferer 1550,00 EUR, Skonti vom Lieferer 820,00 EUR, Boni vom Lieferer 2100,00 EUR, Umsatzerlöse 245310,00 EUR, Preisnachlässe wegen Mängelrüge an die Kunden 2730,00 EUR, Rücksendungen durch Kunden 3919,00 EUR, Kundenboni 1710,00 EUR, gewährte Kundenskonti 1060,00 EUR, Warenschlussbestand lt. Inventur 55400,00 EUR.

48 Buchen Sie im Grundbuch eines Elektrogroßhändlers:

1. Der Elektrogroßhändler kauft 12 Lampen (44002) zu je 84,00 EUR zuzüglich 16% USt auf Ziel.
2. Zwei Lampen sind leicht beschädigt. Der Elektrogroßhändler erhält vom Lieferer hierfür eine Gutschrift von 15,00 EUR zuzüglich 16% USt je Lampe.
3. Eine Lampe ist so stark beschädigt, dass der Elektrogroßhändler sie zurücksendet.
4. Der Elektrogroßhändler bezahlt die Rechnung unter Abzug von 2% Skonto durch Banküberweisung.

49 Bilden Sie den Buchungssatz für den nachfolgenden Beleg aus Sicht des Großhandelshauses Fritz Bleicher GmbH!

Kontoauszug Nr. 6
SWIFT-BIC: DRES DE FF 680
Konto-Nr. 475 190

DRESDNER BANK AG – BLZ 680 800 30 –
IBAN DE 14 680 800 30 475 190
* Datum 18.04.20.. * Blatt 1

Wert	Buchungstext	Umsätze Soll	Umsätze Haben
	ALTER SALDO		10.857,00 H
18.04.	Überweisung an Heinz Pfeffer e.K. Rechnung vom 11. April 20.. abzüglich 2% Skonto	9.126,12 S	

72189/0033794/00002/00006

Großhandelshaus
Fritz Bleicher GmbH
Hebelstr. 14
79104 Freiburg im Breisgau

NEUER SALDO 1.730,88 H

Kontobezeichnung/Title of account — Bitte entsprechenden Vermerk auf der Rückseite beachten. — Please see reverse.

11.10 Ermittlung und Buchung der Zahllast

11.10.1 Ermittlung und Begleichung der Zahllast

Nach dem Umsatzsteuergesetz [UStG] ist der Kaufmann verpflichtet, **monatlich** eine **Umsatzsteuervoranmeldung** abzugeben. Hierbei ermittelt er die **Zahllast,** d.h. den Betrag, der an das Finanzamt abgeführt werden muss. Bei der Berechnung der Zahllast wird die **Vorsteuer von der Umsatzsteuer des Monats abgezogen.** Buchhalterisch erfolgt das in der Weise, dass das Konto 2600 Vorsteuer über das Konto 4800 Umsatzsteuer abgeschlossen wird. Der Saldo, der sich danach auf dem Umsatzsteuerkonto ergibt, stellt die Zahllast dar.

  Umsatzsteuer der Ausgangsrechnungen
– Umsatzsteuer der Eingangsrechnungen (Vorsteuer)
= Zahllast

Die Umsatzsteuer ist eine Jahressteuer. Der Unternehmer muss aber bis zum 10. des lfd. Monats für den vorangegangenen Monat eine Umsatzsteuervoranmeldung beim Finanzamt einreichen. Die Voranmeldung muss mit Hilfe eines entsprechenden Softwareprogramms elektronisch übermittelt werden. Gleichzeitig ist für die darin zu ermittelnde Zahllast eine entsprechende Vorauszahlung auf die Jahressteuer zu leisten [§ 18 UStG]. Am Jahresende erfolgt die Endabrechnung mit Hilfe der Jahressteuererklärung und des Jahressteuerbescheides. Nachzahlungen bzw. Rückerstattungen sind nicht ausgeschlossen, da sich die Bemessungsgrundlage aufgrund nachträglicher Skonti, Rabatte, Preisnachlässe oder aufgrund von Forderungsausfällen ändern kann.

Beispiel für den Monat Januar:

2600 Vorsteuer: Summe 1800,00 EUR; 4800 Umsatzsteuer: Summe 6000,00 EUR. Die Zahllast von 4200,00 EUR wird an das Finanzamt durch die Bank überwiesen.

Aufgaben:

1. Stellen Sie die Vorgänge auf Konten dar!
2. Bilden Sie die Buchungssätze!

Lösung:

Zu 1. Buchung auf den Konten:

S	2600 Vorsteuer		H
Summe	1800,00	4800	1800,00

S	2800 Bank		H
AB	5000,00	4800	4200,00

S	4800 Umsatzsteuer		H
2600	1800,00	Summe	6000,00
2800	4200,00		
	6000,00		6000,00

Zu 2. Buchungssätze:

Geschäftsvorfälle	Konten	Soll	Haben
Ermittlung der Zahllast	4800 Umsatzsteuer an 2600 Vorsteuer	1800,00	 1800,00
Banküberweisung der Zahllast	4800 Umsatzsteuer an 2800 Bank	4200,00	 4200,00

11.10.2 Ermittlung und Passivierung der Zahllast am Ende des Geschäftsjahres

Weil am Bilanzstichtag die **Zahllast** noch **nicht überwiesen** ist, muss sie **passiviert** werden (Habenseite des Schlussbilanzkontos), da sie eine Schuld gegenüber dem Finanzamt darstellt.

Beispiel für den Monat Dezember:

2600 Vorsteuer: Summe 4000,00 EUR; 4800 Umsatzsteuer: Summe 9000,00 EUR. Passivierung der Zahllast am 31. Dezember.

Aufgaben:

1. Ermitteln Sie buchhalterisch die Zahllast!
2. Bilden Sie die Buchungssätze!

Lösung:

Zu 1. Buchung auf den Konten:

S	2600 Vorsteuer		H
Summe	4000,00	4800	4000,00

S	8010 SBK		H
		4800	5000,00

S	4800 Umsatzsteuer		H
2600	4000,00	Summe	9000,00
8010	5000,00		
	9000,00		9000,00

Zu 2. Buchungssätze:

Geschäftsvorfälle	Konten	Soll	Haben
Ermittlung der Zahllast	4800 Umsatzsteuer an 2600 Vorsteuer	4000,00	 4000,00
Passivierung der Zahllast	4800 Umsatzsteuer an 8010 SBK	5000,00	 5000,00

Hinweis zum Buchungsvorgang bei einem Vorsteuerüberhang

Ist innerhalb eines Abrechnungszeitraumes (Monats) die Vorsteuer höher als die Umsatzsteuer, was z. B. aufgrund von saisonbedingten Einkäufen durchaus vorkommen kann, entsteht ein so genannter **Vorsteuerüberhang.** In diesem Fall ist die Forderung gegenüber dem Finanzamt höher als die Verbindlichkeit. Diesen Vorsteuerüberhang muss das Finanzamt auszahlen bzw. verrechnen.

Logischerweise erscheint der Saldo dann nicht auf dem Passivkonto „Umsatzsteuer", sondern auf dem Aktivkonto „Vorsteuer". Das Vorsteuerkonto wird dann über das Schlussbilanzkonto abgeschlossen.

Zusammenfassung

- Die **Umsatzsteuer** auf den **Ausgangsrechnungen** hat den Charakter einer **Verbindlichkeit.** Daher erscheint sie auch bis zur Abrechnung mit dem Finanzamt auf einem entsprechenden Verbindlichkeitskonto (das **Konto 4800 Umsatzsteuer** ist ein **Passivkonto**).
- Die **Umsatzsteuer** auf den **Eingangsrechnungen** hat den Charakter einer **Forderung.** Daher ist das Konto **2600 Vorsteuer** ein Forderungskonto **(Aktivkonto).**
- Häufig wird die Umsatzsteuer auch als Mehrwertsteuer bezeichnet, weil der Unternehmer nur den Betrag an das Finanzamt abzuführen hat, der auf den von ihm geschaffenen Mehrwert entfällt. Diese so genannte **Zahllast** errechnet sich wie folgt:

	Umsatzsteuer der Ausgangsrechnungen
–	Umsatzsteuer der Eingangsrechnungen (Vorsteuer)
=	Zahllast

- Bei der Abrechnung mit dem Finanzamt wird im Fall einer **Zahllast** (Normalfall) das Vorsteuerkonto über das Umsatzsteuerkonto abgeschlossen. Auf dem Umsatzsteuerkonto ergibt sich dann als Saldo die Zahllast, für die im Fall der Zahlung die Gegenbuchung auf dem entsprechenden Zahlungskonto erscheint.
- Für den Fall, dass beim Abschluss der Konten die **Zahllast noch nicht beglichen ist,** wird sie **passiviert,** d.h., die Gegenbuchung erscheint auf der Habenseite des Schlussbilanzkontos bzw. auf der Passivseite der Bilanz.
- Übersteigt ausnahmsweise innerhalb eines Monats (Voranmeldungszeitraum) der gebuchte Vorsteuerbetrag den gebuchten Umsatzsteuerbetrag, tritt ein **Vorsteuerüberhang** auf. In diesem Fall muss das Umsatzsteuerkonto über das Vorsteuerkonto abgeschlossen werden. Der Saldo erscheint dann auf dem Vorsteuerkonto. Das Finanzamt muss ihn auszahlen. Ist die Auszahlung beim Abschluss der Konten noch nicht erfolgt, ist sie zu aktivieren, d.h., die Gegenbuchung zu diesem Saldo auf der Habenseite des Vorsteuerkontos erscheint auf der Sollseite des Schlussbilanzkontos bzw. auf der Aktivseite der Bilanz.

Aufgaben zur Sicherung und Vertiefung des Lernerfolgs

50

S	2600 Vorsteuer		H
Su	7480,00		

S	4800 Umsatzsteuer		H
		Su	16790,00

Aufgaben:

1. Übertragen Sie die Konten in Ihr Hausheft und ermitteln Sie buchhalterisch die Zahllast!
2. Die Zahllast wird durch Banküberweisung beglichen. Der Anfangsbestand auf dem Konto 2800 Bank beträgt 15790,00 EUR.
3. Bilden Sie zu 1. und 2. die Buchungssätze!

51

S	2600 Vorsteuer		H
2800	991,80		
44001	3431,40		

S	4800 Umsatzsteuer		H
		2820	4870,00
		2800	12130,70

Aufgaben:

1. Übertragen Sie die Konten in Ihr Hausheft und ermitteln Sie buchhalterisch die Zahllast!
2. Die Zahllast ist zu passivieren.
3. Bilden Sie zu 1. und 2. die Buchungssätze!

8 Speth u.a. – ISBN 3-8120-0529-8

52

S	2600 Vorsteuer	H
Su	12 900,00	

S	4800 Umsatzsteuer	H
	Su	8 300,00

Aufgaben:

1. Übertragen Sie die Konten in Ihr Hausheft und ermitteln Sie buchhalterisch den Vorsteuerüberhang!
2. Der Vorsteuerüberhang wird vom Finanzamt auf unser Bankkonto überwiesen.
3. Bilden Sie zu 1. und 2. die Buchungssätze!

53

1. 1.1 Die Umsatzsteuer zahlt letztlich der Endverbraucher.
   1.2 Die Umsatzsteuer ist ein „durchlaufender Posten" und deshalb erfolgsneutral.
   Aufgabe:
   Erklären Sie die Richtigkeit dieser Aussagen!
2. Worin besteht der Unterschied zwischen Umsatzsteuervoranmeldung und Umsatzsteuererklärung?
3. Warum kann der Unternehmer der Diskussion über die Erhöhung der Umsatzsteuer relativ gelassen entgegensehen?

54

Durchschrift für Kontoinhaber **650** 501 **10**

Kreissparkasse Ravensburg

Begünstigter
Finanzamt Ravensburg

Konto-Nr. des Begünstigten
65001500

Bankleitzahl
630 000 00

bei (Kreditinstitut)
Dt. Bundesbank Ravensburg

EUR

Betrag
9781,40----------------

Kunden-Referenznummer - noch Verwendungszweck, ggf. Name und Anschrift des Auftraggebers - (nur für Begünstigten)
Umsatzsteuer: Monat April 20..
Steuernummer: 07140/591

Kontoinhaber
Fenster- und Rolladenwerke Werner GmbH

Konto-Nr. des Kontoinhabers
6375265

5. Mai 20.. i.V. Fr. Mayer
Datum Unterschrift

Aufgabe:

Formulieren Sie den Buchungssatz für die Fenster- und Rolladenwerke Werner GmbH!

11.11 Anlagegüter

11.11.1 Beschaffung von Anlagegütern

Zum Anlagevermögen zählen die Vermögensposten, die dem Unternehmen *langfristig* dienen. Sie werden nur *allmählich verbraucht* (z. B. Gebäude, Büromaschinen, Fuhrpark). Beim Erwerb werden die Güter des Anlagevermögens mit ihren **Anschaffungskosten** erfasst.

Nach § 255 HGB ergeben sich die Anschaffungskosten eines Anlagegutes wie folgt:

	Nettopreis	(Listeneinkaufspreis ohne Umsatzsteuer)
–	Preisminderungen	(z. B. Rabatte, Skonti, Boni oder sonstige Preisnachlässe)
+	Nebebenkosten	(z. B. Transport-, Montage-, Notariats-, Gerichts- und Registerkosten sowie die Grunderwerbsteuer)
=	Anschaffungskosten	

Buchhalterisch gesehen ist die Anschaffung eines Anlagegutes ein **erfolgsunwirksamer Vorgang.** Es findet lediglich ein **Aktivtausch** statt (z. B. Barkauf eines Autos: Zugang auf dem Konto 0840 Fuhrpark, Abgang auf dem Konto 2820 Kasse) oder eine **Aktiv-Passiv-Mehrung** (z. B. beim Kreditkauf eines Autos: Zugang auf dem Konto 0840 Fuhrpark und Zugang auf dem Konto 4400 Verbindlichkeiten aus Lieferungen und Leistungen).

Beispiel:

Kauf von Lagerregalen bei der Werner Prompt OHG (44003) gegen Rechnungsstellung. Nettopreis: 19 730,00 EUR zuzüglich 16 % USt. Die gesondert in Rechnung gestellten Transport- und Versicherungskosten in Höhe von 1 230,00 EUR zuzüglich 16 % USt werden sofort bar bezahlt.

Die Rechnung für die Regale wird später durch Banküberweisung unter Abzug von 3 % Skonto beglichen.

Aufgaben:

1. Berechnen Sie die Anschaffungskosten!
2. Buchen Sie die Geschäftsvorfälle auf Konten!
3. Bilden Sie dazu die Buchungssätze:
   3.1 bei der Anschaffung der Lagerregale,
   3.2 bei der Zahlung:
      3.2.1 der Eingangsrechnung für die Transport- und Versicherungskosten bar,
      3.2.2 der Eingangsrechnung für die Lagerregale durch Banküberweisung!

Lösung:

Zu 1. Berechnung der Anschaffungskosten:

Anschaffungspreis	19 730,00 EUR
– 3 % Skonto	591,90 EUR
vorläufige Anschaffungskosten	19 138,10 EUR
+ Transport- und Versicherungskosten	1 230,00 EUR
= endgültige Anschaffungskosten	20 368,10 EUR

Zu 2. Buchung auf den Konten:

S	0830 Lager- u. Transporteinrichtungen		H
44003	19730,00	44003	591,90
2820	1230,00		

S	2600 Vorsteuer		H
44003	3156,80	44003	94,70
2820	196,80		

S	2800 Bank		H
AB	40000,00	44003	22200,20

S	2820 Kasse		H
AB	4780,00	0830/2600	1426,80

S	44003 Werner Prompt OHG		H
0830/ 2600/ 2800	22886,80	0830/ 2600	22886,80

Erläuterungen zu den Zahlengrundlagen für die Buchung:

Bei der Anschaffung:

Anschaffungskosten	19730,00 EUR
+ 16 % USt	3156,80 EUR
Verbindlichkeiten	22886,80 EUR

Berechnung des Zahlungsbetrags:

Rechnungsbetrag	22886,80 EUR
– 3 % Skonto	686,60 EUR
Banküberweisung	22200,20 EUR

Aufteilung des Skontobetrags:

116 % ≙ 686,60 EUR
16 % ≙ x EUR

$$x = \frac{686{,}60 \cdot 16}{116} = 94{,}70 \text{ EUR}$$

Skontobetrag brutto	686,60 EUR
– Vorsteuerkorrektur	94,70 EUR
Skontobetrag netto	591,90 EUR

Zu 3. Buchungssätze:

Vorgänge	Konten	Soll	Haben
3.1 Anschaffung der Lagerregale	0830 Lager- u. Transporteinricht. 2600 Vorsteuer an 44003 Werner Prompt OHG	19730,00 3156,80	 22886,80
3.2.1 Zahlung der Eingangsrechnung für die Transport- und Versicherungskosten bar	0830 Lager- u. Transporteinricht. 2600 Vorsteuer an 2820 Kasse	1230,00 196,80	 1426,80
3.2.2 Zahlung der Eingangsrechnung für die Lagerregale durch Banküberweisung	44003 Werner Prompt OHG an 0830 Lager- u. Transporteinr. an 2600 Vorsteuer an 2800 Bank	22886,80	 591,90 94,70 22200,20

Merke:

- Beim Erwerb werden Anlagegüter mit den Anschaffungskosten bewertet.
- Anschaffungskosten = Listeneinkaufspreis + Nebenkosten – Nachlässe
- Spätere Nachlässe werden unmittelbar auf dem entsprechenden Anlagekonto gebucht.
- Spätere Nachlässe machen eine Korrektur der Vorsteuer erforderlich.
- Finanzierungskosten und Folgekosten gehören nicht zu den Anschaffungskosten.
- Gebühren einer Behörde unterliegen nicht der Umsatzsteuer.

Aufgaben zur Sicherung und Vertiefung des Lernerfolgs

Hinweis: Berechnen Sie vor der Buchung jeweils die **Anschaffungskosten!**

55 Bilden Sie zu den folgenden Vorgängen die Buchungssätze!

1. 1.1 Wir kaufen für unsere Büroräume Möbel im Wert von 14500,00 EUR zuzüglich 16% USt. Der Lieferer (44002) räumt uns 10% Rabatt ein.

   1.2 Die Begleichung der Rechnung erfolgt durch Banküberweisung unter Abzug von 2% Skonto.

2. 2.1 Wir kaufen eine kleine Verpackungsmaschine (44002) zum Nettopreis von 1800,00 EUR zuzüglich 16% USt. Die Transportkosten betragen 85,00 EUR zuzüglich 16% USt. Nach einer Überprüfung der Anlage wird noch ein Zusatzgerät im Wert von 480,00 EUR zuzüglich 16% USt hinzugekauft.

   2.2 Die Zahlung erfolgt in Höhe von 1200,00 EUR bar, über den Restbetrag wird ein Bankscheck ausgestellt.

3. Wir kaufen ein Kopiergerät (44016) im Wert von 4500,00 EUR zuzüglich 16% USt und erhalten einen Sonderrabatt von 10%. An Transportkosten fallen 80,00 EUR zuzüglich 16% USt an. Für die Inbetriebnahme werden Kosten in Höhe von 150,00 EUR zuzüglich 16% USt berechnet. Die Rechnung wird durch Banküberweisung beglichen.

4. Kauf einer Abfüllanlage (44010) zu folgenden Bedingungen: Listeneinkaufspreis 100000,00 EUR, abzüglich 3% Rabatt. Verpackungskosten 700,00 EUR, Fracht 1200,00 EUR, Transportversicherung 90,00 EUR, Fundamentierungskosten 2000,00 EUR, Aufwendungen für eine Sicherheitsprüfung 150,00 EUR. Der Umsatzsteuersatz beträgt 16%.

5. 5.1 Sie sind Mitarbeiter der Großhandlung Hans Czerny KG. Buchen Sie die Rechnung (siehe folgende Seite), Rechnungseingang am 10. Mai 20..

   5.2 Die Zahlung der Rechnung erfolgt am 20. Mai unter Abzug von 2% Skonto durch Banküberweisung!

Maschinenfabrik Weingarten AG

Maschinenfabrik Weingarten AG · Industriestr. 1–20 · 88250 Weingarten

Großhandlung
Hans Czerny KG
Cranachweg 80
73033 Göppingen

Rechnung Nr. 197/4

Lieferdatum: 20..-05-05
Rechnungsdatum: 20..-05-10

Menge	Bezeichnung	Gesamtpreis in EUR
1	Verpackungsautomat MS 100	3140,00
5	Zubehörteile	980,00
		4120,00
	+ 16 % USt	659,20
		4779,20

Zahlungsbedingungen: 2 % Skonto innerhalb 14 Tagen, 30 Tage Ziel

Sitz der Gesellschaft: Weingarten; Registergericht: Weingarten; HRB 99
Steuer-Nr.: 91510/71720

6. 6.1 Wir kaufen einen Geschäftswagen (44011) zum Listenpreis von 28500,00 EUR zuzüglich 16 % USt. Die Überführungskosten betragen [illegible] EUR zuzüglich 16 % USt. Die Zulassungsgebühren in Höhe von 38,00 EUR werden bar bezahlt.[1]

   6.2 Der Pkw weist Lackschäden auf. Aufgrund unserer Reklamation erhalten wir vom Lieferer in Form einer Gutschrift einen Nachlass von 696,00 EUR (einschließlich 16 % USt).

   6.3 Die Zahlung der Eingangsrechnung erfolgt durch Bankscheck.

7. Wir kaufen einen Büroschrank im Wert von 2860,00 EUR zuzüglich 16 % USt. Der Kaufpreis wurde unter Abzug von 3 % Skonto sofort bar bezahlt.

8. Zum Ausbau unseres Geschäftsgeländes kaufen wir ein 4500 m^2 großes Grundstück zum Preis von 20,00 EUR je m^2. An Nebenkosten fallen an: Grunderwerbsteuer 3,5 %, Notariatskosten 6420,00 EUR zuzüglich 16 % USt, Maklergebühren 5200,00 EUR zuzüglich 16 % USt und Erschließungs- und Anliegerkosten 15,00 EUR je m^2.

   Alle Zahlungen erfolgen durch Banküberweisung.

1 Gebühren sind nicht umsatzsteuerpflichtig.

9. Kauf einer neuen Lagereinrichtung (44016) aufgrund folgender Kaufabrechnung:

Listeneinkaufspreis	145 000,00 EUR
Transport und Montage	6 300,00 EUR
+ 16 % USt	24 208,00 EUR
	175 508,00 EUR

56

Automatenbau ✧ Franz Gut OHG ✧ Bielefeld

Franz Gut OHG, Landgrafweg 3, 33617 Bielefeld

Großhandlung
Claus Widmann KG
Römerstr. 80
73525 Schwäbisch Gmünd

Auftragsbestätigung und
Rechnung Nr. 1443

Lieferdatum:	10. 05. 20..
Rechnungsdatum:	14. 05. 20..

Sie kaufen lt. unseren Lieferungsbedingungen	
1 Kassensystem ML 120	15 850,00 EUR
– 5 % Sonderrabatt	792,50 EUR
	15 057,50 EUR
+ Fracht	495,00 EUR
+ Transportversicherung	180,00 EUR
+ Montage	520,00 EUR
	16 252,50 EUR
+ 16 % USt	2 600,40 EUR
	18 852,90 EUR
Zahlung unter Abzug von 3 % Skonto bis 28. Mai 20..	

Sitz der Gesellschaft: Bielefeld; Registergericht Bielefeld, HRA 545; Steuer-Nr.: 31966/29210

Aufgaben:

Sie sind Mitarbeiter der Großhandlung Claus Widmann KG. Bilden Sie die Buchungssätze

1. für die Eingangsrechnung am 14. Mai 20..,
2. für die Zahlung der Rechnung durch Banküberweisung am 28. Mai mit 3% Skonto!

11.11.2 Abschreibungen auf Sachanlagen

11.11.2.1 Zweck der Abschreibungen

Anlagegüter wie z.B. ein Gebäude, einen Aktenschrank, eine Maschine, einen Gabelstapler oder einen Lkw nutzt das Unternehmen langfristig. Durch den täglichen Gebrauch verlieren diese Güter an Wert (abnutzbare Güter).[1] Um ihren Wert auf dem Schlussbilanzkonto richtig darstellen zu können, ist ein bestimmter Betrag als **Wertminderung von den Anschaffungskosten** abzuschreiben (Abgang auf der Habenseite des betreffenden Anlagegutes). Die Gegenbuchung zu dieser Wertminderung erfolgt auf dem Aufwandskonto **Abschreibungen auf Sachanlagen.** Da die Wertminderung immer nur geschätzt werden kann (lediglich beim Verkauf des Anlagegutes könnte der Wertverlust genau festgestellt werden), ist der auf dem Schlussbilanzkonto ausgewiesene Rest-Vermögenswert ebenfalls nur ein Schätzwert.

Merke:

Durch die **Abschreibung** werden die Anschaffungskosten (aufgrund der geschätzten jährlichen Wertminderung) auf die Jahre der Nutzung als Aufwand verteilt.

Für die Bemessung der Höhe der Abschreibung können die folgenden Gründe eine Rolle spielen:

(1) Der Gebrauch

Jeder Gebrauchsgegenstand hat eine begrenzte Lebensdauer, die u.a. von der Häufigkeit der Nutzung abhängt. Je häufiger ein Gegenstand genutzt wird, desto schneller verschleißt er und desto mehr verliert er an Wert. Ein Auto, das 100000 km gefahren wurde, ist weniger wert als das sonst gleiche Auto, das nur 50000 km gefahren wurde.

(2) Der technische Fortschritt

In unserer durch hohe Technisierung und starken Konkurrenzdruck gekennzeichneten Wirtschaft werden die Produkte immer weiter verbessert. Sobald ein verbessertes Produkt auf den Markt kommt, verliert das alte Produkt schlagartig an Wert.

(3) Die wirtschaftliche Überholung

Geht die Nachfrage nach einem Gut aufgrund neuer Erfindungen oder aufgrund des Modewechsels zurück, so hat das wertmindernde Rückwirkungen sowohl auf diese Güter selbst als auch auf die zu ihrer Herstellung benötigten Maschinen.

(4) Der natürliche Verschleiß

Selbst wenn ein Gegenstand überhaupt nicht genutzt würde und auch die übrigen Ursachen der Abschreibung nicht in Frage kämen, würde z.B. durch Witterungseinflüsse (Wechsel von Wärme und Kälte, Nässe und Trockenheit) eine wertmindernde Veränderung des Gegenstandes eintreten.

Infolge der Abschreibung vermindern sich die Anschaffungskosten jährlich um die mit der Abschreibung erfasste Wertminderung, sodass sich der Buchwert von Jahr zu Jahr verringert.

Buchwert = Anschaffungskosten – Abschreibung

1 **Nicht abnutzbare Gegenstände** des Anlagevermögens sind z.B. Beteiligungen, unbebaute Grundstücke und der Wert des Grund und Bodens bebauter Grundstücke. Da unbebaute Grundstücke im Allgemeinen im Wert nicht sinken, ist eine planmäßige Abschreibung darauf nicht erlaubt. Bei bebauten Grundstücken ist daher immer nur vom Gebäudewert abzuschreiben.

11.11.2.2 Berechnung der Abschreibungen nach der linearen Methode

Bei der linearen Abschreibung wird ein jährlich gleich bleibender Betrag von den **Anschaffungskosten** des Anlagegutes abgeschrieben. Auf diese Weise werden die gesamten Anschaffungskosten gleichmäßig auf die Nutzungsdauer verteilt. Nach Ablauf der Nutzungsdauer ist der Buchwert gleich null.

Beispiel:

Die Anschaffungskosten eines Kombiwagens betragen zu Beginn der Geschäftsperiode 30000,00 EUR. Es wird eine Nutzungsdauer von sechs Jahren angenommen. In diesem Fall beträgt der jährliche Abschreibungsbetrag 5000,00 EUR und der Abschreibungssatz $16^2/_3$ %.

Aufgabe:

Führen Sie rechnerisch die Abschreibung über die gesamte Laufzeit durch!

Lösung:

	Anschaffungskosten		30000,00 EUR
–	Abschreibung 1. Jahr	$16^2/_3$ %	5000,00 EUR
	Buchwert Ende 1. Jahr		25000,00 EUR
–	Abschreibung 2. Jahr	$16^2/_3$ %	5000,00 EUR
	Buchwert Ende 2. Jahr		20000,00 EUR
–	Abschreibung 3. Jahr	$16^2/_3$ %	5000,00 EUR
	Buchwert Ende 3. Jahr		15000,00 EUR
–	Abschreibung 4. Jahr	$16^2/_3$ %	5000,00 EUR
	Buchwert Ende 4. Jahr		10000,00 EUR
–	Abschreibung 5. Jahr	$16^2/_3$ %	5000,00 EUR
	Buchwert Ende 5. Jahr		5000,00 EUR
–	Abschreibung 6. Jahr	$16^2/_3$ %	5000,00 EUR
	Buchwert Ende 6. Jahr		0,00 EUR

Wird das Anlagegut nach Ablauf der Nutzungsdauer noch genutzt, so wird das Anlagegut mit einem **Erinnerungswert** von 1,00 EUR ausgewiesen, d.h., in unserem Beispiel beträgt dann der letzte Abschreibungsbetrag 4999,00 EUR.

- $\text{Jährlicher Abschreibungsbetrag} = \dfrac{\text{Anschaffungskosten}}{\text{Nutzungsdauer}}$
- $\text{Jährlicher Abschreibungssatz} = \dfrac{100\ \%}{\text{Nutzungsdauer}}$

Bei der linearen Abschreibung geht man davon aus, dass sich das Wirtschaftsgut gleichmäßig abnutzt. Ein eventuell höherer Wertverlust durch technische oder wirtschaftliche Überholung oder infolge eines unterschiedlich hohen Verschleißes durch unterschiedliche Nutzung in den verschiedenen Nutzungsjahren wird dabei nicht berücksichtigt.

Die lineare Abschreibungsmethode hat insbesondere folgende Vorteile:

- einfache und nur einmalige Berechnung des Abschreibungsbetrags;
- gute Vergleichbarkeit der aufeinander folgenden Erfolgsrechnungen;
- gleichmäßige Aufwandsbelastung bzw. Belastung der Kostenrechnung mit Abschreibungen.

57 1. Die Anschaffungskosten eines neuen Autotelefons für den Geschäftswagen betragen zu Beginn der Geschäftsperiode 2100,00 EUR.

Aufgaben:

1.1 Berechnen Sie den jährlichen Abschreibungsbetrag bei linearer Abschreibung und einer angenommenen Nutzungsdauer von fünf Jahren!

1.2 Versuchen Sie eine Formulierung, in der das Wesen der Abschreibung zum Ausdruck kommt!

2. Eine Frankiermaschine wird am Ende des 3. Nutzungsjahres linear mit 930,00 EUR abgeschrieben, Abschreibungssatz: $12\,^1/_2\,\%$.

Aufgabe:

Berechnen Sie die Anschaffungskosten für die Frankiermaschine!

3.

Anlagegüter	Buchwert am 31. Dez.	Anschaffungskosten zu Beginn der Geschäftsperiode	Nutzungsdauer
Ladeneinrichtung	52500,00 EUR	84000,00 EUR	8 Jahre
Kombiwagen	38000,00 EUR	57000,00 EUR	6 Jahre

Aufgaben:

3.1 Wie viel Prozent beträgt bei linearer Abschreibung der jeweilige Abschreibungssatz?

3.2 Wie viel Jahre sind die beiden Anlagegüter bisher abgeschrieben worden?

11.11.2.3 Berechnung der Abschreibungen nach der degressiven Methode

Neben der Abschreibung mit jährlich gleich bleibenden Abschreibungsbeträgen (lineare Abschreibung) ist nach § 7 Abs. 2 S. 2 EStG bei beweglichen Wirtschaftsgütern des Anlagevermögens auch eine Abschreibung mit jährlich fallenden Abschreibungsbeträgen (degressive Abschreibung) erlaubt. Dabei wird die Abschreibung durch Anwendung eines gleich bleibenden Prozentsatzes auf den jeweiligen Buchwert (Restbuchwert) ermittelt. Da der Buchwert durch die jährliche Abschreibung von Jahr zu Jahr geringer wird, werden bei Anwendung eines gleich bleibenden Prozentsatzes auch die Abschreibungsbeträge von Jahr zu Jahr geringer. Gemäß dem angegebenen Paragrafen darf der anzuwendende Prozentsatz das Doppelte des bei Anwendung der linearen Abschreibung maßgeblichen Prozentsatzes betragen, jedoch höchstens 20 %.

Das Steuerrecht erlaubt den Übergang von der degressiven Abschreibung zur linearen Abschreibung, jedoch nicht umgekehrt. Dieser Wechsel wird dann sinnvoll, wenn die lineare Abschreibung für die Restlaufzeit höher ist als bei fortgesetzter degressiver Abschreibung.

Beispiel:

Die Anschaffungskosten eines Kombiwagens betragen zu Beginn der Geschäftsperiode 30000,00 EUR. Die betriebsgewöhnliche Nutzungsdauer beträgt 6 Jahre.

Aufgabe:

Führen Sie rechnerisch die degressive Abschreibung über die gesamte Laufzeit durch und stellen Sie fest, von welchem Zeitpunkt an ein Wechsel zur linearen Abschreibung als sinnvoll erscheint!

Lösung:

Bei einer Nutzungsdauer von 6 Jahren beträgt die lineare Abschreibung $16^2/_3$ %. Demnach kann bei degressiver Abschreibung der steuerlich zulässige Höchstsatz von 20% angewendet werden. Für die Jahre der Nutzungsdauer ergibt sich daher folgende Abschreibungstabelle.

		degressive Abschreibung	Übergang zur linearen Abschreibung
	Anschaffungskosten	30000,00 EUR	
–	20% Abschreibung 1. Jahr	6000,00 EUR	
	Buchwert Ende 1. Jahr	24000,00 EUR	
–	20% Abschreibung 2. Jahr	4800,00 EUR	
	Buchwert Ende 2. Jahr	19200,00 EUR →	19200,00 EUR
–	20% Abschreibung 3. Jahr	3840,00 EUR	4800,00 EUR
	Buchwert Ende 3. Jahr	15360,00 EUR	14400,00 EUR
–	20% Abschreibung 4. Jahr	3072,00 EUR	4800,00 EUR
	Buchwert Ende 4. Jahr	12288,00 EUR	9600,00 EUR
–	20% Abschreibung 5. Jahr	2457,60 EUR	4800,00 EUR
	Buchwert Ende 5. Jahr	9830,40 EUR	4800,00 EUR
–	Abschreibung 6. Jahr (Restwert)[1]	9830,40 EUR	4800,00 EUR
	Buchwert Ende 6. Jahr	0,00 EUR	0,00 EUR

Wird das Anlagegut nach Ablauf der Nutzungsdauer noch genutzt, so wird das Anlagegut mit einem **Erinnerungswert** von 1,00 EUR ausgewiesen, d.h., in unserem Beispiel beträgt dann die letzte Abschreibungsquote beim Übergang zur linearen Abschreibung nur 4799,00 EUR und bei fortgesetzter degressiver Abschreibung 9829,40 EUR.

Erkenntnisse:

- Bei degressiver Abschreibung sind die Abschreibungsbeträge in den ersten Jahren höher als bei linearer Abschreibung. Das ist zweifellos ein Vorteil, weil durch höhere Abschreibungsbeträge der Gewinn geschmälert wird und dadurch die gewinnabhängigen Steuern (z.B. die Einkommensteuer) niedriger ausfallen. Dieser Vorteil in den ersten Jahren wird jedoch durch den Nachteil in den späteren Jahren erkauft, in denen der Abschreibungsbetrag bei degressiver Abschreibung niedriger ist als bei linearer Abschreibung.
- Im Gegensatz zur linearen Abschreibung, bei der nach Ablauf der Nutzungsdauer die gesamten Anschaffungskosten abgeschrieben sind, wäre bei degressiver Abschreibung noch ein erheblicher Restwert vorhanden.
- Um auch bei (fortgesetzter) degressiver Abschreibung auf den Nullwert (bzw. Erinnerungswert) zu kommen, ist im letzten Jahr der zugrunde gelegten Nutzungsdauer der gesamte verbleibende Restwert abzuschreiben. Das führt dann zu einer sehr ungleichen Aufwandsbelastung.
- Aufgrund der angesprochenen Nachteile bei degressiver Abschreibung ist ein Wechsel von der degressiven zur linearen Abschreibung (nicht jedoch umgekehrt) steuerrechtlich erlaubt (vgl. § 7 Abs. 3 EStG). Es ist natürlich sinnvoll, diesen Wechsel zu dem Zeitpunkt vorzunehmen, von dem ab die Abschreibungsbeträge bei linearer Abschreibung höher sind als bei der fortgesetzten degressiven Abschreibung. In unserem Beispiel wäre dieser Übergang im dritten Jahr sinnvoll.

  Die verbleibenden Abschreibungsbeträge beim Übergang zur linearen Abschreibung ergeben sich dann durch die folgende Rechnung: Restbuchwert : Restnutzungsdauer.

  Auf unser Beispiel angewandt, kommen wir beim Wechsel von der degressiven zur linearen Abschreibungsmethode zu folgendem Ergebnis für die gleichmäßige Verteilung des Restbuchwertes: 19200,00 EUR : 4 = 4800,00 EUR.

1 Bei der degressiven Abschreibungsmethode wird im letzten Jahr der zugrunde gelegten Nutzungsdauer der gesamte noch verbleibende Restwert abgeschrieben.

Für die degressive Abschreibungsmethode sprechen folgende Argumente:

- Die degressive Abschreibung geht von der Überlegung aus, dass der Wertverlust eines Wirtschaftsgutes in den ersten Nutzungsjahren wesentlich höher ist als in den Folgejahren.
- Dem Risiko, dass durch den technischen Fortschritt das Wirtschaftsgut schnell an Wert verlieren kann, wird durch die anfangs hohe Abschreibung entsprochen.
- Durch die Addition der jährlich abnehmenden Abschreibungsbeträge mit den jährlich ansteigenden Reparaturaufwendungen (durch die Abnutzung des Wirtschaftsgutes) wird eine etwa gleichmäßige *Gesamtbelastung* für das Wirtschaftsgut in den einzelnen Jahren erreicht.

Merke:

- Bei degressiver Abschreibung werden die Abschreibungsbeträge von Jahr zu Jahr niedriger. Relativ hohen Abschreibungsbeträgen in den ersten Jahren stehen relativ niedrige Abschreibungsbeträge in den späteren Jahren gegenüber.
- Der steuerrechtlich zulässige Prozentsatz beträgt bei der degressiven Abschreibung das Doppelte des bei der linearen Abschreibung maßgeblichen Prozentsatzes, höchstens jedoch 20 %.
- Zur Vermeidung eines relativ hohen Abschreibungsbetrages im letzten Jahr ist ein Wechsel von der degressiven zur linearen Abschreibung erlaubt. Der günstigste Zeitpunkt für diesen Wechsel ist dann gegeben, wenn die Abschreibungsbeträge bei linearer Abschreibung – bezogen auf die Restnutzungsdauer – höher sind als bei fortgesetzter degressiver Abschreibung.

Aufgaben zur Sicherung und Vertiefung des Lernerfolgs

58 Die Anschaffungskosten für die Ladeneinrichtung des Werkverkaufs betragen zu Beginn der Geschäftsperiode 35 000,00 EUR. Nutzungsdauer acht Jahre.

1. Führen Sie rechnerisch die degressive Abschreibung mit dem steuerlichen Höchstsatz ohne Übergang zur linearen Abschreibung über die gesamte Laufzeit durch!
2. Führen Sie rechnerisch die degressive Abschreibung mit dem steuerlichen Höchstsatz und mit einem Übergang zur linearen Abschreibung über die gesamte Laufzeit durch!

59 Die Eingangsrechnung für einen zu Beginn des Geschäftsjahres gekauften PC lautet auf 2436,00 EUR einschließlich 16 % USt. Die Rechnung wird unter Abzug von 2 % Skonto bezahlt.

Aufgaben:

1. Ermitteln Sie den Bilanzwert des PCs am Ende des ersten Geschäftsjahres. Die Nutzungsdauer beträgt drei Jahre!
2. Wodurch unterscheiden sich lineare und degressive Abschreibung?

60 Ein Großrechner hat eine Nutzungsdauer von sieben Jahren. Er ist zu Beginn des Geschäftsjahres mit einem Abschreibungssatz von 20 % degressiv abgeschrieben worden. Nach der zweiten Abschreibung beträgt der Restbuchwert 88 200,00 EUR.

Vor der Abschreibung des vierten Nutzungsjahres wird geprüft, ob auf lineare Abschreibung umgestellt werden soll.

Aufgaben:

1. Ermitteln Sie die Anschaffungskosten des Großrechners!
2. Berechnen Sie den Abschreibungsbetrag für das vierte Nutzungsjahr bei fortgesetzter degressiver Abschreibung!
3. Wie viel EUR beträgt der Abschreibungsbetrag für das vierte Nutzungsjahr bei einem Wechsel zur linearen Abschreibung?

11.11.2.4 Buchung der Abschreibungen

Die Wertminderung des Anlagevermögens stellt einen **betrieblichen Aufwand** dar. Er wird buchhalterisch auf dem Konto **6500 Abschreibungen auf Sachanlagen**[1] erfasst.

Beispiel:

Die Anschaffungskosten zu Beginn der Geschäftsperiode für eine EDV-Anlage betragen 21000,00 EUR. Am Ende des Geschäftsjahres werden 7000,00 EUR abgeschrieben.

Aufgaben:

1. Buchen Sie die Abschreibung auf Konten und schließen Sie die Konten ab!
2. Bilden Sie dazu die Buchungssätze!

Lösung:

Zu 1. Buchung auf den Konten und deren Abschluss:

S	0870 Geschäftsausstattung		H
AB	21000,00	6500	7000,00
		8010	14000,00
	21000,00		21000,00

S	6500 Abschreib. auf Sachanlagen		H
0870	7000,00	8020	7000,00

S	8010 SBK		H
0870	14000,00		

S	8020 GuV		H
6500	7000,00		

Wirkungen

1. Erfassung der Wertminderung bei den Vermögensgegenständen.
2. Dadurch richtiger Ausweis der Vermögenswerte in der Bilanz.

1. Erfassung der Vermögensminderung als Aufwand.
2. Dadurch Verringerung des Gewinns.

Zu 2. Buchungssätze:

Vorgänge	Konten	Soll	Haben
Buchung der Abschreibung	6500 Abschreibungen auf Sachanlagen an 0870 Geschäftsausstattung	7000,00	 7000,00
Buchungen beim Abschluss	8010 SBK an 0870 Geschäftsausstattung 8020 GuV an 6500 Abschreibungen auf Sachanlagen	14000,00 7000,00 	 14000,00 7000,00

1 Die Steuergesetze sprechen nicht von Abschreibungen, sondern von **Absetzung für Abnutzung (AfA)**.

Erläuterungen:

Für die ergebniswirksame Erfassung der jährlichen Abschreibungen auf das abnutzbare Anlagevermögen richten wir das Aufwandskonto **6500 Abschreibungen auf Sachanlagen** ein. Das Abschreibungskonto erfasst am Jahresende den festgestellten Abnutzungsbetrag als Aufwand. Dieser erscheint auf der **Sollseite**.

Die **Gegenbuchung** erfolgt direkt auf dem entsprechenden **Anlagekonto auf der Habenseite,** in unserem Fall auf dem Konto 0870 Geschäftsausstattung. Dort bewirkt sie, dass der entsprechende Anlageposten auf den jeweils gültigen **Zeitwert** fortgeschrieben wird.

Merke:

- Am Ende des Geschäftsjahres wird die Wertminderung der Anlagegüter über die Abschreibung erfasst.
- Durch die Abschreibung werden die Anschaffungskosten eines Anlagegutes auf die Jahre der Nutzung als Aufwand verteilt.
- Abschreibungen sind betrieblicher Aufwand und mindern den Gewinn.
- Buchungssatz:
  Abschreibungen auf Sachanlagen an Anlagekonto (z. B. Geschäftsausstattung)
- (Rest-)Buchwert = Anschaffungskosten – Summe der Abschreibung

Aufgaben zur Sicherung und Vertiefung des Lernerfolgs

61 Beantworten Sie kurz die folgenden Fragen:

1. Wie wirken sich die Abschreibungen auf den Gewinn bzw. Verlust eines Unternehmens aus?
2. Welche Ursachen liegen der Abschreibung zugrunde?
3. Welche Wirkung hat die Abschreibung auf der Aktivseite der Bilanz?

62 Wir kaufen zu Beginn der Geschäftsperiode einen Pkw zum Nettowert von 44255,00 EUR zuzüglich 16 % USt gegen Bankscheck.

Aufgaben:

1. Buchen Sie den Sachverhalt auf Konten und bilden Sie den Buchungssatz!
   Hinweis: Der Anfangsbestand auf dem Konto 2800 Bank beträgt 60000,00 EUR.
2. Die Nutzungsdauer des Pkws beträgt 6 Jahre. Die Abschreibung erfolgt linear.
   2.1 Wie viel EUR beträgt die jährliche Abschreibung für den gekauften Pkw?
   2.2 Buchen Sie die Abschreibung auf den Konten und schließen Sie die Konten ab!
   Hinweis: Die Konten SBK und GuV sind nicht zu führen.
   2.3 Bilden Sie die Buchungssätze für die Abschreibung der Konten!

63 Die Anschaffungskosten einer Verpackungsmaschine zu Beginn des Geschäftsjahres betragen 75491,00 EUR.

Aufgaben:

1. Berechnen Sie den jährlichen Abschreibungsbetrag bei linearer Abschreibung und einer angenommenen Nutzungsdauer von dreizehn Jahren!
2. 2.1 Richten Sie folgende Konten ein: 0830 Lager- und Transporteinrichtungen, 6500 Abschreibungen auf Sachanlagen, 8010 GuV, 8020 SBK!
   2.2 Tragen Sie die Anschaffungskosten auf dem Konto Lager- und Transporteinrichtungen als Anfangsbestand vor und buchen Sie die Abschreibung im ersten Jahr! Schließen Sie anschließend die Konten ab!

11.11.3 Geringwertige Wirtschaftsgüter

(1) Grundlegendes

Eine Vereinfachungsregel für die Abschreibung von Anlagegütern bietet das Steuerrecht für Anlagegüter mit einem geringen Wert.

Merke:

Geringwertige Wirtschaftsgüter (GWG) sind abnutzbare, bewegliche Wirtschaftsgüter des Anlagevermögens, die einer selbstständigen Nutzung fähig sind und Anschaffungskosten von 410,00 EUR (ohne USt) nicht übersteigen.

Geringwertige Wirtschaftsgüter **können** im Jahr der Anschaffung **in voller Höhe abgeschrieben** werden. Es handelt sich um ein **Wahlrecht,** d.h., die Anlagegüter können – wie üblich – auch auf dem entsprechenden Anlagekonto aktiviert und dann während der betriebsgewöhnlichen Nutzungsdauer abgeschrieben werden.

(2) Anlagegüter bis zu Anschaffungskosten in Höhe von 60,00 EUR

Geringwertige Wirtschaftsgüter, deren **Anschaffungskosten 60,00 EUR (ohne USt)** nicht übersteigen, können im Zeitpunkt der Anschaffung **sofort als Aufwand** erfasst werden.

Beispiel:

Barkauf einer Schreibtischlampe zum Nettopreis von 48,00 EUR zuzüglich 16% Umsatzsteuer.

Aufgaben:

1. Buchen Sie den Geschäftsvorfall auf Konten!
2. Bilden Sie den Buchungssatz!

Lösung:

Zu 1. Buchung auf den Konten:

S	6800 Büromaterial		H
2820	48,00		

S	2600 Vorsteuer		H
2820	7,68		

S	2820 Kasse		H
		6800/ 2600	55,68

Zu 2. Buchungssatz:

Konten	Soll	Haben
6800 Büromaterial	48,00	
2600 Vorsteuer	7,68	
an 2820 Kasse		55,68

(3) Anlagegüter mit Anschaffungskosten über 60,00 EUR bis 410,00 EUR

Diese Anlagegüter werden zunächst auf dem **Anlagekonto 0890 Geringwertige Wirtschaftsgüter (kurz GWG)** gebucht. Am Jahresende hat das Unternehmen die Möglichkeit, die GWG **voll abzuschreiben** oder aber die Abschreibung nach der **betriebsbedingten Nutzungsdauer** vorzunehmen, wobei dann vorher auf das entsprechende Anlagekonto umgebucht werden muss. Die Abschreibung erfolgt über das Konto **6540 Abschreibungen auf geringwertige Wirtschaftsgüter.**

Beispiel:

Wir kaufen ein Faxgerät für 398,00 EUR zuzüglich 16 % USt gegen Barzahlung.

Aufgaben:

1. Buchen Sie den Sachverhalt auf den entsprechenden Konten:
   1.1 am Tag der Anschaffung,
   1.2 am Jahresende bei voller Abschreibung!
2. Bilden Sie jeweils den Buchungssatz!

Lösung:

Zu 1. Buchung auf den Konten:

1.1 Buchung bei der Anschaffung:

S	0890 GWG		H
2820	398,00	6540	398,00

S	2820 Kasse		H
AB	1 000,00	0890/ 2600	461,68

S	2600 Vorsteuer		H
2820	63,68		

1.2 Buchung am Jahresende:

S	6540 Abschr. a. GWG		H
0890	398,00		

Zu 2. Buchungssätze:

Konten	Soll	Haben
0890 GWG 2600 Vorsteuer an 2820 Kasse	398,00 63,68	 461,68

Konten	Soll	Haben
6540 Abschreibungen auf GWG an 0890 GWG	398,00	 398,00

Merke:

- **Geringwertige Wirtschaftsgüter** mit Anschaffungskosten **bis zur Höhe von 60,00 EUR** werden bei der Anschaffung direkt auf einem entsprechenden **Aufwandskonto** gebucht.
- **Geringwertige Wirtschaftsgüter** mit Anschaffungskosten **über 60,00 EUR bis zur Höhe von 410,00 EUR** werden bei der Anschaffung zunächst auf dem besonderen **Bestandskonto 0890 GWG** erfasst. Im Rahmen des Jahresabschlusses kann dann entschieden werden, ob diese Wirtschaftsgüter im Jahr der Anschaffung in voller Höhe als Aufwendungen oder nach Maßgabe der betriebsbedingten Nutzungsdauer abgeschrieben werden sollen.

Zusammenfassung

- Anlagegegenstände sind mit den **Anschaffungskosten** zu aktivieren.
- Zu den Anschaffungskosten zählen neben dem Nettowert des Anlagegegenstandes **alle Nebenkosten,** die aufzubringen sind, um den Gegenstand zu erwerben und ihn in den betriebsbereiten Zustand zu versetzen. **Preisminderungen,** die sofort oder später gewährt werden, **gehören nicht zu den Anschaffungskosten.**
- Die Erfassung der **Wertminderung** beim abnutzbaren Anlagevermögen erfolgt über angemessene **Abschreibungen.**

- Die Abschreibungen werden auf einem Aufwandskonto gebucht. Die Gegenbuchung erfolgt auf dem abzuschreibenden Anlagekonto, wo sie die Wertminderung bewirkt.
- Durch **die jährliche Abschreibung** wird die **erfolgsneutrale Anschaffung** über die Jahre der Nutzung **erfolgswirksam als Aufwand erfasst.**
- Als Ursachen für eine Wertminderung (Abschreibung) kommen in Frage:
  (1) der Gebrauch des Gegenstandes,
  (2) der technische Fortschritt,
  (3) die wirtschaftliche Überholung,
  (4) der natürliche Verschleiß.
- Die wichtigsten **Methoden für die Berechnung der Abschreibung** sind:
  - die **lineare Abschreibung,** bei der die Anschaffungskosten gleichmäßig auf die Jahre der geschätzten Nutzungsdauer verteilt werden,
  - die **degressive Abschreibung,** bei der die Abschreibungsbeträge durch Anwendung eines gleich bleibenden Prozentsatzes auf die Restwerte ermittelt werden, wodurch die Abschreibungsbeträge von Jahr zu Jahr fallen. Der dabei angewandte Prozentsatz darf das Doppelte des bei linearer Abschreibung anzuwendenden Prozentsatzes betragen, jedoch 20 % nicht übersteigen. Die degressive Abschreibung kann nur bei beweglichen Wirtschaftsgütern des Anlagevermögens angewandt werden.
  - Ein **Wechsel von der degressiven Abschreibung zur linearen Abschreibung ist möglich,** nicht jedoch umgekehrt. Ein solcher Wechsel ist zu dem Zeitpunkt sinnvoll, von dem ab die Abschreibungsbeträge bei linearer Abschreibung (ermittelt aus dem Quotienten aus Restwert und der Restnutzungsdauer) einen höheren Betrag ausmachen als bei fortgesetzter degressiver Abschreibung.
- Wirtschaftsgüter mit einer Nutzungsdauer von mehr als einem Jahr werden:
  - bei einem **Nettowert bis 60,00 EUR** sofort als Aufwand erfasst;
  - bei einem **Wert über 60,00 EUR bis zum Nettowert von 410,00 EUR** zunächst als Vermögensposten erfasst. Am Jahresende kann dann wahlweise entschieden werden, ob diese so genannten **geringwertigen Wirtschaftsgüter** voll abgeschrieben werden sollen oder ob eine Abschreibung gemäß der Nutzungsdauer vorgenommen werden soll.

Aufgaben zur Sicherung und Vertiefung des Lernerfolgs

64 Wir kaufen am 5. Januar ein Autotelefon, Modell „Konsul", für 429,00 EUR zuzüglich 16 % USt, abzüglich 10 % Sonderrabatt gegen Barzahlung. Die betriebsbedingte Nutzungsdauer beträgt 5 Jahre.

Aufgaben:

1. Bilden Sie die Buchungssätze für den Geschäftsvorfall am 5. Januar!
2. Bilden Sie die Buchungssätze für die Abschreibung am Jahresende:
   2.1 bei Ausnutzung der höchstmöglichen Abschreibung,
   2.2 bei einer Abschreibung nach der betriebsbedingten Nutzungsdauer!

65 Wir kaufen am 15. Februar einen PC für 2300,00 EUR zuzüglich 16 % USt und einen Drehstuhl für 236,00 EUR zuzüglich 16 % USt auf Ziel (44001).

Aufgabe:

Buchen Sie die Anschaffung der beiden Wirtschaftsgüter im Grundbuch!

9 Speth u. a. – ISBN 3-8120-0529-8

66 1. Am 30. April kaufen wir zwei Papier-Schredder (44010) zum Preis von insgesamt 963,96 EUR einschließlich 16 % USt gegen Rechnung. Wir erhalten 5 % Rabatt. Die Nutzungsdauer wird mit sechs Jahren angesetzt.

Aufgaben:

Bilden Sie die Buchungssätze

1.1 für die Eingangsrechnung am 30. April,

1.2 für die Zahlung der Rechnung durch Banküberweisung am 15. Mai,

1.3 für die größtmögliche Abschreibung zum 31. Dezember!

2. Das Geschäftsgebäude und der Fuhrpark wurden in den vergangenen 3 Jahren so abgeschrieben, dass sich jeweils am Jahresende die folgenden Restwerte ergaben:

Anlagegüter	Anschaffungskosten zu Beginn der Geschäftsperiode	Ende des 1. Nutzungsjahres	Ende des 2. Nutzungsjahres	Ende des 3. Nutzungsjahres
Geschäftsgebäude	630 000,00 EUR	614 250,00 EUR	598 500,00 EUR	582 750,00 EUR
Pkw	65 000,00 EUR	52 000,00 EUR	41 600,00 EUR	33 280,00 EUR

Aufgaben:

2.1 Welche Abschreibungsmethode wurde jeweils zugrunde gelegt?

2.2 Wie viel Prozent betrug der Abschreibungssatz beim Betriebsgebäude bzw. beim Anlagegut Pkw?

2.3 Welche Nutzungsdauer wurde jeweils festgelegt?

2.4 Ermitteln Sie jeweils den Buchwert am Ende des 4. Jahres!

67 1. Zu Beginn des Geschäftsjahres werden folgende Anlagegüter mit den angegebenen Anschaffungskosten per Bankscheck gekauft:

Lagerhaus	240 000,00 EUR	20 Jahre Nutzungsdauer
Verpackungsmaschine	31 993,00 EUR	13 Jahre Nutzungsdauer
Kombiwagen	42 000,00 EUR	6 Jahre Nutzungsdauer
PC	4 200,00 EUR	3 Jahre Nutzungsdauer

Aufgaben:

1.1 Buchen Sie den Kauf am Anschaffungstag auf Konten zuzüglich 16 % USt! Der Anfangsbestand auf dem Bankkonto beträgt 420 000,00 EUR!

1.2 Ermitteln Sie die Abschreibungsbeträge am Ende des 1. Geschäftsjahres!

1.3 Buchen Sie die Abschreibung auf Konten und bilden Sie dazu die Buchungssätze!

1.4 Schließen Sie das Konto 6500 Abschreibungen auf Sachanlagen sowie die Anlagekonten ab!

2. Wie wirkt sich der Buchungssatz „6500 Abschreibungen auf Sachanlagen an 0830 Lager- und Transporteinrichtungen" aus?

[1] Die Erträge werden höher.

[2] Das Eigenkapital erhöht sich.

[3] Die Aufwendungen verringern sich.

[4] Der Gewinn wird niedriger.

Aufgabe:

Übertragen Sie die entsprechende Ziffer als Lösung in Ihr Hausheft!

3. Welche Wirkungen hat die Abschreibung

3.1 im Bereich der Bilanzkonten,

3.2 im Bereich der Erfolgskonten?

4. 4.1 Berechnen Sie den größtmöglichen Abschreibungsbetrag für eine Verpackungsmaschine im 1. Jahr der Nutzung:

Anschaffungskosten	90 000,00 EUR
Kaufdatum	15. Januar 20..
Nutzungsdauer	8 Jahre

4.2 Für ein im Jahr 01 erworbenes Grundstück fielen an:

Kaufpreis	100 000,00 EUR
Grunderwerbsteuer	3,5 %
Grundsteuer	410,00 EUR
Notariatsgebühren	1 200,00 EUR zuzüglich 16 % USt

Aufgaben:

4.2.1 Ermitteln Sie die Anschaffungskosten!

4.2.2 Mit welchem Betrag wird das Grundstück am Ende des Jahres bilanziert?

68 1. Die Anschaffungskosten für einen zu Beginn des Geschäftsjahres gekauften neuen Großrechner betragen 42 000,00 EUR. Die Nutzungsdauer wird auf sieben Jahre geschätzt.

Aufgaben:

1.1 Erstellen Sie die Abschreibungstabelle für die gesamte Nutzungsdauer bei linearer Abschreibung!

1.2 Warum ist die lineare Abschreibung für den Kaufmann sinnvoll?

2. Am 9. Januar 01 wurde eine computergesteuerte Wasserenthärtungsanlage im Werk installiert. Die Anschaffungskosten betrugen 24 624,00 EUR. Die Nutzungsdauer beträgt zwölf Jahre. Es wird degressiv mit dem steuerlichen Höchstsatz und mit Übergang zur linearen Abschreibung abgeschrieben.

Aufgabe:

Ermitteln Sie den Restbuchwert am 31. Dezember 09!

3. Ein zu Beginn des Geschäftsjahres angeschaffter Stapler wird mit 20 % degressiv abgeschrieben. Sein Buchwert beträgt am Ende des 2. Jahres (nach der Abschreibung) 14 700,00 EUR.

Wie viel EUR betragen die Anschaffungskosten?

12 Existenzgründung

12.1 Vorbemerkungen

Viele Arbeitnehmer träumen von der eigenen beruflichen Selbstständigkeit. Sie sehen in der Existenzgründung eine Chance zur Selbstverwirklichung und zur Erlangung eines höheren Einkommens. Damit der Traum erfolgreich umgesetzt werden kann, sind einige wichtige **Voraussetzungen** zu beachten:

1. Unternehmerische Kompetenz des Existenzgründers,[1]
2. Tragfähige Geschäftsidee,
3. Schlagkräftiger Marketingplan,
4. Geeignete Unternehmensform,
5. Gesicherte Finanzierung.

Die **Wege in die berufliche Selbstständigkeit** sind vielfältig:

- Unternehmensnachfolge durch den oder die Erben,
- Beteiligung als Mitgesellschafter an einem bestehenden Unternehmen,
- Betriebsübernahme durch Kauf eines Unternehmens,
- Firmenneugründung.

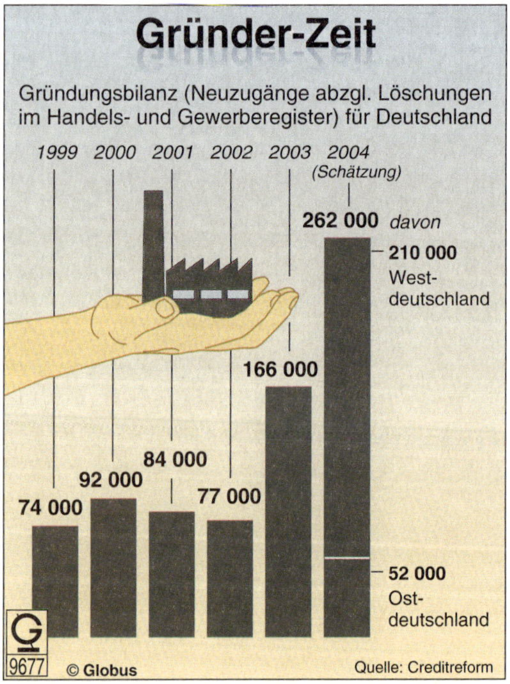

Allein 2004 gab es mehr als eine Viertel Million echte Neugründungen. Die Mehrzahl der Neugründungen sind Handels- und Dienstleistungsunternehmen. Rund ein Drittel der Existenzgründer sind jünger als 30 Jahre.

Eine **Neugründung** bietet das größte Maß an Freiheit zur Umsetzung der eigenen Vorstellungen. Sie erfordert allerdings auch das höchste Maß an Einsatz- und Risikobereitschaft, da sowohl die innerbetriebliche Organisation (z. B. Rechnungswesen) als auch die Geschäftskontakte (z. B. zu Lieferanten und Kunden) erst aufgebaut werden müssen.

Die Neugründungen bilden den Ausgangspunkt für die nachfolgenden Ausführungen.

1 Auf die persönlichen Voraussetzungen des Existenzgründers wird aufgrund des Lehrplans nicht näher eingegangen. Neben der fachlichen Qualifikation zählen hierzu vor allem die persönliche Motivation und Gesundheit des Existenzgründers sowie der Rückhalt durch den Lebensgefährten/Ehepartner.

12.2 Geschäftsidee

Eine wichtige Hürde auf dem Weg zur Existenzgründung ist eine zündende Geschäftsidee. Folgende Fragen sind bei der Suche nach neuen Geschäftsideen hilfreich:[1]

- Fällt Ihnen ein neues Produkt- oder Dienstleistungsangebot ein?
- Könnte man ein bestehendes verbessern?
- Denken Sie über eine Marktlücke im Dienstleistungsbereich nach?
- Tüfteln Sie an einem neuen Service, der zu erhöhtem Wachstum führen würde?
- Sehen Sie andere Vertriebskanäle als die bisher genutzten, die Erfolg versprechend sind?
- Würde es sich lohnen, neue Märkte in Deutschland oder in anderen Ländern zu erobern?
- Gibt es neue Zielgruppen, die Sie erschließen könnten?
- Könnte Ihr Unternehmen dadurch wachsen, dass es ein besseres Sortiment anbietet als die Konkurrenz?

Beispiel:

Sven Wagner ist in seinem Freundeskreis dafür bekannt, dass er nahezu jede neue Sportart kennt und viele auch ausübt. Der gelernte Sport- und Fitnesskaufmann möchte sich deshalb mit einem Spezialgeschäft für Trend-, Extrem- und Funsportarten (z.B. Bungeejumping, Freeclimbing, Nordicwalking, Inlineskating oder Zorbing) selbstständig machen. Er möchte neben den Sportartikeln auch Kurse und Reisen zu entsprechenden Veranstaltungen anbieten.[2]

1 Vgl. http://asp.upart.at/hpm_gruenderguide/default1.asp?PageID=422.

2 Ein mögliches Marketingkonzept zu dieser Geschäftsidee finden Sie im Kapitel 12.3.5.2, S. 192.

Unternehmensgründer gehen häufig von ihren beruflichen Fähigkeiten und privaten Interessen aus, wenn sie eine Geschäftsidee entwickeln. Deshalb ist es vor einer möglichen Existenzgründung wichtig, seine persönlichen Kompetenzen und die Geschäftsidee kritisch zu überprüfen. Eine objektive Einschätzung wird durch eine Existenzgründungsberatung, z. B. durch die Industrie- und Handelskammer (IHK), erleichtert.

Es ist auch zu klären, ob die eigene Geschäftsidee die Zielgruppe[1] besser oder preisgünstiger befriedigen kann als die Konkurrenz. Antworten liefern die Marktforschung und das darauf basierende Marketingkonzept.

Entschieden werden muss auch, in welcher Rechtsform der Existenzgründer sein Unternehmen betreiben möchte. Dabei kommt es beispielsweise darauf an, ob er seine Geschäftsidee allein oder mit Partnern verwirklichen will.

Merke:

Eine sorgfältige Bewertung der Geschäftsidee mit fundierter (gesicherter) Analyse des Marktes und Entwicklung einer stimmigen Marketingstrategie sowie die Wahl der richtigen Unternehmensform bilden die wichtigsten Grundlagen für den späteren Unternehmenserfolg.

Zusammenfassung

- **Existenzgründungen** können durch Unternehmensnachfolge durch den oder die Erben, Beteiligung als Mitgesellschafter an einem bestehenden Unternehmen, Betriebsübernahme durch Kauf eines Unternehmens oder eine Firmenneugründung erfolgen.
- Wichtige **Voraussetzungen** für eine erfolgreiche Existenzgründung sind neben der unternehmerischen Kompetenz des Existenzgründers eine tragfähige Geschäftsidee, ein schlagkräftiger Marketingplan, die Wahl der richtigen Unternehmensform und eine gesicherte Finanzierung.

12.3 Marketing

12.3.1 Begriffliche Grundlagen

Wer verkaufen will, muss wissen, was seine Kunden wollen. Während sich früher der Kaufmann auf sein „Fingerspitzengefühl" verließ, zwingt ihn heute die scharfe Konkurrenz auf den Absatzmärkten dazu, die Marktentwicklung genau zu erkunden und zu beobachten sowie die Ergebnisse systematisch auszuwerten. Die Märkte entwickelten sich vom Verkäufermarkt zum Käufermarkt.

→ Verkäufermarkt

Als Verkäufermarkt bezeichnet man einen Markt, in dem die Nachfrage größer ist als das Angebot, d. h., es besteht ein Nachfrageüberhang.

1 Eine Zielgruppe ist der mögliche Kundenkreis, z. B. Freizeitsportler.

→ Käufermarkt

Ein Käufermarkt ist dadurch gekennzeichnet, dass das Angebot an Gütern die Nachfrage übersteigt und der Käufer auf dem Markt aus einer Vielzahl von Angeboten auswählen kann.

Der Wandel vom Verkäufer- zum Käufermarkt führte dazu, dass nicht mehr die Produktion und ihre Gestaltung, sondern der Absatz der erzeugten Produkte zur Hauptaufgabe (zum Hauptproblem) der Unternehmen wurde. Diese Veränderungen blieben nicht ohne nachhaltige Auswirkungen auf die Durchführung des Absatzes. Während zu Zeiten des Verkäufermarktes allein die Verteilung der Erzeugnisse das Problem war, kam und kommt es nun darauf an, den Absatzmarkt systematisch zu erschließen. Dies erfordert die Ausrichtung aller Unternehmensbereiche auf die tatsächlichen und die zu erwartenden Bedürfnisse der Kunden. Für diese Marktorientierung (Kundenorientierung) wird das aus dem Amerikanischen übernommene Wort **Marketing**[1] verwendet.

Merke:

Die Steuerung eines Unternehmens vom Markt her sowie die planmäßige Gestaltung des Markts bezeichnet man als **Marketing.** Im Folgenden beschränken wir uns auf das **Absatzmarketing.**[2]

Marketing ist als eine Denkhaltung zu verstehen, mit deren Hilfe die Beziehungen zwischen dem Unternehmen und dessen Marktumfeld[3] untersucht und in Entscheidungen umgesetzt werden. Dabei wird auch das weitere Umfeld (z.B. die ökonomische Situation, die politisch-rechtlichen Gegebenheiten, die gesellschaftspolitische Lage, der technologische Fortschritt, die Umweltvorschriften) einbezogen.

12.3.2 Aufgaben des Marketings

Die konkrete Bewältigung der Marketingaufgaben ist als ein Prozess zu verstehen. Ein Existenzgründer muss dabei folgende Phasen durchlaufen:

Die verschiedenen Prozess-Schritte werden in den unterhalb der Prozesskette angeführten Kapiteln ausführlich dargestellt.

1 Marketing: wörtlich „Markt machen", einen Markt (für seine eigenen Produkte bzw. Waren) schaffen.

2 Marketing kann auf jedem Markt betrieben werden, so z.B. auf dem Arbeitsmarkt (Personalmarketing), auf dem Beschaffungsmarkt (Beschaffungsmarketing) oder auf dem Absatzmarkt (Absatzmarketing).

3 Das Marktumfeld sind neben den Kunden vor allem die Konkurrenten, die Absatzmittler/Absatzhelfer und die Lieferer. Absatzmittler/Absatzhelfer sind z.B. der Handelsvertreter, der Kommissionär und der Makler; vgl. hierzu Kapitel 12.3.4.5, S. 176ff.

12.3.3 Marktforschung

Unternehmen, die ohne grundlegende Kenntnisse der Märkte und ohne sinnvolle Abstimmung der Marketinginstrumente Produkte auf den Markt bringen, laufen Gefahr, am Bedarf vorbei zu produzieren, d.h. auf ihren Produkten ganz oder teilweise „sitzen zu bleiben".

Werden hingegen bereits **vor** der Entwicklung eines Produkts bzw. vor dem Kauf von Waren Informationen (z.B. über Kundenwünsche, Kaufkraft der Kunden, Verhalten der Konkurrenten, die Lage auf den Beschaffungsmärkten und allgemeine Marktdaten) beschafft, sind die Aussichten wesentlich besser, die Produktions- und Absatzpläne zu verwirklichen. **Marktuntersuchungen** sind daher eine wesentliche Voraussetzung des Marketings.

Die Marktuntersuchung kann unsystematisch (gelegentlich, von Fall zu Fall) oder systematisch (wissenschaftlich) erfolgen. Im ersten Fall spricht man von **Markterkundung,** im zweiten von **Marktforschung.** Je genauer und umfassender die Informationen sind, desto besser kann geplant werden und desto geringer ist das Marktrisiko.

12.3.3.1 Verfahren der Marktforschung

Nach dem Verfahren, wie die Marktforschung zu den gewünschten Informationen gelangt, untergliedern wir in Sekundärerhebung und Primärerhebung.

(1) Sekundärerhebung

Bei der Sekundärerhebung[1] wird auf bereits vorhandenes Datenmaterial zurückgegriffen. Die Auswertung der ohnedies vorhandenen Daten hilft Kosten sparen. Das Sekundärverfahren ist daher in der Praxis weit verbreitet.

→ Quellen im Betrieb

Wichtige Daten über die Entwicklung auf den Absatzmärkten liefern z.B. die Ausgangsrechnungen, die Abrechnungen der Vertreter und Reisenden sowie deren Reiseberichte, die Kundenkartei und die Kundenkonten (Debitorenkonten).

Aufgrund dieser Unterlagen lassen sich beispielsweise folgende, für die Marktforschung wichtige Daten ermitteln:

- Umsatzentwicklung insgesamt,
- Umsatzentwicklung nach Ländern, Kreisen, Ortsgrößen,

1 Sekundär: in zweiter Linie; an zweiter Stelle.

- Umsatzentwicklung nach Warensorten und nach Artikeln,
- Umsatzentwicklung nach Abnehmergruppen (private Verbraucher, Einzelhändler, Handwerker usw.),
- Umsätze, die auf Mitwirkung von Handelsvertretern oder Handlungsreisenden zurückzuführen sind,
- Kundenstruktur (Umsatzgrößenklassen, Betriebsformen),
- Abhängigkeit zwischen Besuchshäufigkeit durch Vertreter bzw. Reisende und Umsatz.

→ Quellen außerhalb des Betriebs

Noch vielfältiger als die betrieblichen Informationsquellen sind die außerbetrieblichen. Umfangreiches Zahlenmaterial liefern z. B. öffentliche Stellen (z. B. Statistische Ämter, Pressestellen der Ministerien), die Wirtschaftsverbände, die Wirtschaftsinstitute, die wissenschaftlichen Verlage sowie das Internet.

(2) Primärerhebung

Reichen die zur Lösung eines absatzpolitischen Problems vorliegenden Daten nicht aus, so muss das Unternehmen eine Primärerhebung[1] vornehmen bzw. durch ein spezialisiertes Unternehmen (z. B. Marktforschungsinstitut, Marketingunternehmen) vornehmen lassen. Um die erforderlichen Informationen zu gewinnen, können grundsätzlich **drei Methoden** angewandt werden, nämlich die **Beobachtung,** die **Befragung** und/oder das **Experiment.**

→ Beobachtung

Hier werden die Verhaltensweisen der Kunden dadurch ermittelt, dass der Kaufablauf beobachtet wird. Der Vorteil der Beobachtung ist, dass die Informationsgewinnung nicht von der Bereitschaft der zu Beobachtenden abhängt, Auskunft zu erteilen. Die Beobachtung wird vor allem zur Untersuchung von Verkaufstechniken und des Kundenverhaltens (z. B. Kundenreaktionen auf Werbung, Verkaufsgespräche, Schaufenster- und Regalgestaltung usw.) verwendet.

Beispiele:

- Videoaufnahmen in einem Cash-and-carry-Großhandelsbetrieb, um die Wege der Kunden in den Geschäftsräumen aufzuzeichnen (Kundenlaufanalyse). Ziel: Verbesserung der Warenanordnung und die damit verbundene Absatzsteigerung.
- Tonaufzeichnungen, um a) das Verkäuferverhalten und b) das Käuferverhalten zu untersuchen. Ziel: Verbesserung der Fähigkeit der Verkäufer, wirksame Verkaufsgespräche führen zu können.

→ Befragung

- **Vorgang der Befragung**

Durch die Befragung sollen Meinungen, Einstellungen, Kaufmotive und Verhaltensweisen der (möglichen) Kunden ermittelt werden. Die Befragung kann **schriftlich** (z. B. durch einen Fragebogen) oder **mündlich** (z. B. telefonisch oder durch persönliches Interview) erfolgen. Eine wiederholte Befragung eines ausgewählten Personenkreises zum gleichen Erhebungsgegenstand über einen längeren Zeitraum hinweg bezeichnet man als **Panel.**

1 Primär: in erster Linie; an erster Stelle.

Beispiel für einen Fragebogen eines Sportbekleidungsherstellers[1]

EINE MINUTE FÜR 4 FRAGEN: VIELEN DANK FÜR IHRE ANTWORTEN!
THANKS FOR SPARING A MOMENT TO ANSWER OUR FOUR QUESTIONS.

1

Bitte kreuzen Sie Ihre bevorzugten Sportarten an:
Please tick the sports which you enjoy most:

- ○ Wandern / Hiking
- ○ Klettern / Climbing
- ○ Bergtouren / Mountain touring
- ○ Hochtouren / Alpine touring
- ○ Mountain-Biken / Mountain biking
- ○ Skitouren / Ski touring
- ○ Pisten-Skifahren / On-piste skiing
- ○ Skifahren abseits der Piste / Off-piste skiing
- ○ Eisklettern / Ice-climbing
- ○ Snowboarden / Snowboarding
- ○ Telemarken / Telemarking

2

Warum haben Sie sich für ein Schöffel-Produkt entschieden?
Why did you choose a Schöffel product?

- ○ Image von Schöffel / The Schöffel image
- ○ Gutes Preis-Leistungs-Verhältnis / Good value for money
- ○ Qualität/Haltbarkeit / Quality/Durability
- ○ Optik/Design / Style/design
- ○ Optimale Passform / Great fit
- ○ Gute Erfahrungen mit anderen Schöffel-Produkten / Impressed with other Schöffel products you have purchased
- ○ Geschenk / Gift
- ○ Empfehlung Freunde/Bekannte / Recommended by friends
- ○ Empfehlung Verkaufspersonal / Recommended by sales staff

3

Warum haben Sie sich zu diesem Kauf entschlossen?
Why did you purchase the product?

- ○ Gekauft für eigenen Gebrauch / For your own use
- ○ Erhalten als gewünschtes Geschenk / It was a gift which you asked for
- ○ Erhalten als Überraschungsgeschenk / It was a surprise gift
- ○ Erstes Produkt dieser Art / First product of this kind
- ○ Ersatz für ein Schöffel-Produkt / To replace a Schöffel product
- ○ Ersatz für ein Produkt einer anderen Marke / To replace a product from another manufacturer
- ○ Ergänzung zu einem Schöffel-Produkt / To wear with another Schöffel product
- ○ Ergänzung zu einem Produkt einer anderen Marke / To wear with a product from another manufacturer

4

Wie informieren Sie sich über die neueste Outdoor-Bekleidung?
How do you keep up to date with the latest developments in outdoor clothings?

- ○ Über Fachmagazine / Trade journals
- ○ Über Publikumszeitschriften / magazines available to the general public
- ○ Über Schöffel-Prospekte/-Kataloge / Schöffel brochures/catalogues
- ○ Über Fachhandelskataloge / Traders' catalogues
- ○ Über den Sportfachhandel/-abteilungen / Sports shops/departments
- ○ Über Freunde/Bekannte / Friends
- ○ Über Internet / Internet

Formen der Befragung

Befragt werden kann eine Teilmasse **(Teilerhebung, Stichprobe)** oder eine Gesamtmasse **(Vollerhebung).**

Beispiel:

Angenommen, ein Importeur von Skateboards möchte wissen, welche Farbgestaltung die Kunden auf dem deutschen Markt mehr anspricht: Rot, Blau oder Grün, und welche Deckformen und -größen diese bevorzugen. Man sollte nun glauben, dass der Importeur jeden einzelnen Verbraucher darüber befragen müsste, welche Farbe und welche Deckformen und -größen er bevorzugt (Vollerhebung). Praktisch ist diese Methode jedoch deswegen unmöglich, weil sie zu zeitraubend und zu kostspielig ist. Deswegen kann in solchen Fällen immer nur ein Teil der zu untersuchenden Personen bzw. Personengruppen befragt werden (Teilerhebung), also nicht die Gesamtmasse, sondern nur eine Teilmasse. Die Stichprobe steht stellvertretend (repräsentativ) für die Gesamtmasse.

1 Rückseite einer der Ware beigefügten Postkarte der Schöffel Sportbekleidung GmbH, Schwabmünchen (modifiziert).

Mit der **Befragung einer Teilmasse** können sehr genaue Informationen über das Verhalten der Gesamtmasse gewonnen werden, denn die Befragung einiger 1000 – manchmal sogar erheblich weniger – Personen reicht aus, um zu einigermaßen zuverlässigen Ergebnissen zu kommen. Bedingung ist, dass die Teilmasse die gleichen Wesensmerkmale wie die Gesamtmasse in Bezug auf ihre Zusammensetzung (Struktur) aufweist (z.B. Alter, Geschlecht, Religionszugehörigkeit, Beruf, Schulbildung, Einkommen usw.). Je exakter die Teilmasse die Gesamtmasse repräsentiert, desto genauer ist auch das Befragungsergebnis.[1]

→ Experiment

Das Experiment hat die Aufgabe, die Wirkungen geplanter Marketingmaßnahmen versuchsweise auf einem eng begrenzten Teilmarkt zu erforschen.

Beispiel:

Es soll untersucht werden, wie sich eine geplante Preiserhöhung auf den Absatz und/oder den Umsatz auswirken wird. Zu diesem Zweck wird auf einem Teilmarkt der Absatzpreis (versuchsweise) erhöht.

12.3.3.2 Informationsgewinnung durch Marktanalyse und Marktbeobachtung

Die Gewinnung von Marktinformationen kann *einmalig* oder *laufend* erfolgen. Im ersten Fall sprechen wir von **Marktanalyse,** im zweiten Fall von **Marktbeobachtung.**

(1) Marktanalyse

Merke:

Die **Marktanalyse** untersucht die Marktgegebenheiten zu einem **bestimmten Zeitpunkt.** Sie wird z.B. vorgenommen, wenn eine Unternehmensgründung ansteht oder neue bzw. veränderte Produkte auf den Markt gebracht werden sollen.

Untersuchungsgegenstände sind z.B.:

- Anzahl der Personen, Unternehmen sowie Verwaltungen, die als Käufer in Frage kommen,
- Einkommens- und Vermögensverhältnisse der mutmaßlichen Käufer,
- persönliche Meinung der (möglichen) Käufer zum angebotenen Produkt,
- Beschaffung von Daten über die Konkurrenzunternehmen, die den zu untersuchenden Markt bereits beliefern (z.B. deren Preise, Lieferungs- und Zahlungsbedingungen, Qualitäten der angebotenen Erzeugnisse, Werbung),
- Stellenwert der Markenartikel bei den (möglichen) Kunden.

1 Diese Tatsache kennt übrigens jeder. So können bei Landtags- und Bundestagswahlen die Endergebnisse mit rund 99%iger Genauigkeit vorausgesagt werden, wenn ein repräsentativer Wählerkreis von etwa 2000 Personen befragt wird.

Ziel der Marktanalyse ist die Ermittlung von Strukturen, Beziehungen sowie Mengen zu einem bestimmten Zeitpunkt.

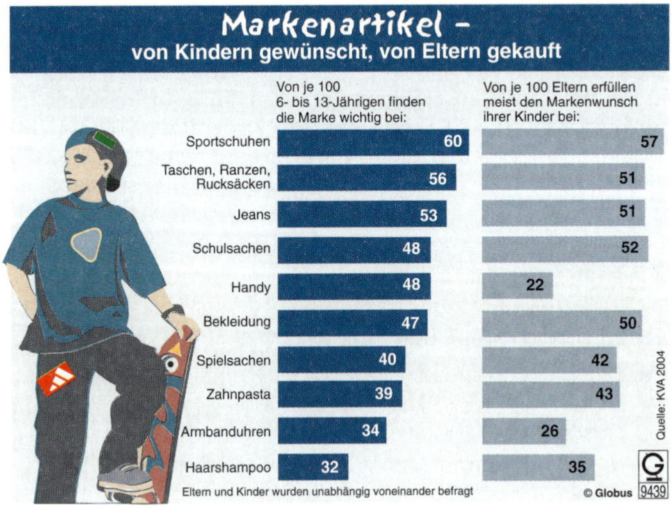

(2) Marktbeobachtung

Merke:

Die **Marktbeobachtung** hat die Aufgabe, **laufend** Veränderungen auf den Märkten zu erfassen und auszuwerten. Die Marktbeobachtung befasst sich daher zum einen mit den vorhandenen bzw. neu zu gewinnenden Kunden, zum anderen aber vor allem mit dem Verhalten der **Konkurrenz.**

Die Fragestellungen lauten z. B.:

- Wie entwickelt sich die Zahl der Nachfrager bzw. die mengen- und wertmäßige Nachfrage nach einem Produkt bzw. nach einer Ware?
- Wie entwickeln sich die Einkommen, wie die Vermögensverhältnisse der Abnehmer?
- Wie verändert sich die Einstellung der Käufer zum angebotenen Produkt?
- Wie reagieren die Konkurrenzunternehmen auf eigene absatzpolitische Maßnahmen (z. B. Preisänderungen, Werbemaßnahmen)?

Ziel ist die Ermittlung von Tendenzen, Veränderungen sowie Trends innerhalb eines bestimmten Zeitraums.

(3) Marktprognose

Marktanalyse und Marktbeobachtung haben letztlich den Zweck, das Marktrisiko zu vermindern. Dies ist nur möglich, wenn die Entscheidungen der Geschäftsleitung auf Daten beruhen, die die zukünftige Entwicklung auf den Märkten mit einiger Sicherheit aufzeigen können. Ein wichtiges Ziel der Marktanalyse und der Marktbeobachtung ist es somit, gesicherte **Marktprognosen** (Marktvoraussagen) zu erstellen.

(4) Träger der Marktforschung

Die Träger der Marktforschung sind die Großbetriebe mit ihren wissenschaftlichen Stäben, wissenschaftliche Institute und vor allem Marktforschungsinstitute.

Marktforschungsinstitute sind gewerbliche Einrichtungen und Unternehmen, die sich im Auftrag von Industrie und Handel der Meinungsforschung und der Marktforschung widmen.

Zusammenfassung

- Das **Marketing** hat zum Ziel, Märkte aufzufinden, zu pflegen, zu entwickeln und auszubauen.
- Die Grundlage des Marketings ist die **Marktuntersuchung.**
  - Erfolgen die Marktuntersuchungen nur gelegentlich (unsystematisch), spricht man von **Markterkundung.**
  - Werden Marktuntersuchungen systematisch und nach wissenschaftlichen Grundsätzen vorgenommen, liegt **Marktforschung** vor.
- Nach Art und Zielsetzung der Datenerhebung unterscheidet man zwischen **Primär-** und **Sekundärerhebung.**
  - Eine **Sekundärerhebung** liegt vor, wenn aus bereits vorhandenem Zahlenmaterial Erkenntnisse über Marktanalyse und Marktbeobachtung gewonnen werden.
  - Von **Primärerhebung** spricht man, wenn unmittelbar am Markt Informationen für die Zwecke der Marktforschung gewonnen und anschließend ausgewertet werden. Wichtige Methoden der Primärerhebung sind: die Beobachtung, die Befragung und das Experiment.
- Je nachdem, ob die Datenerhebung einmalig oder fortlaufend erfolgt, untergliedern wir in **Marktanalyse** und in **Marktbeobachtung.**
  - Die **Marktanalyse** untersucht den **Zustand des Markts** zu einem bestimmten Zeitpunkt.
  - Die **Marktbeobachtung** erfasst die **Veränderungen des Markts** im Zeitablauf.
- Marktanalyse und Marktbeobachtung gibt es sowohl im Bereich der **Primär-** als auch im Bereich der **Sekundärerhebung.**

Aufgaben zur Sicherung und Vertiefung des Lernerfolgs

69

1. Erklären Sie folgende Behauptung:

   „Ist beim herrschenden Preisniveau das Angebot (z.B. an Benzin oder Heizöl) geringer als die Nachfrage, ist Absatzmarketing überflüssig (Verkäufermarkt). Ist hingegen bei gegebenem Preisniveau die Nachfrage längerfristig niedriger als das Angebot (Käufermarkt), ist Marketing erforderlich, um den Absatz zu sichern und/oder auszuweiten."

2. Der französische Käsehersteller Dubois S.A. möchte die neue Käsesorte „Tête de Chèvre" auf den deutschen Markt bringen. Um die Absatzchancen zu untersuchen, wird intensive Marktforschung betrieben.

   Aufgaben:

   2.1 Nennen und erläutern Sie kurz zwei Methoden der Marktforschung!

   2.2 Nennen Sie vier Merkmale der neuen Käsesorte, die den Verkaufserfolg fördern könnten!

2.3 Warum muss der Käsehersteller vor allem Primärforschung betreiben?

2.4 Begründen Sie, warum die Dubois S.A. zunächst vor allem Marktanalyse (und nicht Marktbeobachtung) betreiben muss!

3.

Neue **Studie** der Zeppelin-University über Kundenwünsche

Outdoor-Kleidung im Trend

Zum Start der Fachmesse Outdoor liegen die Ergebnisse einer bislang einzigartigen Studie zur Outdoor-Branche vor. Für die international repräsentative Untersuchung wurden weltweit rund 4000 Unternehmen von Wissenschaftlern der Friedrichshafener Zeppelin-University befragt. „Nie zuvor wurde ein so groß angelegter Versuch unternommen, den Outdoor-Bereich zu definieren", sagt Professor Dr. Jansen, Präsident der Zeppelin-University.

Die Outdoor-Branche, die sich noch bis Sonntag in Friedrichshafen trifft, kann sich jetzt ein fundiertes Bild vom typischen Outdoorer und ihrem Kunden machen. Der typische Outdoorer ist laut dieser Studie ein so genannter Best-Ager und zwischen 30 und 50 Jahre alt. Dabei stellen die 30- bis 40-Jährigen mit 46 Prozent den größten Anteil. 26 Prozent der befragten Unternehmen gaben an, dass der Großteil ihrer Outdoor-Kunden zwischen 40 und 50 Jahre alt ist. Für die meisten steht die Erholung vom Alltag im Vordergrund (75 Prozent), gefolgt vom Bewegungsausgleich (37 Prozent). Das Erlebnis in der Gruppe und das Körperbewusstsein gaben jeweils 29 Prozent der befragten Unternehmen als Grund für die sportliche Freizeitbetätigung ihrer Kunden an. Stephan Jansen: „Das Gruppenerlebnis ist ein wichtiges Element der Freizeitaktivität und wirkt sich auf den Stellenwert von Bekleidung und Ausrüstung aus. Das könnte für künftige Werbekampagnen eine wichtige Information sein."

Die Studie wirft ein neues Licht auf die Segmente innerhalb des Outdoor-Marktes. Die Mehrheit der befragten Unternehmen gab an, dass Kleidung den wichtigsten Platz im Sortiment einnimmt. Auf den weiteren Rängen finden sich Schuhe, Bergsport- und Campingausrüstungen, Rucksäcke, Schlafsäcke, Boote und Zubehör. Dabei wird die Mode nicht nur von ausgemachten Outdoor-Fans getragen. Immer mehr Nicht-Sportler tragen sie als trendige Alltagskluft.

FRIEDRICHSHAFEN

Die große Bedeutung des Bekleidungssektors schlägt sich auch in den Umsätzen nieder. 55 Prozent der befragten Unternehmen gaben an, dass die Einnahmen im Bekleidungsbereich in den vergangenen Jahren gestiegen sind. Für den Schuhsektor gilt ähnliches. 80 Prozent sind der Meinung, dass die Schuhbranche gewachsen oder zumindest konstant geblieben ist.

Anders als der klassische Einzelhandel, dessen Umsätze laut Hauptverband des deutschen Einzelhandels 2005 um ein halbes bis dreiviertel Prozent sinken werden, wird die Outdoor-Branche weiter wachsen. 61 Prozent aller Studienteilnehmer sind der Meinung, dass sich der Markt in den nächsten Jahren positiv entwickeln wird.

Quelle: Südkurier, 22. Juli 2005, S. 32.

Aufgaben:

3.1 Welche Informationen enthält der Artikel über den typischen Outdoor-Kunden?

3.2 Wie werden die Zukunftsaussichten der Outdoor-Branche eingeschätzt?

12.3.4 Marketinginstrumente

12.3.4.1 Überblick

Das Marketing verfolgt folgende grundsätzliche Absichten:

- Das anbietende Unternehmen soll betriebswirtschaftlich richtig auf Änderungen der Marktgegebenheiten (Marktdaten) reagieren und
- den Absatz aktiv gestalten.

Diesem Zweck dienen die so genannten Marketinginstrumente (absatzpolitische Instrumente).

Merke:

Alle betrieblichen Mittel, die der Vorbereitung, Anbahnung, Durchführung und Abwicklung der Vertriebsgeschäfte dienen, sind **absatzpolitische Instrumente (Marketinginstrumente).** Ihr Einsatz dient der Sicherung und der Ausweitung des Absatzes.

Beispiel:

Die Geschäftsleitung der BW-Sport-Technik-AG steht vor der Entscheidung, in welchen Größen die neu entwickelten Kite Boards hergestellt werden sollen, welche Preise angesichts der derzeitigen Konkurrenzsituation festzulegen sind und auf welche Weise geworben werden soll. Die zu fällenden Entscheidungen betreffen drei von vielen Marketinginstrumenten, nämlich a) die Produktgestaltung, b) die Preisgestaltung und c) die Werbung.

Der Einsatz der Marketinginstrumente erfolgt in vielfältigen Kombinationen, die als **„Marketing-Mix"** bezeichnet werden (vgl. Kapitel 12.3.5).

Beispiel:

Betrieb A spezialisiert sich auf wenige Typen von Boards, passt seine Preise an die des Marktführers[1] an und wirbt lediglich in Fachzeitschriften. Ein ganz anderer Marketing-Mix kennzeichnet die Absatzpolitik des Betriebs B: Er differenziert seine Erzeugnisse, um mehrere Käuferschichten anzusprechen, treibt eigene Preispolitik und wirbt gezielt, indem mögliche (potenzielle) Kunden unmittelbar angeschrieben werden.

1 Ein **Marktführer** ist ein Unternehmen, das seinen Konkurrenten (Mitbewerbern) kapazitätsmäßig überlegen ist und den größten Marktanteil hat. Wenn der Marktführer die Verkaufs- und/oder Einkaufspreise bestimmt, ist er ein so genannter **Preisführer.** Der Preisführer wie z. B. ein Oligopolist (Oligopole sind Marktformen, bei denen sich auf der Angebots- und/oder Nachfrageseite nur relativ wenige Anbieter und/oder Nachfrager gegenüberstehen) setzt den Preis fest, an dem sich die Preispolitik der übrigen Marktteilnehmer ausrichtet.

2 Distribution (lat.): Verteilung.

12.3.4.2 Kommunikationspolitik

(1) Begriff Kommunikationspolitik

Die Erkenntnis ist eine einfache: Man kann alles Mögliche herstellen und/oder verkaufen wollen – wenn kein Verbraucher davon weiß, geschieht überhaupt nichts. Um ihre Sachgüter und Dienstleistungen verkaufen zu können, müssen die Hersteller/Händler die möglichen Käufer (Kunden) ansprechen. Es muss den möglichen (potenziellen) Kunden (der Zielgruppe) mitgeteilt werden, was sie wo in welchen Qualitäten und zu welchen Preisen kaufen können. Die Art und Weise, in der die potenziellen Kunden über das anbietende Unternehmen und seine Produkte informiert werden sollen, ist Aufgabe der **Kommunikationspolitik.**[1]

Merke:

Bei der **Kommunikationspolitik** geht es darum, das Unternehmen und sein Angebot an Waren und Dienstleistungen in der Öffentlichkeit umfassend darzustellen.

Die Kommunikationspolitik setzt sich aus der **Absatzwerbung,** der Öffentlichkeitsarbeit **(Public Relations)** und der Verkaufsförderung **(Salespromotion)** zusammen, wobei die Grenzen mitunter fließend sind.

(2) Begriff und Grundsätze der Absatzwerbung

Merke:

Unter **Absatzwerbung** versteht man alle **Maßnahmen** mit dem Ziel, bestimmte Botschaften für Auge, Ohr, Geschmacks- und/oder Tastsinn an Personen heranzutragen, um auf ein Sachgut und/oder eine Dienstleistung aufmerksam zu machen und **Kaufwünsche** zu erzeugen.

Wichtige **Grundsätze der Absatzwerbung** sind:

Wirksamkeit

Die Werbung muss die Motive[2] der Umworbenen ansprechen, Kaufwünsche verstärken und letztlich **zu Kaufhandlungen führen.** Eine wichtige Voraussetzung für eine wirksame Werbung ist eine **genaue Zielgruppenbestimmung.** (Beispiel: Beachtung der unterschiedlichen Verbrauchergewohnheiten in den einzelnen Ländern der EU.)

Wahrheit und Klarheit

Die Werbung sollte **sachlich unterrichten,** also nicht irreführen und nicht täuschen. Falsche Informationen (Versprechungen) führen zu Enttäuschungen und längerfristig zu Absatzverlusten.

Wirtschaftlichkeit

Die Aufwendungen für die Werbung finden ihre Grenzen in ihrer Wirtschaftlichkeit. Die Werbung ist dann **unwirtschaftlich,** wenn der auf die Werbung zurückzuführende **zusätzliche Ertrag niedriger als der Werbeaufwand** ist.

---

1 Kommunikation (lat): Mitteilung. Mit Hilfe der Kommunikationspolitik teilt sich ein Unternehmen seiner Umwelt (z.B. Lieferern, den Behörden und vor allem seinen Kunden) mit.

2 Motiv (lat.): Beweggrund, Triebfeder.

Der **Zweck der Absatzwerbung** entspricht dem anderer absatzpolitischer Maßnahmen: Die Absatzwerbung soll der Absatzsicherung und -steigerung dienen, um damit die Marktstellung des eigenen Unternehmens, die Auslastung der Kapazitäten und die Liquidität (Zahlungsfähigkeit) zu sichern und zu verbessern.

(3) Werbeplanung

→ Überblick

Sollen die einzelnen Werbemaßnahmen wirkungsvoll sein, müssen sie aufeinander abgestimmt sein und zu einer Einheit verschmelzen. Die Werbeplanung umfasst z.B. folgende Fragen:

1. Welche **Art der Absatzwerbung** soll durchgeführt werden?
2. Welche **Werbemittel** und **Werbeträger** sind einzusetzen?
3. Welche Beträge können für die Werbung eingesetzt werden **(Werbeetat)?**
4. Welche **Streuzeit** wird festgesetzt?
5. Welche **Streugebiete** und **Streukreise** sind auszuwählen?

→ Arten der Absatzwerbung

● Überblick

Die Absatzwerbung kann in vielfältiger Weise eingesetzt werden. Aus der Vielzahl der möglichen Werbearten sollen einige herausgegriffen werden:

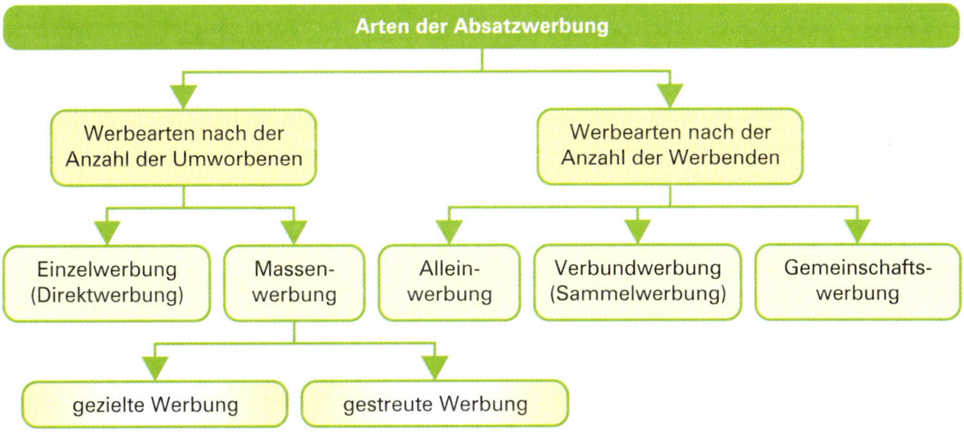

● Arten der Absatzwerbung nach der Anzahl der Werbenden

Alleinwerbung: Sie geht von **einem** Unternehmen aus, und zwar entweder von der betriebseigenen Werbeabteilung oder von einem mit der Werbung beauftragten Werbeunternehmen bzw. Marketingberater.

Verbundwerbung: Mehrere Unternehmen führen eine Werbeaktion gemeinsam durch (gemeinsame Plakate, Prospekte, Ausstellungen), um den Absatz aller Betriebe zu fördern.

10 Speth u.a. – ISBN 3-8120-0529-8

Gemeinschaftswerbung: Hier tritt eine ganze Branche als Werber auf. Der Gesamtabsatz einer Branche soll gesteigert werden. Der Gemeinschaftswerbung muss sich die Alleinwerbung anschließen. Die Alleinwerbung hat das Ziel, einen möglichst großen Teil des Gesamtabsatzes auf den eigenen Betrieb zu konzentrieren.

Beispiele:

- „Fleisch – ein Stück Lebenskraft"
- „Ravensburg – die Einkaufsstadt"
- „Besucht das Feriengebiet Bodensee"

Arten der Absatzwerbung nach der Anzahl der Umworbenen

Direktwerbung: Über die verschiedenen Medien[1] werden einzelne Personen, Unternehmen, Behörden usw. unmittelbar (direkt) angesprochen. Statt des Begriffs Direktwerbung wird heute meistens der Begriff **Direktmarketing** verwendet. Man unterscheidet zwischen personalem Direktmarketing (z.B. Werbung durch Vertreter und Reisende, Telefonwerbung) und medialem Direktmarketing (z.B. Werbebriefe). Zunehmende Bedeutung erlangt das Direktmarketing über das Internet.

Massenwerbung: Es soll ein mehr oder weniger großer Kreis von Umworbenen erreicht werden. **Gezielt** ist die Massenwerbung dann, wenn eine bestimmte Gruppe durch die Werbung erreicht werden soll (z.B. Berufs- oder Altersgruppen). Die **gestreute** Massenwerbung wird mit Hilfe von Massenmedien (Rundfunk, Fernsehen, Zeitungen) betrieben.

Eine weitere Art der Massenwerbung ist das **Productplacement.**[2] Hierunter versteht man die gezielte Platzierung von Markenartikeln, Dienstleistungen oder Gebäuden als Requisiten eines Kino- oder Fernsehfilms, z.B. „James Bond" mit einer Brille eines bekannten Herstellers oder „Prof. Brinkmann" aus der Serie „Schwarzwaldklinik" mit einem teuren deutschen Auto.

Die Massenwerbung kann durch das **Sponsoring** ergänzt werden. Hierunter versteht man die Förderung von Personen oder Organisationen im sportlichen, kulturellen und sozialen Bereich nach dem Prinzip von Leistung und Gegenleistung. Der Sponsor[3] stellt Geld oder Sachmittel zur Verfügung und erwartet vom Gesponserten „Reklame" für sein Unternehmen.

→ Mittel der Absatzwerbung (Werbemittel)

Bei Werbeaktionen werden die verschiedenartigsten Werbemittel eingesetzt.

Merke:

Unter **Werbemittel** sind jene Hilfsmittel der Werbung zu verstehen, die auf die Sinneseindrücke der Umworbenen wirken.

---

1 Medium (lat.): Mittler, Vermittler. Medial: durch einen Vermittler (z.B. durch einen Vertreter, durch den Rundfunk, über das Internet).

2 Product (engl.): Erzeugnis, Ware; Placement (engl.): Unterbringung, Anbringung an einem bestimmten Ort.

3 Sponsor (lat., engl.): Gönner, Förderer, Geldgeber; Sponsoring: Geldhergabe (für einen bestimmten Werbezweck).

Werbemittel nach den angesprochenen Sinnesorganen sind z.B.:

- **Visuelle Werbemittel**: Sie wirken auf das Auge des Käufers. Es kann sich hierbei um schriftliche (z.B. Werbebrief, Inserat, Prospekt) oder bildliche Werbemittel (z.B. Film, Bildplakat, Diapositive) handeln.
- **Akustische Werbemittel**: Sie sollen den Umworbenen über den Gehörsinn beeinflussen (Rundfunkwerbung, Verkaufsgespräch, Erkennungsmelodie)
- **Geschmacksbezogene und geruchsbezogene Werbemittel**: Hier soll der Umworbene durch eine Kostprobe von der Güte der Ware überzeugt werden (Ausschank von Kaffeeproben, Ausgabe von Käseecken, Parfümproben).
- **Gemischte Werbemittel**: Sie sind eine Kombination verschiedener Werbemittel. Weil sie verschiedene Sinne des Menschen ansprechen, sind sie besonders werbewirksam. Stoffproben z.B. kann man sehen und fühlen. Lebensmittelproben können gesehen und gekostet werden. Einen Werbefilm sieht und hört man.

→ Träger der Absatzwerbung (Werbeträger)

Merke:

Werbeträger sind die Medien, die die Werbebotschaft (das Werbemittel) verbreiten (streuen). Werbeträger bezeichnet man auch als Streumedien.

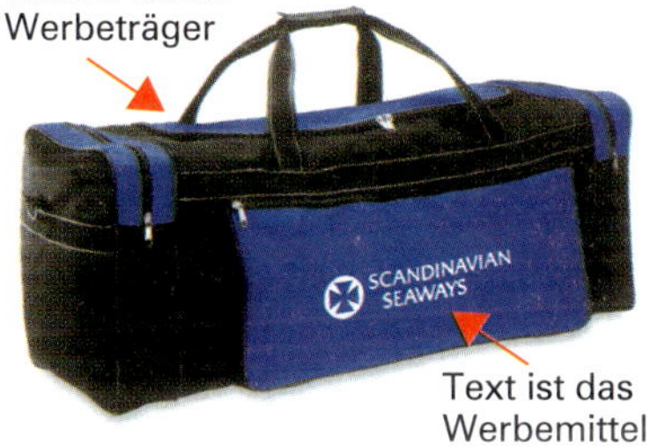

Dadurch, dass die Werbemittel über die Werbeträger verbreitet werden, besteht zwischen Werbemittel und Werbeträger ein enger Zusammenhang. Häufig ist mit der Entscheidung für ein bestimmtes Werbemittel auch die Art des Werbeträgers bereits festgelegt (z.B. Werbemittel „Anzeige" und Werbeträger „Zeitung" oder Werbemittel „bedruckte Folie" und Werbeträger „Verkehrsmittel").

→ Werbeetat

Da die Werbung in manchen Wirtschaftszweigen erhebliche Mittel verschlingt – der Prozentsatz der Werbekosten am Umsatz liegt in der deutschen Wirtschaft zwischen 1 % und 20 % –, ist ein genauer Haushaltsplan (Etat, Budget) für die Werbung aufzustellen.

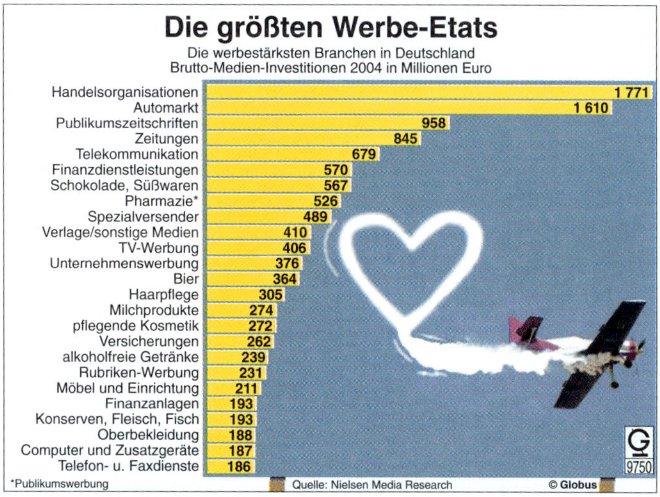

Die Höhe des Werbeetats kann sich nach der jeweiligen Finanzlage des Unternehmens, nach dem Werbeaufwand der Konkurrenz oder aber nach dem erwarteten Werbeerfolg richten.

➜ Streuzeit

Richtet sich der Werbeetat nach der jeweiligen Finanzlage des Unternehmens, die wiederum eng mit dem Umsatz zusammenhängt, spricht man von **zyklischer**[1] **Werbung.** Das bedeutet, dass bei **steigenden Umsätzen mehr,** bei **fallenden Umsätzen weniger** geworben wird. Statistische Untersuchungen haben gezeigt, dass sich die Mehrzahl der werbenden Unternehmen so verhält. Diese zyklische Werbung ist jedoch im Allgemeinen wenig sinnvoll, weil gerade dann geworben wird, wenn der Umsatz ohnedies steigt, die Werbung jedoch unterlassen wird, wenn der Umsatz fällt.

Aus diesem Grund wird heute die **antizyklische**[2] **Werbung** empfohlen. **Sinkt der Umsatz,** werden die Werbeanstrengungen **verstärkt, steigt der Umsatz,** werden sie **verringert.** Die antizyklische Werbung erfüllt den Zweck, einen gleich bleibenden Absatz und Gewinn zu sichern.

➜ Streukreis und Streugebiet

Unter **Streukreis** wird die Personen- oder Unternehmensgruppe verstanden, die von der Werbung erfasst werden soll.

Streugebiete sind im Werbeplan deswegen festzulegen, weil Art und Umfang des Bedarfs in den einzelnen Gebieten unterschiedlich sein können (beispielsweise sei auf die andersartigen Bedürfnisse von Stadt- und Landgemeinden hingewiesen).

(4) Werbeerfolgskontrolle

Merke:

Die **Werbeerfolgskontrolle** ist ein Teil des betrieblichen Controllings. Unter **Controlling** ist mehr zu verstehen als eine reine Kontrolle im Sinne von Überprüfung. Controlling ist vielmehr ein laufender, informationsverarbeitender Prozess mit der Aufgabe, die Verwirklichung betrieblicher Pläne zu überwachen.

Controlling vollzieht sich häufig mittels Kennzahlen. Weichen die Kennzahlen von den Planzahlen ab, sind die Ursachen zu analysieren und eventuelle Maßnahmen zur Gegensteuerung zu entwickeln.

Gegenstand der Werbeerfolgskontrolle kann der nicht wirtschaftliche Werbeerfolg oder der wirtschaftliche Werbeerfolg sein. Die **nicht wirtschaftliche Werbeerfolgskontrolle** fragt danach, wie die Werbung bei den Umworbenen „angekommen" ist.

Beispiel:

Ein Großhandelsunternehmen möchte seinen Kunden (Einzelhändlern) ein neues Produkt vorführen. Dabei soll ein Werbefilm gezeigt werden. Darüber hinaus werden Prospekte ausgelegt. Die Einladung ergeht an 80 Einzelhändler.

---

1 Ein Zyklus ist eine immer wiederkehrende Erscheinung. In diesem Zusammenhang ist der Konjunkturzyklus gemeint, also das immer wiederkehrende „Auf und Ab" der wirtschaftlichen Aktivitäten.

2 „Antizyklisch" bedeutet hier so viel wie „entgegen dem Konjunkturverlauf".

Von den eingeladenen Einzelhändlern erscheinen 60 Personen. Daraus lässt sich eine Kennzahl ermitteln, nämlich der Berührungserfolg.

Er errechnet sich wie folgt:

$$\text{Berührungserfolg} = \frac{\text{Zahl der erschienenen Einzelhändler}}{\text{Zahl der eingeladenen Einzelhändler}}$$

In unserem Beispiel ergibt sich:

$$\text{Berührungserfolg} = \frac{60}{80} = \underline{\underline{0{,}75}}$$

Das bedeutet, dass 75 % der eingeladenen Einzelhändler von der Werbung berührt worden sind.

Die **wirtschaftliche Werbeerfolgskontrolle** möchte den mit Hilfe der Werbung erzielten Gewinn feststellen. Die Feststellung des Werbegewinns ist in der Praxis sehr schwierig. Die Gründe liegen darin, dass es einerseits nicht immer möglich ist, die Werbeaufwendungen für eine Periode genau abzugrenzen, und dass andererseits Umsatzsteigerungen nicht unbedingt nur auf die Werbung zurückzuführen sind.

Neuerdings zeigt allerdings die moderne **Marktforschung** Mittel und Wege auf, mit deren Hilfe eine brauchbare Werbeerfolgskontrolle durchgeführt werden kann. Dazu muss man wissen, dass die Befragung einiger 1 000, manchmal sogar weniger Personen ausreicht, um zu zuverlässigen Ergebnissen zu kommen.

Beispiel:

Mit Hilfe der Marktforschung soll die Wirkung einer Plakataktion („Trinkt mehr Milch") festgestellt werden. Es werden eine Versuchsgruppe und eine Kontrollgruppe gebildet. Die Versuchsgruppe wird von der Werbung berührt, die Kontrollgruppe erhält von der Werbung keine Kenntnis.

Nach Abschluss der Werbekampagne ergeben sich folgende Zahlen:

Zeitpunkt	Milchverbrauch pro Kopf	
	Versuchsgruppe	Kontrollgruppe
Vor Beginn der Werbekampagne Nach Beendigung der Werbekampagne	0,32 Liter 0,40 Liter	0,32 Liter 0,35 Liter
Verbrauchsänderung	0,08 Liter	0,03 Liter

Die Versuchsgruppe hat ihren Verbrauch um 0,08 Liter je Person erhöht. Daraus kann nicht der Schluss gezogen werden, dass die gesamte Veränderung auf die Werbung zurückzuführen ist. Das Ergebnis der Kontrollgruppe zeigt, dass der Kopfverbrauch auch ohne Werbung um 0,03 Liter gestiegen wäre. Die durch die Werbung hervorgerufene Verbrauchsänderung beträgt also lediglich 0,05 Liter.

Betrug nun bei dem werbenden Unternehmen der zusätzliche Milchabsatz im untersuchten Zeitraum 160 000 Liter, so sind davon nur 100 000 Liter auf die Absatzwerbung zurückzuführen. Wenn die Kosten der Werbeaktion 1 900,00 EUR und der Reingewinn je Liter 0,05 EUR betragen, lässt sich der wirtschaftliche Werbeerfolg, also der Werbegewinn, folgendermaßen errechnen:

Auf die Werbekampagne zurückzuführender Ertrag (100 000 · 0,05 EUR)	5 000,00 EUR
Werbeaufwand	1 900,00 EUR
Werbegewinn	3 100,00 EUR

Der Werbegewinn erhöht sich, wenn der Milchverbrauch in Zukunft auf dem einmal erreichten Niveau bleibt.

(5) Bedeutung der Werbung

Die wichtigsten Argumente für und gegen die Werbung werden im Folgenden einander gegenübergestellt.

Argumente für die Werbung	Argumente gegen die Werbung
Die Werbung hilft, den Absatz zu sichern und zu steigern. Sie trägt damit zur Erhaltung bzw. Wiedergewinnung der Vollbeschäftigung bei.	Die Werbung verbraucht Milliardenbeträge, die für dringendere volkswirtschaftliche Aufgaben ausgegeben werden könnten.
Die Werbung informiert den Kunden über neue Entwicklungen.	Die Werbung suggeriert[1] und manipuliert[2] den Verbraucher. Sie verführt ihn zu Kaufentschlüssen.
Die Werbung kann ihren Zweck, nämlich den Kunden zum Kaufentschluss zu bringen, nur durch verstärkten mengenmäßigen Einsatz der Werbemittel erreichen.	Die Werbung ist selten kreativ (schöpferisch), häufig einfallslos und primitiv.
Die Werbung trägt dazu bei, den Absatz zu steigern. Aufgrund des Gesetzes der Massenproduktion sinken die Stückkosten und damit die Preise.	Die Überfülle an Werbebotschaften führt dazu, dass sie bei den Umworbenen überhaupt nicht mehr ankommen. Die Wirkung der Werbung ist gering. Es ist daher besser, die Preise zu senken und auf die Werbung zu verzichten.
Die Werbung fördert die Konkurrenz, weil sie die Markttransparenz erhöht.	Die Werbung gefährdet den Wettbewerb, weil es sich nur finanzstarke Unternehmen leisten können, ständig riesige Summen für die Werbung auszugeben.

(6) Public Relations (Öffentlichkeitsarbeit)

Merke:

Während die Absatzwerbung eine Werbung für die Ware darstellt, werben die **Public Relations** für den guten Ruf, das Ansehen eines Unternehmens oder einer Unternehmensgruppe in der Öffentlichkeit (Verbraucher, Lieferer, Kunden, Gläubiger, Massenmedien, Behörden usw.).

Beispiele:

- Das Immobilienbüro Erich Schneider stiftet der Jugendmannschaft des örtlichen Handballclubs Trikots mit der Aufschrift: *„Erich Schneider – der Immobilienprofi ..."* **(Sponsoring).**
- Ein Autohaus veranstaltet an einem Sonntag einen Tag der offenen Tür mit Kinderprogramm, Verköstigung, Oldtimerfahrten usw. Ein Verkauf findet an diesem Tag nicht statt **(Event).**
- Ein Einkaufszentrum spendet einer Hauptschule einen EDV-Raum mit 15 PCs und gibt anlässlich der Übergabe eine Pressekonferenz **(Spende).**
- Eine Apotheke gibt kostenlos eine Kundenzeitschrift heraus mit Tipps für die Gesundheit, Kreuzworträtseln, Kochrezepten u.Ä. **(Kundenbetreuung).**

Eine gute Öffentlichkeitsarbeit bereitet den Boden für andere absatzpolitische Maßnahmen vor. So „kommt" z.B. die Werbung besser „an", weil das werbende Unternehmen bereits bekannt ist. Notwendige Preiserhöhungen werden möglicherweise besser akzeptiert, wenn die Gründe hierfür durch die Öffentlichkeitsarbeit bereits bekannt sind.

1 Suggerieren (lat.): seelisch beeinflussen, etwas einreden.
2 Manipulieren (franz.): lenken.

(7) Salespromotion (Verkaufsförderung)

Merke:

Wendet sich der Hersteller unmittelbar mit Maßnahmen an den Verwender, die über die eigentliche Werbung hinausgehen und diese unterstützen, spricht man von **Salespromotion.** Im Prinzip handelt es sich dabei um eine erweiterte Werbepolitik.

Unter Verwender sind in diesem Zusammenhang vor allem die privaten Haushalte, aber auch alle wirtschaftlichen Betriebe und öffentlichen Haushalte zu verstehen, die ein Produkt für eigene Zwecke ge- oder verbrauchen.

Maßnahmen der Salespromotion sind z.B. die Zusendung von Produktmustern und -proben (z.B. Geschmacks-, Geruchs- und Farbproben) an den Verwender, Gutscheinaktionen, Preisausschreiben sowie Sonderangebote. Das Ziel ist entweder ein neues Produkt einzuführen oder die Lagerbestände bei bereits eingeführten Produkten abzubauen („Self-Liquiding-Offer").

Beispiele dafür, wie Kunden von Salespromotion profitieren können:

Private Haushalte	Wirtschaftliche Betriebe	Öffentliche Betriebe
■ Ein-Personen-Haushalt der Studentin Ellen Weiß: Studenten erhalten beim „Cinema" nach jedem 10. Kinobesuch einen Döner-Gutschein.	■ Lebensmittelgeschäft Walter Krause e.K.: Ein Lebensmittelhersteller stellt kostenlos Produktmuster und -proben zur Verfügung.	■ Gemeindeverwaltung: Bei Auftragserteilung für den Schulneubau erhält das örtliche Altenheim vom Baugeschäft eine Spende.
■ Vier-Personen-Haushalt der Familie Moor: Kinder dürfen bei einer Urlaubsreise kostenlos mitfahren.	■ Schuhgroßhandlung Schmidt OHG: Dem Großhändler Schmidt wird eine Sonderführung in der Schuhfabrik angeboten.	■ Kaufmännische Schulen: Sie erhalten kommerzielle Software (z.B. Office-Pakete) zu einem besonders günstigen Preis.

Zusammenfassung

- Bei der **Kommunikationspolitik** geht es darum, das Unternehmen und sein Angebot an Waren und Dienstleistungen in der Öffentlichkeit umfassend darzustellen.
- Die **Kommunikationspolitik** setzt sich aus der **Absatzwerbung,** den **Public Relations** und der **Salespromotion** zusammen.
- Die **Absatzwerbung** hat zum Ziel, bisherige und mögliche (potenzielle) Abnehmer auf die eigene Betriebsleistung (Waren, Erzeugnisse, Dienstleistungen) aufmerksam zu machen und Kaufwünsche zu erhalten bzw. zu erzeugen.
- Die **Werbeplanung** enthält Aussagen über die Art der Werbung, die Auswahl der Werbemittel und Werbeträger, Angaben über die Höhe des Werbebudgets sowie die Festsetzung der Streuzeit, der Streugebiete und des Streukreises. Sie sollte die **Grundsätze** der Wirtschaftlichkeit, der Wahrheit und der Klarheit sowie der Wirksamkeit beachten.
- Die **Public Relations** werben für den guten Ruf (das „Image") eines Unternehmens.
- Unter **Salespromotion** sind alle Maßnahmen der Verkaufsförderung zu verstehen, die sich zusätzlich zur Werbung an die Verwender richten (z.B. Warenproben).

Aufgaben zur Sicherung und Vertiefung des Lernerfolgs

70 1. Grenzen Sie die Begriffe „Absatzwerbung“, „Public Relations“ und „Salespromotion“ ab!

2. Der Absatz einer Möbelfabrik soll durch gezielte Werbeaktionen gesteigert werden.

   Aufgaben:

   2.1 Geben Sie zwei Werbemittel an, die Sie der Möbelfabrik besonders empfehlen würden. Begründen Sie Ihre Meinung!

   2.2 Welche Anforderungen stellen Sie grundsätzlich an die durchzuführende Werbemaßnahme?

   2.3 Nennen Sie drei Aufgaben, die jede Werbung zu erfüllen hat!

3. Welchem absatzpolitischen Instrument (Marketinginstrument) rechnen Sie die folgenden Maßnahmen zu? Begründen Sie Ihre Antwort!

   3.1 Plakat: „Trinkt mehr Milch!“

   3.2 Das Versandhaus Krause GmbH verschickt Briefe an private Haushalte, in denen um die Teilnahme an einem Preisausschreiben geworben wird.

   3.3 Der Parfümhersteller Fontaine in Paris stellt deutschen Parfümerien Probefläschchen zur Verfügung.

   3.4 Die Importgesellschaft Kleidermann OHG erhöht bei gleich bleibenden Listenpreisen ihre Wiederverkäuferrabatte.[1]

   3.5 Zeitungsanzeige des Chemiekonzerns ATU Aktiengesellschaft: „Wir arbeiten für eine saubere Umwelt“.

4. Unternehmen geben Milliardenbeträge dafür aus, um mögliche Käufer auf ihre Produkte aufmerksam zu machen. So summierten sich die Werbeinvestitionen im vergangenen Jahr auf rund 29 Milliarden Euro. Doch wie kommt die Werbung beim Verbraucher an? Welche Werbung „zieht“ am besten? Dieser Frage geht das Horizont-Kommunikationsbarometer regelmäßig nach. Der Umfrage zufolge hat Werbung im Fernsehen eine (besonders) hohe Überzeugungskraft, wie über die Hälfte der Befragten angab. An zweiter Stelle steht Werbung in Geschäften (43%), gefolgt von Warenhaus-Prospekten. Wenig überzeugend finden Verbraucher die Werbung an Bussen und Bahnen sowie die Werbebanner im Internet.

Aufgabe:

Begründen Sie, welche der in der Bildstatistik genannten Werbemaßnahmen für einen Sporthändler in Frage kommen könnten!

---

1 Wiederverkäuferrabatte sind spezielle Preisnachlässe für Händler, vgl. auch S. 160f.

12.3.4.3 Preispolitik

(1) Begriff Preispolitik

Merke:

Unter **Preispolitik (Preisgestaltung)** versteht man das Herab- oder Heraufsetzen der Absatzpreise mit der Absicht, Umsatz und/oder Gewinn zu erhöhen.

Zur Preisgestaltung gehören auch die Gestaltung der Preisnachlässe (Rabatte, Boni und Skonti) und die Einräumung von Kundenzielen (Zahlungsbedingungen).[1] Die Erhöhung (Senkung) der Preisnachlässe kommt einer Senkung (Erhöhung) der Absatzpreise gleich. Die Verlängerung der Zahlungsziele für Kunden (Kundenkredit) entspricht, falls die Absatzpreise nicht erhöht werden, einer Preissenkung. Besonders im internationalen Handel spielt die Kreditgewährung als absatzpolitisches Mittel oft eine größere Rolle als die Höhe der Angebotspreise.

(2) Voraussetzungen der Preispolitik

Preisgestaltung ist nur unter der Voraussetzung möglich, dass der Preis für den Anbieter keine gegebene Größe (kein „Datum") ist, wie dies beispielsweise bei staatlichen Festpreisen der Fall ist. Außerdem muss der Fall ausgeschlossen sein, dass der Angebotspreis aus Konkurrenzgründen nicht erhöht werden kann.

Beispiel:

Eine Bank kann ihrem Kunden die im Auftrag zu verkaufenden Aktien nicht zu einem höheren Preis (Kurs) verkaufen als zu dem Preis (Kurs), der sich am Verkaufstag an der Börse ergibt.

Eine aktive Preisgestaltung setzt weiterhin voraus, dass die Kunden bei **hohen Preisen** mengenmäßig **weniger,** bei **niedrigen Preisen** mengenmäßig **mehr nachfragen,** nicht aber bei Preiserhöhungen vollständig „abspringen", d.h. bei der günstigeren Konkurrenz kaufen.

(3) Ziele der Preispolitik

Mit Hilfe der Preis- und Konditionenpolitik können mehrere betriebliche Ziele verfolgt werden, so z.B.

- die kurz-, mittel- oder langfristige **Gewinnmaximierung** (siehe nachfolgendes Zahlenbeispiel auf S. 154),
- die **Ausweitung des Marktanteils** durch Unterbieten der Konkurrenzpreise,
- die **Absatzsicherung** durch Einhalten bestimmter Preisabstände zu den Absatzpreisen eines Marktführers oder
- die **Umsatzmaximierung.**

Durch Preisdifferenzierung (z.B. mittels unterschiedlicher Rabattsätze) kann versucht werden, die Kunden zur Erteilung größerer Aufträge anzuregen und/oder Kleinbesteller von Bestellungen abzuhalten.

1 Während die Gestaltung der Zahlungsbedingungen ein Mittel der Preispolitik ist, gehört die Gestaltung der Lieferungsbedingungen zur Servicepolitik. Mitunter werden die Maßnahmen zur Gestaltung der Lieferungs- und Zahlungsbedingungen auch im Begriff **„Konditionenpolitik"** zusammengefasst.

Beispiel:

Ein Handelsunternehmen bietet nur einen Artikel an. Aufgrund exakter Marktforschung kennt es die Reaktionen seiner Kunden auf Preisänderungen. Es stellt fest, dass es sich einer normalen Nachfrage gegenübersieht, d.h., bei Preiserhöhungen nimmt die mengenmäßige Nachfrage (Absatz) ab, bei Preissenkungen nimmt sie zu.

Die Kunden reagieren wie in den Spalten 1 und 2 der nachfolgenden Tabelle gezeigt, d.h., beim Preis von beispielsweise 16,00 EUR je Artikel werden 4600 Stück abgesetzt, beim Preis von beispielsweise 15,00 EUR 5000 Stück.

Die fixen Kosten (z.B. Miete, Zinsen, Grundsteuer, Abschreibungen, Personalkosten, Sozialkosten) belaufen sich auf 50000,00 EUR je Zeitabschnitt (z.B. je Monat), die variablen Kosten (vor allem die Bezugspreise der Waren) auf 3,00 EUR je Artikel.

Der bisherige Verkaufspreis beträgt 15,00 EUR. Es ist zu untersuchen, wie sich Preisherauf- und -herabsetzungen auf den Umsatz und den Gewinn auswirken.

(1) Absetzbare Menge in Stück (Absatz)	(2) Preis je Stück in EUR	(3) Umsatz (Menge · Preis)	(4) Fixe Kosten in EUR	(5) Variable Kosten in EUR	(6) Gesamtkosten in EUR (4) + (5)	(7) Gewinn in EUR (3) – (6)
4600	16,00	73600,00	50000,00	13800,00	63800,00	9800,00
4700	15,75	74025,00	50000,00	14100,00	64100,00	9925,00
4800	15,50	74400,00	50000,00	14400,00	64400,00	10000,00
4900	15,25	74725,00	50000,00	14700,00	64700,00	10025,00
5000	15,00	75000,00	50000,00	15000,00	65000,00	10000,00
5100	14,75	75225,00	50000,00	15300,00	65300,00	9925,00
5200	14,50	75400,00	50000,00	15600,00	65600,00	9800,00
5300	14,25	75525,00	50000,00	15900,00	65900,00	9625,00
5400	14,00	75600,00	50000,00	16200,00	66200,00	9400,00
5500	13,75	75625,00	50000,00	16500,00	66500,00	9125,00
5600	13,50	75600,00	50000,00	16800,00	66800,00	8800,00
5700	13,25	75525,00	50000,00	17100,00	67100,00	8425,00

Erläuterungen: ☐ Umsatzmaximum, ☐ Gewinnmaximum.

Das Beispiel zeigt mehreres:

- Zunächst ist zu erkennen, dass **Preiserhöhungen** sowohl zu **Umsatzsteigerungen** als auch zu **Umsatzsenkungen** führen **können.** (Das Gleiche gilt natürlich auch für **Preissenkungen.**)

Beispiel:

Wird in unserem Beispiel der Preis über 13,75 EUR hinaus erhöht, **sinkt** der Umsatz. Strebt unser Unternehmen nach Umsatzmaximierung, so wird es seinen bisherigen Preis von 15,00 EUR um $8\frac{1}{3}$% auf 13,75 EUR senken **(umsatzmaximaler Preis).**

- Umsatzsteigerung und Gewinnsteigerung bedeuten nicht unbedingt dasselbe. **Umsatzsteigerungen** können sowohl zu **Gewinnsteigerungen** als auch zu einer **Gewinnminderung** führen. Steigt mit zunehmendem mengenmäßigen Absatz zugleich der Umsatz, so steigt der Gewinn, wenn die Kosten langsamer als der Umsatz steigen. Der Gewinn nimmt jedoch ab, wenn die Kosten schneller als der Umsatz steigen.

Beispiel:

Senkt unser Unternehmen seinen bisherigen Preis von 15,00 EUR, kann es zwar seinen Umsatz, nicht aber seinen Gewinn erhöhen. Beim bisherigen Preis hat es einen Gewinn von 10000,00 EUR, beim umsatzmaximalen Preis in Höhe von 13,75 EUR beträgt der Gewinn nur noch 9125,00 EUR. Besteht das oberste Unternehmensziel jedoch in der **Gewinnmaximierung,** wird es den Absatzpreis von 15,00 EUR auf 15,25 EUR erhöhen.

(4) Arten der Preisfindung

→ Überblick

Ein zentrales Problem der Preispolitik besteht in der Frage, welche Anhaltspunkte ein Anbieter hat, um den Preis zu bestimmen, den er für bestimmte Waren und Dienstleistungen fordern soll. Diese Frage stellt sich einem Investitionsgüterhersteller, der z.B. eine Mobilfunkanlage im Wert von 300 Mio. EUR verkauft, ebenso wie einem kleinen Einzelhändler, der den Preis für eine Zahnbürste festlegen muss und sich dann für 1,20 EUR entscheidet.

Für die Preisfindung haben sich **drei Entscheidungskriterien** als nützlich erwiesen:

- **kostenorientierte** Preisfindung durch Kalkulation,
- **wettbewerbsorientierte** (konkurrenzorientierte) Preisfindung,
- **abnehmerorientierte** (nachfrageorientierte) Preisfindung.

Diese Entscheidungskriterien werden im Folgenden einzeln abgehandelt. Daraus darf aber **nicht** abgeleitet werden, dass es sich hier um alternative[1] Vorgehensweisen handelt, die sich gegenseitig ausschließen. Letztlich hat man bei einer Preisentscheidung sowohl die Markt- und Konkurrenzverhältnisse als auch die eigene Kostensituation zu berücksichtigen.

→ Kostenorientierte Preisfindung

Merke:

- Eine **kostenorientierte Preisfindung** geht grundsätzlich davon aus, dass der Verkaufspreis die anfallenden Kosten decken soll.
- Damit ein Händler keine Verluste macht, sollte sein **Verkaufspreis** mindestens die Selbstkosten decken.
- Bedient der Händler eine Marktnische, so kann er seinen Listenverkaufspreis ohne Rücksicht auf die Konkurrenzpreise kalkulieren (normale **Vorwärtskalkulation).**

1 Alternativ (lat., franz.): wechselweise, abwechselnd.

Beispiel:

Die Großhandlung Funsport GmbH bezieht 8 Snowcycles zum Listeneinkaufspreis von 275,00 EUR je Stück.

Einkaufsbedingungen: 12% Rabatt, bei Zahlung innerhalb 20 Tagen 3% Skonto. Die Frachtkosten für die Sendung betragen insgesamt 48,00 EUR.

Aufgabe:

Zu welchem Listenverkaufspreis kann ein Snowcycle angeboten werden, wenn noch 27% Handlungskosten, 15% Gewinn, 2% Kundenskonto und 20% Kundenrabatt zu kalkulieren sind?

Lösung:[1]

	Listeneinkaufspreis	**275,00 EUR**
–	12% Liefererrabatt	33,00 EUR
	Zieleinkaufspreis	242,00 EUR
–	3% Liefererskonto	7,26 EUR
	Bareinkaufspreis	234,74 EUR
+	Bezugskosten	6,00 EUR
	Einstandspreis	240,74 EUR
+	27% Handlungskosten	65,00 EUR
	Selbstkosten	305,74 EUR
+	15% Gewinn	45,86 EUR
	Barverkaufspreis	351,60 EUR
+	2% Kundenskonto	7,18 EUR
	Zielverkaufspreis	358,78 EUR
+	20% Kundenrabatt	89,70 EUR
	Listenverkaufspreis	**448,48 EUR**

Rechenweg

Konkurrenzorientierte Preisgestaltung

Begriff und Verhaltenswege

Merke:

Unter **konkurrenzorientierter Preispolitik** versteht man das Ausrichten des eigenen Preises an den Preisstellungen der **Konkurrenten,** wobei vor allem der Leitpreis (Preis des Preisführers, Branchenpreis) sowie die oberen und unteren Preisgrenzen der örtlichen Wettbewerber von Bedeutung sind.

Grundsätzlich eröffnen sich einem Unternehmen, das seine Preispolitik an den Konkurrenten ausrichtet, **drei Verhaltenswege:**

1. **Anpassung** an den Leitpreis,
2. **Unterbietung** des Leitpreises und
3. **Überschreitung** des Leitpreises.

1 Zur Verkaufskalkulation vgl. Band 1, Kapitel 6.3, S. 229ff.

Orientierung am Leitpreis

Sich in einen Preiswettbewerb einzulassen, stellt keine sinnvolle Maßnahme dar, wenn der (die) Wettbewerber stark und willens ist (sind), seine (ihre) Preisposition(en) auf Biegen und Brechen zu verteidigen. In solchen Fällen ist es sinnvoll, sich den Preisvorgaben des Preisführers[1] unterzuordnen und sich durch andere Leistungsmerkmale (z.B. andere Qualitätsabstufungen, Sondermodelle, besondere Vertriebswege u.a.) von der Konkurrenz abzuheben.

Die Preisbildung nach Leitpreisen ist **relativ beliebt.** Wenn ein Unternehmen seine eigenen Kosten nur schwer ermitteln kann oder wenn Wettbewerbsreaktionen Ungewissheit auslösen, dann sieht es die Ausrichtung des eigenen Preises an den Konkurrenzpreisen als zweckmäßige Lösung an.

Die Preisobergrenze für den eigenen Einstandspreis wird in diesem Fall durch **Rückwärtskalkulation** ermittelt. Ist auch der Einstandspreis ein Datum, kann nur noch der verbleibende Gewinn durch **Differenzkalkulation** ermittelt werden.

Beispiel:

Der Hauptkonkurrent der Großhandlung Funsport GmbH bietet die Snowcycles zum Listenverkaufspreis von 429,00 EUR je Stück an. Die Funsport GmbH passt ihren Preis an.

Aufgaben:

1. Zu welchem Einstandspreis müsste die Funsport GmbH ein Snowcycle beziehen können, wenn weiterhin 15 % Gewinn sowie 27 % Handlungskosten, 2 % Kundenskonto und 20 % Kundenrabatt zu kalkulieren sind?
2. Wie viel EUR beträgt der verbleibende Gewinn, wenn ein günstigerer Einstandspreis nicht erreicht werden kann?

Lösung:[2]

Zu 1.

	Einstandspreis (höchstens)	**230,29 EUR**
–	27 % Handlungskosten	62,18 EUR
	Selbstkosten	292,47 EUR
–	15 % Gewinn	43,87 EUR
	Barverkaufspreis	336,34 EUR
–	2 % Kundenskonto	6,86 EUR
	Zielverkaufspreis	343,20 EUR
–	20 % Kundenrabatt	85,80 EUR
	Listenverkaufspreis (Datum)[3]	**429,00 EUR**

Rechenweg

Bei gleicher Gewinnmarge[4] dürfte der Einstandspreis höchstens 230,29 EUR betragen.

1 Als **Preisführer** bezeichnet man einen Anbieter, dem sich bei Preisänderungen die übrigen Anbieter anschließen. Preisführer treten insbesondere in oligopolistischen Marktstellungen wie bei Öl, Stahl, Papier oder Kunstdünger auf. Siehe auch Fußnote 1 auf S. 143.

2 Zur Rückwärtskalkulation vgl. Band 1, Kapitel 6.3.3, S. 243; zur Differenzkalkulation vgl. Band 1, Kapitel 6.3.4, S. 245f.

3 Datum: gegebene Größe.

4 Marge: Preisspielraum.

Zu 2.

	Einstandspreis (Datum)	**240,74 EUR**
+	27 % Handlungskosten	65,00 EUR
	Selbstkosten	305,74 EUR
	10 % Gewinn	**30,60 EUR**
	Barverkaufspreis	336,34 EUR
–	2 % Kundenskonto	6,86 EUR
	Zielverkaufspreis	343,20 EUR
–	20 % Kundenrabatt	85,80 EUR
	Listenverkaufspreis (Datum)	**429,00 EUR**

Rechenweg

Der Gewinn würde auf 30,60 EUR (das entspricht 10 %) sinken.

Unterbietung des Leitpreises

Die Unterbietung des Marktpreises ist für ein Unternehmen nur bis zur **kurzfristigen (absoluten) Preisuntergrenze** des Produktes sinnvoll. Sie liegt dort, wo die Summe der dem Produkt direkt zurechenbaren Kosten **(variable Kosten)** noch gedeckt ist. Kurzfristig kann das Unternehmen die fixen Kosten außer Acht lassen, denn diese fallen an – egal ob ein Verkauf getätigt wird oder nicht.

Beispiel:

Bei der Funsport GmbH zählt neben dem Einstandspreis noch ein Drittel der Handlungskosten zu den variablen Kosten.

Aufgabe:

Bei welchem Listenverkaufspreis liegt die Preisuntergrenze für ein Snowcycle, wenn die Funsport GmbH auf eine Gewinnerzielung verzichtet?

Lösung:

	Einstandspreis (Datum)	**240,74 EUR**
+	9 % Handlungskosten	21,67 EUR
	Selbstkosten	262,41 EUR
+	0 % Gewinn	0,00 EUR
	Barverkaufspreis	262,41 EUR
+	2 % Kundenskonto	5,36 EUR
	Zielverkaufspreis	267,77 EUR
+	20 % Kundenrabatt	66,94 EUR
	Listenverkaufspreis	**334,71 EUR**

Rechenweg

Langfristig hingegen kann ein Unternehmen nicht mit Verlusten produzieren, es muss zumindest (gesamt-)kostendeckend arbeiten. Die **langfristige Preisuntergrenze** wird daher durch die Selbstkosten der Ware bestimmt.

Überschreitung des Leitpreises

Die Überschreitung des Leitpreises ist prinzipiell nur möglich, wenn das Produkt hinsichtlich seiner Innovation oder seiner Alleinstellung aufgrund seiner Ausstattungselemente im Markt eine **Sonderstellung** einnimmt. Gleiches gilt, wenn sich das Unternehmen wegen seines Images oder seiner Trendstellung von den anderen Unternehmen abhebt.

(5) Abnehmerorientierte Preisfindung[1]

→ Begriff der Preisdifferenzierung[2]

Merke:

Die **Preisdifferenzierung** hat das Ziel, die Differenz zwischen dem höheren Preis, den einige Konsumenten bereit sind zu zahlen, und dem verlangten Preis (Konsumentenrente) abzuschöpfen, indem der Anbieter auf Teilmärkten unterschiedliche Preise verlangt.

Beispiel:

Für hochwertige Walking-Socken können bei einem Marktpreis von 10,50 EUR 4500 Paar verkauft werden.

Immerhin 2500 Kunden wären auch bereit, 12,50 EUR pro Paar Walking-Socken zu bezahlen. Ein solcher Konsument spart unerwartet 2,00 EUR.

Diese so genannte Konsumentenrente kann durch eine geschickte Preisdifferenzierung in die Kasse des Händlers fließen.

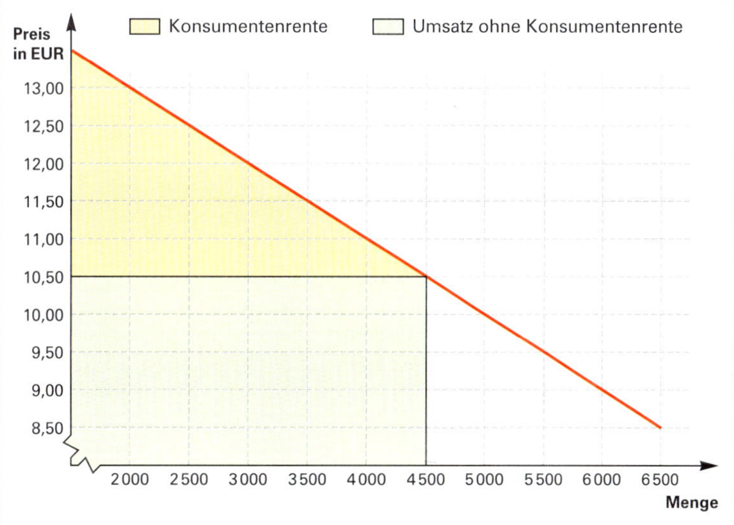

Die Bildung der **Teilmärkte (Marktsegmente)** gelingt dann, wenn jene Kunden, die bereit sind, den höheren Preis zu bezahlen, am Kauf im günstigeren Teilmarkt (Marktsegment) durch Marketingmaßnahmen gehindert werden (z.B. durch Produktdifferenzierung).

Beispiel:

Ein Teil der Walking-Socken wird ohne Markenangabe über Kaufhäuser und Discounter zum Preis von 10,50 EUR abgesetzt. Der andere Teil der Walking-Socken wird als Markenware zum Preis von 12,50 EUR über Textilfachgeschäfte vertrieben.

Die Bildung von Teilmärkten wird dadurch erleichtert, dass sich die Konsumenten nicht konsequent[3] rational[4] verhalten oder schlecht informiert sind.

1 Aus Vereinfachungsgründen werden hier nur die verschiedenen Formen der Preisdifferenzierung dargestellt.
2 Differenzieren (lat.): verschieden sein; von einander abweichen.
3 Konsequent: folgerichtig, beharrlich.
4 Rational: vernunftgemäß, auf Vernunft beruhend.

→ Arten der Preisdifferenzierung

Begriffe	Beispiele
Preisdifferenzierung in Verbindung mit Produktdifferenzierung	Relativ geringfügige Produktunterschiede mit erheblich unterschiedlichem Prestigewert, z. B. Ausstattung, Farbe, PS-Zahl eines Pkw
Preisdifferenzierung nach Abnehmergruppen oder nach Verwendungszweck	Strom für private Haushalte – Strom für gewerbliche Verbraucher; Normale Fahrkarten – Schülerfahrkarten; Alkohol – Spiritus; Dieselkraftstoff – Heizöl
Räumliche Preisdifferenzierung	Pkw-Preise im Ausland günstiger als im Inland; Benzin an Autobahntankstellen teurer
Zeitliche Preisdifferenzierung	Tarifstruktur der Deutschen Telekom AG; Tag-/Nachtstrom
Zeitlich gestaffelte Preisdifferenzierung	Ein erfolgreiches Buch wird zunächst als Leinenband, dann in Halbleinen und anschließend als Taschenbuch verkauft
Preisdifferenzierung durch Bildung von Herstellerpräferenzen[1]	Schaffung eines Markennamens; Bildung von Erst- und Zweitmarken, Herstellermarken, Händlermarken
Preisdifferenzierung nach Abnahmemenge	Großabnehmer erhalten Sonderpreise im Vergleich zu Kleinabnehmern, insbesondere im Energiesektor (Strom, Heizöl)

→ Methoden der Preisdifferenzierung

● Preissysteme

Hinsichtlich der Preisstellung kann man zwei grundsätzliche Preissysteme unterscheiden:

- Beim **Nettopreissystem** werden die so genannten **Discountpreise** sofort knapp kalkuliert, d. h., mögliche Abzüge sind schon berücksichtigt.
- Demgegenüber wird beim **Bruttopreissystem** von **Listenpreisen** ausgegangen, d. h., der zu zahlende Betrag ergibt sich erst nach Abzug aller ausgehandelten Preisnachlässe (Skonti, Rabatte, Boni).

● Preisdifferenzierung mit Hilfe von Rabattsystemen

Mit Hilfe von Rabatten wird versucht, dem Abnehmer preisliche Vergünstigungen deutlich zu machen. Rabatte und andere Preisabschläge sind ein wirksames Mittel der Absatzförderung.

- **Funktionsrabatt.** Er wird den Abnehmern gewährt, wenn diese bestimmte Aufgaben übernehmen, die normalerweise dem Lieferer obliegen.

Beispiele:

- Ein Einzelhändler übernimmt das volle Absatzrisiko bei einem neuen Produkt.
- Ein Großhändler übernimmt die Verpackung, die Etikettierung und die Werbung.

---

1 Präferenz: Vorrang.

- **Wiederverkäuferrabatt.** Hier handelt es sich um einen speziellen Fall des Funktionsrabatts: Der Wiederverkäufer (z.B. der Einzelhändler) erhält einen Preisnachlass dafür, dass er die Ware weiterverwendet bzw. vertreibt. Der Lieferer verringert seine Lagerkosten, sein Lagerrisiko und seine Vertriebskosten.

Treuerabatt. Zweck des Treuerabatts ist, sich einen Kundenstamm aufzubauen. Treuerabatte werden langjährigen Kunden gewährt. Dabei sind oft bestimmte jährliche Mindestumsätze erforderlich, um in den Genuss des Treuerabatts zu kommen. Nehmen die Rabattsätze mit zunehmender Dauer der Geschäftsbeziehungen zu, liegt eine **zeitliche Preisdifferenzierung** vor.

Beispiel:

Die Bihler & Braun GmbH besitzt folgendes Treuerabattsystem: Mindestumsatz je Jahr: 30 000,00 EUR netto, d.h. unter Abzug aller Preisabschläge sowie der Umsatzsteuer. Im zweiten Geschäftsjahr wird ein Treuerabatt von 2% gewährt, der sich Jahr für Jahr um 0,5% erhöht. Eine Freigrenze besteht nicht. Wird also z.B. im zweiten Geschäftsjahr ein Nettoumsatz von 33 000,00 EUR (ohne Berücksichtigung des Treuerabatts) erreicht, beträgt der Rabatt 660,00 EUR.

Der Konkurrent Gilbert Mattes e.K. bietet hingegen folgendes Treuerabattsystem an: Mindestumsatz je Jahr: 10 000,00 EUR netto. Im zweiten Geschäftsjahr wird ein Treuerabatt von 2,5% gewährt, der sich um 0,5% je Jahr erhöht. Die Freigrenze beträgt jedoch 10 000,00 EUR. Ein Kunde mit einem Jahresumsatz von 33 000,00 EUR netto im zweiten Jahr erhält somit 2,5% Rabatt aus 23 000,00 EUR = 575,00 EUR.

Der scheinbar höhere Rabatt von Gilbert Mattes e.K. ist wegen der eingebauten Freigrenze bei diesem Umsatz also in Wirklichkeit niedriger als der der Bihler & Braun GmbH.

- **Sonderrabatt.** Dieser ist ein Preisnachlass, der aus besonderen Anlässen (z.B. Geschäftsjubiläen) oder aufgrund einer einmaligen Vereinbarung mit dem Kunden eingeräumt wird.

  Der einmalige Rabatt aufgrund von Sondervereinbarungen dient in der Regel dazu, Zusatzaufträge zu erhalten, auch wenn der Nettoerlös unter den Selbstkosten liegen sollte. Sie erhöhen außerdem den Gewinn, solange die Preise noch über den variablen Kosten liegen. Außerdem lassen sich vielleicht neue Kunden gewinnen.

- **Mengenrabatt.** Der wichtigste Rabatt zur Steuerung der Auftragsgrößen ist der Mengenrabatt. Diese Form der **mengenmäßigen Preisdifferenzierung** soll dazu beitragen, die Kunden von für den Verkäufer unrentablen Klein- und Kleinstaufträgen abzuhalten. Der Grund: Zahlreiche Kosten der Auftragsabwicklung fallen in gleicher Höhe an, gleichgültig, welchen Wert die einzelnen Aufträge besitzen (z.B. Kosten für Schreibarbeiten, Erstellung und Buchung der Ausgangsrechnung, Buchung des Eingangs der Rechnungssumme). Aus diesem Grund wird der Rabatt so gestaltet, dass er mit zunehmendem Auftragswert überproportional steigt. Dies kann durch einen **Staffelrabatt** oder durch die **Vorgabe von Freigrenzen** erreicht werden.

11 Speth u.a. – ISBN 3-8120-0529-8

Beispiel:

Die Groß & Söhne GbR hat folgendes Rabattsystem ausgearbeitet: Aufträge im Wert bis 10000,00 EUR 1 % Mengenrabatt; Aufträge im Wert von 10001,00 EUR bis 20000,00 EUR 1,5 % Mengenrabatt; Aufträge von 20001,00 EUR bis 30000,00 EUR 2 % Mengenrabatt usw. Der Rabatt wird immer aus dem vollen Auftragswert gerechnet.

Florian Kleiner e.K. gewährt 4 % Mengenrabatt bei einer Freigrenze von 10000,00 EUR, d.h. für den Teil des Auftragswerts, der die 10000-Euro-Grenze übersteigt.

System Groß & Söhne (Staffelrabatt)			System Kleiner (Vorgabe von Freigrenzen)			
Auftrags-wert in EUR	Rabattsatz in %	Rabatt in EUR	Auftrags-wert in EUR	Rabattsatz nominell[1]	Rabatt in EUR	Rabattsatz real[2]
15000,00	1,5	225,00	15000,00	4 %	200,00	1,33 %
25000,00	2,0	500,00	25000,00	4 %	600,00	2,40 %
35000,00	2,5	875,00	35000,00	4 %	1000,00	2,86 %
45000,00	3,0	1350,00	45000,00	4 %	1400,00	3,11 %
55000,00	3,5	1925,00	55000,00	4 %	1800,00	3,27 %

Preisdifferenzierung im Rahmen eines Nettopreissystems

Beim Nettopreissystem gibt es zwei Möglichkeiten, die gewünschten Preisstaffelungen auszudrücken. Eine Möglichkeit besteht darin, unterschiedliche Preise **(Staffelpreise)** für verschiedene Bestellmengen (Losgrößen) zu nennen. Die zweite Möglichkeit ist, mit **Mindermengenzuschlägen** zu arbeiten.

Beispiel für Staffelpreise:

Auszug aus einer Preisliste für Etiketten:

Best.-Nr.	Größe (mm)	Etiketten/ Pack	EUR/Pack (ab 1 Pack)	EUR/Pack (ab 5 Pack)	EUR/Pack (ab 10 Pack)
71 1507-03	48,5 x 25,4	4000	8,99	7,99	7,49

Beispiel für Mindermengenzuschläge:

Auszug aus einer Preisliste für Etiketten:

Best.-Nr.	Größe (mm)	Etiketten/ Pack	EUR/Pack
71 1507-03	48,5 x 25,4	4000	7,49

Der Mindermengenzuschlag beträgt
- bis zu 5 Pack 1,50 EUR/Pack,
- von 6–9 Pack 0,50 EUR/Pack.

1 Nominell: dem Namen nach, d.h., wie es in den Konditionen steht.
2 Real: wirklich, tatsächlich.

Zusammenfassung

- Unter der **Preispolitik** versteht man das Herab- oder Heraufsetzen der Absatzpreise mit der Absicht, den Absatz und/oder Gewinn zu beeinflussen.
- Die Preispolitik kann **kostenorientiert, abnehmerorientiert** oder **wettbewerbsorientiert** ausgerichtet sein.
- Bei der **kostenorientierten Preispolitik** bestimmen die angefallenen Kosten den Verkaufspreis.
- Die **abnehmerorientierte Preispolitik** berücksichtigt die Veränderung der Nachfragemenge nach dem Produkt bei unterschiedlichen Preisen. Abnehmerorientierte preispolitische Entscheidungen sind z.B. die Maßnahmen der Preisdifferenzierung.
- Die **Preisdifferenzierung** hat das Ziel, die Differenz zwischen dem höheren Preis, den einige Konsumenten bereit wären zu zahlen, und dem verlangten Preis abzuschöpfen, indem das anbietende Unternehmen Teilmärkte bildet, auf welchen unterschiedliche Preise verlangt werden.
- Die **wettbewerbsorientierte Preispolitik** richtet die Preisgestaltung an den Preisstellungen der Konkurrenten aus, wobei vor allem der **Leitpreis** sowie die **oberen** und **unteren Preisgrenzen** der Wettbewerber von Bedeutung sind.

Aufgaben zur Sicherung und Vertiefung des Lernerfolgs

71

1. 1.1 Nennen Sie mindestens zwei Ziele, die ein Unternehmen mit Hilfe der Preispolitik zu erreichen versuchen kann!

   1.2 Welche Maßnahmen gehören zur Preispolitik?

2. Bearbeiten Sie allein, in Partner- oder Gruppenarbeit folgenden Fall:

   Die Kalle & Co. OHG, Importeur von speziellen Sportbrillen, will ihre Preise von durchschnittlich 38,00 EUR auf 41,80 EUR erhöhen. Die Abteilung „Marktforschung" warnt: Der (mengenmäßige) Absatz wird von bisher 12000 Stück auf 11000 Stück je Monat zurückgehen. (Die fixen Kosten betragen 175000,00 EUR monatlich, die variablen Kosten 20,00 EUR je Stück.)

   Aufgaben:

   2.1 Wie entscheidet die Geschäftsleitung, wenn sie vorrangig das Ziel vor Augen hat, einen möglichst großen Marktanteil zu erobern?

   2.2 Wie entscheidet die Geschäftsleitung, wenn sie nach dem kurzfristigen Gewinnmaximierungsprinzip handelt? (Belegen Sie Ihre Antwort mit Zahlen!)

   2.3 Fiele die Entscheidung zu 2.2 anders aus, wenn aufgrund der Preiserhöhung der Absatz

   2.3.1 um 2000 Stück,

   2.3.2 um 3000 Stück zurückginge?

   2.4 Besteht im Fall 2.2 zwischen den Zielen „Gewinnmaximierung" und „Vergrößerung des Marktanteils" ein Zielkonflikt oder Zielharmonie? Begründen Sie (auch mit Zahlen) Ihre Aussage!

3. 3.1 Erklären Sie die Begriffe Nettopreissystem und Bruttopreissystem!

   3.2 Erläutern Sie die Ihnen bekannten Rabattarten!

   3.3 Für Kunden mit kleineren Umsätzen ist offenbar das Rabattsystem der Bihler & Braun GmbH (siehe Beispiel auf S. 161), für größere Umsätze das System von Gilbert Mattes e.K. günstiger. Von welchem Umsatz an gilt dies?

3.4 Die Vorgabe von Freigrenzen hat eine ähnliche Wirkung wie ein Staffelrabatt.
Aufgabe:
Zeigen Sie die Wirkung von Freigrenzen an einem selbst gewählten Zahlenbeispiel!

12.3.4.4 Produktpolitik (Produktgestaltung)

12.3.4.4.1 Begriffe Produkt und Produktpolitik

Während man vor wenigen Jahren noch unter einem „Produkt" eine hergestellte Sache, also ein Erzeugnis verstand, bezeichnet heute der Begriff Produkt die gesamte Angebotspalette eines Unternehmens. Im Industriebetrieb z.B. gehören zum Produkt im weiteren Sinne nicht nur die Erzeugnisse, sondern auch dessen Serviceleistungen (Dienstleistungen) wie z.B. Beratung, Montage, Reparatur- und Garantieleistungen sowie Ersatzlieferungen. Im Handelsbetrieb zählen zum Produkt die Waren und die vom Handelsbetrieb erbrachten Dienstleistungen. Die Summe des Produktangebots bezeichnet man im Handel auch als Sortiment. Auch reine Dienstleistungsunternehmen wie z.B. die Deutsche Post AG oder Speditionsunternehmen werben mit ihren Produkten, d.h. mit ihren Dienstleistungsangeboten.

Neben den Erzeugnissen lassen sich auch die Dienstleistungen „gestalten", denn auch diese können qualitativ unterschiedlich sein. Sie unterscheiden sich z.B. durch folgende Merkmale: Pünktlichkeit und Sicherheit (z.B. bei der Durchführung von Transporten), Fehlerfreiheit (z.B. bei Reparaturarbeiten) oder Höflichkeit, Freundlichkeit und Zuverlässigkeit (z.B. bei der Beratung).

Merke:

- Das **Produkt** stellt die Leistung (Sachgüter und/oder Dienstleistungen) eines Anbieters dar, die dieser erbringt, um die Bedürfnisse und Ansprüche des Abnehmers zu befriedigen.
- Die bewusste Gestaltung der Produkte eines Unternehmens mit dem Ziel, den Absatz zu erhalten und zu steigern, bezeichnet man als **Produktpolitik** (Produktgestaltung).

12.3.4.4.2 Merkmale eines Produkts

(1) Überblick

Um die Eigenschaften eines Produktes übersichtlich darstellen zu können, verwenden wir im Folgenden vier Kriterien:

- den **Leistungskern,** wobei dies ein Produkt oder eine (Primär-)Dienstleistung sein kann,
- die **Verpackung,**
- die **Markierung (Markenpolitik, Branding)** und
- die **kauf- und nutzungsbezogenen (Sekundär-) Dienstleistungen.**[1]

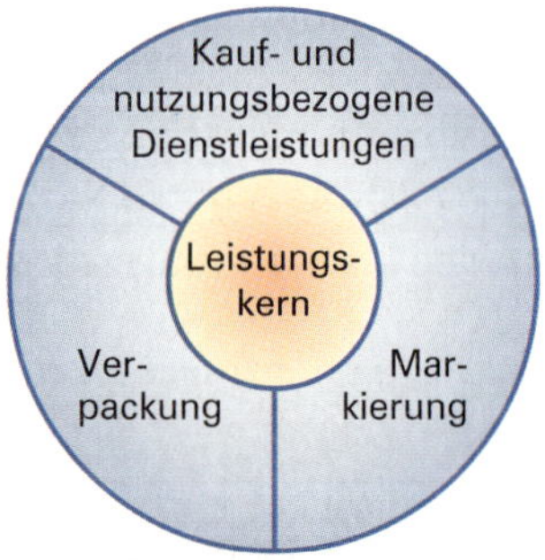

Produktmerkmale

1 Die Ausführungen lehnen sich an Nieschlag, R., Dichtl, E., Hörschgen, H.: Marketing, 17. Aufl., Berlin 1994, S. 234f. an.

(2) Leistungskern

Merke:

Von einem Konsum- oder Investitionsgut wird erwartet, dass es gebrauchstüchtig, funktionssicher, nicht störanfällig, haltbar, umweltfreundlich und wertbeständig ist. Diese Eigenschaften machen die **Qualität** des Produkts aus.

Zum Leistungskern eines Produkts ist auch sein **äußeres Erscheinungsbild** zu rechnen, das insbesondere von Material, Form, Farbe und Geruch bestimmt wird. Diese Gestaltungselemente sind wichtige Verkaufsargumente, und zwar nicht nur für **Konsumgüter** (z. B. Autos, Küchengeräte, Kleidungsstücke, Schuhe), sondern auch für **Investitionsgüter** (z. B. Computer, Büromöbel, Fertigungsmaschinen). Das Produktäußere ist insbesondere bei neuen, innovativen[1] Produkten von Bedeutung, da die potenziellen Nachfrager oft vom Erscheinungsbild des Produkts auf dessen Tauglichkeit schließen.

(3) Verpackung

Während früher die Verpackung die alleinige Aufgabe hatte, die Erzeugnisse vor Transportschäden zu schützen, ist heute die Verpackung zu einem Marketinginstrument geworden, vor allem bei Konsumgütern. Das besagt, dass die Verpackung zusätzlich zur **Schutz- und Transportfunktion** noch **Werbe- und Informationsfunktionen** zu übernehmen hat.

Beispiele:

- Verkaufsfördernde Verpackungen von Pralinen, Schokoladentafeln;
- Geschenkpackungen für Weine und Liköre, Spielzeug, Bastelartikel usw.

Der Trend zu immer aufwendigeren Verpackungen hat zu einer Abfallflut geführt, die aus Gründen des Umweltschutzes nicht mehr zu vertreten ist.

Das **Kreislaufwirtschafts- und Abfallgesetz (KrW-/AbfG)** und die **Verpackungsverordnung (VerpackV)** bezwecken deshalb, die Auswirkungen von Abfällen aus Verpackungen auf die Umwelt zu vermeiden oder zu verringern. Dabei wird nach der Zielsetzung der Verordnung der Wiederverwendung von Verpackungen, der stofflichen Verwertung sowie den anderen Formen der Verwertung Vorrang vor der Beseitigung von Verpackungsabfällen eingeräumt.

Im Einzelnen verlangt die Verpackungsverordnung z. B.

- einen Verzicht auf überdimensionierte Verpackungen,
- die Förderung und Nutzung von Mehrwegsystemen (z. B. Mehrwegflaschen),
- den Einsatz von wieder verwendbaren bzw. verwertbaren Verpackungsmaterialien (z. B. Containern),
- die Information des Verbrauchers über den umweltgerechten Umgang mit Verpackungen,
- die Schaffung finanzieller Anreize (Pfandsysteme) zur Verpackungsrückgabe,
- die Verpflichtung zur Rücknahme bestimmter Erzeugnisse,
- die Verpflichtung zur Rücknahme von Transportverpackungen, Umverpackungen und Verkaufsverpackungen.

1 Innovation (lat.): Neuerung.

Gegenwärtig suchen die Unternehmen zunehmend nach Möglichkeiten, die Verpackungsflut einzudämmen und das Recycling der Verpackungen zu erleichtern. Sie haben erkannt, dass eine umweltverträgliche Verpackungspolitik zum Aufbau eines positiven Produkt- und Unternehmensimages[1] beiträgt.

(4) Markierung (Markenpolitik, Branding)

→ Begriff Markierung

Die Markenpolitik (Branding) zielt darauf ab, das Produkt aus der Anonymität herauszuheben, auf Merkmale hinzuweisen und bestimmte (Qualitäts-)Assoziationen[2] zu wecken. Das Produkt soll durch die Markengebung „individualisiert" werden, um es „einmalig" erscheinen zu lassen.

Merke:

Eine **Marke** oder ein anderes Kennzeichen ist dazu bestimmt, Waren oder Dienstleistungen eines Unternehmens von denjenigen anderer Unternehmen (Hersteller, Händler und sonstige Dienstleistungsunternehmen) zu unterscheiden.

→ Arten der Markierung

In der Praxis hängt die **Art der Markierung** einer Ware meistens von der Zielsetzung ab, die mit der Markengebung verbunden wird. Nach dem Geltungsbereich einer Marke lassen sich unterscheiden:

- **Produktmarken.** Ziel ist es, ein ganz bestimmtes Produkt bekannt zu machen. Mit Produktmarken wird der höchste Individualisierungs- und Identifikationsgrad angestrebt bzw. erreicht.

  Beispiele: Odol, Persil, Aspirin.

- **Gruppenmarken.** Hier wird nach dem Grundsatz verfahren „Der Name – ein Programm". Gruppenmarken finden sich vor allem in Handels- und Dienstleistungsunternehmen.

  Beispiele: TUI, Maggi.

- **Firmenmarken.** Das Produkt wird jeweils mit der Firma verbunden, um den guten Namen eines Unternehmens („good will") auf eine Vielzahl von Produkten zu übertragen. So kommt z. B. kein Auto ohne den Namen des Herstellers auf den Markt.

  Beispiele: VW, BMW, Nivea, Bahlsen, Nestle.

- **Handelsmarken.** In diesem Fall stehen die Unternehmen für das Qualitätsniveau ihrer Produkte ein. Handelsmarken werden, wie der Name sagt, von Handelsunternehmen geschaffen.

  Beispiele: Privileg (Quelle), Dugena (Uhren).

  Verkaufen Handelsunternehmen die vom Hersteller exklusiv für sie hergestellten Produkte unter der eigenen Handelsmarke, so spricht man von „Eigenmarke".

---

1 Image (engl., frz.): Bild; Unternehmensimage: das Bild, das sich die Unternehmensumwelt (z.B. Kunden, Lieferer) von einem Unternehmen macht.

2 Assoziation: gedankliche Verbindung.

- **Herstellermarken.** Sie sind Marken, mit denen der Hersteller seine Produkte benennt und dabei eine hohe Qualitätskonstanz garantiert. Solche Produkte bezeichnet man auch als **Markenartikel.**

> **Beispiele:**
>
> adidas, Nike, Coca-Cola, Microsoft, Siemens.

- **Gattungsmarken (Nonames).** Es handelt sich hier um Zeichen für Güter des **täglichen Bedarfs.** Die Gattungsmarken weisen weder Händler noch Hersteller aus. Die Nonames kommen ohne Service und Werbung aus und werden besonders **preisgünstig** angeboten.

→ Markenschutz

Um den Hersteller vor unberechtigter Verwertung und Nachahmung seiner Produkte zu schützen, hat der Gesetzgeber Schutzrechte erlassen.

Durch das Markengesetz werden **Marken, geschäftliche Bezeichnungen** und **geografische Herkunftsangaben** geschützt. Markenrechte können von jedermann, also auch von einer Privatperson ohne jeden Geschäftsbetrieb, für beliebige Waren und Dienstleistungen erworben werden.

Die Marke dient als einprägsames Werbemittel. Sie ist deshalb schutzbedürftig.

Wortzeichen | Bildzeichen | Buchstabenzeichen | gemischte Zeichen

Als Marken können alle Zeichen geschützt werden, die zur Unterscheidung geeignet sind. Dazu zählen beispielsweise Wortmarken (z. B. „Persil“, „Dr. Oetker“), Buchstaben und Zahlen (z. B. „ZDF“, „BMW“, „4711“), Bilder, Embleme und andere grafische Darstellungen (z. B. drei Streifen von Adidas, Mercedes-Stern), Farben (z. B. Lila für Milka Schokolade, Magenta für die Telekom), Melodien und Tonfolgen (z. B. Erkennungsmelodie einer Fernsehserie) oder dreidimensionale Gebilde (z. B. Werbefigur des Reifenherstellers Michelin).

Der Schutz der eingetragenen Marke beginnt mit dem Anmeldetag und dauert 10 Jahre. Eine Verlängerung um jeweils 10 Jahre ist möglich. Die Marke wird in das Markenregister, das beim Patentamt geführt wird, eingetragen. Die im Markenregister eingetragene Marke ist im gesamten Gebiet der Bundesrepublik Deutschland geschützt, nicht aber im Ausland. Dort kann die Benutzung einer übereinstimmenden Marke durch einen Mitbewerber in der Regel nur verhindern, wer dort auch Zeichenrechte besitzt.

Wer bereits eine nationale (deutsche) Marke besitzt, kann diese im Ausland unter Einschluss aller derzeitigen EU-Mitgliedstaaten als internationale IR-Marke schützen lassen.

(5) Kauf- und nutzungsbezogene Dienstleistungen

Mit dem Anbieten von Dienstleistungen – entgeltlich oder unentgeltlich – wird versucht, gegenüber den Konkurrenten einen Wettbewerbsvorteil zu erringen.

Merke:

In der Regel werden zu den kauf- und nutzungsbezogenen Dienstleistungen die **Beratung,** der **Kundendienst** und die **Garantien** gerechnet.

→ Beratung

Die Zielrichtung der Beratung besteht zunächst darin, dass der Anbieter einem potenziellen Abnehmer hilft zu erkennen, dass und woran er genau Bedarf hat. In der Nutzungsphase muss dem Käufer dann die Sicherheit gegeben werden, dass ihm im Störungsfall geholfen wird. Am Ende der Nutzungszeit schließlich zielt die Beratung darauf ab, dem Kunden beim Kauf eines neuen Produktes bzw. bei der Entsorgung des alten Produktes zu helfen.

→ Kundendienst

Der **technische Kundendienst** umfasst die Einstellung (z.B. von Skibindungen, Fernsehsendern) und die Installation (z.B. von Maschinen und maschinellen Anlagen), die Wartung und Pflege (z.B. bei Heizungsanlagen, EDV-Anlagen) und die Reparatur. Wichtig dabei ist, dass die Reparaturleistungen (unter Umständen unter Einschaltung des Reparaturhandwerks) schnell erfolgen. Dies gilt vor allem für Investitionsgüter, denn Produktionsunterbrechungen sind teuer.

Als eine weitere wichtige Leistung des technischen Kundendienstes schiebt sich derzeit verstärkt die Rücknahme und umweltgerechte sowie preisgünstige Entsorgung des alten Produkts in den Vordergrund.

Beispiel:

Der Computerhersteller A wirbt u.a. damit, dass seine Geräte zu 90 % wieder verwertbar seien. Er verpflichtet sich darüber hinaus, die Geräte nach Ablauf der Nutzungsdauer zurückzunehmen. Falls der Hersteller B diese Zusicherungen nicht geben kann, hat A einen Wettbewerbsvorteil bei umweltbewussten Abnehmern. Er kann möglicherweise einen höheren Preis verlangen als B, ohne dass seine Kunden „abspringen".

Die Ausweitung des technischen Kundendienstes ist auch unter ökologischen Gesichtspunkten von Bedeutung, weil sie einen Schritt „weg von der Wegwerfgesellschaft" bedeutet.

Der **kaufmännische Kundendienst** hat das Ziel, dem Käufer den Kauf vor, während und nach dem Erwerb des Produkts zu erleichtern. Zu diesen Kundendienstleistungen werden im Allgemeinen gezählt: der Zustelldienst, die Inzahlungnahme eines alten Produkts, die Bereitstellung zusätzlicher Informationen.

Die Grenzen zwischen technischem und kaufmännischem Kundendienst sowie der Beratung sind fließend.

→ Garantien

Im Falle der Garantie[1] übernimmt der Verkäufer oder ein Dritter (z. B. der Hersteller) unabhängig vom Bestehen oder Nichtbestehen eines Mangels bei Gefahrübergang die Gewähr für die Beschaffenheit (Beschaffenheitsgarantie) oder dafür, dass die Sache für eine bestimmte Dauer eine bestimmte Beschaffenheit behält (Haltbarkeitsgarantie).

Zu beachten ist aber, dass jede Garantieleistung für den Lieferer Kosten verursacht. Eine wirtschaftlich vertretbare Qualitätskontrolle muss daher dafür Sorge tragen, dass die Zahl der Reklamationen in Grenzen bleibt.

12.3.4.4.3 Erzeugnispolitik (Produktpolitik i. e. S.)

Die **Erzeugnispolitik (Produktpolitik i. e. S.)** umfasst vor allem die Entwicklung neuer Produkte, die Anpassung bereits vorhandener Produkte an neue Anforderungen sowie die Produktvereinfachung und -vereinheitlichung. Erzeugnispolitik betreibt der Industriebetrieb.

Zweck der Erzeugnispolitik ist die Sicherung und Steigerung des Absatzes. Produktgestaltende Maßnahmen sind z. B.:

- **Entwicklung völlig neuer Produkte** (z. B. Wasserstoffmotor, dreidimensionales Fernsehen),
- **Anpassung alter Produkte an neue Produktionsverfahren** (z. B. Übergang einer Großschreinerei mit Auftragsfertigung nach Maß zur Serienfertigung mit genormten Fenster- und Türgrößen),
- **Anpassung alter Produkte an neue Bedarfsentwicklungen** (z. B. Übergang von der Doppel- zur Dreifachverglasung, um Energie zu sparen),
- **Anpassung der Produkte an Erfordernisse des Umweltschutzes** (z. B. Verzicht auf umweltschädigende Treibgase, quecksilberhaltige Batterien, giftige Lösungsmittel in Farben und Lacken),
- **Produktverfeinerung,** um Sättigungserscheinungen am Markt zu verhindern. Man spricht in diesem Zusammenhang von Styling.

Beispiel:

Topfreinigerhalter „Daddy Cool" und Schwammhalter „Jonas" von Koziol.

Quelle: www.koziol-shop.de

Die Veränderung bereits vorhandener Produkte **(Produktvariation)** hat zwar den Vorteil, dass sie den Absatz steigern kann. Zugleich verursacht sie aber i. d. R. höhere Produktionskosten (z. B. Umstellungskosten). Die Produktgestaltung hat somit auch die Aufgabe, eine überzogene Produktvariation von Zeit zu Zeit wieder auf ein vertretbares Maß zurückzunehmen, um die Kosten zu senken **(Produktvereinfachung).** Im Extremfall kann die Produktvereinfachung bis zur **Produktvereinheitlichung** (Spezialisierung auf ein oder wenige Einheitsprodukte) gehen.

---

1 Siehe auch Kapitel 11.5.1.5, S. 39 f.

Beispiele:

- Stellt ein Verlag vom Vierfarbendruck auf den Dreifarbendruck um, so liegt eine **Produktvereinfachung** vor.
- Verzichtet eine Uhrenfabrik auf den Bau von batteriebetriebenen Uhren und spezialisiert sie sich auf Solararmbanduhren, spricht man von **Produktvereinheitlichung.**

Auf die Erzeugnispolitik haben Handelsbetriebe meist nur indirekten Einfluss über ihr Einkaufsverhalten und ihre Rückmeldungen an die Hersteller.

12.3.4.4.4 Sortimentspolitik

(1) Begriffe Sortiment und Sortimentspolitik

Merke:

- Als **Sortiment** bezeichnet man die Gesamtheit der Waren und Dienstleistungen, die ein Handelsunternehmen zusammengestellt hat und dem Verbraucher anbietet.
- Die **Sortimentspolitik (Sortimentsgestaltung)** hat die Aufgabe, die Zusammensetzung des Sortiments verkaufswirksam festzulegen. Sortimentspolitik wird von Handelsunternehmen betrieben.

Das Sortiment wird aus **Sorten** gebildet. Der Begriff Sorte bezeichnet eine ganz bestimmte Ware bzw. Dienstleistung, die auf dem Absatzmarkt angeboten und verkauft werden soll. Die Sorte ist damit die kleinste Einheit des Sortiments.[1] Sorten lassen sich zu **Artikeln** zusammenfassen, sofern sich die einzelnen Sorten nur geringfügig voneinander unterscheiden. So können sich die einzelnen Sorten eines Artikels z.B. in Größe, Verpackungsart (Dose, Tube, Beutel), Aufdruck, Etikett, Farbe, Geschmack unterscheiden.

Beispiel:

Das **Sortiment** eines Großhandelsbetriebs umfasst Skistiefel, Herrenschuhe, Damenschuhe, Socken, Schuhputzmittel.

Ein **Artikel** besteht z.B. aus den Skistiefeln des Herstellers Alpmoser in verschiedenen Ausführungen und Größen.

Eine **Sorte** ist beispielsweise der Skistiefel „Alpenglühn" des gleichen Herstellers, Ausführung A, Farben blau und weiß, Größe $9\,^1/_2$.

1 In der Praxis werden die Begriffe Sorte und Artikel auch häufig entgegengesetzt gebraucht. In der Betriebswirtschaftslehre hat sich die hier verwendete Begriffsbestimmung durchgesetzt. Auch im „Handlexikon für Handel und Absatz", herausgegeben von Bernd Falk, S. 609, wird definiert: „Die Sortimentstiefe bestimmt sich nach der Anzahl der Sorten pro Artikel".

(2) Gestaltung des Sortiments

Die Gestaltung des Sortiments kann nach **folgenden Gesichtspunkten** vorgenommen werden:

- **nach den bisherigen Verbrauchs- und Kaufgewohnheiten der Kunden** (z.B. offene oder verpackte Ware, Preisklassen, Markenware),
- **nach dem Rohstoff** (z.B. Textilwaren, Lederwaren),
- **nach dem Bedarf der angesprochenen Abnehmergruppen** (z.B. Haushaltswaren, Sportartikel, Camping-Artikel),
- **nach dem Verwendungszweck** (z.B. Fußball-, Wander- und Skischuhe, Sportbekleidung für Damen, Herren und Kinder),
- **nach Umweltgesichtspunkten** (z.B. naturbelassene Holzmöbel, wiederverwendbare Flaschen und Gläser, aus Altpapier hergestellte Bücher und Zeitschriften),
- **nach Kompensationsgesichtspunkten** (z.B. Winter- und Sommersportartikel, Indoor- und Outdoorartikel),
- **nach dem Prinzip des größtmöglichen Warenumsatzes** (Sortimentsgestaltung des Kaufhauses),
- **als Ergänzungsprogramm** (z.B. Einführungskurse zu den verschiedenen Sportartikeln),
- **nach Kostengesichtspunkten** (z.B. Skibindungsmontage nur dann durch eigenes Personal, wenn sie kostengünstiger als die Montage durch einen Subunternehmer ist).

In der Praxis spielen bei der Sortimentsgestaltung meist mehrere Gesichtspunkte eine Rolle.

(3) Umfang des Sortiments

Nach dem **Umfang des Sortiments** unterscheidet man folgende Sortimentsformen:

→ Breites Sortiment

Es liegt vor, wenn zahlreiche verschiedenartige Artikel angeboten werden. Breite Sortimente besitzen z.B. Lebensmittelgroßhandlungen.

Der **Vorteil** des breiten Sortiments ist, dass den Kunden unter einem Dach ein vielfältiges Warenangebot gemacht werden kann. Die knappe Zeit der Käufer wird ausgenutzt, weil diese an Ort und Stelle ihren Bedarf decken können. Das Verkaufspersonal braucht keine besonderen Fachkenntnisse; die Personalkosten sind also im Verhältnis zum Umsatz niedrig. Der hohe Umsatz macht es möglich, die Waren zu verhältnismäßig günstigen Preisen anzubieten.

Der **Nachteil** ist, dass Spezialwünsche und/oder die Wünsche einer anspruchsvolleren Kundschaft nicht befriedigt werden können.

→ Tiefes Sortiment

Dieses ist gegeben, wenn nur wenige Artikel, davon jedoch zahlreiche Sorten (z.B. Größen, Abmessungen, Muster, Designs) geführt werden. Tiefe Sortimente weisen z.B. Spezialgroßhandlungen auf.

Der **Vorteil** des tiefen Sortiments ist daher, dass Kunden mit speziellen und/oder anspruchsvollen Wünschen bedient werden können.

Der **Nachteil** ist der Einsatz eines qualifizierten und damit teuren Verkaufspersonals.

Quelle: http://www.coyoteboardstore.se/images/Panorama.jpg

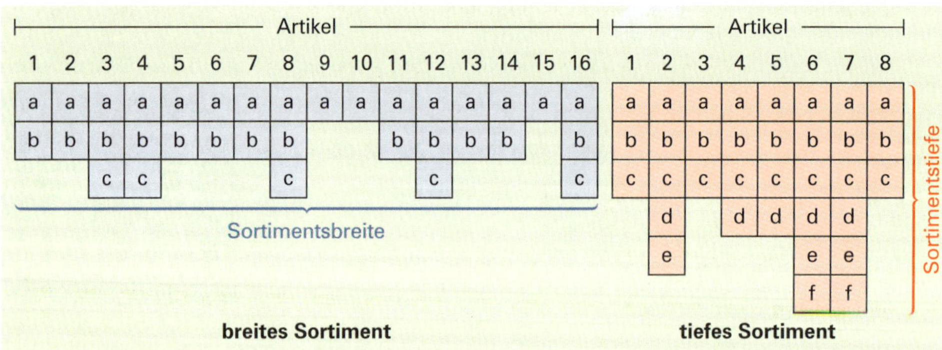

(4) Aufgaben der Sortimentsgestaltung

Die Aufgabe der Sortimentsgestaltung ist es, das Sortiment an die sich ändernden Marktbedingungen (z.B. aufgrund des Geschmacks- und Modewandels) anzupassen **(Sortimentspflege, Sortimentsanpassung)**. Einerseits muss zwar das Sortiment in seinem wesentlichen Aufbau beibehalten werden, um den Kundenstamm nicht zu verlieren **(Sortimentsfortschreibung)**; andererseits müssen aus dem Sortiment solche Artikel herausgenommen werden, die keinen Beitrag mehr zum betrieblichen Erfolg leisten **(Sortimentsbereinigung)**. Anstelle der eliminierten (herausgenommenen) Artikel müssen neue, Erfolg versprechende Artikel oder Sorten ins Sortiment aufgenommen werden **(Sortimentserweiterung)**. Die Sortimentserweiterung kann also in einer Verbreiterung und/oder in einer Vertiefung des Sortiments bestehen.

Zusammenfassung

- Die **Produktpolitik** (Produktgestaltung) ist die bewusste Gestaltung der Produkte eines Unternehmens mit dem Ziel, den Absatz zu erhalten und zu steigern.
- Auf die **Erzeugnispolitik** (Produktpolitik i.e.S.) haben Handelsbetriebe meist nur indirekten Einfluss, und zwar über ihr Einkaufsverhalten und ihre Rückmeldungen an die Hersteller.
- Die Gestaltungsmöglichkeiten der Handelsbetriebe liegen vor allem in der Zusammenstellung des Waren- und Dienstleistungsangebots **(Sortimentspolitik)**.
- Die Sortimentsgestaltung hat die Aufgabe, die Zusammensetzung des Sortiments verkaufswirksam festzulegen. Eine wichtige Entscheidung ist dabei die Wahl der richtigen **Sortimentstiefe** und **Sortimentsbreite.**
- Aufgabe der Sortimentsgestaltung ist es auch, das Sortiment an die sich ändernden Marktbedingungen (z.B. aufgrund des Geschmacks- und Modewandels) anzupassen **(Sortimentspflege, Sortimentsanpassung)** und neue Erfolg versprechende Artikel ins Sortiment aufzunehmen **(Sortimentserweiterung).**
- Artikel, die keinen Beitrag mehr zum betrieblichen Erfolg leisten, müssen aus dem Sortiment herausgenommen werden **(Sortimentsbereinigung).**

Aufgaben zur Sicherung und Vertiefung des Lernerfolgs

72 1. Beschreiben Sie kurz die vier Kriterien, durch die ein Produkt charakterisiert ist!

2. 2.1 Welcher Zweck kann bei einer bestimmten Art der Verpackung von Produkten verfolgt werden? Nennen Sie drei Beispiele!

   2.2 Die meisten Hersteller versuchen, ihre Produkte durch Markierung aus der Anonymität (Unbekanntheit, Namenlosigkeit) herauszuheben.

   Aufgaben:

   2.2.1 Welche Art von Markenzeichen liegen bei adidas vor?

   2.2.2 Welche Kriterien verbindet der Käufer mit dem Begriff „Markenartikel"?

   2.3 Viele Hersteller verpflichten sich gegenüber ihren Kunden zu Garantieleistungen.

   Aufgaben:

   2.3.1 Wie kommt eine Garantie rechtlich zustande?

   2.3.2 Welche Rechtswirkungen können mit einer Garantieleistung verbunden sein?

   2.3.3 Aus welchen Motiven heraus übernimmt ein Hersteller Garantieleistungen?

3. Die Fahrradgroßhandlung Oberrainer KG führt u.a. Stadträder (Citybikes) der Marke „Flott 200" als Damen-, Herren- und Kinderräder. Im Sortiment finden sich weiterhin Tourenräder für Damen, Herren und Kinder der Marke „Greentours". Außerdem werden Bergräder (Mountainbikes) der Marke „Zugspitze" in 5 Ausführungen (BN 14 – BN 18) angeboten.

   Daneben führt die Fahrradgroßhandlung Oberrainer KG noch Satteltaschen, Sättel, Fahrradklingeln, Luftpumpen, Regenmäntel für Fahrradfahrer und Flickzeug.

   Aufgaben:

   3.1 Erklären Sie den Begriff Sortiment!

   3.2 Machen Sie an je einem Produkt der Fahrradgroßhandlung Oberrainer KG den Unterschied zwischen Sorte und Artikel deutlich!

   3.3 Nach welchem Gestaltungsprinzip wurde der Sortimentsaufbau der Fahrradgroßhandlung Oberrainer KG durchgeführt?

   3.4 Nennen und erläutern Sie mindestens vier weitere Gestaltungsprinzipien des Sortimentsaufbaus!

Herr Oberrainer überlegt sich, ob er sein Sortiment vertiefen soll.

3.5 Erläutern Sie den Unterschied zwischen einem tiefen und einem breiten Sortiment!

3.6 Welche Vor- und Nachteile sind jeweils mit einem breiten und einem tiefen Sortiment verbunden?

3.7 Welche Voraussetzung muss gegeben sein, wenn Herr Oberrainer sein Sortiment bei gleicher Sortimentsbreite vertieft?

3.8 Welche Produkte der Fahrradgroßhandlung Oberrainer KG gehören zum Kern- und welche zum Randsortiment?

4. Im Rahmen der Sortimentsgestaltung sind u.a. folgende Maßnahmen von Bedeutung:

4.1 Sortimentspflege;

4.2 Sortimentsfortschreibung;

4.3 Sortimentserweiterung.

Aufgabe:

Erläutern Sie diese Maßnahmen an je einem Beispiel!

12.3.4.5 Distributionspolitik

(1) Begriffe Distribution und Distributionspolitik

Merke:

- **Distribution** heißt **Verteilung** der Produkte.
- Die **Distributionspolitik** befasst sich mit der Frage, auf welchem Weg das Produkt an den Käufer herangetragen werden kann. Deshalb umschließt die Distributionspolitik sowohl die **Absatzmethode** als auch das Problem des **Gütertransports.**

Die **Distributionspolitik**[1] ist das umfassendste Entscheidungsfeld der Absatzpolitik der Unternehmen. Aus dem großen absatzpolitischen Bereich der Distributionspolitik können hier nur einige Teilbereiche herausgegriffen werden.

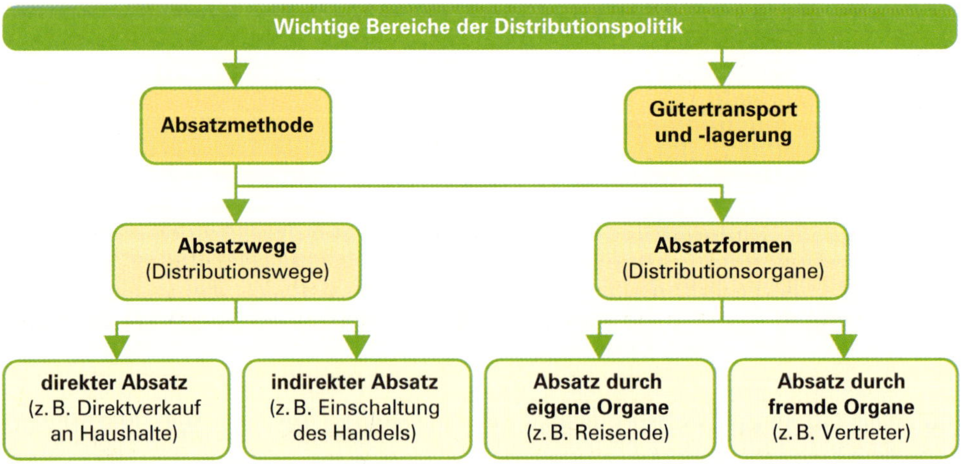

1 Distribution (lat.): Verteilung.

Der Transport und die Lagerung von Waren, die so genannte **physische**[1] **Distribution** – auch **Marketinglogistik**[2] genannt –, bleibt hier aufgrund des Lehrplans völlig außer Acht. Näher befassen wollen wir uns mit den **Absatzmethoden,**[3] und zwar mit den **Absatzwegen** und den damit verbundenen **Absatzformen.**

(2) Absatzwege (Distributionswege)

→ Direkter Absatz

Wenden sich Herstellungsbetriebe (Industriebetriebe) bei der marktlichen Verwertung (Absatz) **unmittelbar** an die Verbraucher, Gebraucher und Weiterverarbeiter, liegt **direkter Absatz** vor. Beim direkten Absatz werden also **keine** Zwischenhändler eingeschaltet.

Der **Vorteil** des direkten Absatzes ist, dass Gewinnanteile, die fremden Unternehmen zufließen würden, dem Hersteller selbst zugute kommen. Der **Nachteil** ist, dass wegen der fehlenden räumlichen Nähe zum Kunden hohe Vertriebskosten entstehen.

→ Indirekter Absatz

Verkaufen Herstellungsbetriebe an solche Personen oder Betriebe, die die Erzeugnisse nicht für ihren eigenen Verbrauch oder Gebrauch verwenden, sondern diese mehr oder weniger **unverändert weiterverkaufen** (Händler), spricht man von **indirektem Absatz.** Der Absatzweg ist also länger, weil andere Unternehmen eingeschaltet werden.

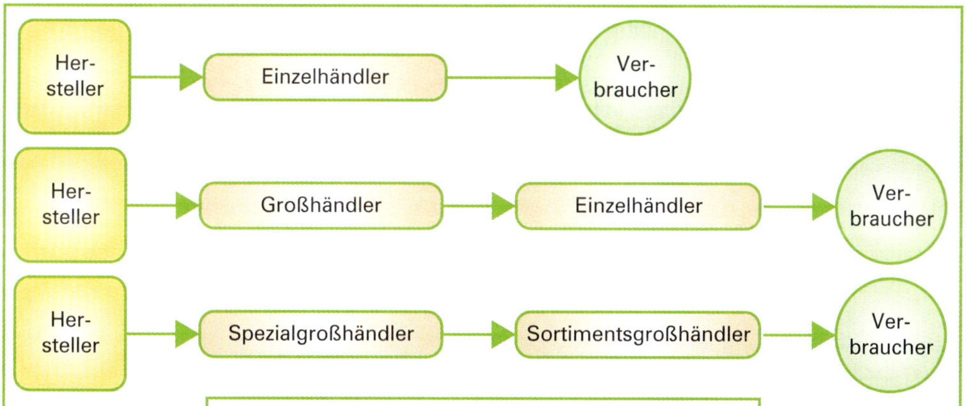

Möglichkeiten des indirekten Absatzes (Beispiele)

Vorteile für den Hersteller sind, dass Vertriebskosten eingespart werden können, der Handel (meist) kurz- und mittelfristig das Absatzrisiko übernimmt und die Kunden die Erzeugnisse in den Lagern besichtigen können. Der **Nachteil** ist, dass der Handel Gewinnanteile beansprucht, die andernfalls (beim direkten Absatz) dem Hersteller zufließen würden.

---

1 Physisch (griech.): körperlich.

2 Logistik (griech.) bedeutet ursprünglich die mathematische Logik. Später wurde der Begriff im militärischen Bereich im Sinne von „Truppenversorgung" verwendet und bedeutet so viel wie „sinnvoll aufgebautes Nachschubwesen".

3 Methode (griech.): wissenschaftlich planmäßig und folgerichtiges Verfahren; die Methode ist ein (geistiger) Weg zur Lösung eines Problems.

Distributionsentscheidungen sind sorgfältig abzuwägen, da jedes Distributionssystem zu **unterschiedlichen** Umsätzen und **Kosten** führt. Hinzu kommt, dass man ein einmal gewähltes Distributionssystem in der Regel für einen längeren Zeitraum beibehalten muss, da es häufig auf **mittel- bis langfristigen** Verträgen beruht.

Die nachfolgende Betrachtung der Absatzformen (Distributionsorgane) erfolgt aus der **Sicht eines Großhändlers.**

(3) Absatz durch eigene Organe

Zu den betriebseigenen Organen gehören die Handlungsreisenden, die eigenen Verkaufsniederlassungen und Vertriebsgesellschaften.

→ Handlungsreisende

- **Begriff**

> **Merke:**
>
> **Handlungsreisende**[1] sind **kaufmännische Angestellte,** die damit betraut sind, außerhalb des Betriebs Geschäfte **im Namen** und **für Rechnung des Arbeitgebers** zu vermitteln oder abzuschließen (vgl. § 55 I HGB).

- **Rechte und Pflichten**

Auf die Handlungsreisenden treffen somit alle Merkmale der kaufmännischen Angestellten zu. Wie alle Angestellten erhalten die Reisenden in aller Regel ein festes Gehalt (Fixum). Darüber hinaus steht den Handlungsreisenden als zusätzlicher Leistungsanreiz eine Umsatzprovision zu. Daneben werden ihnen die Spesen (Auslagen) erstattet.

Handlungsreisende (kurz „Reisende" genannt) haben folgende **Aufgaben**:

- Erhaltung des bisherigen Kundenstamms,
- Werbung neuer Kunden (Erweiterung des Kundenstamms),
- Information der Kunden (z.B. über Neuentwicklungen, neue Sortimente, Preisentwicklung usw.),
- Information des Geschäftsherrn (Arbeitgebers) über die Marktlage (z.B. Berichte über Kundenwünsche),
- Entgegennahme von Mängelrügen.

Als weisungsgebundene Angestellte sind die Reisenden Vertreter des Arbeitgebers. Sie schließen also in **fremdem Namen** und für **fremde Rechnung** Geschäfte (z.B. Kaufverträge) ab. Ist nichts anderes vereinbart, sind die Reisenden nur ermächtigt zum **Abschluss von Kaufverträgen** und zur **Entgegennahme von Mängelrügen**. In diesem Fall spricht man von **„Abschlussreisenden"**.

Zur **Einziehung des Kaufpreises** (zum so genannten „Inkasso") sind Handlungsreisende nur befugt, wenn hierzu vom Arbeitgeber ausdrückliche Vollmacht erteilt wurde **(„Inkassoreisende")** [§ 55 III HGB].

---

1 Das HGB spricht vom Handlungsgehilfen.

In selteneren Fällen kommt es auch vor, dass Reisende keine Abschlussvollmacht besitzen, sondern lediglich Geschäfte vermitteln dürfen **(„Vermittlungsreisende")**. In diesem Fall behält sich der Arbeitgeber vor, die über den Reisenden eingegangenen Bestellungen erst zu bestätigen, bevor der Kaufvertrag zustande kommt.

Beispiel:

Geschäftsablauf bei einem Handlungsreisenden mit Abschluss- und ohne Inkassovollmacht:

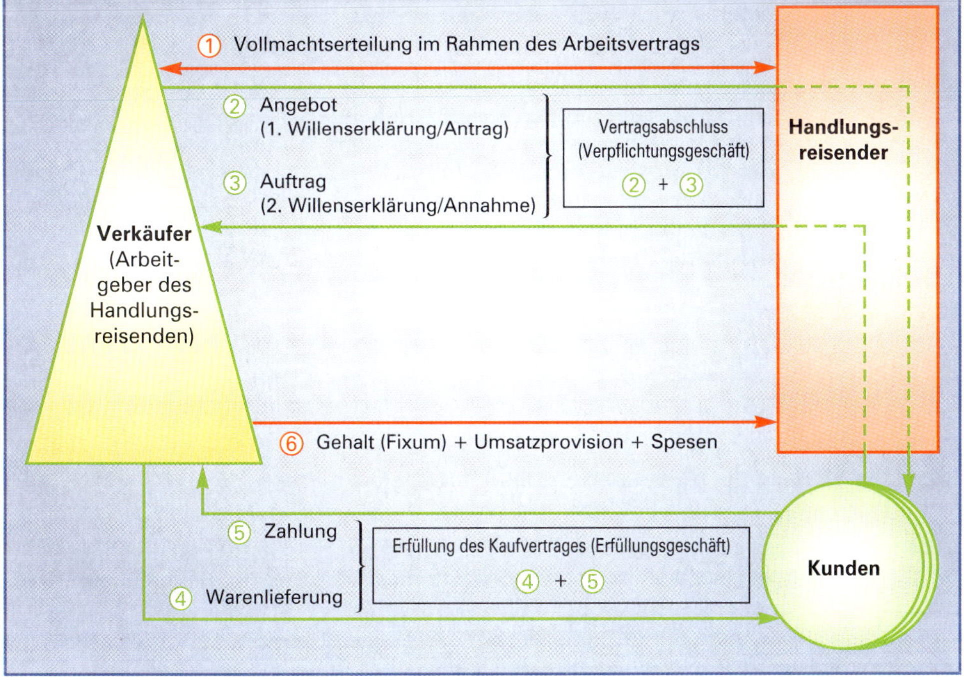

- **Bedeutung**

Der **Vorteil** der Handlungsreisenden als eigene „Absatzorgane" ist vor allem darin zu sehen, dass bei guter Geschäftslage die Provisionskosten je Verkaufseinheit (z.B. Stück, kg, Dutzend) verhältnismäßig niedrig sind. Als weisungsgebundene Angestellte stehen die Handlungsreisenden außerdem dem Betrieb ständig zur Verfügung. Von **Nachteil** ist, dass bei zurückgehendem Absatz der Arbeitgeber hohe fixe Kosten zu tragen hat, da die Gehälter (Fixen)[1] nicht ohne weiteres gekürzt werden können.

→ Sonstige Absatzformen mit eigenen Organen

- Großunternehmen können eigene **Verkaufsniederlassungen** einrichten. Diese stellen „Verkaufsfilialen" dar. Preis- und verkaufspolitische Anweisungen erteilt die Zentrale.
- Es können auch eigene **Vertriebsgesellschaften** (meist in der Rechtsform der GmbH) gegründet werden. Sie sind zwar rechtlich selbstständig, wirtschaftlich jedoch vom Gesamtunternehmen abhängig.

1 Das Fixum (das feste Gehalt); Mz. die Fixen.

12 Speth u. a. – ISBN 3-8120-0529-8

(4) Absatz durch fremde Organe

Zur Durchführung des Absatzes kann sich ein Unternehmen **fremder Organe** bedienen, die man als **Absatzvermittler** bezeichnet. Dazu gehören insbesondere die **Handelsvertreter,** die **Kommissionäre** und das **Franchising-System.**[1] Im Gegensatz zu den Handlungsreisenden sind sie **selbstständige Kaufleute.**[2]

→ Handelsvertreter

- **Begriff**

Merke:

Handelsvertreter sind **selbstständige Gewerbetreibende,**[3] die ständig damit betraut sind, **im Namen** und für **Rechnung eines Auftraggebers (Unternehmers)** Geschäfte zu vermitteln oder abzuschließen (vgl. § 84 I S. 1 HGB). Im ersten Fall liegt eine Vermittlungs-, im zweiten Fall eine Abschlussvertretung vor. Erfordert das Unternehmen eines Handelsvertreters nach Art und Umfang einen in kaufmännischer Weise eingerichteten Geschäftsbetrieb, dann ist der Handelsvertreter ein Kaufmann.

- **Vertretungsvertrag**

Der Vertretungsvertrag (Agenturvertrag) wird in der Regel auf unbestimmte Zeit abgeschlossen und durch Kündigung aufgelöst (beendet). Der Vertretungsvertrag ist somit nicht auf die Vornahme eines einzelnen Rechtsgeschäfts angelegt, sondern **auf Dauer** ausgerichtet.

Nach dem **Umfang der Vertretungsmacht** unterscheidet man:

- **Vermittlungsvertreter**: Sie sind lediglich zur Vermittlung von Verträgen berechtigt.
- **Abschlussvertreter**: Sie haben das Recht, Verträge im Namen und auf Rechnung des Auftraggebers abzuschließen. Zahlungen dürfen die Vertreter nur dann entgegennehmen, wenn sie die Inkassovollmacht (Einzugsvollmacht) besitzen. Für den Einzug von Forderungen erhalten die Vertreter i.d.R. eine Inkassoprovision. Verpflichten sich die Vertreter dazu, für die Verbindlichkeiten ihrer Kunden einzustehen, erhalten sie hierfür eine Delkredereprovision[4] [§ 86b HGB].

- **Rechte und Pflichten**

Rechte der Handelsvertreter	Pflichten der Handelsvertreter
• Recht auf Bereitstellung von Unterlagen [§ 86a HGB]. • Recht auf Provision [§§ 86bff. HGB]. • Ausgleichsanspruch nach Beendigung des Vertragsverhältnisses [§ 89b HGB]. • Anspruch auf Ersatz von Aufwendungen [§ 87d HGB]. • Gesetzliches Zurückbehaltungsrecht [§ 88a HGB].	• Sorgfaltspflicht [§§ 86 III, 347 HGB]. • Bemühungspflicht [§ 86 I HGB]. • Benachrichtigungspflicht über Geschäftsvermittlungen bzw. -abschlüsse [§ 86 II HGB]. • Interessenwahrungspflicht [§ 86 I HGB]. • Schweigepflicht über Geschäfts- und Betriebsgeheimnisse [§ 90 HGB]. • Einhaltung der Wettbewerbsabrede [§ 90a HGB].

1 Zu den fremden Absatzorganen gehören auch die von Fall zu Fall Geschäfte vermittelnden Handelsmakler (siehe §§ 93ff., HGB).

2 Zur Kaufmannseigenschaft vgl. Kapitel 12.4.3.1, S. 204f.

3 Selbstständig ist, wer seine Tätigkeit im Wesentlichen frei gestalten und seine Arbeitszeit bestimmen kann [§ 84 I S. 2 HGB].

4 Delkredere (lat., it.): (wörtl.) vom guten Glauben; hier: Haftung für die Bezahlung einer Forderung.

Beispiel:

Geschäftsablauf bei einem Abschlussvertreter ohne Inkassovollmacht:

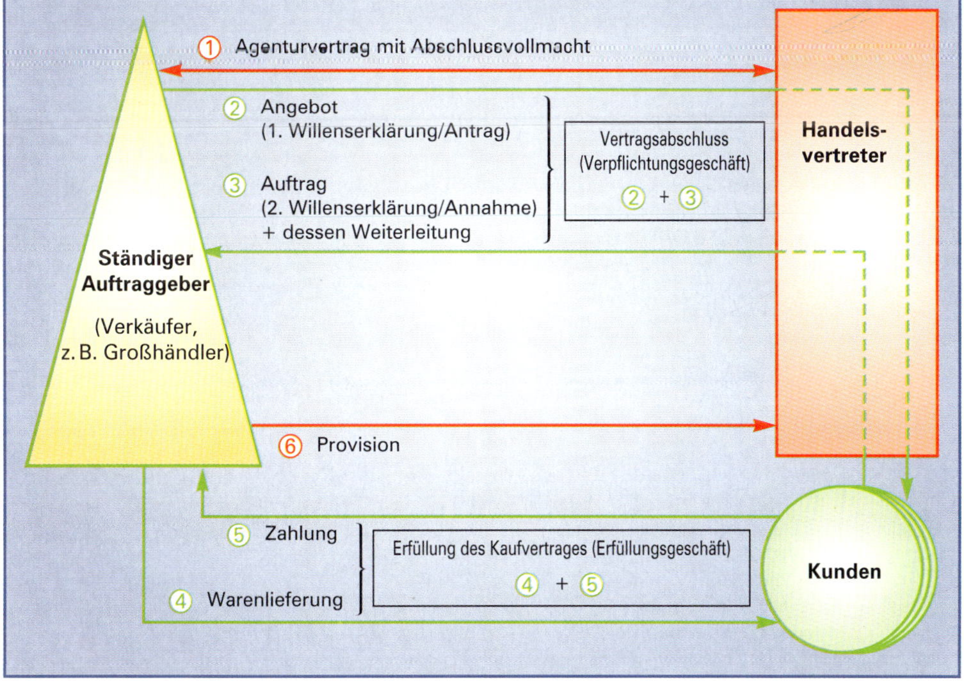

Kündigung

Ist das Vertragsverhältnis auf unbestimmte Zeit eingegangen, gelten nach § 89 I HGB folgende Kündigungsfristen:

Dauer des Vertragsverhältnisses	Kündigungsfristen zum Ende des Kalendermonats
1 Jahr	1 Monat
2 Jahre	2 Monate
3–5 Jahre	3 Monate
mehr als 5 Jahre	6 Monate

Die Kündigungsfristen können vertraglich verlängert werden. Sie dürfen für den Unternehmer nicht kürzer sein als für den Handelsvertreter [§ 89 II HGB].

Eine fristlose Kündigung des Agenturvertrags aus wichtigem Grund ist möglich [§ 89a HGB].

Bedeutung

Der **Vorteil** des Einsatzes von Handelsvertretern ist, dass sie – im Gegensatz zu den Reisenden – in der Regel in ihren Absatzgebieten ansässig sind. Sie haben somit einen engen Kontakt zur Kundschaft. Von Vorteil ist ferner, dass bei möglichen Absatzrückgängen die Vermittlungskosten (Provisionen) je Verkaufseinheit konstant bleiben, weil die Handelsvertreter in aller Regel lediglich Provisionen, aber keine Fixen erhalten. Von **Nachteil** kann für den Auftraggeber sein, dass bei starken Umsatzerhöhungen die Provisionskosten höher sind als beim Einsatz von Handlungsreisenden.

(5) Kostenvergleich von Handlungsreisendem und Handelsvertreter

Die Entscheidung, ob Handelsvertreter oder Handlungsreisende eingesetzt werden sollen, hängt auch davon ab, wie hoch der erwartete bzw. geplante Umsatz ist.

Beispiel:

Ein Unternehmen steht vor der Wahl, entweder Handlungsreisende oder Handelsvertreter einzusetzen. Die Handlungsreisenden erhalten ein Fixum von insgesamt 12000,00 EUR im Monat und 4% Provision, die Handelsvertreter lediglich 8% Umsatzprovision.

Aufgabe:

Von welchem Umsatz an lohnt sich der Einsatz von Reisenden?

Lösung:

a) Mathematische Lösung

x = gesuchter Umsatz (kritische Umsatzhöhe)

$$12000 + 0{,}04\,x = 0{,}08\,x$$
$$0{,}04\,x = 12000$$
$$4\,x = 1200000{,}00$$
$$x = 300000{,}00$$

Ergebnis: Liegt der Umsatz über 300000,00 EUR monatlich, lohnt sich der Einsatz von Handlungsreisenden; liegt er darunter, ist der Einsatz von Handelsvertretern kostengünstiger.

b) Grafische Lösung

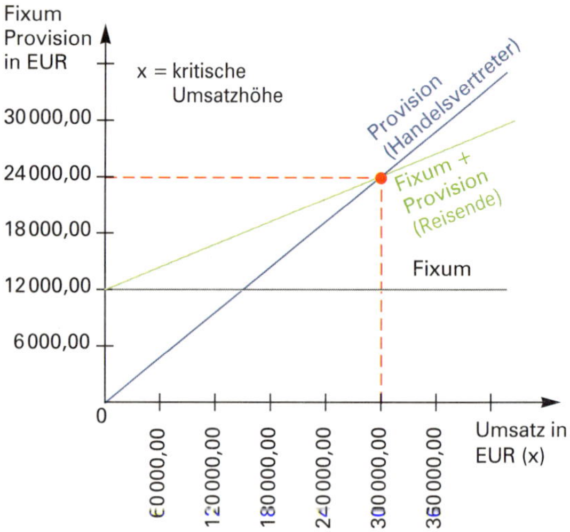

(6) Kommissionär

➜ Begriff Kommissionär

Merke:

Kommissionäre sind – soweit sie nach Art oder Umfang über einen in kaufmännischer Weise eingerichteten Geschäftsbetrieb verfügen – als **selbstständige Kaufleute** damit betraut, gewerbsmäßig Waren oder Wertpapiere in **eigenem Namen** und auf **Rechnung eines anderen** (des Kommittenten)[1] zu kaufen (Einkaufskommissionär) oder zu verkaufen (Verkaufskommissionär) [§ 383 HGB].

---

1 Kommittent: Auftraggeber (lat. committere: beauftragen); Kommission: Geschäftsbesorgung.

Die Verkaufskommissionäre sind nicht Eigentümer der Ware bzw. der Wertpapiere, dürfen aber das Eigentum auf Dritte übertragen. Die Forderung aus dem Verkauf der Kommissionsware bzw. der Wertpapiere müssen die Kommissionäre an den Kommittenten abtreten.[1]

Kommissionäre können in einem Dauervertragsverhältnis zum Kommittenten stehen. Sie können aber auch von Fall zu Fall Aufträge annehmen.

→ Rechte und Pflichten der Kommissionäre

Rechte	Pflichten
• Recht auf Provision [§§ 394, 396 I HGB]. • Anspruch auf Ersatz von Aufwendungen [§ 396 II HGB; §§ 670, 675 BGB]. • Selbsteintrittsrecht, d.h., Kommissionäre können Waren oder Wertpapiere, die sie einkaufen sollen, aus eigenen Beständen liefern. Waren und Wertpapiere, die sie verkaufen sollen, dürfen sie selbst übernehmen (kaufen) [§§ 400ff. HGB]. • Gesetzliches Pfandrecht [§ 397 HGB].	• Sorgfalts- und Haftpflicht [§§ 347, 384 HGB]. • Befolgungspflicht [§§ 384, 387 HGB]. • Benachrichtigungspflicht über den vollzogenen Ein- oder Verkauf [§ 384 II HGB]. • Abrechnungspflicht [§ 384 II HGB]. Die Verkaufskommissionäre müssen den Rechnungsbetrag abzüglich ihrer Provision abführen. Den Einkaufskommissionären steht der Einkaufspreis zuzüglich Provision zu.

Beispiel:

Geschäftsablauf bei einem Verkaufskommissionär mit Auslieferungslager:

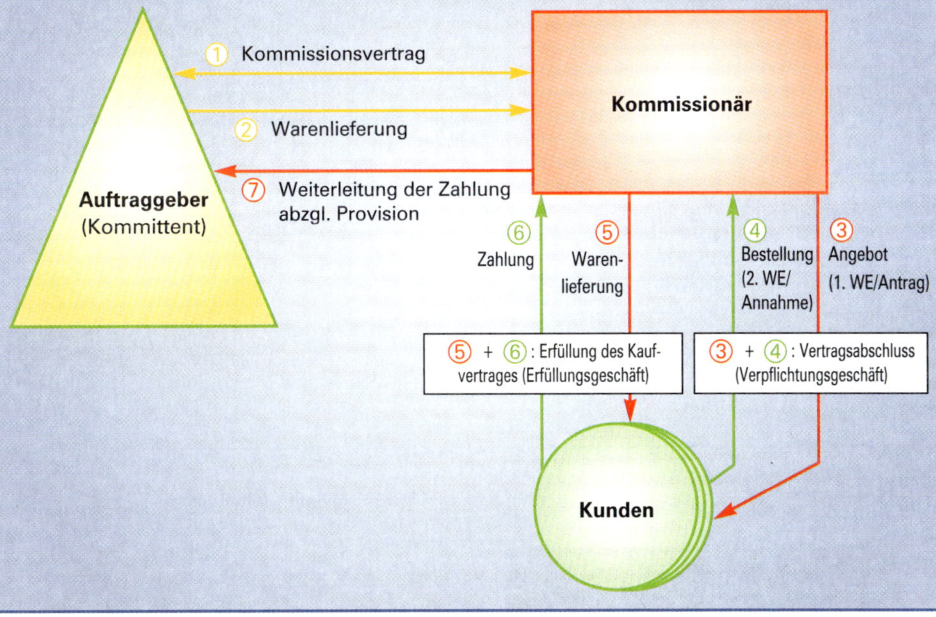

1 Die grundlegenden Rechtsvorschriften zur rechtsgeschäftlichen Abtretung (Zession) von Forderungen finden Sie in den §§ 398ff. BGB.

➜ Bedeutung

Kommissionäre als Absatzmittler haben nach wie vor im Binnen- und Außenhandel große Bedeutung. Im Binnenhandel liefern Industriebetriebe häufig Waren „in Kommission" an ihre Händler. Die **Kommissionäre (Händler)** haben den **Vorteil,** dass sie den Wareneingang nicht sofort bezahlen müssen und dennoch ihren Kunden ein breites oder tiefes Sortiment anbieten können. Der **Nachteil** für die Kommissionäre ist, dass die Provision in der Regel nicht so hoch wie der Gewinn ist, der bei einem „Eigengeschäft" erzielt werden könnte.

Der **Kommittent** zieht aus dem Kommissionsgeschäft ebenfalls **Vorteile**. Der wichtigste ist, dass er Lagerkosten spart und dennoch seine Erzeugnisse bzw. Waren in Kundennähe bringen kann. Ferner tritt er nach außen nicht in Erscheinung, was aus Wettbewerbsgründen vor allem im Außenhandel von Bedeutung sein kann. Andererseits trägt der Kommittent das **Absatzrisiko,** denn nicht verkaufte Kommissionsware muss wieder zurückgenommen werden.

(7) Franchising-System

Unter einem **Franchising-System** versteht man ein Vertriebssystem, bei dem Hersteller Lizenzen an Dienstleistungsunternehmen vergeben, die zum Anbieten einer exklusiven Ware oder Dienstleistung berechtigen. Die Franchisenehmer verpflichten sich andererseits zum Verzicht auf das Anbieten von Konkurrenzerzeugnissen und -dienstleistungen. Ein entscheidendes Merkmal des Franchising-Systems ist, dass der Franchisenehmer rechtlich selbstständig bleibt, das Geschäftsrisiko trägt und die vom Franchisegeber vorgeschriebene Geschäftsausstattung und -aufmachung übernimmt.

Merke:

Beim **Franchising** handelt es sich um eine vertraglich geregelte Kooperation zwischen rechtlich selbstständigen Unternehmen, bei der ein Franchisegeber einem Franchisenehmer die regionale Nutzung eines Geschäftskonzepts gegen Entgelt zur Verfügung stellt.

Der **Vorteil für den Hersteller** ist, dass er sich eigene Absatzkanäle schafft, die ihm die Konkurrenz nicht mehr streitig machen kann, ohne dass die gleichen Kosten wie bei der Errichtung eigener Verkaufsniederlassungen entstehen.

Der **Franchisenehmer hat den Vorteil,** dass er die Erfahrungen eines großen Herstellers nutzen kann, die Beschaffungskosten verringern kann und die Kosten für das Marketing (vor allem die Werbekosten) spart. Zudem übernimmt der Franchisegeber auch zentral die Weiterentwicklung des Produkts.

Beispiele für Franchising-Systeme:

UNITED COLORS OF BENETTON. | PC SPEZIALIST Hilfe vom Spezialisten | OBI® | ich liebe es®

Zusammenfassung

- **Distribution** heißt Verteilung der Produkte.
- Die **Distributionspolitik** befasst sich mit der Frage, wie das Produkt an den Käufer herangetragen werden kann. Deshalb umschließt die Distributionspolitik sowohl die Absatzmethode als auch das Problem des Gütertransports.
- Eine Aufgabe der Absatzmethode ist die Wahl der **geeigneten Absatzwege** (Vertriebswege).
- Es ist zwischen **direktem Absatz** und **indirektem Absatz** zu unterscheiden.
- Zu den **Absatzhelfern (Absatzmittlern)** gehören z. B. Handlungsreisende, die Handelsvertreter und die Kommissionäre.

Merkmale	Handlungsreisende	Handelsvertreter	Kommissionäre
1. **Begriff**	Fest angestellte Mitarbeiter (Handlungsgehilfen) eines Unternehmens; streng weisungsgebunden; vermitteln oder schließen Geschäfte in fremdem Namen und für fremde Rechnung ab.	Selbstständige Gewerbetreibende, die ständig damit betraut sind, für ihre Auftraggeber Geschäfte zu vermitteln oder in fremdem Namen und für fremde Rechnung abzuschließen.	Selbstständige Gewerbetreibende, die ständig oder fallweise für ihre Auftraggeber Waren oder Wertpapiere verkaufen oder einkaufen, und zwar in eigenem Namen, aber für fremde Rechnung.
2. **Rechtsstellung**	Keine Kaufleute, keine Firma, keine Handelsbücher.	Kaufleute, wenn ihr Gewerbe nach Art oder Umfang eine kaufmännische Einrichtung erforderlich macht. Ist dies der Fall, müssen sie sich in das Handelsregister eintragen lassen.	
3. **Arten**	– Vermittlungsreisende – Abschlussreisende	– Vermittlungsvertreter – Abschlussvertreter	– Einkaufskommissionäre – Verkaufskommissionäre
4. **Art des Vertrags**	Arbeitsvertrag (Dienstvertrag) [§§ 611–630 BGB]	Vertretungsvertrag (Agenturvertrag) [§§ 84 ff. HGB]	Kommissionsvertrag [§§ 383 ff. HGB]
5. **Vergütung**	– Gehalt (Fixum) – Umsatzprovision – Spesenersatz	– Umsatzprovision – Delkredereprovision	– Umsatzprovision – Delkredereprovision
6. **Pflichten**	(1) alle Pflichten der kfm. Angestellten (2) Mängelrügen entgegennehmen (3) Reisebericht erstellen (4) bei Inkassovollmacht – einkassieren – abrechnen	(1) Sorgfalts- und Haftpflicht (2) Bemühungspflicht (3) Benachrichtigungspflicht (4) Interessenwahrungspflicht (5) Schweigepflicht (6) Einhaltung der Wettbewerbsabrede	(1) Sorgfalts- und Haftpflicht (2) Befolgungspflicht (3) Benachrichtigungspflicht (4) Abrechnungspflicht
7. **Rechte**	Alle Rechte der kaufmännischen Angestellten	(1) Recht auf Vergütung (s. Punkt 5) (2) Ausgleichsanspruch (3) Recht auf Bereitstellung von Unterlagen (4) Ersatz von Aufwendungen (5) gesetzliches Zurückbehaltungsrecht	(1) Recht auf Vergütung (s. Punkt 5) (2) Selbsteintrittsrecht (3) Gesetzliches Zurückbehaltungsrecht (4) Ersatz von Aufwendungen

Aufgaben zur Sicherung und Vertiefung des Lernerfolgs

73 1. Entscheiden Sie, ob aus der Sicht der Hersteller indirekter oder direkter Absatz vorliegt. Begründen Sie Ihre Antwort!

1.1 Hersteller – Handelsvertreter – Einzelhändler – Verbraucher

1.2 Hersteller – Reisender – Einzelhändler – Verbraucher

1.3 Hersteller – Reisender – Verbraucher

1.4 Hersteller – Kommissionär – Großhändler – Verwender

2. Nennen Sie je einen Vor- und einen Nachteil
   2.1 des direkten und
   2.2 des indirekten Absatzes für den Verbraucher!

3. Die Geschäftsleitung der Kolb & Co. KG steht vor der Entscheidung, entweder Handelsvertreter oder Reisende einzusetzen. Für die Reisenden muss sie monatlich insgesamt 20000,00 EUR Fixum zahlen. Die Reisenden erhalten 4% Umsatzprovision, die Vertreter 9%. Der erwartete Monatsumsatz beträgt durchschnittlich 500000,00 EUR.

   Aufgaben:

   3.1 Erläutern Sie den Unterschied zwischen Reisenden und Handelsvertretern an mindestens vier Merkmalen!

   3.2 Weisen Sie rechnerisch nach, ob der Einsatz von Reisenden oder von Handelsvertretern kostengünstiger ist!

   Bearbeitungshinweis: Fertigen Sie eine Tabelle nach folgendem Muster an:

Umsatz	Kosten für Handlungsreisende			Kosten für Handelsvertreter (Provision)
	Fixum	Provision	insgesamt	

   3.3 Ermitteln Sie zeichnerisch die kritische Umsatzhöhe!

   3.4 Nennen Sie Gründe, die – unabhängig von Kostenüberlegungen –
   3.4.1 für die Einstellung von Reisenden,
   3.4.2 für den Einsatz von Handelsvertretern sprechen!

   3.5 Herr Schnell ist als Handlungsreisender bei der Kolb & Co. KG beschäftigt. Über das Gesetz hinausgehende Vollmachten wurden Schnell nicht erteilt. Der Kunde Knetz reklamiert bei Schnell frist- und formgerecht eine Lieferung. Schnell sagt einen Preisnachlass von 20% zu. Beim Kunden Knurr kassierte er eine Rechnung der Kolb & Co. KG in Höhe von 850,00 EUR.
   3.5.1 Begründen Sie, ob Schnell berechtigt war, die Mängelrüge entgegenzunehmen und einen Preisnachlass zu gewähren!
   3.5.2 Begründen Sie weiterhin, ob Schnell die 850,00 EUR einkassieren durfte!

4. Die Pralinen-Auer GmbH in Kurstadt setzt Handelsvertreter ein. Unter anderen ist Frau Helga Braun Handelsvertreterin der Pralinen-Auer GmbH. Nun schließt sie ohne Wissen ihres Auftraggebers einen weiteren Agenturvertrag mit der Schoko-Kern e.K. ab.

   Aufgaben:

   4.1 Erläutern Sie, was unter einem Agenturvertrag zu verstehen ist!

   4.2 Begründen Sie, ob Frau Braun einen Agenturvertrag mit der Schoko-Kern e.K. abschließen durfte!

4.3 Bei der Pralinen-Auer GmbH überlegt man sich auch, anstelle der Handelsvertreter Kommissionäre einzusetzen.

4.3.1 Definieren Sie den Begriff Kommissionär!

4.3.2 Welche Vor- und Nachteile hat es, wenn statt Handelsvertreter Verkaufskommissionäre eingesetzt werden?

5. Welche Vor- und Nachteile hat das Kommissionsgeschäft

5.1 für den Kommittenten,

5.2 für den Kommissionär (z.B. einen Einzelhändler) selbst?

6. Welche Vorteile hat der Kommissionär gegenüber dem Handelsvertreter aus der Sicht des Auftraggebers?

74 Fallstudie: Snow-Swinger[1]

I. Sachverhalt

Die Scheib AG ist ein bekannter Hersteller von Wintersportartikeln. Der Scheib AG ist es gelungen, ein neues Sportgerät zu entwickeln, das eine Kombination zwischen Ski und Schlitten darstellt. An einen gepolsterten Sitz werden ein Paar Skier mit Hilfe von Gelenken so anmontiert, dass die Skier durch Gewichtsverlagerung verkantet werden können. Auf diese Weise erzielt man mit dem neuen Gerät ein Fahrverhalten, das dem Parallelschwingen des Skifahrers ähnlich ist. Die Scheib AG nennt das neue Gerät „Snow-Swinger". Es wird weltweit patentiert.

Für den „Snow-Swinger" wurde ein möglicher Zielverkaufspreis ab Werk von 250,00 EUR ermittelt. Der empfohlene Ladenverkaufspreis soll 390,00 EUR betragen.

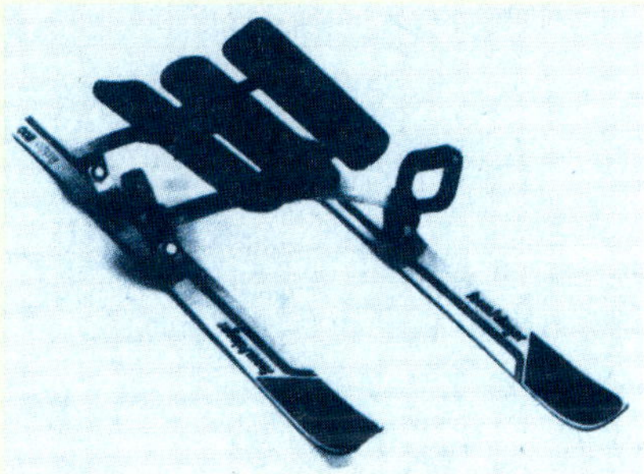

Da der Markt für Skier inzwischen eine gewisse Sättigung erreicht hat, setzt die Unternehmensleitung auf die Einführung des „Snow-Swinger" große Hoffnungen. Um beim Absatz des „Snow-Swinger" ein optimales Ergebnis zu erzielen, will die Unternehmensleitung bei der Aufstellung ihres Absatzplans deshalb auch die Effektivität[2] ihres bisherigen Absatzwegs überprüfen.

Die seitherigen Produkte wurden auf direktem Absatzweg durch Reisende der Scheib AG unmittelbar an den Einzelhandel verkauft (Absatzweg 1). Man war der Meinung, dass der Reisende aufgrund seines Angestelltenverhältnisses, seiner Weisungsgebundenheit und seiner festen, geregelten Arbeitszeit die höchsten Leistungen erbringt. Außerdem erschien es als Vorteil, dass er ein festes Gehalt bezieht und dass man ihm durch die Gewährung einer Umsatzprovision einen Leistungsanreiz schaffen kann.

Schon seit einiger Zeit ist jedoch die Unternehmensleitung mit dem von den Reisenden erzielten Ergebnis nicht mehr zufrieden. In einer Konferenz der Unternehmensleitung vertritt der Leiter der Marketing-Abteilung folgende Meinung: „Die Leistungsintensität[3] bedingt wesentlich den wirtschaftlichen Erfolg des Absatzwegs. Ein Handelsvertreter kann als selbstständiger Unternehmer im Gegensatz zum Handlungsreisenden nur Einkommen erzielen, wenn er Umsätze tätigt, denn er erhält als Vergütung nur Provision. Er muss also unablässig für die von ihm vertretenen Unternehmen Geschäfte vermitteln. Sein eigenes geschäftliches Interesse treibt ihn zu immer neuen Bemühungen bei der Kundenbearbeitung. Er hat den ständigen Zwang zum Umsatz im Nacken. Der Erfolg ist ihm wichtiger als die Arbeitszeit."

---

1 Die Verfasser dieser geringfügig geänderten Fallstudie sind Werner Dorsch und Eckhard Klett.

2 Effektivität (lat.): Leistung.

3 Intensität: Stärke.

Dagegen wendet der Leiter der Einkaufsabteilung ein, dass nach seiner Erfahrung Handelsvertreter am liebsten Großkunden bearbeiten und kleine Abnehmer wegen der geringen Provisionserwartung gern vernachlässigen.

Die Unternehmensleitung muss in dieser Frage zu einer Entscheidung kommen, da bereits feststeht, dass die Kapazität des bisherigen Absatzwegs über Handlungsreisende erschöpft ist. Der Absatz des „Snow-Swinger" erfordert daher entweder den Ausbau des bisherigen Absatzwegs oder die Wahl eines neuen Absatzwegs.

Herr Friedrich ist Sachbearbeiter in der Marketing-Abteilung der Scheib AG und soll der Unternehmensleitung einen Vorschlag machen!

II. Zusatzangaben

1. Absatzprognose

Das Institut für Absatzförderung e.V., Stuttgart, hat im Auftrag der Scheib AG die Umsatzerwartungen der beiden Absatzwege Handlungsreisender und Handelsvertreter ermittelt. Nach diesen Marktforschungsergebnissen hat die Scheib AG in den ersten drei Jahren mit folgenden Umsätzen zu rechnen:

Gesamtumsatz 1.–3. Jahr		
Absatzweg 1:	Handlungsreisender	5200 Stück
Absatzweg 2:	Handelsvertreter	4320 Stück

2. Kostenerwartungen

Scheib AG – Abteilung Rechnungswesen

	Absatzweg 1	Absatzweg 2
Einmalige Investition	200000,00 EUR	40000,00 EUR
Fixkosten jährlich	100000,00 EUR	60000,00 EUR
Variable Stückkosten	90,00 EUR	110,00 EUR

3. Entscheidungsbewertungstabelle

Anforderungen des Unternehmens	Diesen Anforderungen entspricht	
	der Handlungsreisende (Punkte)	der Handelsvertreter (Punkte)
1. Unmittelbarer Kontakt Hersteller – Einzelhändler	...	...
2. Einsatzbereitschaft	...	...
3. Möglichkeit zur Marktbeobachtung	...	...
4. Ansehen beim Kunden (Image)	...	...
5. Möglichkeit zum Vertrieb von Komplementärartikeln[1]	...	...
6. Branchenkenntnis	...	...
7. Möglichkeit zur Tätigkeitskontrolle	...	...
8. Weisungsgebundenheit	...	...
9. Eigeninteresse am Umsatz	...	...
10. Marktausschöpfung	...	...
11. Voller Einsatz für ein Produkt	...	...
12. Gewissenhaftigkeit	...	...
Gesamtpunkte	...	...

1 **Komplementärgüter** sind sich **gegenseitig ergänzende Güter** wie z.B. Bohrer und Bohrmaschine, Füller und Tinte.

4. Gewinnerwartung der Absatzwegalternativen

	Absatzweg 1	Absatzweg 2
Umsatzerwartung in Stück Preis/Stück in EUR Erlöse in EUR	... ...	... ...
Investitionen in EUR Fixkosten in EUR (3 Jahre) Variable Stückkosten in EUR	... ...	... ...
Gesamtkosten in EUR	...	...
Gesamt-Stückkosten in EUR	...	...
Gewinn pro Stück in EUR	...	...
Gesamtgewinn in EUR	...	...

Aufgaben:

1. Verwenden Sie die unter 3. vorgegebene Entscheidungsbewertungstabelle[1] und gewichten Sie Ihre Bewertung durch die Vorgabe von jeweils 0–3 Punkten!

   Bearbeitungshinweis: Beachten Sie dabei die Zusatzangaben Nr. 1 und Nr. 2!

2. Berechnen Sie den voraussichtlichen Gesamtgewinn (4.), wenn sich die Scheib AG für die Beibehaltung des bisherigen Absatzwegs entscheidet!

3. Wie viel EUR beträgt der voraussichtliche Gesamtgewinn, wenn die Scheib AG künftig den Absatzweg über Handelsvertreter wählt?

75 Textauszug:

Ein Markt für Smart Shopper[2]

Ein Markt für Schnäppchenjäger, wie er im Buche steht. Auf 10000 Quadratmeter bieten 70 Modefirmen Überschüssiges und Fehlerhaftes zum Sonderpreis an. BX, wie die nahe Bundesstraße, nennt sich der Schnäppchen-Park mit Restaurant, Gratis-Kinderbetreuung und kostenloser Garage für 1200 Autos.

„Ferre, Fendi, Armani, Gucci, Dolce & Gabbana, Baldini, Prada“: Der Manager zählt lustvoll die Garde der internationalen Designer auf, die dem Outlet-Center die Ehre geben. Noch reizvoller als das Abc der Nobelschneider ist für ihn die Rechnung mit dem Ersparten: „Dieses Aigner-Teil hat vor einem halben Jahr auf dem Kurfürstendamm noch das Doppelte gekostet.“

Edelmarken wie Cerruti verhökern im BX Restkollektionen aus der vorigen Saison, Musterteile und Ware mit kleinen Fehlern bis zu 70 Prozent unter dem empfohlenen Richtpreis. Da kostet der Escada-Blazer gerade noch 200 Euro, die Armani-Jeans ist für 80 Euro zu haben, und für das Abendkleidchen von Gianfranco Ferre muss ein knapper Tausender auf den Tisch gelegt werden.

Amerika zeigt, wie es geht: „Shop till you drop“ – Einkaufen bis zum Umfallen – heißt das Motto in den Einkaufsmeilen. Hier wurde der Konsum zur Freizeitbeschäftigung erhoben, hier wird alles getan, um den Verbrauchern das Geldausgeben so angenehm wie möglich zu machen. Ein Ferientag in den Shopping Mails – für Touristen die Attraktion. Das größte Einkaufszentrum, die Mall of America in Minnesota, wird jährlich von 43 Millionen Menschen besucht. Das sind mehr als in Disney World, im Grand Canyon und in Graceland zusammen.

1 Sofern Sie nicht Eigentümer des Schulbuches sind, übertragen Sie bitte zur Lösung der Fallstudie das Schema Nr. 3 und Nr. 4 in Ihr Hausheft.

2 Smart (engl.): schlau; Shopper: Käufer, Einkäufer. Smart Shopper: schlauer Käufer, Schnäppchenjäger.

Der amerikanische Modehandel ist ohnehin im Vorteil: Er nimmt die Waren nur in Kommission. Was liegen bleibt, geht an den Hersteller zurück. Der verscherbelt die „Second Season“-Stücke dann en gros in den mittlerweile 330 Factory-Outlet-Centern. Zwei Prozent des Umsatzes im Einzelhandel werden in Amerika mit der Markenware zu reduzierten Preisen erzielt. Mehr ist nicht drin, der Markt scheint gesättigt zu sein. Auch Großbritannien gilt mit 23 Factory-Outlets als komplett versorgt.

Da lockt der Markt im Schnäppchen-Entwicklungsland Deutschland. Das BX ist nur der Anfang, 30 weitere sollen folgen. [...]

Während sich Bürgermeister in ländlichen Regionen Arbeitsplätze und Gewerbesteuer von der Ansiedlung von Outlets versprechen, sieht der Einzel- und Fachhandel seine Existenz bedroht. Unterstützung bekommen sie von den Raumplanern, die ausgeblutete Innenstädte fürchten. Die Zentren können zwar zur Belebung eines Standorts führen, heißt es in einer eben veröffentlichten Stellungnahme des Wirtschaftsministeriums in Berlin. Vor allem der traditionelle Facheinzelhandel müsse sich aber auf eine erhebliche Konkurrenz einstellen. Deshalb solle „sehr restriktiv“ über neue Zentren entschieden werden. Die Bundesregierung werde jedenfalls nichts tun, um die Ansiedlung von Fabrikverkaufszentren mit vielen Ladengeschäften zu erleichtern.

Quelle: Kistler, P.: Pilgerfahrt zum Mekka der Marken, in: Badische Zeitung vom 29. Juli 2000.

Aufgaben:

1. Erläutern Sie den Begriff Factory-Outlet!
2. Worin besteht die Besonderheit des im Text beschriebenen Factory-Outlets?
3. Wie unterscheidet sich das Factory-Outlet vom herkömmlichen (konventionellen) Direktverkauf (Fabrikverkauf)?

12.3.5 Entwicklung eines Absatzmarketingkonzepts (Marketing-Mix)

Nach der Marktanalyse und den erarbeiteten Marktprognosen für die **Geschäftsidee** und einer Klärung der zur Verfügung stehenden Marketinginstrumente stehen im Rahmen des **Geschäftsprozesses „Marketing“** die konkreten Marketingentscheidungen an.

Merke:

- Unter **Absatzmarketingkonzept** versteht man die individuelle Art und Weise, wie ein Unternehmen das absatzpolitische Instrumentarium einsetzt.
- Die jeweilige **Kombination der Marketinginstrumente** bezeichnet man als **Marketing-Mix.**

12.3.5.1 Strategische Marketingentscheidungen

(1) Festlegung der Unternehmensziele

Eine grundlegende Entscheidung ist die Festlegung von **strategischen[1] Unternehmenszielen (Oberziele)**. Mögliche Oberziele können sein:[2]

- **Gewinnmaximierung**: Maximaler Gewinn heißt, die größtmögliche Differenz zwischen Umsatzerlösen und Kosten anzustreben.
- **Umsatzmaximierung**: Umsatzsteigerungen werden durch die Stärkung der eigenen Wettbewerbsposition und Verdrängung der Konkurrenten vom Markt erreicht.
- **Streben nach Marktmacht**: Insbesondere etablierte[3] Unternehmen schützen sich durch den Aufbau hoher Eintrittsbarrieren vor neuen Anbietern, z. B. durch aggressive Preispolitik. Ein Existenzgründer muss entweder eine völlig neue Geschäftsidee haben, gleich „groß" ins Geschäft einsteigen oder einen Erlösnachteil hinnehmen.
- **Sicherung der Liquidität (Zahlungsfähigkeit)**: Die Preispolitik soll die jederzeitige Zahlungsfähigkeit des Unternehmens erhalten.
- **Kundenzufriedenheit**: Kundenorientierung und die damit verbundene Kundenzufriedenheit wird u.a. durch intensive Marktforschung erreicht. Das Halten auch ertragsschwacher Produkte im Sortiment erhöht außerdem die Kundentreue.
- **Sicherung der Arbeitsplätze**: Manchmal werden ertragsschwache Produkte nicht aus dem Programm genommen, um die Arbeitsplätze zu sichern.
- **Förderung des gesellschaftlichen Lebens**: Bei der verfolgten Geschäftsidee steht mehr Lebensqualität für die Gesellschaft im Mittelpunkt.

Die genannten Unternehmensziele stehen oft miteinander im Zielkonflikt. Deutlich wird das beispielsweise bei der Gegenüberstellung von Gewinnmaximierung und Sicherung der Arbeitsplätze. Die Festlegung der Unternehmensziele ist daher ein echtes Entscheidungsproblem.

Beispiel:

Sven Wagner, der ein Spezialgeschäft für Trend-, Extrem- und Funsportarten gründen möchte (vgl. Kapitel 12.2, S. 133), setzt in den ersten Jahren vorrangig auf Kundenzufriedenheit und die Förderung des gesellschaftlichen Lebens. Beide Ziele sichern ihm langfristig eine gute Marktposition. Gerade im Sportbereich sind gute Kontakte zu den Vereinen und das Engagement bei öffentlichen Veranstaltungen wichtig.

(2) Auswahl möglicher Zielmärkte

Für die konkrete Umsetzung einer Geschäftsidee muss sich der Jungunternehmer aus dem möglichen Kundenkreis auf einige Zielgruppen beschränken, um sich nicht zu verzetteln. Die Auswahl der Zielmärkte erfordert z. B. folgende Entscheidungen:

- Sollen die Kunden Konsumenten und/oder Wiederverkäufer (Händler) sein?
- Soll sich das Angebot an Kinder, Jugendliche, Erwachsene oder Senioren richten?
- Sollen Durchschnittsverdiener oder Besserverdienende angesprochen werden?

---

1 Strategie: Kriegskunst, hier: Zielvorgabe, Planung. Hier im Sinne von langfristig.

2 Vgl. Coca-Cola GmbH (Hrsg.): Marke, Markt und Marketing, Essen o.J., S. 26.

3 Etablieren: festlegen, einen sicheren Platz gewinnen.

- Soll eine Spezialisierung auf Kunden mit Sonderwünschen erfolgen?
- Soll der Zielmarkt regional, national oder international ausgelegt werden?

Beispiel:

Hinsichtlich Sven Wagners Geschäftsidee, ein Spezialgeschäft für Trend-, Extrem- und Funsportarten für Endkunden zu gründen (vgl. Kapitel 12.2, S. 133), ist eine differenzierte Betrachtung der verschiedenen Zielgruppen notwendig:

Während mit Trendsportarten (z.B. Nordicwalking oder Inlineskating) alle Altersklassen angesprochen werden können, beschränkt sich dies bei den Funsportarten (z.B. Bungeejumping oder Zorbing) auf Jugendliche und junge Erwachsene. Bei den Extremsportarten (z.B. Freeclimbing, Tauchen oder Fallschirmspringen) ist der Zielmarkt wieder ein anderer. Er beschränkt sich weitgehend auf besonders sportliche Jugendliche und Erwachsene.

Da Sport häufig in der freien Natur ausgeübt wird (z.B. Snowboarding), ist der Zielmarkt bei bestimmten Sportarten stark von den regionalen Gegebenheiten abhängig.

(3) Festlegung einer strategischen Zielsetzung

Die Festlegung der Unternehmensziele hat einen unmittelbaren Einfluss auf die Festlegung der strategischen Marketingziele. Nebenstehende Grafik[1] verdeutlicht noch einmal die bereits erwähnten Zielkonflikte. So ist es unmöglich, das Ziel der Qualitätsführerschaft mit einer Niedrigpreis-Strategie erreichen zu wollen. Eine aggressive Preisstrategie ist nur mit Massenartikeln und eben nicht mit Nischenprodukten umsetzbar.

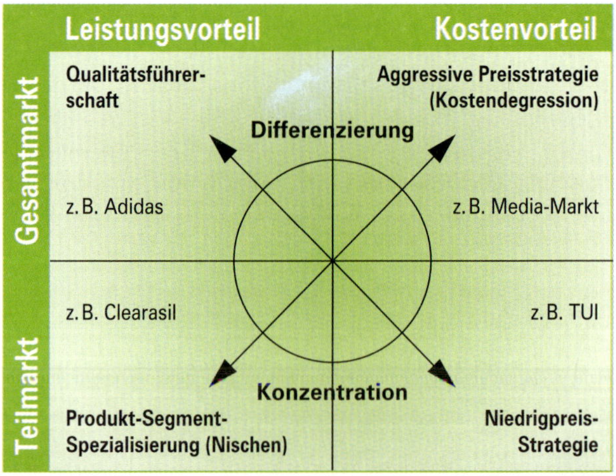

Beispiel:

Auf der Grundlage von Sven Wagners Geschäftsidee, ein Spezialgeschäft für Trend-, Extrem- und Funsportarten zu gründen (vgl. Kapitel 12.2, S. 133), und ausgehend von den gesetzten Unternehmenszielen (vgl. Beispielfortführung, S. 189) ist folgende strategische Grundkonzeption denkbar:

Sven Wagner stellt nicht den Kostenvorteil, sondern den Leistungsvorteil in den Vordergrund seiner Überlegungen. Nur ein qualitativ hochwertiges Sortiment gewährleistet dauerhafte Kundenzufriedenheit. Kundenbindung und Förderung des gesellschaftlichen Lebens kann er mit einer Produkt-Segment-Spezialisierung in Form von Kursen zu den verschiedenen Sportarten und Reisen zu entsprechenden Sportevents erreichen.

1 Quelle: in Anlehnung an Coca-Cola GmbH (Hrsg.): Marke, Markt und Marketing, Essen o.J., S. 23.

12.3.5.2 Taktische Marketingentscheidungen

(1) Ableitung von Marketing-Unterzielen

Aus den strategischen Marketingentscheidungen (Vorgabe der Oberziele) sind geeignete taktische[1] Marketingentscheidungen (Unterziele, Vorgehensweisen) abzuleiten.

Nachfolgende Tabelle verdeutlicht den Zusammenhang zwischen den gesetzten Oberzielen und den damit verbundenen Unterzielen:

Oberziele	Unterziele
Gewinnmaximierung	Beschränkung auf gängige Standardprodukte; Selbstbedienung
Umsatzmaximierung	Intensive Werbung; Leitpreis unterbieten
Streben nach Marktmacht	Preiskampf; Massenware
Sicherung der Liquidität	Verkäufe in bar oder gegen Vorauskasse; Gewährung von Kundenskonto
Kundenzufriedenheit	Nur Qualitätsprodukte, gute Beratung und guter Service
Sicherung der Arbeitsplätze	Breites Sortiment, geringer Gewinnaufschlag
Förderung des gesellschaftlichen Lebens	Sponsoring von Vereinen

Beispiel:

Ausgehend von Sven Wagners Geschäftsidee, ein Spezialgeschäft für Trend-, Extrem- und Funsportarten zu gründen (vgl. Kapitel 12.2, S. 133), und den in diesem Kapitel bereits getroffenen strategischen Marketingentscheidungen ergeben sich für Sven Wagner folgende Marketing-Unterziele:

- qualitätsbewusste Sortimentsgestaltung
- gute Beratung und guter Service
- Einführungskurse für Sportneulinge
- Sponsoring von Sportvereinen
- Förderung des Breitensports
- Organisieren von Sportevents

(2) Festlegung des Marketing-Mix

Im letzten Schritt geht es um eine sinnvolle **Kombination der verschiedenen Marketinginstrumente,** d.h. um die Festlegung des konkret auf eine Geschäfts- oder Produktidee zugeschnittenen **Marketing-Mix.**

Beispiel:

Im Hinblick auf Sven Wagners Geschäftsidee, ein Spezialgeschäft für Trend-, Extrem- und Funsportarten zu gründen (vgl. Kapitel 12.2, S. 133), und die für dieses Beispiel formulierten Marketing-Unterziele ist folgender Marketing-Mix denkbar:

1 Taktik: geschicktes Vorgehen, planmäßiges Ausnutzen einer Situation. Hier im Sinne von kurzfristig.

12.3.5.3 Konzepte zur Verfeinerung der Marketingentscheidungen

(1) Grundlegendes

Die bei der Existenzgründung getroffenen Marketingentscheidungen bedürfen laufend der Überprüfung und Verfeinerung. Je nach Konsumtrend und Konkurrenzsituation ist neu zu entscheiden,

- welche Produkte man besonders fördern will,
- auf welchen Märkten man agieren möchte und
- in welchem Umfang man Marketinginstrumente einsetzen will.

Die Lösung dieser Fragestellungen hängt insbesondere von zwei Faktoren ab: (1) vom „Lebensalter" der Produkte **(Konzept des Produktlebenszyklus)** und (2) vom Marktanteil des Produkts sowie den damit verbundenen Wachstumsaussichten **(Konzept des Marktwachstums-Marktanteil-Portfolios)**.

(2) Konzept des Produktlebenszyklus

→ Fragestellung

Auf den Absatzerfolgen eines Produktes kann ein Unternehmen sich nicht ausruhen, denn kein Produkt kann ewig „leben“. Es muss daher jeweils überlegt werden, ob die Lebensdauer des Produkts verlängert und damit Gewinne erwirtschaftet werden können.

Merke:

Das **Modell des Lebenszyklus von Produkten** möchte den „Lebensweg“ eines Produktes, gemessen an **Umsatz** und **Gewinnhöhe,** zwischen der Markteinführung des Produktes und dem Ausscheiden aus dem Markt darstellen.

Die Theorie unterteilt die Lebensdauer eines Produktes in verschiedene charakteristische Phasen und ermöglicht somit Hinweise dafür, wie sich der Absatz der einzelnen Produkte voraussichtlich entwickeln wird, falls keine besonderen Marketinganstrengungen erfolgen. Kann man ermitteln, in welcher Phase sich ein Produkt gerade befindet, lassen sich die marketingpolitischen Instrumente gezielter planen und einsetzen. Es stellen sich daher zwei Fragen:

- Was versteht man unter einem Produktlebenszyklus?
- Welche Marketingstrategien sind für die einzelnen Stufen des Produktlebenszyklus geeignet?

→ Phasen des Produktlebenszyklus

- **Überblick über den Lebenszyklus eines Produktes**

Die Grundüberlegung des Modells soll zunächst an einem Beispiel aufgezeigt werden.

Beispiel:

Wird ein neuer Sportartikel auf den Markt gebracht, muss das Unternehmen das Bekanntwerden des Produktes, das Käuferinteresse, das erste Ausprobieren und den Kauf fördern. Das braucht Zeit, denn in der Einführungsphase werden nur wenige Kunden den neuen Sportartikel kaufen. Entwickelt sich eine neue Trendsportart (z.B. Nordicwalking), lässt sich damit eine wachsende Zahl von Käufern ansprechen. Der Markteintritt von Konkurrenten beschleunigt die Kaufbereitschaft, denn damit wird die Bekanntheit des neuen Trendsportartikels am Markt gefördert und die Produktpreise werden gesenkt. Noch mehr Käufer kommen hinzu. Das Produkt wird inzwischen allgemein akzeptiert. Die Wachstumsraten gehen aber dann zurück, wenn die Zahl der potenziellen Käufer allmählich erschöpft ist. Der Absatz stabilisiert sich. Schließlich geht das Absatzvolumen zurück, wenn ein neuer Trend das Käuferinteresse vom bisherigen Trendsportartikel ablenkt.

Formuliert man das Konzept des Produktlebenszyklus in allgemeiner Form, so lässt sich der Lebenszyklus eines Produktes in idealtypischer Weise in vier unterscheidbare Phasen gliedern.

13 Speth u. a. – ISBN 3-8120-0529-8

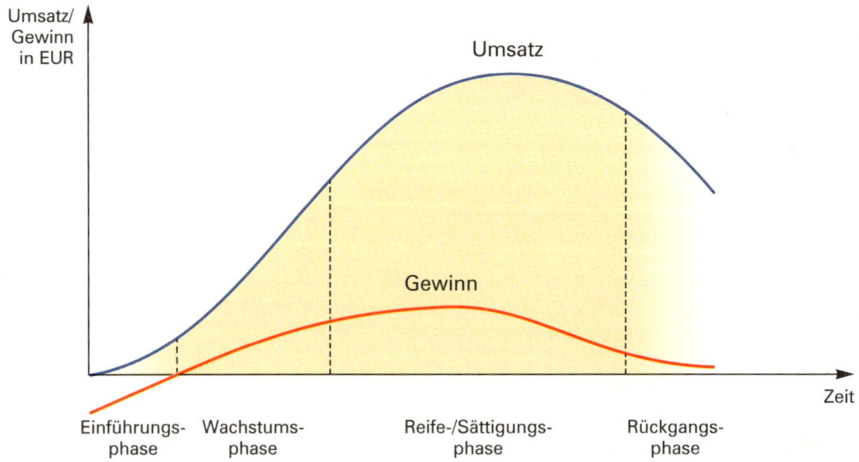

Umsatz- und Gewinnverlauf im Produktionszyklus

Je nach Produkttyp ist die Dauer der einzelnen Phasen und der Verlauf der Umsatz- und Gewinnkurven unterschiedlich. Der abgebildete Kurvenverlauf ist daher als ein idealisierter Spezialfall unter verschiedenen möglichen Verläufen anzusehen. In der Praxis kommt es zu einer Vielzahl davon abweichender Kurvenverläufe.

- **Einführungsphase**

Die Einführungsphase beginnt mit dem Eintritt des Produktes in den Markt. In dieser Phase dauert es einige Zeit, um das Produkt von Marktregion zu Marktregion zu verbreiten und die Abneigung der Kunden, ihr gewohntes Konsumverhalten zu ändern, zu überwinden. In diesem Stadium werden **zunächst Verluste** oder nur **geringe Gewinne** erwirtschaftet, da die **Verkaufszahlen niedrig** und die Aufwendungen für die Vermarktung hoch sind. Handelt es sich um ein wirklich neues Produkt, gibt es zunächst noch keine Wettbewerber.

Um dem Produkt den Durchbruch auf dem Markt zu ermöglichen, ist die **Werbung** das wirksamste Instrument. Daneben gilt es, das Distributionsnetz auszubauen. Allgemeine Aussagen zur Preispolitik sind schwierig. In der Regel wird so verfahren, dass Massenkonsumartikel für eine befristete Einführungszeit zu einem niedrigen Preis angeboten werden. Bei höherwertigen Gebrauchsgütern wird eine „Abschöpfungsstrategie" betrieben, bei der man später dann die Preise langsam senkt. Das neue Produkt wird zunächst meist nur in der Grundausführung hergestellt.

Merke:

Marketingziel der Einführungsphase ist es, das **Produkt bekannt** zu machen und **Erstkäufe herbeizuführen**.

- **Wachstumsphase**

Die Wachstumsphase tritt ein, wenn die **Absatzmenge rasch ansteigt.** Die Mehrheit der infrage kommenden Kunden beginnt zu kaufen. Die Chance auf hohe Gewinne lockt neue Konkurrenten auf den Markt. Die Preise bleiben aufgrund der regen Nachfrage stabil oder fallen nur geringfügig. Da sich die Kosten der Absatzförderung auf eine größere Absatzmenge verteilen und zudem die **Fertigungskosten** aufgrund der größeren Produktionszahlen **sinken, steigen** die **Gewinne** in dieser Phase.

Die Werbung wird in dieser Phase noch nicht nennenswert herabgesetzt. Die Preise werden erhöht, sofern bei Markteintritt eine Niedrigpreispolitik betrieben wurde, bzw. abgesenkt, wenn zunächst eine Hochpreispolitik vorgenommen wurde. In der Produktpolitik wird in der Regel so verfahren, dass die Produktqualität verbessert, neue Ausstattungsmerkmale entwickelt und das Design aktualisiert wird.

Merke:

Marketingziel der Wachstumsphase ist es, einen **größtmöglichen Marktanteil** zu erreichen.

- **Reife- und Sättigungsphase**

Die Reife- und Sättigungsphase lässt sich in **drei** Abschnitte untergliedern. Im **ersten** Abschnitt verlangsamt sich das **Absatzwachstum,** im **zweiten** Abschnitt kommt es zur **Marktsättigung,** sodass der Umsatz in etwa **konstant** bleibt. Im **dritten** Reifeabschnitt wird der Prozess des **Absatzrückgangs** eingeleitet. Die Kunden fangen an, sich anderen Produkten zuzuwenden. Dies führt in der Branche zu Überkapazitäten und löst einen verschärften Wettbewerb aus. Die Gewinne gehen zurück. Die schwächeren Wettbewerber scheiden aus dem Markt aus.

Die Wettbewerber versuchen in der Reife- und Sättigungsphase, insbesondere durch **Produktmodifikationen**[1] wie Qualitätsverbesserungen (z. B. leichtere Materialien [Carbon-Stöcke], bessere Haltbarkeit), Verbesserung der Produktausstattung (z. B. in der Länge verstellbare Stöcke) und/oder Differenzierung des Produktprogramms (z. B. verschiedene Farben, Griffformen, Verpackungen) neue Nachfrager zu gewinnen. Daneben werden preispolitische Maßnahmen (z. B. Sonderverkauf, hohe Rabatte, Hausmarken zu verbilligten Preisen) und servicepolitische Maßnahmen (z. B. Kurse für Fortgeschrittene, kürzere Lieferzeiten, großzügigere Lieferungs- und Zahlungsbedingungen) ergriffen. Außerdem werden spezielle Werbemaßnahmen eingesetzt, um bestehende Präferenzen[2] zu erhalten bzw. neue aufzubauen.

Merke:

Marketingziel in der Reife- und Sättigungsphase ist es, einen **größtmöglichen Gewinn** zu erzielen, indem die Umsatzkurve „gestreckt" wird bei gleichzeitiger **Sicherung des Marktanteils.** Da die hohen Kosten der Markteinführung und des Wachstums weitestgehend entfallen, verspricht diese Phase eine hohe Rentabilität.

1 Modifikation: Beschränkung, Änderung.
2 Präferenz: Bevorzugung (z. B. bestimmter Produkte und/oder Verkäufer).

- **Rückgangsphase (Degenerationsphase)**

In der Rückgangsphase **sinkt** die **Absatzmenge stark ab** und Gewinne lassen sich nur noch in geringerem Umfang bzw. gar nicht mehr erwirtschaften. Die Anzahl der Wettbewerber sinkt, die Werbung wird zunehmend eingeschränkt und das Sortiment wird ausgedünnt. Die Preise werden in dieser Phase oft wieder angehoben. Auch starke Preissenkungen können sinnvoll sein, wenn das Lager geräumt werden soll.

Ursachen für einen Rückgang der Absatzzahlen sind z.B. der **technische Fortschritt,** ein **veränderter Verbrauchergeschmack** oder **Änderungen in der Einkommensverteilung,** die zu Nachfragen in anderen Teilmärkten führen.

Merke:

Marketingziel in der Rückgangsphase ist es, die **Kosten** zu **senken** und gleichzeitig den **möglichen Gewinn** noch **„mitzunehmen"**.

→ Umsatz- und Gewinnverlauf im Produktlebenszyklus

Die beschriebenen Merkmale, Marketingziele und Marketingstrategien in den Phasen des Produktlebenszyklus sind in der nachfolgenden Übersicht zusammengestellt.[1]

		Phasen des Produktlebenszyklus			
		Einführungsphase	**Wachstumsphase**	**Reife- und Sättigungsphase**	**Rückgangsphase**
Merkmale	**Absatzvolumen**	gering	schnell steigend	Spitzenabsatz	rückläufig
	Kosten	Hohe Kosten pro Kunde	Durchschnittliche Kosten pro Kunde	Niedrige Kosten pro Kunde	Niedrige Kosten pro Kunde
	Gewinne	negativ	steigend	hoch	fallend
	Konkurrenten	Nur einige	Zahl der Konkurrenten nimmt zu	Gleich bleibend, Tendenz nach unten setzt ein	Zahl der Konkurrenten nimmt ab

(3) Konzept des Marktwachstums-Marktanteil-Portfolios[2]

→ Grundlagen

Die Portfolio-Methode ist ein Instrument, das Informationen aus den Bereichen

- eigenes Unternehmen,
- Wettbewerber,
- Kunden und
- Umfeld

analysiert und verdichtet.

Produkte, die die gleichen Marketingmaßnahmen erfordern, werden zu so genannten **strategischen Geschäftseinheiten** (Produktgruppen) zusammengefasst. Man spricht auch von strategischen Geschäftsfeldern.

1 Die Tabelle ist angelehnt an Kotler, P., Bliemel, F.: Marketing-Management, 8. Aufl., Stuttgart 1995, S. 586.

2 Der Name **Portfolio** geht auf den Begriff „Portefeuille" zurück, der die Zusammensetzung des Wertpapierbestands eines Anlegers beschreibt. Hier ist die gemeinsame Betrachtung von Marktwachstum und Marktanteil in einem Diagramm gemeint.

Merke:

Die Vier-Felder-Portfolio-Matrix,[1] die dem Marktwachstums-Marktanteil-Portfolio zugrunde liegt, gliedert die **strategischen Geschäftseinheiten** nach den Kriterien **Marktanteil** und **Marktwachstum** in eine Matrix ein. In der Matrix können die einzelnen strategischen Geschäftseinheiten vier grundlegend unterschiedliche Positionen einnehmen, die in der Portfolio Terminologie mit den Bezeichnungen Question marks, Stars, Cash cows und Poor dogs belegt werden.

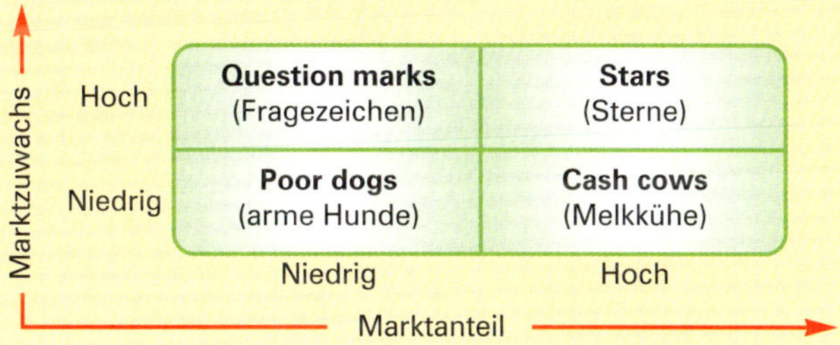

Die **horizontale Achse** zeigt die Höhe des **eigenen Marktanteils** der strategischen Geschäftseinheiten **im Verhältnis** zu dem des **größten Konkurrenten** auf. Der Marktanteil dient als Maßstab für die Stärke des Unternehmens im Markt.

Für jeden dieser vier Typen von strategischen Geschäftseinheiten, die unter Berücksichtigung der Höhe des geschätzten Marktwachstums in der Matrix gebildet werden, gibt es entsprechende Strategieempfehlungen als **grobe Verhaltensregeln.**

→ Darstellung des Modells im Einzelnen

• Question marks (Fragezeichen)

Hierunter versteht man **Nachwuchsprodukte,** die neu auf dem Markt sind. Diese Produkte befinden sich in der **Einführungs- bzw. frühen Wachstumsphase** des Produktlebenszyklus. Der relative Marktanteil ist (noch) **gering.** Man verspricht sich bei ihnen gute Wachstumschancen. Sie sollen daher besonders **stark** (jedoch selektiv) **gefördert** werden **(Offensivstrategie),** was bedeutet, dass die Question marks einen hohen Finanzmittelbedarf haben.

Der Begriff „Fragezeichen" ist äußerst treffend, denn die Unternehmensleitung muss sich nach einer gewissen Zeit fragen, ob sie weiterhin viel Geld in diese strategischen Geschäftseinheiten stecken oder den fraglichen Markt verlassen soll.

• Stars (Sterne)

Das sind Produkte, die sich noch in der **Wachstumsphase** befinden. Aus dem anfänglichen „Fragezeichen", das Erfolg hat, wird ein „Star". Ein „Star" ist der Marktführer in einem Wachstumsmarkt. Er erfordert umfangreiche Finanzmittel, um mit dem Marktwachstum Schritt halten zu können. Im Allgemeinen bringen „Stars" schon **Gewinne.**

Die generelle **Strategie** heißt, den **Marktanteil** leicht zu **erhöhen** bzw. zu halten **(Investitionsstrategie).**

---

1 Matrix (lat.): Stamm. Hier im mathematischen Sinn: rechteckige Anordnung von Zahlen in Zeilen (horizontal) und Spalten (vertikal).

- **Cash cows (Kühe, die bares Geld bringen)**

Diese Produkte befinden sich in der **Reifephase.** Da der Markt kaum wächst, kommt es darauf an, durch gezielte Erhaltungsinvestitionen die erreichte Marktposition zu halten. Dadurch lassen sich Finanzmittel erwirtschaften. Cash cows stellen deshalb die Finanzquelle eines Unternehmens dar. Man lässt sie so lange „laufen", wie sie noch Gewinn bringen **(Abschöpfungsstrategie).**

- **Poor dogs (arme Hunde)**

Sie weisen nur noch einen **geringen Marktanteil** und eine geringe Wachstumsrate auf. Es bestehen keine Wachstumschancen mehr. Die Produkte befinden sich in der späten **Reife- bzw. Degenerationsphase.** Die Produktion der Poor dogs sollte **eingestellt** werden **(Desinvestitionsstrategie).**

→ Konkretisierung der Strategieempfehlungen

Gliedert man die generellen Strategieempfehlungen (Normstrategien) auf und konkretisiert sie stärker in Bezug auf den einzusetzenden Produkt-, Distributions-, Preis- und Kommunikationsmix, so können folgende Aussagen getroffen werden:

Strategie-Elemente	Portfolio-Kategorien			
	„Fragezeichen"	„Sterne"	„Melkkühe"	„Arme Hunde"
1. Produktpolitik	Produktspezialisierung	Produktionsprogramm ausbauen, diversifizieren	Unterschiedliche Marken und Modelle anbieten	Programmbegrenzung (keine neuen Produkte, Aufgeben von Artikeln)
2. Distributionspolitik	Distributionsnetz aufbauen	Distributionsnetz verdichten	Distributionsnetz weiter verstärken	Distributionsnetz schrittweise abbauen
3. Preispolitik	Tendenzielle Niedrigpreise	Anstreben von Preisführerschaft	Preisstabilisierung	Tendenzielle Hochpreispolitik
4. Kommunikationspolitik	Stark forcieren auf allen Ebenen	Aktiver Einsatz von – Werbemitteln, – Zweitmarken	Gezielte Produktwerbung, Verbesserung des Kundendienstes	Zurückgehender Einsatz des kommunikationspolitischen Instrumentariums

12.3.6 Marketing-Controlling

Das Marketing-Controlling liefert der Unternehmensleitung zum einen Informationen über den Grad der Zielverwirklichung **(ergebnisorientiertes Controlling)** und zum anderen über die Effizienz[1] der verschiedenen Phasen des Produktlebenszyklus[2] **(Marketing-Audit)**[3]. Darüber hinaus gibt das Marketing-Controlling Auskunft über weiteren Planungs- und Handlungsbedarf.

1 Effizienz: Wirtschaftlichkeit.
2 Vgl. Kapitel 12.3.5.3, S. 193ff.
3 Audit (lat.-engl.): Prüfung betrieblicher Qualitätsmerkmale.

Die Erfüllung des Marketingkonzepts von der Situationsanalyse bis zum Marketing-Controlling soll sicherstellen, dass die Veränderungen auf den Märkten rechtzeitig erkannt werden können. Es soll helfen, die hieraus resultierenden Chancen und Risiken für das Unternehmen richtig einzuschätzen. Auf diese Weise werden die Voraussetzungen für die Bewältigung neu auftretender bzw. veränderter Markt- bzw. Umfeldsituationen geschaffen. Marketingziele, Marketingstrategien und Marketingmaßnahmen müssen dabei immer so gestaltet werden, dass Spannungen zwischen dem Unternehmen und den unterschiedlichen Markt- und Umfeldsituationen vermieden bzw. verringert werden.

Zusammenfassung

- Merkmale, Marketingziele und Marketingstrategien in den Phasen des Produktlebenszyklus:

		Phasen des Produktlebenszyklus			
		Einführungsphase	**Wachstumsphase**	**Reife- und Sättigungsphase**	**Rückgangsphase**
Marketingziele		Produkt bekannt machen, Erstkäufe herbeiführen	Größtmöglicher Marktanteil	Größtmöglicher Gewinn bei gleichzeitiger Sicherung des Marktanteils	Kostensenkung und „Gewinnmitnahme“
Strategien im Marketing-Mix	**Produkt**	Ein Grundprodukt anbieten	Produktvarianten, Serviceleistungen und Garantien anbieten	Unterschiedliche Marken und Modelle anbieten	Absatzschwache Artikel eliminieren[1]
	Preis	Hochpreispolitik → oder Niedrigpreispolitik →	Preise senken oder Preise erhöhen	Preise wie Konkurrenz oder niedriger	In der Regel Preise erhöhen
	Distribution	Distributionsnetz selektiv aufbauen	Distributionsnetz verdichten	Distributionsnetz weiter verdichten	Selektiv[2] auslichten: unrentable Distributionsnetze eliminieren
	Kommunikation	Produkt bei den Erstkäufern und im Handel bekannt machen	Produkt im Massenmarkt bekannt und interessant machen	Unterscheidungsmerkmale und Vorteile des Produkts betonen	Werbung auf das Niveau herunterfahren, das zur Erhaltung der treuesten Kunden nötig ist
Marketinginvestitionen		sehr hoch	hoch (degressiv ansteigend)	mittel (sinkend)	gering

1 Eliminieren (lat.): beseitigen.
2 Selektiv (lat.): auswählend.

■ Die Portfolio-Analyse ergänzt das Konzept des Produktlebenszyklus. Die nachfolgende Matrix zeigt den Zusammenhang zwischen den beiden Konzeptionen sowie die inhaltliche Aussage des **Marktwachstums-Marktanteil-Portfolios** auf.

Marktzuwachs ↑ / Marktanteil →	Niedrig	Hoch
Hoch	**„Fragezeichen"** **Lebenszyklus:** Einführungs- bzw. frühe Wachstumsphase **Strategie:** Offensivstrategie **Planungsziel:** Marktanteil des Produktes erhöhen oder Aufgabe	**„Sterne"** **Lebenszyklus:** Wachstumsphase **Strategie:** Investitionsstrategie **Planungsziel:** Marktanteil halten bzw. leicht ausbauen
Niedrig	**„Arme Hunde"** **Lebenszyklus:** Späte Reife- bzw. Degenerationsphase **Strategie:** Desinvestitionsstrategie **Planungsziel:** Abbau des Marktanteils bzw. Aufgabe des Produktes	**„Melkkühe"** **Lebenszyklus:** Reifephase **Strategie:** Abschöpfungsstrategie **Planungsziel:** Marktanteil halten bzw. leicht ausbauen

Aufgaben zur Sicherung und Vertiefung des Lernerfolgs

76 1. 1.1 Erläutern Sie den Begriff des Marketing-Mix!

1.2 Unterscheiden Sie zwischen strategischen und taktischen Marketingentscheidungen und nennen Sie je zwei Beispiele!

2. Welche Zielsetzung verfolgt das Konzept des Produktlebenszyklus?

3. Worin unterscheidet sich das Marktwachstums-Marktanteil-Portfolio von der Theorie der Lebenszyklen der Produkte?

4. Wie kann der Lebenszyklus eines Produkts verlängert werden? Beantworten Sie diese Frage, indem Sie ein Beispiel bilden!

5. Die Karlsruher Lebensmittel AG hat einen neuen Vollmilch-Schoko-Riegel auf den Markt gebracht. Der Schoko-Riegel hat die Einführungsphase glänzend überstanden und befindet sich jetzt am Beginn der Wachstumsphase.

Aufgaben:

5.1 Formulieren Sie mindestens drei Marketingstrategien, die in der Wachstumsphase von Bedeutung sind!

5.2 Entwerfen Sie für die Karlsruher Lebensmittel AG einen geeigneten Marketing-Mix für die Wachstumsphase mit je zwei Maßnahmen aus jedem der vier Marketing-Mix-Bereiche, die jeweils geeignet sind, das Wachstum des Produkts Schoko-Riegel im Markt so lange wie möglich aufrechtzuerhalten!

6. Beschreiben Sie die Grundidee der Portfolio-Methode!
7. Skizzieren Sie die Grundaussage der vier strategischen Geschäftseinheiten der Marktwachstums-Marktanteil-Matrix!
8. Zeigen Sie die Berührungspunkte zwischen dem Konzept des Produktlebenszyklus und dem Marktwachstums-Marktanteil-Portfolio auf!
9. Die acht Kreise in der vorgegebenen Marktwachstums-Marktanteil-Matrix symbolisieren die acht Produktgruppen der Sportgeräte Laupheim AG.

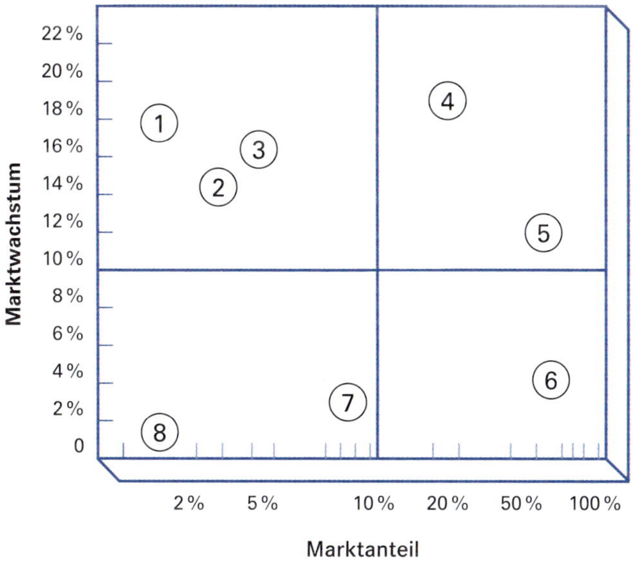

Hinweis:

- Die **vertikale Achse** zeigt das jährliche Marktwachstum der einzelnen Märkte.
- Die **horizontale Achse** zeigt den Marktanteil im Verhältnis zu dem des größten Marktführers.

(Quelle: Kotler/Bliemel: Marketing-Management, S. 99)

Aufgabe:

Bewerten Sie die langfristigen Erfolgsaussichten der Sportgeräte Laupheim AG!

10. Übertragen Sie das Portfolio von Aufgabe 9 (ohne Kreise) in Ihr Hausheft. Tragen Sie anschließend die folgenden Daten der Limonadenwerke Leberer GmbH in das Portfolio ein:

Nr.	Produkt	Marktanteil	Marktwachstum
1	Zitronengetränk	40 %	16 %
2	Orangengetränk	5 %	14 %
3	Multivitaminsaft	2 %	12 %
4	Grapefruitsaft	8 %	5 %
5	Apfelsaft	20 %	6 %

Aufgaben:

10.1 Beurteilen Sie das Produktprogramm der Limonadenwerke Leberer GmbH!

10.2 Formulieren Sie Empfehlungen für die zukünftig anzuwendenden Marketingstrategien!

12.4 Unternehmensformen

12.4.1 Fragen vor einer Existenzgründung

(1) Gründungsvoraussetzungen

In der Bundesrepublik Deutschland herrscht der **Grundsatz der Gewerbefreiheit** (Artikel 12 II Grundgesetz [GG]; § 1 Gewerbeordnung [GewO]). Danach ist der Betrieb eines Gewerbes gestattet, soweit nicht Ausnahmen oder Beschränkungen zum Schutz der Verbraucher vorgeschrieben sind. So gibt es Gesetze und Verordnungen, die z.B. den Verkauf bestimmter Arzneimittel, Waffen oder Pflanzenschutzmittel an besondere Sachkundenachweise oder Prüfungen der Zuverlässigkeit binden. Darüber hinaus ist es jedoch jedermann gestattet, ein Unternehmen zu gründen.

(2) Rechtliche und finanzielle Rahmenbedingungen

Auf dem Weg zur Existenzgründung sind auch die rechtlichen und finanziellen Rahmenbedingungen zu klären und die Auswahl einer für die Umsetzung der Geschäftsidee geeigneten Unternehmensform zu treffen.

Wie die nebenstehende Grafik zeigt, sind neben einem guten Marketingkonzept vor allem das richtige Unternehmenskonzept und die damit verbundenen Finanzierungsmöglichkeiten entscheidend für den Erfolg einer Existenzgründung.

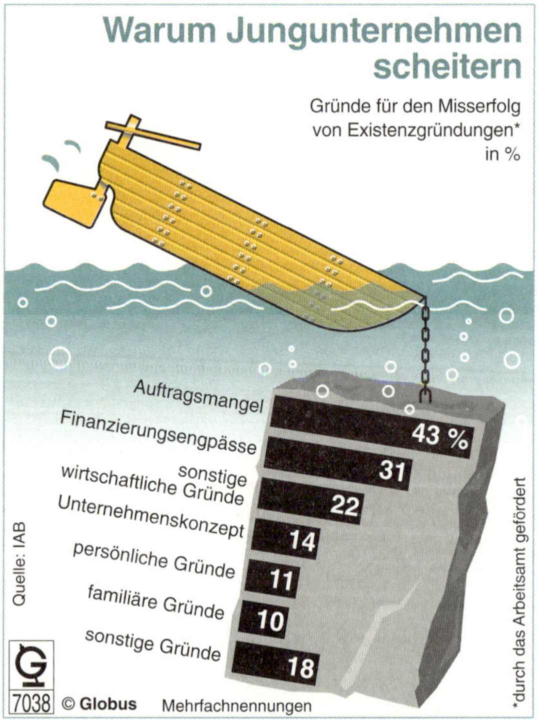

Auch wer zunächst „klein" anfängt, muss Antworten auf folgende Fragen finden:

- Soll die Geschäftsidee allein oder zusammen mit anderen Gesellschaftern umgesetzt werden?
- Reicht das vorhandene Eigenkapital?
- Ist die Kreditwürdigkeit des Existenzgründers/der Existenzgründer ausreichend?
- Soll neben dem Geschäftsvermögen auch das Privatvermögen des Existenzgründers bzw. der Existenzgründer haften?
- Wer bekommt den Gewinn bzw. wer trägt den Verlust des Unternehmens?
- Gibt es für die Unternehmensgründung bestimmte Vorschriften?
- Unterliegt der Existenzgründer den strengen Regeln des Handelsgesetzbuchs (HGB) für Kaufleute?

12.4.2 Anmeldepflichten eines Existenzgründers

Der Gründer muss sein neu zu gründendes Unternehmen vor allem bei folgenden öffentlichen Stellen anmelden:

(1) Amtsgericht

Eine Anmeldung beim zuständigen Amtsgericht zur Eintragung in das **Handelsregister** ist erforderlich, sofern ein Handelsgewerbe vorliegt.[1]

(2) Gemeindebehörde

Der Gründer des Unternehmens muss sein zu gründendes Unternehmen bei der für den betreffenden Ort zuständigen Behörde, z.B. beim **Gewerbeamt** der Gemeinde [§ 14 GewO], anmelden.

Die Gewerbeanmeldung (Fachausdruck: Gewerbeanzeige) verfolgt den Zweck, dem Gewerbeamt jederzeit über Zahl und Art der ansässigen Gewerbebetriebe Kenntnis zu geben. Dadurch soll eine wirksame Überwachung der Gewerbebetriebe gewährleistet werden.

Rathaus von Wangen im Allgäu

Mit der Gewerbeanzeige werden auch die sonstigen Meldeverpflichtungen erfüllt. Die nachfolgend genannten Stellen erhalten je eine Ausfertigung von der Gewerbeanzeige:

- das **Finanzamt,** um die Abführung der Steuern zu gewährleisten,
- die **Berufsgenossenschaft** als Träger der gesetzlich vorgeschriebenen Unfallversicherung,
- die **Industrie- und Handelskammer** bzw. die **Handwerkskammer** als berufsständische Vertretung,
- das **Gewerbeaufsichtsamt** als Aufsichtsbehörde für Anlagen, die einer besonderen Überwachung bedürfen (z.B. Dampfkesselanlagen, Aufzugsanlagen, Getränkeschankanlagen).

Die Gewerbeanzeige ist nicht immer ausreichend. Für bestimmte Gewerbezweige ist eine behördliche Genehmigung erforderlich (z.B. für Spielhallen, Makler, Bauträger, Gaststätten, Reisegewerbe).

(3) Sozialversicherungsträger

Werden Arbeitnehmer beschäftigt, so ist eine Anmeldung bei den Sozialversicherungsträgern (der gesetzlichen Krankenversicherung, der sozialen Pflegeversicherung, der gesetzlichen Rentenversicherung, der gesetzlichen Arbeitsförderung und der gesetzlichen Unfallversicherung) erforderlich, um Versicherungsschutz zu erhalten.

---

1 Dies trifft für Kleinbetriebe i.d.R. nicht zu; vgl. Kapitel 12.4.3.1, S. 204.

12.4.3 Rechtliche Grundlagen der Unternehmen

12.4.3.1 Kaufmann

(1) Begriff

Merke:

- **Kaufmann** im Sinne des Handelsgesetzbuches [HGB] ist, wer ein **Handelsgewerbe** betreibt [§ 1 I HGB].
- Ein Handelsgewerbe ist jeder **Gewerbebetrieb,** der einen in **kaufmännischer Weise eingerichteten Geschäftsbetrieb** erfordert [§ 1 II HGB].

Ein **Gewerbebetrieb** liegt vor, wenn

- die **Tätigkeit selbstständig** ist,
- die Tätigkeit **auf Dauer angelegt** ist,
- die Tätigkeit **planmäßig betrieben** wird,
- der Gewerbetreibende **auf dem Markt selbstständig auftritt,**
- das Gewerbe **nicht gesetzes- oder sittenwidrig** ist und
- in der Regel auf eine **Gewinnerzielung** angelegt ist.

Merkmale eines **kaufmännisch eingerichteten Geschäftsbetriebs** sind z. B.: Notwendigkeit einer Buchführung, Erreichen eines bestimmten Umsatzes, mehrere Beschäftigte, Produktvielfalt (Sach- und/oder Dienstleistungen).

Kaufleute unterliegen vor allem den **Vorschriften des HGB.**

(2) Abgrenzung des Begriffs Kaufmann vom Nichtkaufmann

Gewerbetreibende, deren Unternehmen **keinen** in kaufmännischer Weise eingerichteten Geschäftsbetrieb erforderlich macht, sind **keine Kaufleute.** Hierzu gehören vor allem alle **Kleinbetriebe** (kleine Einzelunternehmen und Gesellschaften bürgerlichen Rechts). Ein Kleinbetrieb liegt vor, wenn die Umsätze 350000,00 EUR und die Gewinne 30000,00 EUR nicht überschreiten. Auch alle Freiberufler (z. B. Rechtsanwälte, Architekten, Ärzte mit einer eigenen Praxis) sowie Personen, die wissenschaftlichen und künstlerischen Tätigkeiten nachgehen, die als freie Berufe ausgeübt werden können, sind so genannte Nichtkaufleute.

Für Nichtkaufleute gelten die **Vorschriften des BGB.** Anstelle einer doppelten Buchführung genügt eine einfache **Einnahmen-Ausgaben-Rechnung.**

(3) Arten der Kaufleute

→ Istkaufleute

Gewerbetreibende, deren Unternehmen eine **kaufmännische Einrichtung erforderlich** macht, sind **in jedem Fall** Kaufleute, gleichgültig, ob sie bereits im Handelsregister[1] eingetragen sind oder nicht. Man spricht deswegen auch von **Istkaufleuten** [§ 1 I HGB].

Die Istkaufleute sind **verpflichtet,** sich mit ihrer Firma[2] und mit sonstigen wichtigen Merkmalen ihres Handelsgewerbes (z. B. Niederlassungsort, Zweck des Unternehmens, Gesellschafter) ins Handelsregister eintragen zu lassen. Die Eintragung erklärt dann nur noch nach außen, dass es sich um ein kaufmännisches Unternehmen handelt. Die Eintragung wirkt **deklaratorisch (rechtserklärend).**

→ Kannkaufleute

Kleinbetriebe unterliegen vor allem den **Vorschriften des BGB.** Sie können sich aber in das Handelsregister eintragen lassen. Sie zählen deshalb zu den **Kannkaufleuten.**

Auch die Inhaber **land- und forstwirtschaftlicher Betriebe** und/oder ihrer Nebenbetriebe haben die Möglichkeit, sich ins Handelsregister eintragen zu lassen. Voraussetzung ist, dass diese Betriebe einen nach **Art oder Umfang in kaufmännischer Weise eingerichteten Geschäftsbetrieb** erfordern [§§ 2, 3 II HGB].

Bei den **Kannkaufleuten** wirkt die Handelsregistereintragung **konstitutiv (rechtsbegründend).** Dies bedeutet, dass die Kaufmannseigenschaft erst mit der Handelsregistereintragung erworben wird.

→ Kaufleute kraft Rechtsform

Kaufleute kraft Rechtsform **(Formkaufleute)** sind die **juristischen** Personen[3] des Handelsrechts ohne Rücksicht auf die Art der betriebenen Geschäfte und der Betriebsgröße. Ein wichtiges Beispiel für einen Kaufmann kraft Rechtsform ist die GmbH, die mit der Eintragung in das Handelsregister Kaufmann wird.

Bei den **Formkaufleuten** wirkt die Handelsregistereintragung **konstitutiv (rechtsbegründend).**

12.4.3.2 Handelsregister

(1) Begriff Handelsregister

Merke:

Das **Handelsregister** ist ein amtliches, öffentliches **Verzeichnis aller Kaufleute** eines Amtsgerichtsbezirks. Für die Führung des Handelsregisters sind die Amtsgerichte zuständig [§ 8 HGB, § 125 FGG].

Die Landesregierungen sind ermächtigt, durch Rechtsverordnungen die Führung des Handelsregisters für mehrere Amtsgerichte einem Amtsgericht zu übertragen, wenn dies einer schnelleren und rationelleren[4] Führung des Handelsregisters dient.

1 Siehe Kapitel 12.4.3.2.

2 Siehe Kapitel 12.4.4.3.

3 Zum Begriff siehe Kapitel 12.4.3.4, S. 209.

4 Rationell: sparsam.

(2) Aufgabe und Bedeutung des Handelsregisters

Die Aufgabe des Handelsregisters besteht darin, der **Öffentlichkeit** die Rechtsverhältnisse der eingetragenen kaufmännischen Gewerbebetriebe offen zu legen. Das Handelsregister gibt z.B. Auskunft über die Firma, die Rechtsform, den Gegenstand des Unternehmens, den (oder die) Geschäftsinhaber, die Haftungsverhältnisse, den Ort der Handelsniederlassung, die Vertretungsbefugnisse der Vertretungsorgane der Unternehmen und den Tag der Handelsregistereintragung.

Das Handelsregister ist **öffentlich,** d.h., **jedermann** hat das Recht, in das Handelsregister und in die zum Handelsregister eingereichten Schriftstücke zu **Informationszwecken Einsicht zu nehmen** [§ 9 I HGB]. Außerdem werden die Eintragungen durch Veröffentlichung im **Bundesanzeiger** und in einem **„Verkündungsblatt"** (in der Regel in einer örtlichen Tageszeitung) bekannt gemacht.

Das Handelsregister genießt **öffentlichen Glauben**: Zum Schutz des Vertrauens Dritter auf die bekannt gemachten Handelsregistereintragungen gilt die Vermutung der Richtigkeit der Handelsregistereintragungen (Vertrauensschutz).

Amtsgericht Überlingen
Neueintragungen

HRA 1042 — 15.07.20.. Ralf Canic e.K., Überlingen (Rengoldshauser Str. 2). Geschäftsinhaber: Ralf Canic, Überlingen. Geschäftszweig: Autohandel mit allen Zubehörteilen und die Reparatur von Kraftfahrzeugen und Motoren.

HRB 1606 — 22.07.20.. HeBo Handelsvertretungen GmbH, Salem (In Oberwiesen 16). Stammkapital: 25.000 EUR. Geschäftsführer: Günther Zenses, Lindau. Gegenstand des Unternehmens: Der Betrieb von Handelsvertretungen für den Bereich Industrie und Großhandel. Die Gesellschaft ist berechtigt, gleichartige Unternehmen an anderen Orten zu errichten, bestehende zu erwerben oder sich an solchen zu beteiligen, auch Zweigniederlassungen zu errichten und alle Geschäfte zu betreiben, die geeignet sind, den Geschäftszweck unmittelbar oder mittelbar zu fördern.

(3) Abteilungen des Handelsregisters

Das Handelsregister besteht aus zwei Abteilungen:

- In der **Abteilung HRA** werden Einzelkaufleute und Personengesellschaften (OHG, KG) eingetragen.
- In der **Abteilung HRB** werden die Kapitalgesellschaften (AG, GmbH) eingetragen.

(4) Löschung

Wird das Handelsregister als Kartei (auf Karten) geführt, erfolgt die Löschung der Eintragung dadurch, dass die Eintragung **rot unterstrichen** wird. Auf diese Weise können alle früheren Eintragungen zurückverfolgt werden.

12.4.3.3 Firma

(1) Begriff Firma und Firmenschutz

Merke:

Die **Firma** ist der im Handelsregister eingetragene **Name,** unter dem ein Kaufmann seine Geschäfte betreibt und seine Unterschrift abgibt [§ 17 I HGB]. Der Kaufmann kann unter seiner Firma klagen und verklagt werden [§ 17 II HGB].

Das Recht an einer bestimmten Firma ist gesetzlich geschützt. Das Gesetz schützt den Inhaber einer Firma beispielsweise davor, dass ein anderer Kaufmann am selben Ort eine nicht deutlich abweichende Firma annimmt [§ 30 HGB]. Bei unrechtmäßiger Firmenführung durch ein anderes Unternehmen kann der Geschädigte die Unterlassung des Gebrauchs der Firma und unter bestimmten Voraussetzungen auch Schadensersatz verlangen [§ 37 II HGB].

Eintragungsfähig ist **jede** Firma, die folgende **Bedingungen** erfüllt:

- Sie muss sich **deutlich** von anderen Firmen **unterscheiden.**
- Die **Geschäftsverhältnisse** müssen **ersichtlich** sein.
- Die **Haftungsverhältnisse** müssen **offen gelegt** werden.
- Die Firma darf **nicht irreführend** sein. Eine Firma ist von der Eintragung ins Handelsregister ausgeschlossen, wenn sie Angaben enthält, die ersichtlich geeignet sind, über geschäftliche Verhältnisse irrezuführen.

(2) Firmenarten

Wenn die vorgenannten vier Voraussetzungen erfüllt sind, können die einzutragenden Unternehmen zwischen folgenden Firmenarten wählen:

Firmenarten	Beispiele:
• **Personenfirmen** enthalten einen oder mehrere Personennamen.	Carola Müller e. Kfr., Schneider & Bauer OHG
• **Sachfirmen** sind dem Zweck (dem Gegenstand) des Unternehmens entnommen. Sachfirmen müssen aber auch unterscheidbar sein, d.h., zu allgemein gehaltene Firmennamen wie Ski GmbH oder Möbelgroßhandlung GmbH sind somit **nicht** erlaubt.	Sport & Fun e.K., Vereinigte Lebensmittelfabriken Esslingen GmbH, Möbelgroßhandel Mögro GmbH, Tauch- und Surfschule Radolfzell GmbH
• **Fantasiefirmen** sind **erdachte** Namen.	Fantasia Sportgesellschaft mbH Impex OHG
• **Gemischte Firmen** enthalten sowohl einen oder mehrere Personennamen, einen dem Gegenstand (Zweck) des Unternehmens entnommenen Begriff und/oder einen Fantasienamen.	Dyckerhoff Zementwerke Aktiengesellschaft, Arzneimittelgroßhandlung Peter & Schmid OHG, Trend- und Funsport Wagner GmbH

Die Firma besteht aus einem **Firmenkern** (z.B. „Tauch- und Surfschule Radolfzell") und einem **Firmenzusatz** (z.B. Rechtsformzusatz „GmbH").

(3) Rechtsformzusätze

Den einzelnen Rechtsformen[1] der Unternehmen sind **verbindliche Firmenzusätze (Rechtsformzusätze)** zugeordnet. Im Folgenden wird auf den Rechtsformzusatz der Einzelkaufleute und der Gesellschaft mit beschränkter Haftung (GmbH) eingegangen.

1 Zum Begriff Rechtsformen siehe Kapitel 12.4.4.1, S. 212.

- **Einzelkaufleute** müssen die Bezeichnung „eingetragener Kaufmann" bzw. „eingetragene Kauffrau" enthalten. Allgemein verständliche Abkürzungen dieser Bezeichnung sind zulässig (z. B. e. K., e. Kfm., e. Kfr.) [§ 19 I Nr. 1 HGB].[1]
- **Gesellschaften mit beschränkter Haftung** müssen die Bezeichnung „Gesellschaft mit beschränkter Haftung" enthalten [§ 4 GmbHG]. Eine allgemein verständliche Abkürzung ist zulässig (z.B. GmbH).

Freiwillige Firmenzusätze haben die Aufgabe, den Informationsgehalt einer Firma zu verstärken.

Beispiel:

Die Inhaberin eines Schuhgeschäfts firmiert wie folgt: „Inge Kern e. K. – Schuhfachgeschäft".

(4) Firmengrundsätze

- **Firmenunterscheidbarkeit.** Die Firma muss zur Kennzeichnung des Kaufmanns geeignet sein und **Unterscheidungskraft** besitzen.
- **Firmenausschließlichkeit.** Jede neue Firma muss sich von anderen an demselben Ort oder in derselben Gemeinde bereits bestehenden und in das Handelsregister eingetragenen Firmen **deutlich** unterscheiden. Bei gleichen Familiennamen der Inhaber muss ein Firmenzusatz eine eindeutige Unterscheidung ermöglichen.
- **Firmenwahrheit und -klarheit.** Die Firma darf nicht über Art und/oder Umfang des Geschäfts täuschen.
- **Firmenbeständigkeit.** Die bisherige Firma kann beibehalten werden, wenn sich der Name des Inhabers ändert (z. B. bei Heirat), das Unternehmen durch einen neuen Inhaber fortgeführt wird (z. B. bei Verkauf oder Erbschaft) oder bei Eintritt eines zusätzlichen Mitinhabers (Gesellschafters).

  Auch wenn die Firma fortgeführt wird, muss sie die zwingend vorgeschriebenen **Rechtsformzusätze** wie „eingetragener Kaufmann", „eingetragene Kauffrau" oder „Gesellschaft mit beschränkter Haftung" bzw. die allgemein verständlichen Abkürzungen dieser Bezeichnungen enthalten.

  Der **Grundsatz** der **Firmenbeständigkeit** kann dem Grundsatz der **Firmenwahrheit widersprechen,** ist aber aus wirtschaftlichen Gründen gerechtfertigt. Denn viele alteingesessene Unternehmen haben sich im Laufe der Zeit einen guten Ruf erworben, sind also bei ihren Kunden bekannt. Um diesen Geschäftswert (Goodwill) nicht aufs Spiel zu setzen, muss es den Unternehmen erlaubt sein, auch bei Änderungen der Rechtsverhältnisse den bisherigen Namen beizubehalten.
- **Firmenöffentlichkeit.** Jeder Kaufmann ist verpflichtet, seine Firma und den Ort seiner Handelsniederlassung sowie deren spätere Änderungen zur Eintragung in das zuständige Handelsregister anzumelden.

1 Dies gilt nicht für Einzelunternehmen, die als Kleinbetrieb geführt werden.

(5) Haftung bei Übernahme

Wer ein Handelsgeschäft erwirbt und dieses unter Beibehaltung der bisherigen Firma mit oder ohne Beifügung eines das Nachfolgeverhältnis andeutenden Zusatzes fortführt, **haftet** für **alle** im Betrieb des Geschäfts begründeten **Verbindlichkeiten des früheren Inhabers** [§ 25 I HGB]. Eine abweichende Vereinbarung ist Dritten gegenüber nur wirksam, wenn sie in das Handelsregister eingetragen und bekannt gemacht oder von dem Erwerber bzw. dem Veräußerer dem Dritten mitgeteilt wurde [§ 25 II HGB].

Wird die Firma nicht fortgeführt, haftet der Erwerber für die früheren Geschäftsverbindlichkeiten grundsätzlich nur dann, wenn ein besonderer Verpflichtungsgrund vorliegt, insbesondere, wenn die Übernahme der Verbindlichkeiten vom Erwerber in handelsüblicher Weise (z.B. durch Rundschreiben) bekannt gemacht worden ist [§ 25 III HGB].

12.4.3.4 Natürliche und juristische Personen

(1) Begriff Personen

Merke:

Personen sind **Rechtssubjekte,** denen das Gesetz Pflichten auferlegt und Rechte (z.B. Ansprüche) einräumt.

Wir unterscheiden zwischen natürlichen Personen und juristischen Personen.

(2) Natürliche Personen

Merke:

Natürliche Personen sind **alle Menschen.** Der Gesetzgeber verleiht ihnen die **Rechtsfähigkeit.**

Die **Rechtsfähigkeit**[1] **des Menschen** (der **natürlichen Person**) beginnt mit der Vollendung der Geburt [§ 1 BGB] und endet mit dem Tod. Jeder Mensch ist rechtsfähig, auch der Geisteskranke.

(3) Juristische Personen

Merke:

Juristische[2] **Personen** sind „künstliche" Personen, denen der Staat die Eigenschaft von Personen kraft Gesetzes verliehen hat. Sie sind damit rechtsfähig, d.h. Träger von Rechten und Pflichten.

1 Siehe hierzu Band 1, Kapitel 3.2.1.1, S. 28.
2 Juristisch: rechtlich.

14 Speth u.a. – ISBN 3-8120-0529-8

Zu unterscheiden sind **juristische Personen des Privatrechts** (z. B. eingetragene Vereine, GmbH, Aktiengesellschaften) und **juristische Personen des öffentlichen Rechts** (z. B. Bund, Länder, Rundfunkanstalten, staatlich anerkannte Kirchen, Sozialversicherungsträger). Die Rechtsfähigkeit der **juristischen Personen des öffentlichen Rechts** wird durch **Gesetz** verliehen. Die Rechtsfähigkeit der **juristischen Personen des Privatrechts** beginnt mit ihrer **Eintragung in ein Register** (z. B. Eintragung eines Vereins in das Vereinsregister).

Zusammenfassung

- **Kaufmann** ist, wer ein Handelsgewerbe betreibt.
- Die **Arten der Kaufleute** können aus folgender Tabelle entnommen werden:

Arten der Kaufleute		
Istkaufleute	**Kannkaufleute**	**Kaufleute kraft Rechtsform (Formkaufleute)**
Alle Gewerbebetriebe, die einen in kaufmännischer Weise eingerichteten Geschäftsbetrieb benötigen	1. Kleinbetriebe 2. Land- und forstwirtschaftliche Betriebe, die nach Art oder Umfang eine kaufmännische Einrichtung benötigen	Juristische Personen des Handelsrechts
Eintragung ins Handelsregister ist Pflicht	**Eintragung ins Handelsregister ist freiwillig**	**Eintragung ins Handelsregister ist Pflicht**
Eintragung wirkt **deklaratorisch** (rechtserklärend)	Eintragung wirkt **konstitutiv** (rechtsbegründend)	

- Die **Firma** ist der im Handelsregister eingetragene Name eines Kaufmanns, unter dem er Handelsgeschäfte betreibt und seine Unterschrift abgibt.
- Das **Handelsregister** ist ein amtliches, öffentliches Verzeichnis aller Kaufleute eines Amtsgerichtsbezirks. Für die Führung des Handelsregisters sind die Amtsgerichte zuständig.
- Bei der Bildung der Firma müssen bestimmte **Firmengrundsätze** und die im Gesetz vorgeschriebenen **Rechtsformzusätze** beachtet werden.
- Es gibt **Personenfirmen, Sachfirmen, Fantasiefirmen** und **gemischte Firmen.**
- Bei den Personen muss zwischen den **natürlichen Personen** (den Menschen), **juristischen Personen des öffentlichen Rechts** (z. B. dem Bund, den Gemeinden, Rundfunk- und Fernsehanstalten) und **juristischen Personen des Privatrechts** (z. B. Aktiengesellschaften, Gesellschaft mit beschränkter Haftung) unterschieden werden.
- Die Rechtsfähigkeit der **juristischen Person des Privatrechts** beginnt mit ihrer **Eintragung in das dafür zuständige Register** (z. B. bei der GmbH mit ihrer Eintragung in das Handelsregister).

Aufgaben zur Sicherung und Vertiefung des Lernerfolgs

77 1. Erklären Sie den Begriff Kaufmann nach dem HGB!

2. Warum hat das HGB den Begriff Kaufmann genau definiert?

3. Franz Steiner gründet ein Einzelunternehmen und meldet sein neu gegründetes Unternehmen zur Eintragung in das Handelsregister an.

   Aufgaben:

   3.1 Erklären Sie den Begriff Handelsregister!

   3.2 Wo wird das Handelsregister geführt?

   3.3 In welcher Abteilung des Handelsregisters wird das Einzelunternehmen eingetragen?

   3.4 Beschreiben Sie, welche Rechtswirkungen eine Handelsregistereintragung grundsätzlich auslösen kann! Geben Sie jeweils ein Beispiel an!

4. Frau Erna Stehlin betreibt in Koblenz ein Blumengeschäft. Ihr Gewerbebetrieb erfordert nach Art oder Umfang keinen in kaufmännischer Weise eingerichteten Geschäftsbetrieb. Dennoch möchte sich Frau Stehlin ins Handelsregister eintragen lassen.

   Aufgaben:

   4.1 Wie kann die Firma lauten? Machen Sie drei Vorschläge!

   4.2 Erläutern Sie, was unter dem Begriff Firma zu verstehen ist!

   4.3 Frau Stehlin möchte wie folgt firmieren: „Die Pusteblume e. K." Beurteilen Sie, ob diese Firma zulässig ist!

   4.4 Auf den Rat eines Bekannten hin meldet Frau Stehlin beim Amtsgericht folgende Firma an: „Die Pusteblume, Inh. Erna Stehlin e.K.". Die Eintragung erfolgt am 24. Mai 20..

   Welche Konsequenz (Folge) hat die Handelsregistereintragung für Frau Stehlin?

5. 5.1 Der Installateurmeister Ernst Kopf hat vor Jahren einen kleinen Reparaturbetrieb gegründet, der sich gut entwickelte. Heute beschäftigt er fünf Gesellen und zwei Angestellte. Sein Betrieb ist kaufmännisch voll durchorganisiert. Im Handelsregister ist Ernst Kopf nicht eingetragen.

   Aufgabe:

   Beurteilen Sie, ob Herr Kopf Kaufmann ist!

   5.2 Der Steuerberater Klug macht Herrn Kopf darauf aufmerksam, dass er seinen Gewerbebetrieb ins Handelsregister eintragen lassen muss.

   Aufgabe:

   Machen Sie einen Vorschlag, wie die Firma lauten könnte!

   5.3 Herr Kopf lässt sich am 15. Februar 20.. unter der Firma „Ernst Kopf e.K. – Installateurbetrieb" ins Handelsregister eintragen.

   Aufgabe:

   Welche Wirkung hat die Handelsregistereintragung?

12.4.4 Ausgewählte Rechtsformen der Unternehmung

12.4.4.1 Rechtsformen im Überblick

(1) Rechtsformen

Die Rechtsordnung stellt den Unternehmen eine Anzahl von Rechtsformen zur Verfügung und überlässt es in der Regel den Gesellschaftern (z.B. Gründern), die Entscheidung für eine bestimmte Rechtsform nach betriebswirtschaftlichen, steuerrechtlichen oder anderen Gründen zu treffen.

Merke:

Die **Rechtsform** ist die **Rechtsverfassung eines Unternehmens.** Sie regelt die Rechtsbeziehungen innerhalb des Unternehmens sowie zwischen dem Unternehmen und Dritten.

(2) Arten von Rechtsformen

→ Einzelunternehmen

Der Begriff **Unternehmer** kommt von „etwas unternehmen". Unternehmer ist also, wer es selbst „unternimmt", Geschäfte in eigenem Namen und auf eigene Rechnung mit vollem Risiko zu tätigen. Der Unternehmer in diesem Sinne setzt also sein eigenes Geld- und Sachkapital ein, entscheidet selbstständig (autonom) in allen geschäftlichen Angelegenheiten, bestimmt selbst seine Arbeitszeit und trägt das Risiko des möglichen Verlusts, falls seine Entscheidungen sich als falsch herausstellen sollten. Unternehmer dieser (ursprünglichen) Art bezeichnet man daher als **Einzelunternehmer,** weil sie als Einzelperson alle genannten Unternehmeraufgaben wahrnehmen. Einzelunternehmer sind in der Regel zugleich **Eigentümerunternehmer,** weil sie Eigentümer ihres Unternehmens sind. Einzelunternehmer können auch lediglich „Inhaber" eines Unternehmens sein, z.B. dann, wenn sie das Unternehmen gepachtet haben.

→ Gesellschaftsunternehmen

Mit der Entstehung der Großbetriebe, vor allem in der Industrie, im Banken- und Versicherungswesen waren (und sind) Einzelunternehmer oftmals nicht mehr in der Lage, das erforderliche Geld- und/oder Sachkapital alleine aufzubringen. Es entstanden (bzw. entstehen) die **Gesellschaftsunternehmen.** Bei den Gesellschaftsunternehmen unterscheidet man Personengesellschaften, Kapitalgesellschaften, Genossenschaften und Versicherungsvereine auf Gegenseitigkeit.

Beispiel:

Sven Wagner (links) könnte für die Umsetzung seiner Geschäftsidee, ein Sportfachgeschäft für Trend-, Extrem- und Funsport zu gründen, noch mehr Eigenkapital und vor allem tatkräftige Mitunternehmer brauchen. Sonja Maunz und Max Moser – zwei langjährige Sportsfreunde – wären durchaus bereit, gemeinsam mit Sven Wagner die geplante Existenzgründung zu realisieren.

Sie überlegen, welche Gesellschaftsform geeignet ist.

● Personengesellschaften

Bei den Personengesellschaften schließen sich mindestens zwei Unternehmer zusammen, die alle (z. B. bei der Gesellschaft bürgerlichen Rechts oder der offenen Handelsgesellschaft) Unternehmerfunktionen wahrnehmen, d. h., sie bringen in der Regel das erforderliche Eigenkapital auf, leiten im gegenseitigen Einvernehmen das Unternehmen und tragen gemeinsam das Risiko.

● Kapitalgesellschaften

Die Möglichkeiten der Personengesellschaften, d. h. der Rechtsformen, bei denen die Person als Eigentümer im Vordergrund steht, reichen in vielen kapitalintensiven[1] Wirtschaftszweigen nicht aus, um den riesigen Kapitalbedarf zu decken. Es werden Kapitalgesellschaften wie z. B. die Aktiengesellschaften oder die Gesellschaften mit beschränkter Haftung gegründet. Die Kapitalgesellschaften sind unter anderem dadurch gekennzeichnet, dass die Unternehmerfunktionen „geteilt", d. h. von unterschiedlichen Personengruppen wahrgenommen werden. Die Kapitalaufbringung erfolgt durch viele „kleine" oder auch „große" **Kapitalanleger** (z. B. durch die Aktionäre), wobei das Risiko auf den Wert der Kapitaleinlage beschränkt wird. Die Leitung der Kapitalgesellschaften obliegt hingegen **angestellten Direktoren** (Vorstandsmitgliedern, Geschäftsführern), die selbst nicht am Unternehmen beteiligt sein müssen. Sie werden deshalb als **Auftragsunternehmer** oder als **Managerunternehmer** bezeichnet.

● Genossenschaften und Versicherungsvereine auf Gegenseitigkeit

Als „besondere" Rechtsformen der Unternehmen entstanden im vorigen Jahrhundert die Genossenschaften und die Versicherungsvereine auf Gegenseitigkeit, bei denen die Mitglieder zugleich Eigenkapitalgeber sind. Die Leitung obliegt – wie bei den Kapitalgesellschaften auch – angestellten Vorständen.

Zusammenfassung

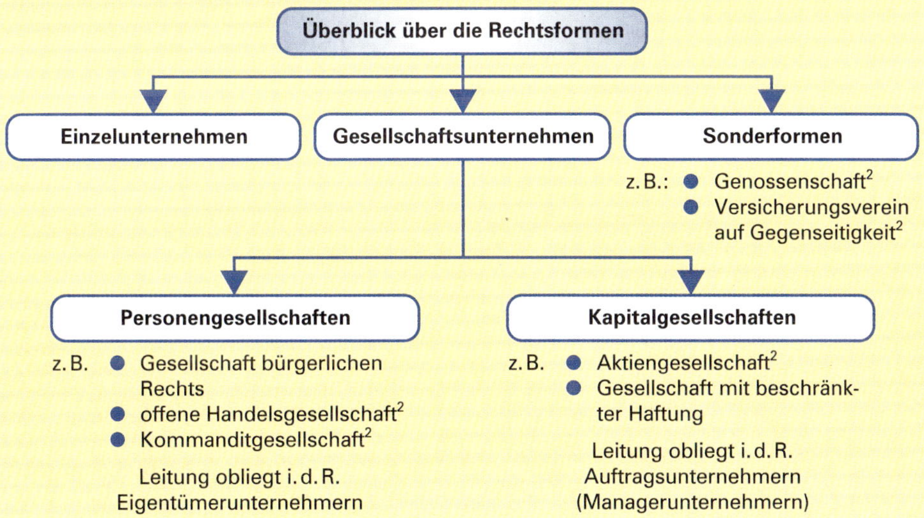

1 Kapitalintensive Betriebe sind solche mit hohem Kapitalbedarf (z. B. Mobilfunk-Betreiber, Chemiewerke, Stahlwerke, Werften, Raffinerien).

2 Der Lehrplan sieht die Behandlung dieser Rechtsformen nicht vor.

12.4.4.2 Einzelunternehmen

(1) Begriff Einzelunternehmer

Merke:

Der Begriff **Unternehmer** kommt von „etwas unternehmen". Einzelunternehmer ist danach, wer es selbst „unternimmt", Geschäfte in **eigenem Namen** und auf **eigene Rechnung** mit vollem Risiko zu tätigen und hierzu sein eigenes Geld- und Sachkapital einsetzt. Der Einzelunternehmer ist **alleiniger** Gesellschafter bzw. Inhaber des Unternehmens.

(2) Merkmale des Einzelunternehmens

Merkmale des Einzelunternehmens:	Der Einzelunternehmer als alleiniger Inhaber (Gesellschafter) des Unternehmens hat: ● die **Geschäftsführung,** d.h., die Leitung des Unternehmens obliegt ihm allein. Er trifft alle Anordnungen in seinem Betrieb (also im **Innenverhältnis**) allein, ohne andere anhören zu müssen; es sei denn, die Mitbestimmungsrechte stehen dem entgegen; ● das **Eigenkapital** zur Verfügung zu stellen. Über die Höhe des aufzubringenden Eigenkapitals gibt es **keine gesetzliche** Vorschrift; ● das Recht auf den gesamten **Gewinn,** soweit er mit seiner Belegschaft keine Gewinnbeteiligung vereinbart hat. Andererseits hat er den **Verlust** ebenfalls allein zu tragen; ● das Recht auf **Vertretung**[1] des Unternehmens gegenüber Dritten **im Außenverhältnis,** z.B. gegenüber Kunden, Lieferern. Er schließt für das Unternehmen alle erforderlichen Rechtsgeschäfte ab (z.B. Kaufverträge, Mietverträge, Kündigung von Arbeitsverträgen); ● die Pflicht, für alle Verbindlichkeiten des Unternehmens mit seinem Geschäfts- und sonstigem Privatvermögen unbeschränkt und unmittelbar einzustehen **(Haftung).**[1]

(3) Firma

Die Firma des Einzelunternehmers richtet sich in der Regel nach dem Vor- und Zunamen des Einzelunternehmers. Sie muss die Bezeichnung „eingetragener Kaufmann" bzw. „eingetragene Kauffrau" oder eine allgemein verständliche Abkürzung dieser Bezeichnung enthalten, sofern der Umfang des Geschäfts über den eines Kleinbetriebs hinausgeht oder der Einzelunternehmer sich freiwillig in das Handelsregister eintragen lässt.

Beispiele:

- Beauty-Farm Erna Starnecker, eingetragene Kauffrau;
- Hans Schmidt e.Kfm., Sportfachgeschäft.

1 Haftung und Vertretung regeln die Beziehung des Unternehmens mit außen stehenden Dritten. Sie betreffen daher das Außenverhältnis.

(4) Gründung und Auflösung

Für die **Gründung und Weiterführung** des Einzelunternehmens durch den Einzelunternehmer bestehen keine gesetzlichen Formvorschriften. Erfordert ein Unternehmen eine kaufmännische Einrichtung, ist eine Eintragung ins Handelsregister erforderlich. Werden in das Einzelunternehmen **Grundstücke** eingebracht, ist die **Schriftform** mit **notarieller Beurkundung** erforderlich [§ 311 b I S. 1 BGB].

Die **Auflösung** des Einzelunternehmens liegt allein im Entscheidungsbereich des Einzelunternehmers, es sei denn, das Unternehmen wird wegen Zahlungsunfähigkeit im Rahmen eines Insolvenzverfahrens[1] aufgelöst. Auch die Umwandlung in eine andere Rechtsform (z. B. in eine GmbH) führt zur Beendigung (Auflösung) des Einzelunternehmens.

(5) Vor- und Nachteile des Einzelunternehmens

Für einen **Unternehmer** hat diese Unternehmensform Vor- und Nachteile:

Vorteile (Gründungsmotive)	**Nachteile**
• Keine Abstimmung der Entscheidungen mit anderen (Ausnahme: Mitbestimmung der Arbeitnehmer). • Schnelle Entscheidungsmöglichkeiten. • Schnelle Anpassung an veränderte wirtschaftliche Verhältnisse (z. B. Aufnahme neuer Produkte). • Klarheit und Eindeutigkeit der Unternehmensführung. • Großes Eigeninteresse des Inhabers an der Arbeit, da ihm der Gewinn allein zusteht (Gewinn als Leistungsanreiz). • Bei kleinen und mittelgroßen Unternehmen keine Pflicht zur Veröffentlichung des Jahresabschlusses (Publizitätspflicht).	• Alleiniges Entscheidungsrecht liegt beim Einzelunternehmer (nachteilig bei unzureichender Qualifikation des Unternehmers, keine Kontrollorgane). • Unter Umständen nachteilige Beeinflussung der betrieblichen Arbeit (des „Betriebsklimas“) durch persönliche Charaktereigenschaften. • Gefahr, dass durch aufwendige Lebenshaltung des Inhabers die Existenz des Unternehmens aufs Spiel gesetzt wird. • In der Regel geringe Kapitalkraft und beschränkte Kreditbeschaffungsmöglichkeiten. • Großes Haftungsrisiko.

Gesamtwirtschaftlich gesehen nimmt das Einzelunternehmen eine wichtige Stellung ein. Wir finden es in allen Wirtschaftsbereichen. In der Landwirtschaft, im Einzelhandel und im Handwerk stellen Einzelunternehmen die vorherrschende Unternehmensform dar. In der Industrie, bei den Banken und Versicherungsunternehmen sind dagegen die Gesellschaftsunternehmen die wichtigsten Unternehmensformen.

Zusammenfassung

- Bei den Einzelunternehmen werden alle wichtigen Unternehmerfunktionen und Risiken vom Einzelunternehmer wahrgenommen, dem auch der Gewinn allein zusteht, der den Verlust allein zu tragen hat und der grundsätzlich auch allein über die Auflösung des Unternehmens entscheidet.
- Den Risiken (der Gefahr, Verluste zu erzielen und das Eigenkapital zu verlieren) stehen die Chancen der Gewinnerzielung und Eigenkapitalmehrung gegenüber.

1 Insolvenz: Zahlungsunfähigkeit.

Aufgaben zur Sicherung und Vertiefung des Lernerfolgs

78 1. Monika Beder, Angestellte in einem Textilfachgeschäft, möchte sich selbstständig machen und als Einzelunternehmerin eine Mode-Boutique eröffnen.

Aufgaben:

1.1 Nennen Sie drei persönliche Voraussetzungen, die Frau Beder mitbringen sollte, um die Boutique erfolgreich führen zu können!

1.2 Bei welchen Stellen muss Frau Beder ihr neu gegründetes Unternehmen anmelden? Führen Sie zwei Stellen an und geben Sie jeweils den Grund für die Anmeldepflicht an!

1.3 Nennen Sie drei Gründe, die Monika Beder zur Wahl der Rechtsform eines Einzelunternehmens veranlasst haben könnten!

2. Nennen und beschreiben Sie stichwortartig die wesentlichen Merkmale des Einzelunternehmens!

3. Nennen und beurteilen Sie je drei Vor- und Nachteile des Einzelunternehmens

3.1 aus der Sicht der Arbeitnehmer,

3.2 aus der Sicht des Einzelunternehmers!

12.4.4.3 Gesellschaft bürgerlichen Rechts (GbR)

(1) Begriff und Rechtsgrundlage

Merke:

Eine **Gesellschaft des bürgerlichen Rechts** (auch BGB-Gesellschaft genannt) liegt vor, wenn sich mindestens zwei Gesellschafter (Personen)[1] durch einen Gesellschaftsvertrag gegenseitig verpflichtet haben, die Erreichung eines gemeinsamen Zwecks (Zieles) in der vertraglich bestimmten Weise zu fördern und hierzu insbesondere die vereinbarten Beiträge zu leisten [§ 705 BGB].

Die Gesellschaft des bürgerlichen Rechts ist eine Rechtsform des privaten Rechts (Personengesellschaft) ohne Rechtsfähigkeit. Weil diese Gesellschaft keine juristische Person ist, kann sie weder klagen noch verklagt werden. Die **Rechtsgrundlage** der Gesellschaft des bürgerlichen Rechts ist das **Bürgerliche Gesetzbuch** [§§ 705–740]. Die Vorschriften des Handelsgesetzbuches können nicht angewendet werden.

(2) Zweck

Jeder Gesellschafter muss die Förderung des Gesellschaftszwecks (Zieles) von den anderen Gesellschaftern beanspruchen können. Der Zweck soll außerdem dadurch erreicht werden, dass die Gesellschafter ihre Beiträge entrichten.

Der Zweck der Gesellschaft kann verschieden sein. Er kann außerdem dauernd oder nur vorübergehend sein. Vertragsinhalt der Gesellschaft des bürgerlichen Rechts ist jedoch

1 Die Gesellschafter können natürliche Personen und/oder juristische Personen (z.B. eine AG, GmbH, eingetragene Genossenschaft) sein. Näheres zum Begriff Person siehe Kapitel 12.4.3.4.

immer die Verpflichtung, einen gemeinsamen Zweck durch Zusammenwirken aller Gesellschafter zu erreichen.

Die Gesellschaft des bürgerlichen Rechts wird in der Wirtschaft und im privaten Lebensbereich meistens nur für eine **bestimmte Zeitdauer** (vorübergehend) gegründet, weshalb man diese Gesellschaft auch als Gelegenheitsgesellschaft bezeichnet. Sie ist mithin in der Regel nicht auf Dauer angelegt. Mit der Abwicklung des Geschäfts endet sie.

Beispiele:

Spielgemeinschaft für Lotto – Durchführung einer Klassenfahrt – Zusammenschlüsse von mehreren Bauunternehmen (auch Arbeitsgemeinschaften genannt) zur Durchführung von größeren Bauvorhaben (z.B. Bau von Autobahnen, Brücken, Flughäfen), zu denen ein einzelnes Bauunternehmen (z.B. personell und/oder finanziell) nicht in der Lage ist – Konsortien[1] von Banken zur Emission[2] von Aktien.

Beachte:

Sofern ein **Gewerbebetrieb dauerhaft gemeinschaftlich geführt** wird, entsteht eine GbR nur, wenn das Unternehmen keinen in kaufmännischer Weise eingerichteten Geschäftsbetrieb erfordert und nicht ins Handelsregister eingetragen ist. Ein solcher Kleinbetrieb liegt vor, wenn das Unternehmen einen Jahresumsatz von 350000,00 EUR nicht erreicht.

Bei einem Jahresumsatz von über 350000,00 EUR wird ein solches Unternehmen – sofern es sich um ein Grundhandelsgewerbe handelt – zu einer Personenhandelsgesellschaft, für die die besonderen gesetzlichen Bestimmungen des HGB gelten und deren Eintragung im Handelsregister zwingend vorgeschrieben ist. Mit der Eintragung im Handelsregister wird aus der GbR eine offene Handelsgesellschaft (OHG).[3]

Soweit nur ein vorübergehender Zweck, wie etwa die Durchführung eines einzelnen gemeinsamen Projektes, verfolgt wird, kommt es auf die Frage der Kaufmannseigenschaft nicht an, selbst wenn ein hoher Umsatz erzielt wird.

(3) Gründung

Die Gesellschaft des bürgerlichen Rechts entsteht durch mündlich oder schriftlich abgeschlossene Vereinbarungen **(Gesellschaftsvertrag)** zwischen mindestens zwei Personen. Es besteht kein gesetzlicher Formzwang. Der Abschluss des Vertrages erfolgt durch sich entsprechende Willenserklärungen der Gesellschafter. Vertragsinhalt muss die Verpflichtung sein, einen **gemeinsamen Zweck** durch **Zusammenwirken** zu erreichen.

Die Gesellschaft des bürgerlichen Rechts hat **keine Firma.** Sie wird somit auch nicht in das Handelsregister eingetragen und nicht veröffentlicht.

Für Dritte ist die Gesellschaft des bürgerlichen Rechts deshalb auch meistens nicht erkennbar.[4] Die Gesellschaft des bürgerlichen Rechts verfügt oft über keinen eigenen Geschäftsbetrieb (keine eigenen Geschäftsräume, kein eigenes Personal usw.).

---

1 Konsortium (lat.): Teilhaberschaft. Hier: vorübergehende Vereinigung von Unternehmen.

2 Emission (lat.): Ausgabe, Abgabe. Hier: Ausgabe von Wertpapieren.

3 Vgl. http://www.frankfurt-main.ihk.de/recht/mustervertrag/gbr/. Die Behandlung der OHG ist im Lehrplan nicht vorgesehen.

4 Auf freiwilliger Basis kann eine Gesellschaft bürgerlichen Rechts den Zusatz „GbR" hinzufügen.

Vertragsbeispiel für eine GbR (Sven Wagners Geschäftsidee):[1]

§ 1 Name, Sitz und Zweck der Gesellschaft

Zum gemeinsamen Betrieb eines Sporteinzelhandelsgeschäftes wird von den Unterzeichnern eine Gesellschaft bürgerlichen Rechts unter der Bezeichnung:

„Sven Wagner, Sonja Maunz und Max Moser, Trend- und Funsportfachgeschäft"

gegründet.

Sitz der Gesellschaft ist Titisee-Neustadt.

§ 2 Dauer der Gesellschaft

Die Gesellschaft beginnt am 15. September 2005. Ihre Dauer ist unbestimmt.

§ 3 Einlagen der Gesellschafter

Sven Wagner bringt 30 000,00 EUR in bar ein. Sonja Maunz bringt 10 000,00 EUR in bar sowie Einrichtungsgegenstände im Wert von 10 000,00 EUR ein und Max Moser bringt 10 000,00 EUR in bar ein. Alle Gesellschafter sind entsprechend ihrer Anteile am Gesellschaftsvermögen beteiligt.

§ 4 Geschäftsführung und Vertretung

Die Geschäfte werden von allen Gesellschaftern gemeinschaftlich geführt. Jeder Gesellschafter ist zur Geschäftsführung alleine berechtigt. Er vertritt die Gesellschaft im Außenverhältnis allein.

Im Innenverhältnis ist die Zustimmung aller Gesellschafter zu nachfolgenden Rechtsgeschäften erforderlich:

- Ankauf, Verkauf und Belastung von Grundstücken;
- Abschluss von Kredit-, Miet- und Dienstverträgen jeglicher Art;
- Abschluss von Verträgen, deren Wert im Einzelfall den Betrag von 5000,00 EUR übersteigt;
- Aufnahme neuer Gesellschafter und Erhöhung der Einlagen.

§ 5 Pflichten der Gesellschafter

Keiner der Gesellschafter darf ohne schriftliches Einverständnis der anderen Gesellschafter außerhalb der Gesellschaft ohne Rücksicht auf die jeweilige Branche geschäftlich tätig werden. Jeder Gesellschafter kann verlangen, dass der Mitgesellschafter alle auf eigene Rechnung abgeschlossenen Geschäfte als für die Gesellschaft eingegangen gelten lässt.

§ 6 Gewinn- und Verlustrechnung/Entnahmerecht

Gewinn und Verlust der GbR werden im Verhältnis der Beteiligung der Gesellschafter aufgeteilt.

§ 7 Kündigung oder Tod eines Gesellschafters

Der Gesellschaftsvertrag kann unter Einhaltung einer Frist von sechs Monaten jeweils zum Schluss eines Kalenderjahres schriftlich gekündigt werden. Die verbleibenden Gesellschafter sind berechtigt, das Unternehmen fortzuführen. Dem ausscheidenden Gesellschafter ist das Auseinandersetzungsguthaben auszuzahlen.

Im Falle des Todes eines Gesellschafters gilt dies entsprechend mit der Maßgabe, dass die Auseinandersetzungsbilanz zum Todestag aufzustellen ist.

§ 8 Einsichtsrecht

Jeder Gesellschafter ist berechtigt, sich über die Angelegenheiten der Gesellschaft durch Einsicht in die Geschäftsbücher und Papiere zu unterrichten und sich aus ihnen eine Übersicht über den Stand des Gesellschaftsvermögens anzufertigen.

________________   ________________________

Ort, Datum   Unterschriften

1 Vgl. http://www.frankfurt-main.ihk.de/recht/mustervertrag/gbr/.

(4) Rechtsverhältnisse (Rechtsstellung) der Gesellschafter untereinander

Durch den Abschluss des Gesellschaftsvertrags zur Gründung einer Gesellschaft des bürgerlichen Rechts entstehen schuldrechtliche Beziehungen zwischen den Gesellschaftern.

→ Pflichten der Gesellschafter einer GbR

- **Leistung der vereinbarten Beiträge** [§§ 705–707 BGB]

Soweit hierüber keine anderen Vereinbarungen getroffen wurden, haben die Gesellschafter gleiche Beiträge zu leisten (Grundsatz gleicher Behandlung, § 706 I BGB). Diese Beiträge können in einmaligen oder wiederkehrenden Leistungen bestehen. Sie können in Geld, Sachwerten, in der Überlassung von Rechten (z.B. Patentrechten), Forderungen und auch in Dienstleistungen bewirkt werden [§ 706 III BGB]. Die in die Gesellschaft eingebrachten vertretbaren Sachen[1] werden im Zweifel[2] gemeinschaftliches Eigentum der Gesellschafter [§ 706 II S. 1 BGB].

- **Nachschusspflicht der Gesellschafter bei Gesellschaftsende**

Sofern das Gesellschaftsvermögen nicht zur Befriedigung der gemeinschaftlichen Schulden (Gesellschaftsschulden) und zur Rückzahlung der Einlagen ausreicht [§ 735 BGB], haben die Gesellschafter eine Nachschusspflicht. Diese Pflicht begründet jedoch kein Recht der Gläubiger, sondern nur Rechte und Pflichten zwischen den Gesellschaftern (Innenverhältnis).

- **Allgemeine Mitwirkungspflicht**

Die von der Geschäftsführung nicht ausgeschlossenen Gesellschafter haben die Pflicht, an der Geschäftsführung mitzuwirken.

- **Beteiligung der Gesellschafter am Verlust der Gesellschaft**

Im Zweifel haben die Gesellschafter einen Verlust zu gleichen Teilen zu tragen [§§ 721 I, 722 BGB].

- **Haftungspflicht der Gesellschafter untereinander**

Die Gesellschafter haften untereinander (im Innenverhältnis) mit der Sorgfalt, die sie in eigenen Angelegenheiten anzuwenden pflegen. Sie haften, wenn ein Gesellschafter unmittelbar durch einen anderen Gesellschafter geschädigt wurde (beispielsweise bei der Beschädigung einer zur Benutzung in die Gesellschaft eingebrachten Sache).

→ Rechte der Gesellschafter einer GbR

- **Recht auf Geschäftsführung**

Jeder Gesellschafter hat das Recht, bei der Geschäftsführung der Gesellschaft, aber auch bei der Erteilung und Entziehung der Geschäftsführungsbefugnis mitzuwirken [§§ 709–712 BGB].

Die Geschäftsführung steht, soweit vertraglich nichts Abweichendes vereinbart wurde, regelmäßig allen Gesellschaftern zu, und zwar gemeinschaftlich **(Gesamtgeschäftsführungsbefugnis).** Für jedes Geschäft ist die Zustimmung aller Gesellschafter erforderlich [§ 709 I BGB].

---

1 Vertretbare Sachen sind bewegliche, untereinander austauschbare Sachen (so genannte Gattungssachen, z.B. Nägel, Schrauben, Heizöl).

2 Im Zweifel: Das bedeutet im vorliegenden Fall, dass nach dem BGB gemeinschaftliches Eigentum der Gesellschaft entsteht, wenn zwischen den Gesellschaftern nichts anderes vereinbart wurde oder nach den Umständen keine andere Auslegung begründet ist.

Da diese gesetzliche Regelung in der Wirtschaftspraxis sehr unpraktisch ist, werden zur Erleichterung der Geschäftsführung im Gesellschaftsvertrag meistens einer der Gesellschafter oder mehrere von ihnen mit der Geschäftsführung beauftragt. Soweit die Handlungen dem Gesellschaftszweck entsprechen, gehören zur Geschäftsführungsbefugnis auch außergewöhnliche Geschäfte.[1]

Die einem Gesellschafter durch Gesellschaftsvertrag übertragene Geschäftsführungsbefugnis kann ihm beim Vorliegen eines wichtigen Grundes durch einstimmigen Beschluss oder – falls nach dem Gesellschaftsvertrag möglich – durch Mehrheitsbeschluss der übrigen Gesellschafter wieder entzogen werden [§ 712 I BGB].

- **Recht auf Vertretung**

Soweit einem Gesellschafter nach dem Gesellschaftsvertrag die Befugnis zur Geschäftsführung zusteht, ist er im Zweifel auch ermächtigt, die anderen Gesellschafter Dritten (z.B. Kunden) gegenüber zu vertreten [§ 714 BGB]. Der zur Vertretung bevollmächtigte Gesellschafter berechtigt und verpflichtet alle anderen Gesellschafter, wenn er erkennbar in ihrem Namen handelt [§ 164 II BGB].

Die Vertretungsmacht eines Gesellschafters kann ihm auch durch einstimmigen Beschluss bzw. Mehrheitsbeschluss der übrigen Gesellschafter wieder entzogen werden [§§ 715, 712 I BGB].

- **Stimmrecht bei der Beschlussfassung**

Ist im Gesellschaftsvertrag nichts anderes vereinbart, so hat jeder Gesellschafter nur eine Stimme [§ 709 II BGB].

- **Widerspruchsrecht bei Alleingeschäftsführungsbefugnis**

Wenn mehrere oder alle Gesellschafter Einzelgeschäftsführungsbefugnis haben, kann jeder zur Geschäftsführung berufene Gesellschafter zur Wahrung einer einheitlichen Linie in der Geschäftsführung den Rechtsgeschäften eines anderen Gesellschafters widersprechen. Bei einem Widerspruch muss das Geschäft unterbleiben [§ 711 BGB].

- **Unterrichtungs- und Nachprüfungsrecht des einzelnen Gesellschafters**

Jeder, auch der von der Geschäftsführung ausgeschlossene Gesellschafter, hat das Recht, sich jederzeit über die Angelegenheiten der Gesellschaft persönlich zu unterrichten, die Geschäftsbücher und Papiere der Gesellschaft einzusehen und sich aus ihnen eine Übersicht über den Stand des Gesellschaftsvermögens anzufertigen [§ 716 I BGB].

- **Anspruch auf Rechnungsabschluss und Auszahlung des Gewinnanteils**

Soweit die Gewinnanteile der Gesellschafter im Gesellschaftsvertrag nicht bestimmt sind, erhält jeder Gesellschafter, unabhängig von der Höhe seiner Beteiligung, einen gleich großen Anteil am Gewinn [§ 722 I BGB] (Gewinnverteilung nach „Köpfen", nicht im Verhältnis der Beteiligungen).

- **Kündigungsrecht**

Wenn die **Gesellschaft nicht für eine bestimmte Zeit eingegangen** wurde, kann jeder Gesellschafter sie **jederzeit kündigen** [§ 723 I S. 1 BGB].

Ist die **Zeitdauer der Gesellschaft bestimmt,** ist eine Kündigung der Gesellschaft vor Ablauf der Zeit nur beim Vorliegen eines **wichtigen Grundes** möglich, z. B. wenn ein ande-

1 Die Geschäftsführung ist nicht auf die Handlungen beschränkt, die der „gewöhnliche Betrieb eines Handelsgewerbes mit sich bringt" (wie im § 116 I HGB für die OHG), da die Gesellschaft des bürgerlichen Rechts keinen gewöhnlichen Betrieb kennt.

rer Gesellschafter eine ihm nach dem Gesellschaftsvertrag obliegende Verpflichtung vorsätzlich oder grob fahrlässig verletzt [§ 723 I S. 3 Nr. 1 BGB]. Das Kündigungsrecht darf vertraglich nicht ausgeschlossen oder beschränkt werden [§ 723 III BGB].

- **Recht auf Mitwirkung bei der Auseinandersetzung**

Nach Auflösung einer GbR findet die Auseinandersetzung unter den Gesellschaftern statt. Dabei müssen Gegenstände, die ein Gesellschafter der Gesellschaft zur Benutzung überlassen hat, zurückgegeben werden [§ 732 BGB]. Ein nach der Befriedigung aller gemeinschaftlichen Schulden (Gesellschaftsschulden) und Rückzahlung der Einlagen verbleibender Überschuss ist unter die Gesellschafter nach dem Verhältnis ihrer Anteile am Gewinn zu verteilen [§ 734 BGB].

- **Anspruch auf Befreiung und Abfindung**

Scheidet ein Gesellschafter vorzeitig aus, so hat er Anspruch auf Befreiung von den gemeinsamen Schulden und Zahlung einer angemessenen Abfindung [§ 738 BGB].

- **Schadensersatzanspruch aus Vertragsverletzungen**

Schadensersatzanspruch aus Vertragsverletzungen kann z.B. bei unbefugter Geschäftsführung, treuwidriger Verweigerung der Mitwirkung oder sonstiger schuldhafter Schädigung durch einen Gesellschafter geltend gemacht werden.

(5) Besondere Rechte und Pflichten der geschäftsführenden Gesellschafter

Die Rechte und Pflichten von geschäftsführenden Gesellschaftern bestimmen sich nach den für den Auftrag geltenden Regeln [§ 713 BGB]. Zu den Rechten und Pflichten der geschäftsführenden Gesellschafter gehört insbesondere:

- den Gesellschaftern die erforderlichen Nachrichten zu geben, auf Verlangen der Gesellschafter über den Stand der Gesellschaft **Auskunft** zu erteilen und nach Beendigung der Geschäftsführung oder bei Gesellschaftsende **Rechenschaft** abzulegen [§§ 713, 666 BGB],
- **Ansprüche der Gesamthand** aller Gesellschafter gegenüber den einzelnen Gesellschaftern **geltend zu machen** (Ansprüche auf Leistungen der vereinbarten Beiträge, Nachschusspflicht bei Gesellschaftsende usw.),
- **Haftung bei Verschulden** in der Geschäftsführung,
- **Herausgabepflicht** aller zur Verfügung gestellten Hilfsmittel nach Beendigung der Geschäftsführung [§§ 713, 667 BGB],
- Recht auf **Ersatz der Aufwendungen** im Zusammenhang mit der Geschäftsführung **oder vereinbarte Sondervergütung** [§§ 713, 670, 675 BGB].

(6) Vermögen

Die Beiträge der Gesellschafter und die durch die Geschäftsführung für die Gesellschaft erworbenen Gegenstände (Sachen, Rechte, insbesondere auch die Forderungsvermögen) werden **gemeinsames Vermögen (Gesamthandsvermögen)** aller Gesellschafter (Gesellschaftsvermögen) [§ 718 I BGB].

Solange die Gesellschaft besteht, kann der einzelne Gesellschafter ohne entsprechende Vereinbarungen nicht über seinen Anteil an dem Gesellschaftsvermögen und an den einzelnen dazu gehörenden Gegenständen verfügen. Er kann auch keine Teilung verlangen [§ 719 I BGB].

(7) Haftung

Die Gläubiger der Gesellschaft des bürgerlichen Rechts können sich nicht nur aus dem Gesellschaftsvermögen (Gesamthandsvermögen) der Gesellschafter befriedigen. Die Gesellschafter haften vielmehr für die **Gesellschaftsschulden gegenüber Dritten (Gläubigern)** auch **persönlich** mit dem eigenen Vermögen [§§ 420ff. BGB], und zwar unmittelbar und unbeschränkt mit dem gesamten Privatvermögen. Nur in Einzelfällen können die Gesellschafter ihre persönliche Haftung ausschließen.

(8) Auflösung der Gesellschaft

Auflösungsgründe können sein:

- wenn der vereinbarte **Zweck der Gesellschaft erreicht** oder dessen Erreichung unmöglich geworden ist [§ 726 BGB],
- **Ablauf der Vertragsdauer** (Zeitablauf),
- **Auflösungsbeschluss** durch die Gesellschafter,
- **Kündigung eines Gesellschafters,**
- **Tod eines Gesellschafters** [§ 727 I BGB],
- **Eröffnung des Insolvenzverfahrens** über das Vermögen der Gesellschaft oder über das Vermögen eines Gesellschafters [§ 728 BGB].

Wenn im Gesellschaftsvertrag bestimmt ist, dass die Gesellschaft fortbestehen soll, wenn ein Gesellschafter kündigt, stirbt oder über sein Vermögen das Insolvenzverfahren eröffnet wird, so bedeutet das Ausscheiden eines Gesellschafters keine Auflösung der Gesellschaft. Diese bleibt vielmehr mit den übrigen Gesellschaftern bestehen [§ 736 I BGB]. Mindestens zwei Gesellschafter müssen jedoch übrig bleiben, da es bei der Gesellschaft des bürgerlichen Rechts (anders als bei der GmbH) keine „Ein-Mann-Gesellschaft“ gibt.

(9) Bedeutung der Gesellschaft des bürgerlichen Rechts

Die Gesellschaft des bürgerlichen Rechts hat im Wirtschaftsleben eine zunehmende Bedeutung erlangt. Diese liegt vor allem darin, größere (günstigere) Geschäfte für einen bestimmten Zeitabschnitt durchführen zu können, zu denen ein einzelner Gesellschafter (eine Person) oder ein einzelnes Unternehmen (z.B. wegen des erforderlichen Kapitalbedarfs) allein nicht in der Lage wäre. Ferner besteht eine Möglichkeit, die Risikohaftung zwischen mehreren Gesellschaftern oder Unternehmen aufzuteilen und das Personal besser einzusetzen. In der Wirtschaftspraxis wird die Rechtsform der Gesellschaft des bürgerlichen Rechts z.B. in folgenden Fällen sehr oft gewählt:

- **Arbeitsgemeinschaften (Interessengemeinschaften)** der Industrie und des Handwerks, z.B. bei den für größere Bauvorhaben gegründeten Arbeitsgemeinschaften der Bauunternehmen;
- **gemeinschaftliche Ausübung der Praxis durch Rechtsanwälte (so genannte Rechtsanwaltssozietät) oder Ärzte;**
- **vorübergehende Zusammenschlüsse** von Versicherungsunternehmen, um größere Risiken zu versichern, oder von Transportunternehmen, um größere Transporte durchzuführen.

Auch bei der Durchführung vieler Geschäfte des täglichen Lebens können **Gelegenheitsgesellschaften** des bürgerlichen Rechts entstehen.

Beispiele:

Mehrere Personen beteiligen sich am Toto oder an einem gemeinsamen Lotterielos. – Mehrere Personen mieten einen Mietwagen. – Mehrere Schülerinnen und Schüler unternehmen einen Klassenausflug.

Zusammenfassung

- Die GbR ist eine Rechtsform des privaten Rechts (Personengesellschaft) ohne Rechtsfähigkeit, bei der sich die Gesellschafter zur Förderung eines gemeinsamen Zwecks vertraglich zusammenschließen.
- Die GbR entsteht durch einen mündlich oder schriftlich abgeschlossenen Gesellschaftsvertrag zwischen mindestens zwei Personen (kein gesetzlicher Formzwang).
- Die GbR hat keine Firma und wird nicht in das Handelsregister eingetragen. Die Rechtsvorschriften zur GbR stehen in den §§ 705ff. BGB.
- Die Gesellschafter müssen grundsätzlich gleich hohe Beiträge leisten [§ 706 I BGB].
- In die Gesellschaft eingebrachte vertretbare Sachen werden im Zweifel gemeinschaftliches Eigentum (Gesamthandsvermögen) der Gesellschafter [§ 706 II S. 1 BGB].
- Jeder Gesellschafter hat grundsätzlich das Recht, bei der Geschäftsführung der GbR mitzuwirken [§§ 709ff. BGB]. Soweit nichts Abweichendes im Gesellschaftsvertrag vereinbart wurde, besteht Gesamtgeschäftsführungsbefugnis [§ 709 I BGB].
- Hat ein Gesellschafter nach dem Gesellschaftsvertrag die Geschäftsführungsbefugnis, hat er im Zweifel auch das Vertretungsrecht [§ 714 BGB].
- Die Beiträge der Gesellschafter und die von der GbR erworbenen Vermögenswerte (z.B. Sachen, Forderungen) werden gemeinschaftliches Vermögen (so genanntes Gesamthandsvermögen) aller Gesellschafter [§ 718 BGB].
- Den Gläubigern der Gesellschaft gegenüber haftet nicht nur das Gesellschaftsvermögen, sondern jeder Gesellschafter haftet den Gläubigern gegenüber auch persönlich, unmittelbar und unbeschränkt mit seinem gesamten Privatvermögen [§§ 420ff. BGB].
- Bei der GbR bestehen keine gesetzlichen Vorschriften über die Höhe der von den Gesellschaftern zu leistenden Beiträge und über die Höhe des Eigenkapitals („Mindestkapitals"). Dies wird im Gesellschaftsvertrag zwischen den Gesellschaftern vereinbart.
- Gesellschaften des bürgerlichen Rechts werden meistens für eine bestimmte Zeit zur Erreichung eines bestimmten Zwecks (z.B. Durchführung größerer Bauvorhaben, Versicherung hoher Risiken, Bildung privater Gelegenheitsgesellschaften) gegründet.

Aufgaben zur Sicherung und Vertiefung des Lernerfolgs

79

1. Welche Gründe sind Ihrer Ansicht nach dafür entscheidend, dass größere Unternehmen überwiegend Gesellschaftsunternehmen sind?
2. Mehrere Baugeschäfte führen für gemeinsame Rechnung einen Autobahnbau im Wert von 60 Mio. EUR durch.

   Aufgaben:

   2.1 Warum haben Arbeitsgemeinschaften überwiegend die Rechtsform einer Gesellschaft des bürgerlichen Rechts (GbR)?

   2.2 Warum bezeichnet man die GbR auch als Gelegenheitsgesellschaft?

   2.3 Wie hoch muss die Zahl der Baugeschäfte (Gesellschafter der GbR) mindestens sein?

2.4 Hat die Arbeitsgemeinschaft (die GbR) eine Firma und wird die Gesellschaft in das Handelsregister eingetragen?

2.5 Wie wird eine Gesellschaft des bürgerlichen Rechts gegründet?

2.6 Nennen Sie mindestens zwei „Probleme", über die sich die Gesellschafter der Arbeitsgemeinschaft geeinigt haben müssen!

2.7 Die Gründung einer Gesellschaft des bürgerlichen Rechts erhöht die „Kreditwürdigkeit". Erläutern Sie diese Aussage!

2.8 Wie wirkt sich die Gründung der Arbeitsgemeinschaft auf die rechtliche und wirtschaftliche Selbstständigkeit der beteiligten Baugeschäfte (Gesellschafter) aus?

2.9 Warum sind bei Gesellschaften des bürgerlichen Rechts vor allem die Haftungsverhältnisse zu klären?

2.10 Erklären Sie kurz die Haftung der GbR!

2.11 Nennen Sie jeweils zwei Einzelverpflichtungen und Einzelansprüche (Rechte) der Gesellschafter einer GbR!

2.12 Wie ist das Geschäftsführungsrecht und Vertretungsrecht bei der GbR gesetzlich geregelt?

2.13 Warum ist für die Gesellschaften des bürgerlichen Rechts gesetzlich kein „Mindesteigenkapital" vorgeschrieben?

3. Unterscheiden Sie zwischen dem Privatvermögen der Gesellschafter und dem Gesamthandsvermögen einer Gesellschaft des bürgerlichen Rechts!

4. Nennen Sie jeweils zwei Gründe (Zwecke) für die Gründung und Führung von Gesellschaften des bürgerlichen Rechts im wirtschaftlichen und privaten Bereich!

12.4.4.4 Gesellschaft mit beschränkter Haftung (GmbH)

(1) Begriff, Firma und Gründung der GmbH

→ Begriff

Die Gesellschaft mit beschränkter Haftung ist eine **juristische Person,** d. h. eine Personenvereinigung, der das Gesetz die Eigenschaft einer eigenen Rechtspersönlichkeit verleiht. Dies bedeutet, dass die GmbH ab ihrer Eintragung in das Handelsregister **rechtsfähig** ist. Sie selbst ist es, die Rechtsgeschäfte abschließt, klagen oder verklagt werden kann. Die GmbH ist Gläubiger oder Schuldner, nicht etwa ihre Geldgeber, die Gesellschafter. Die Gesellschafter statten die GmbH lediglich mit Eigenkapital aus, indem sie sich mit Einlagen am Stammkapital der GmbH beteiligen. Die GmbH allein haftet für ihre Verbindlichkeiten.

Durch diese rechtliche Konstruktion wird unternehmerisches Kapital in einer juristischen Person verselbstständigt und die Haftung auf das Gesellschaftsvermögen begrenzt. Damit wird den Eigenkapitalgebern (Gesellschaftern) die Möglichkeit eröffnet, ihr Risiko auf das eingesetzte Vermögen zu begrenzen sowie ihre persönliche Haftung zu vermeiden. Es kommt zu einer rechtlichen Trennung von Unternehmens- und Privatvermögen.

Merke:

Die **Gesellschaft mit beschränkter Haftung** (GmbH) ist eine **Handelsgesellschaft** mit **eigener Rechtspersönlichkeit** (juristische Person), deren Gesellschafter mit **Stammeinlagen am Stammkapital** der Gesellschaft beteiligt sind, **ohne persönlich** für die Verbindlichkeiten der Gesellschaft **zu haften** [§ 13 I, II GmbHG].

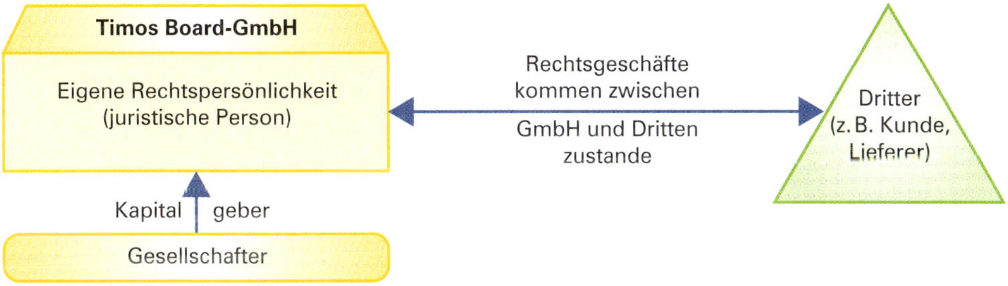

- Übernahme einer Stammeinlage
- Risiko, die Stammeinlage zu verlieren
- keine persönliche Haftung

Zum besseren Verständnis der nachfolgenden Ausführungen sollen zunächst die Begriffe Stammkapital, Stammeinlagen und Geschäftsanteil erläutert werden:

Stammkapital	Ist der in der Satzung festgelegte Gesamtbetrag aller Stammeinlagen. Es muss mindestens **25000,00 EUR** betragen [§ 5 I GmbHG]. Das Stammkapital wird in der offen zu legenden Bilanz als „gezeichnetes Kapital" ausgewiesen [§§ 266 III, 272 I GmbHG].
Stammeinlagen	Ist der vom Gesellschafter übernommene Anteil am Stammkapital. Die Stammeinlage jedes Gesellschafters muss mindestens **100,00 EUR** betragen [§ 5 I GmbHG]. Bei der Errichtung einer GmbH kann kein Gesellschafter mehrere Stammeinlagen übernehmen, wohl aber können die von den einzelnen Gesellschaftern übernommenen Stammeinlagen verschieden hoch sein. Gesetzlich vorgeschrieben ist lediglich, dass die Stammeinlagen durch 50 teilbar sind [§ 5 III GmbHG].
Geschäftsanteil	Ist der Anteil eines Gesellschafters am tatsächlich vorhandenen Vermögen der GmbH abzüglich der Schulden. Die Geschäftsanteile können veräußert oder vererbt werden. Veräußerung oder Vererbung von Geschäftsanteilen durch die Gesellschafter bedürfen der notariellen Beurkundung. Die Geschäftsanteile sind z.B. bei einer Auflösung der GmbH oder beim Ausscheiden eines Gesellschafters von Bedeutung.

Firma

Die Firma der GmbH muss die Bezeichnung „Gesellschaft mit beschränkter Haftung" oder eine allgemein verständliche Abkürzung dieser Bezeichnung (z.B. „GmbH") enthalten [§ 4 GmbHG].

Beispiele:

- Timos Board-GmbH
- Salemer Boardfabrik GmbH
- Timo Boller Trendsportgeräte GmbH
- Sport TiBo GmbH

15 Speth u.a. – ISBN 3-8120-0529-8

Beispiel einer GmbH-Satzung (Sven Wagners Geschäftsidee):[1]

§ 1 Sitz der Gesellschaft

Die Gesellschaft hat ihren Sitz in Titisee-Neustadt. Die Gesellschaft betreibt den Handel mit Trendsport-, Extremsport- und Funsportartikeln aller Art. Die Gesellschaft kann Filialen errichten und sich an anderen Firmen beteiligen.

§ 2 Name der Firma

Der Name der Firma lautet: Trend- und Funsport Center Schwarzwald GmbH

§ 3 Gezeichnetes Kapital

Das gezeichnete Kapital der Gesellschaft wird auf 60000,00 EUR festgesetzt. Darauf übernehmen Sven Wagner 30000,00 EUR, Sonja Maunz 20000,00 EUR und Max Moser 10000,00 EUR. Die Gesellschafter versichern, dass der Gesellschaft ab sofort ein Viertel des gezeichneten Kapitals bereitsteht.

§ 4 Geschäftsführung und Vertretung

Zu den ersten Geschäftsführern der Gesellschaft werden Sven Wagner und Sonja Maunz bestellt. Sie besitzen Einzelvertretungsmacht. Die arbeitsrechtlichen Bestimmungen sind in einem gesonderten Vertrag zu vereinbaren.

§ 5 Gesellschafterversammlung

Über wichtige Entscheidungen ist eine Gesellschafterversammlung abzuhalten und das Ergebnis zu protokollieren. Die Einberufung erfolgt zwei Wochen vor der Abhaltung der Versammlung unter Bekanntgabe der zu beschließenden Punkte.

§ 6 Beschlussfassung

Abgestimmt wird mit einfacher Mehrheit. Dabei gewähren je 50,00 EUR des gezeichneten Kapitals eine Stimme. Bei Stimmengleichheit gilt der Antrag als abgelehnt.

§ 7 Feststellung des Jahresabschlusses, Entlastung der Geschäftsführer

Die Gesellschafterversammlung hat auch über die Feststellung des Jahresabschlusses, die Gewinnverwendung und die Entlastung der Geschäftsführer zu beschließen.

§ 8 Übertragung von Gesellschaftsanteilen

Die Gesellschaftsanteile können nur mit Zustimmung der anderen Gesellschafter zum Ende eines Geschäftsjahres übertragen werden. Diese Übertragung muss der Gesellschaft mindestens vier Monate zuvor angezeigt werden.

§ 9 Einziehung von Gesellschaftsanteilen

Die Gesellschafter können auch die Einziehung von Gesellschaftsanteilen beschließen. Dies gilt besonders dann, wenn über das Vermögen eines Gesellschafters das Insolvenzverfahren eröffnet wurde. Der betroffene Gesellschafter hat dabei kein Stimmrecht.

§ 10 Auflösung der Gesellschaft

Wird die Gesellschaft durch Auflösung beendet, so ist aus den Reihen der Gesellschafter ein Liquidator zu bestellen. Dieser hat das Geschäftsvermögen zu veräußern, die Gläubiger zu befriedigen und den verbleibenden Überschuss entsprechend der Höhe der zuletzt von den Gesellschaftern gehaltenen Beteiligung zu verteilen.

Titisee-Neustadt, den 15. September 2005

Den vorstehenden Vertrag beurkundet:

Unterschriften der Gesellschafter	Unterschrift des Notars

1 In Anlehnung an: Konz, Franz: 1000 Tipps und Tricks für Selbstständige und zur Existenzgründung, München 2002.

➜ Gründung

- Die GmbH kann durch **eine Person**[1] **oder mehrere Personen** errichtet werden [§ 1 GmbHG].
- Zur Errichtung einer GmbH ist ein **notariell beurkundeter Gesellschaftsvertrag (Satzung)** erforderlich, der von sämtlichen Gesellschaftern unterzeichnet werden muss [§ 2 GmbHG]. Wesentliche Inhalte des Gesellschaftsvertrags sind gesetzlich vorgeschrieben.
- Vor der Anmeldung zum Eintrag ins Handelsregister ist eine **Einzahlung von einem Viertel auf jede Stammeinlage** zu leisten, **mindestens jedoch 12500,00 EUR** insgesamt [§§ 7 II, 5 I GmbHG]. Ein Gesellschafter kann bei der Errichtung der Gesellschaft nur eine Stammeinlage übernehmen.
- Anmeldung zur **Eintragung ins Handelsregister.** Erst durch die Eintragung entsteht die GmbH als juristische Person mit Kaufmannseigenschaft (konstitutive Wirkung der Eintragung) [§§ 11, 13 GmbHG].

(2) Organe der GmbH

Die Organe der GmbH sind der **Geschäftsführer,** die **Gesellschafterversammlung** und unter bestimmten Bedingungen der **Aufsichtsrat.**

➜ Geschäftsführer

Die Geschäftsführer werden entweder aufgrund des Gesellschaftsvertrags oder durch die Gesellschafter, die sie jederzeit wieder abberufen können, bestellt. Die Zeitdauer der Bestellung ist nicht begrenzt. Die Rechte und Pflichten der Geschäftsführer als **leitendes Organ** der GmbH sind insbesondere die Gesamtgeschäftsführungs- und Gesamtvertretungsbefugnis [§ 35 II GmbHG].

Die Geschäftsführer können Gesellschafter der GmbH oder andere Personen (auch kombiniert) sein. Sie müssen unbeschränkt geschäftsfähige natürliche Personen sein [§ 6 II GmbHG]. Die Geschäftsführer müssen ihre Rechte und Pflichten in Angelegenheiten der GmbH mit der Sorgfalt eines ordentlichen Geschäftsmannes wahrnehmen. Sie haften der GmbH gegenüber solidarisch (gesamtschuldnerisch) für die z.B. durch Pflichtverletzungen der GmbH entstandenen Schäden.

➜ Gesellschafterversammlung

Die Geschäftsführer leiten die Gesellschaft **nicht** in eigener Verantwortung; sie müssen vielmehr im Rahmen der Satzung und des Gesetzes die **Weisungen der Gesellschafter** unmittelbar befolgen. Aus diesem Grund ist die Gesamtheit (Versammlung) der Gesellschafter das **oberste Organ** der GmbH. In ihm nehmen die Gesellschafter ihre Rechte wahr [§§ 45, 46 GmbHG]. Beschlussfassungen erfolgen grundsätzlich mit der Mehrheit der abgegebenen Stimmen. Dabei gewähren **je 50,00 EUR** der Stammeinlage **eine Stimme.** Notariell zu beurkundende Satzungsänderungen bedürfen einer Mehrheit von drei Vierteln der abgegebenen Stimmen [§§ 47 I, II; 53 GmbHG].

---

1 Bei einer Ein-Mann-GmbH erfolgt die Gründung durch eine schriftliche Erklärung des Gründers, die dem Vertrag gleichsteht und vom Gesetz ebenfalls als „Gesellschaftsvertrag" bezeichnet wird.

→ Aufsichtsrat

Grundsätzlich benötigen Gesellschaften mit bis zu 500 Arbeitnehmern keinen Aufsichtsrat, es sei denn, die Satzung schreibt die Bestellung eines Aufsichtsrats vor [§ 52 I GmbHG]. Beschäftigt die GmbH **mehr als 500 Arbeitnehmer,** so **muss ein Aufsichtsrat gewählt werden** [§ 1 I Nr. 3 DrittelbG].

Durch die verschiedenen Gesetze zur Stärkung der Mitbestimmungsrechte der Arbeitnehmer und Gewerkschaften gelten bezüglich der **Wahl, Zusammensetzung** und **Zahl der Aufsichtsräte** unterschiedliche Vorschriften.

Nachstehende Tabelle soll den Überblick erleichtern:

Größe der GmbH	Geltendes Gesetz	Vorschriften über den Aufsichtsrat (AR)
GmbH mit i.d.R. mehr als 500 bis zu 2000 Arbeitnehmer	Drittelbeteiligungsgesetz von 2004	Der AR besteht aus mindestens 3 Personen oder aus einer höheren, durch drei teilbaren Mitgliederzahl. Die Gesellschafterversammlung wählt $^2/_3$, die Belegschaft $^1/_3$ der AR-Mitglieder („Drittel-Parität").
GmbH mit in der Regel mehr als 2000 Arbeitnehmer	Mitbestimmungsgesetz von 1976	Der AR hat 12 bis 20 Mitglieder. Die Hälfte wird von der Gesellschafterversammlung gewählt. Ein AR-Mitglied wird von den leitenden Angestellten, die übrigen von der restlichen Belegschaft gewählt („gleichgewichtige Mitbestimmung").

Die **Aufgaben** des **Aufsichtsrats** sind vor allem:

- **Überwachung der Geschäftsführung,** Einsicht und Prüfung der Geschäftsbücher und Schriften sowie der Vermögensgegenstände,
- **Einberufung einer außerordentlichen Gesellschafterversammlung,** wenn es das Wohl der Gesellschaft erfordert (z.B. bei Eintritt hoher Verluste),
- **Prüfung des Jahresabschlusses.** Der Aufsichtsrat hat die Gesellschafterversammlung über das Ergebnis der Prüfung schriftlich zu unterrichten.

(3) Pflichten und Rechte der Gesellschafter

→ Pflichten der Gesellschafter

• Leistung der Stammeinlage

Bei nicht rechtzeitiger Einzahlung sind Verzugszinsen zu entrichten [§ 20 GmbHG].

• Nachschusspflicht

Die Satzung kann eine **beschränkte** oder **unbeschränkte** Nachschusspflicht vorsehen (Näheres siehe §§ 26ff. GmbHG). Nachschüsse werden in der Regel dann verlangt, wenn die GmbH einen Kapitalbedarf (z.B. für Investitionen) hat. Sie dienen nur mittelbar zur Sicherung der Gläubiger.

• Risikohaftung

Die Gesellschafter der GmbH haften nicht für die Verbindlichkeiten der Gesellschaft. Als juristische Person des Handelsrechts (Kapitalgesellschaft) haftet lediglich die GmbH selbst [§ 13 I, II GmbHG]. Das einzige Risiko, das der GmbH-Gesellschafter eingeht, ist, dass er den Wert seines Geschäftsanteils teilweise oder ganz verliert. Das Letztere ist der Fall, wenn die GmbH wegen Überschuldung oder Zahlungsunfähigkeit aufgelöst wird, also kein Eigenkapital mehr übrig bleibt. Die GmbH-Gesellschafter übernehmen daher nur eine „Risikohaftung".

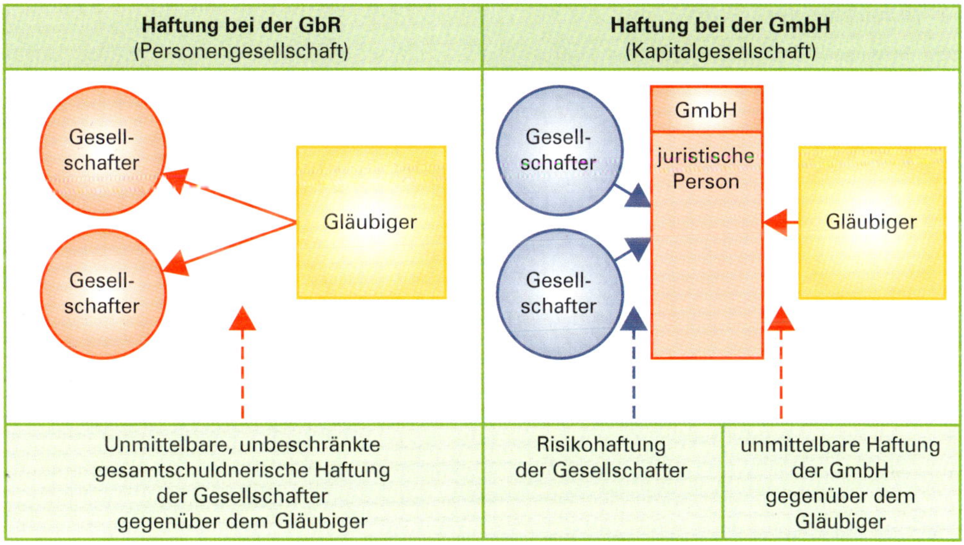

Gegenüberstellung der Haftung bei einer GbR (Personengesellschaft) und einer GmbH (Kapitalgesellschaft)

➜ Rechte der Gesellschafter

- **Gewinnanteil**

Jeder Gesellschafter hat einen Anspruch auf den sich nach der jährlichen Bilanz ergebenden **Reingewinn.** Die Verteilung des Gewinns erfolgt nach dem Verhältnis der Geschäftsanteile. Im Gesellschaftsvertrag kann eine andere Gewinnverteilung vereinbart sein [§ 29 GmbHG].

- **Auskunfts- und Einsichtsrecht**

Der Geschäftsführer hat einem Gesellschafter auf dessen Wunsch unverzüglich Auskunft über die Angelegenheit der Gesellschaft zu geben. Die Einsicht in die Bücher und Schriften ist dem Gesellschafter gestattet [§ 51 a GmbHG].

- **Mitverwaltung**

Aus der engen persönlichen Bindung der Gesellschafter an die GmbH ergibt sich für sie ein weitgehendes Mitverwaltungsrecht.

(4) Auflösung und Bedeutung der GmbH

➜ Auflösung der GmbH

Neben der zwangsweisen Auflösung durch das Gericht (im Rahmen eines Insolvenzverfahrens) wegen **Zahlungsunfähigkeit** oder **Überschuldung** kann die GmbH nach **Ablauf der im Gesellschaftsvertrag bestimmten Zeit,** durch **Beschluss der Gesellschafter** (grundsätzlich mit einer Mehrheit von drei Viertel der abgegebenen Stimmen) oder auch durch **gerichtliches Urteil** aufgelöst werden.

→ Bedeutung der GmbH

Die Gesellschaft mit beschränkter Haftung ist vor allem bei Unternehmen mittlerer Größe anzutreffen, weil für die Gründung ein sehr niedriges Anfangskapital vorgeschrieben ist, die Haftung begrenzt ist, ein enges Verhältnis zwischen Gesellschaftern und Geschäftsführern besteht (die Gesellschafter häufig selbst Geschäftsführer sind). Ferner ist die Gründung verhältnismäßig unkompliziert und kostengünstig. Die GmbH wird von Existenzgründern neben der Einzelunternehmung am häufigsten gewählt.

Zusammenfassung

- Die **GmbH** ist durch folgende **Merkmale** charakterisiert:
  (1) juristische Person,
  (2) Handelsgesellschaft,
  (3) Gesellschafter sind mit Stammeinlagen am Stammkapital beteiligt,
  (4) keine persönliche Haftung der Gesellschafter.
- Das **Stammkapital** beträgt mindestens 25000,00 EUR. Es setzt sich aus **Stammeinlagen** zusammen, wobei eine Stammeinlage mindestens 100,00 EUR betragen muss. Der **Geschäftsanteil** (tatsächliche Vermögenswerte abzüglich der Schulden) bestimmt sich nach dem Betrag der übernommenen Stammeinlage.
- Die **Firma** der GmbH muss die Bezeichnung „Gesellschaft mit beschränkter Haftung" oder eine allgemein verständliche Abkürzung dieser Bezeichnung enthalten.
- Zur **Gründung der GmbH** sind erforderlich:
  (1) eine Person oder mehrere Personen,
  (2) notariell beurkundete Satzung,
  (3) Mindesteinzahlung 12500,00 EUR,
  (4) Eintragung ins Handelsregister.
- **Bestellung, Rechtsstellung und Aufgaben der Organe der GmbH**

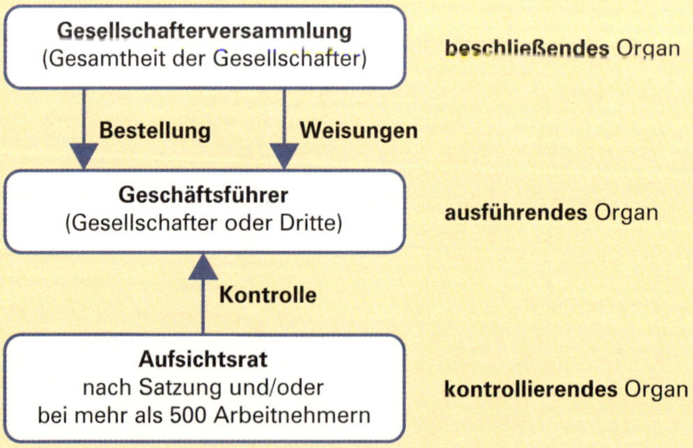

- Die **Pflichten der Gesellschafter** sind:
  (1) Leistung der Stammeinlage,
  (2) Nachschusspflicht,
  (3) Risikohaftung.

- Die **Rechte der Gesellschafter** sind:
  (1) Anspruch auf Gewinnanteil,
  (2) Auskunftsrecht,
  (3) Mitverwaltung.
- Die **Auflösung der GmbH** erfolgt im Rahmen eines Insolvenzverfahrens, durch Beschluss der Gesellschafterversammlung, nach Ablauf der im Gesellschaftsvertrag bestimmten Zeit, durch gerichtliches Urteil oder aufgrund einer Satzungsbestimmung.

Aufgaben zur Sicherung und Vertiefung des Lernerfolgs

80

1. Die Kern & Müller GbR betreibt eine Früchtegroßhandlung. Sie soll aufgrund des gestiegenen Umsatzvolumens in eine GmbH umgewandelt werden. Gleichzeitig soll der bisherige Verkaufsleiter Fritz Dick als Gesellschafter in die neue GmbH aufgenommen werden.

   Aufgaben:

   1.1 Wodurch unterscheidet sich die Personengesellschaft von der Kapitalgesellschaft?

   1.2 Nennen Sie zwei Gründe, die für die Wahl dieser Gesellschaftsform sprechen!

   1.3 Wie könnte die Firma der neuen GmbH lauten? Machen Sie zwei Vorschläge!

   1.4 Wie sind die Haftungsverhältnisse bei der GmbH und der GbR geregelt?

   1.5 Wie unterscheidet sich die Vertretung der GmbH von der der GbR?

   1.6 Nennen Sie drei Gründe, die zur Auflösung der GmbH führen können!

2. Unterscheiden Sie zwischen Stammkapital, Stammeinlage und Geschäftsanteil!

3. Wie ist die Mindesteinzahlung der Gesellschafter im GmbHG geregelt?

4. An der Esslinger Metallwarenfabrik GmbH sind beteiligt:
   - Adam mit einer Stammeinlage von 25000,00 EUR,
   - Brecht mit einer Stammeinlage von 30000,00 EUR und
   - Czerny mit einer Stammeinlage von 45000,00 EUR.

   Aufgaben:

   4.1 Wie viel EUR beträgt das Stammkapital?

   4.2 Wie ist der Reingewinn in Höhe von 90000,00 EUR zu verteilen, wenn die Gewinnverteilung nach dem GmbHG erfolgt? Wie viel EUR erhält jeder Gesellschafter?

   4.3 Czerny möchte seinen Geschäftsanteil verkaufen. Kann er das? Gegebenenfalls wie?

5. Der Kletterparkspezialist Gilbert Mattes e.Kfm., ein Unternehmen mittlerer Größe, benötigt für die aus Konkurrenzgründen erforderlich gewordene Erweiterung und Rationalisierung seines Betriebs zusätzliche Finanzierungsmittel. Die Beleihungsgrenzen der Hausbank würden eine etwa 40%ige Finanzierung der Neuinvestitionen mit Fremdkapital gestatten. Da Mattes aber das für die Restfinanzierung notwendige Eigenkapital nicht besitzt, sieht er sich gezwungen, in Zukunft mit Gesellschaftern zusammenzuarbeiten. Er gründet mit den Herren Kochendörfer und Baum die Donautal-Kletterpark-Installations-GmbH, in die er selbst seinen bisherigen Betrieb einbringt, während sich Kochendörfer und Baum mit Bareinlagen beteiligen.

   Aufgaben:

   5.1 Welche Vorteile besitzt die GmbH gegenüber dem Einzelunternehmen und den Personengesellschaften?

   5.2 Welche Regelung des Geschäftsführungsrechts und der Vertretungsmacht schlagen Sie Herrn Mattes vor?

5.3 § 14 GmbHG lautet: „Der Geschäftsanteil jedes Gesellschafters bestimmt sich nach dem Betrag der von ihm übernommenen Stammeinlage." Erläutern Sie die Bedeutung dieser Bestimmung!

5.4 Wie haften die Einzelunternehmer sowie die Gesellschafter einer GbR und GmbH?

5.5 Wodurch unterscheidet sich die Gewinnverteilung der GbR von der der GmbH? Nennen Sie zwei weitere Merkmale, durch die sich eine Personengesellschaft von einer Kapitalgesellschaft unterscheidet!

5.6 Warum haben viele „mittelgroße" Industrieunternehmen die Rechtsform der GmbH? Nennen Sie drei Gründe!

6. Erich Emmrich und Hans Heine wollen das neu eröffnete Autohaus in der Rechtsform einer GmbH führen.

Aufgaben:

6.1 Welche wirtschaftlichen Entscheidungen sind außer der Branchen- und Rechtsformwahl noch zu treffen? Nennen Sie drei!

6.2 Nennen Sie die Voraussetzungen, die für die Gründung einer GmbH erforderlich sind!

6.3 Erich Emmrich verkauft als Geschäftsführer vor der Eintragung der GmbH in das Handelsregister einen Pkw im Namen der GmbH. Wie ist die Rechtslage?

12.4.5 Entscheidung für die geeignete Rechtsform

(1) Grundlagen für die Entscheidungsfindung

Die Entscheidung, in welcher Rechtsform ein Unternehmen geführt werden soll, hat persönliche, finanzielle, steuerliche und rechtliche Folgen. Die optimale Rechtsform gibt es nicht. Jede Rechtsform hat Vor- und Nachteile. Bevor die Rechtsform festgelegt wird, sollten daher folgende Fragen geklärt werden:

- Von wie vielen Personen soll das Unternehmen gegründet werden?
- Wer soll das Unternehmen leiten und vertreten?
- Soll die persönliche Haftung beschränkt werden?
- Wie viel Eigenkapital kann aufgebracht werden?
- Hat das Unternehmen eine hohe Kreditwürdigkeit?
- Welche rechtsformabhängigen Formalitäten sind bei der Gründung zu erledigen?
- Muss eine Eintragung in das Handelsregister erfolgen?
- Soll vom Eintragungsrecht in das Handelsregister Gebrauch gemacht werden?

Nachfolgende Tabelle stellt die wichtigsten Informationen der drei in Frage kommenden Rechtsformen gegenüber.

Merkmale wichtiger Rechtsformen			
Merkmale	**Einzelunternehmen**	**Gesellschaft bürgerlichen Rechts**	**Gesellschaft mit beschränkter Haftung**
Gründerzahl	Einzelunternehmer ist alleiniger Inhaber (Gesellschafter).	Mindestens zwei Gesellschafter.	Ein oder mehrere Gesellschafter.
Geschäftsführung (Innenverhältnis)	Einzelunternehmer allein führt die Geschäfte.	Grundsätzlich alle Gesellschafter; vertraglich beschränkbar auf einen Gesellschafter.	Kann auf Auftragsunternehmer oder einzelne Gesellschafter übertragen werden.
Vertretung (Außenverhältnis)	Einzelunternehmer schließt für das Unternehmen alle erforderlichen Rechtsgeschäfte mit Dritten ab.	Grundsätzlich alle Gesellschafter; vertraglich beschränkbar auf einen Gesellschafter.	Kann auf Auftragsunternehmer oder einzelne Gesellschafter übertragen werden.
Haftungsverhältnisse (Außenverhältnis)	Der Einzelunternehmer haftet mit seinem Geschäfts- und Privatvermögen unbeschränkt und unmittelbar (hohes Gesellschafterrisiko).	Alle Gesellschafter haften mit ihrem Geschäfts- und Privatvermögen unbeschränkt und unmittelbar (hohes Gesellschafterrisiko).	Gesellschafter haften nur mit ihrer Stammeinlage (beschränktes Gesellschafterrisiko).
Organe	Keine eigenen Organe.	Keine eigenen Organe.	Juristische Person mit den Organen Geschäftsführung, Aufsichtsrat, Gesellschafterversammlung
Eigenkapitalaufbringung	Das Eigenkapital stellt der Einzelunternehmer zur Verfügung; Höhe nicht vorgeschrieben.	Das Eigenkapital setzt sich aus den Beiträgen (Einlagen) aller Gesellschafter zusammen; Höhe nicht vorgeschrieben.	Das Eigenkapital setzt sich aus den Stammeinlagen aller Gesellschafter und den Rücklagen zusammen; Mindesthöhe 25 000,00 EUR.
Gewinn- und Verlustverteilung	Einzelunternehmer erhält den gesamten Gewinn und muss den Verlust ebenfalls allein tragen.	Grundsätzlich nach Köpfen, sofern der Gesellschaftsvertrag keine andere Regelung enthält.	Entsprechend der Stammeinlage der Gesellschafter.
Kreditwürdigkeit	Hängt vor allem von persönlicher Zuverlässigkeit, Leistungsfähigkeit und -willigkeit des Einzelunternehmers ab. Aufgrund des relativ niedrigen Eigenkapitals ist die Kreditwürdigkeit nicht sehr hoch.	Mit jedem zusätzlichen Gesellschafter erhöht sich das unbeschränkt haftende Eigenkapital und damit die Kreditwürdigkeit.	Aufgrund der beschränkten Haftung der Gesellschafter ist die Kreditwürdigkeit bei der GmbH am geringsten.
Form der Gründung	Keine gesetzlichen Formvorschriften; werden Grundstücke eingebracht, ist Schriftform mit notarieller Beurkundung erforderlich.	Keine gesetzlichen Formvorschriften für den Gesellschaftsvertrag; werden Grundstücke eingebracht, ist Schriftform mit notarieller Beurkundung erforderlich.	Da die Satzung die Rechtsgrundlage für die juristische Person bildet, ist immer eine notarielle Beurkundung erforderlich.
Kaufmannseigenschaft	Bei Kleingewerbe nur bei Eintragung ins Handelsregister; bei kaufmännischer Einrichtung immer Istkaufmann.	Keine Kaufmannseigenschaft möglich.	Kaufmannseigenschaft kraft Rechtsform gegeben (Formkaufmann).

(2) Entscheidungsbewertung

Merke:

Eine **Entscheidungsbewertungstabelle** ist ein Hilfsmittel zur Bewertung von Entscheidungsalternativen. Die Verwendung von quantitativen (z.B. Gründerzahl) und qualitativen (z.B. Kreditwürdigkeit) Bewertungskriterien ermöglicht eine vielseitige Nutzenbetrachtung. Die Zusammenführung der Einzelbewertung in einer gewichteten Punktesumme erleichtert die Entscheidung.

Beispiel:

Sven Wagner möchte auf Klasse statt Masse setzen. Da ihm der direkte Kundenkontakt wichtig ist, will er auf absehbare Zeit keinen Onlineshop einrichten. Er geht davon aus, dass der Geschäftsumfang im Rahmen eines Kleinbetriebs bleibt. Hinsichtlich der Beteiligung seiner Freunde hat er noch keine Entscheidung getroffen.

Sven Wagner bereitet die Entscheidung für eine bestimmte Rechtsform mit Hilfe einer Entscheidungsbewertungstabelle vor, in der er

(1) die wichtigsten Entscheidungskriterien zusammenträgt und aus seiner Sicht bezogen auf eine Gesamtzahl (z.B. 100) gewichtet;

(2) anschließend prüft, wie gut die Kriterien bei den einzelnen Rechtsformen erfüllt werden, indem er Noten (5: sehr gut, 4: gut, 3: befriedigend, 2: ausreichend, 1: schlecht) vergibt;

(3) durch Multiplikation dieser Noten mit der Gewichtungszahl die gewichteten Punkte für die jeweilige Rechtsform erhält und

(4) sich dann für die Rechtsform mit der größten Summe an gewichteten Punkten entscheidet.

ENTSCHEIDUNGSBEWERTUNGSTABELLE							
Kriterien	Gewichtung der Kriterien	Einzelunternehmen		GbR		GmbH	
		Note	gewichtete Punkte	Note	gewichtete Punkte	Note	gewichtete Punkte
Gründerzahl	10	4	40	3	30	5	50
Geschäftsführung/ Vertretung	30	5	150	2	60	3	90
Haftung	15	3	45	3	45	5	75
Gewinn/Verlust	30	5	150	2	60	3	90
Zwang zum Kaufmann	15	5	75	5	75	1	15
Summe	**100**		**460**		**270**		**320**

Ergebnis:

Unter den gegebenen Umständen spricht am meisten für ein Einzelunternehmen in der Form eines Kleinbetriebs ohne Kaufmannseigenschaft.

Aufgaben zur Sicherung und Vertiefung des Lernerfolgs

81 Sven Wagner blickt aufgrund des guten Verlaufs der letzten Sportartikelmesse Ispo mit vielen Neuheiten für seine Zielgruppen (z.B. All-Terrain-Skates und Mountainboards) sehr optimistisch in die Zukunft. Er kann sich auch Filialen in größeren Städten vorstellen und ist dem Onlineshop nicht mehr abgeneigt. Es ist davon auszugehen, dass die Merkmale für einen Kleinbetrieb spätestens ab dem 3. Geschäftsjahr nicht mehr zutreffen werden.

Aufgaben:

1. Informieren Sie sich mit Hilfe des Internets über die genannten Neuheiten!
2. Erstellen Sie auf der Grundlage der im Vergleich zum vorangegangenen Beispiel auf S. 234 neuen Situation eine neue Entscheidungsbewertungstabelle, in der Sie mindestens zwei weitere/andere Kriterien berücksichtigen!

ENTSCHEIDUNGSBEWERTUNGSTABELLE							
Kriterien	Gewichtung der Kriterien	Einzelunternehmen		GbR		GmbH	
		Note	gewichtete Punkte	Note	gewichtete Punkte	Note	gewichtete Punkte
Summe	100						

3. Welche rechtlichen Folgen hat das Ziel, ein kaufmännisch eingerichtetes Handelsgewerbe zu gründen?
4. Wäre es sinnvoll, in den ersten beiden, noch umsatzschwachen Geschäftsjahren auf eine Handelsregistereintragung zu verzichten? Begründen Sie Ihre Einschätzung!

13 Volkswirtschaftliche Grundlagen

13.1 Grundzüge der sozialen Marktwirtschaft

13.1.1 Wirtschaftsordnungen

(1) Begriff Wirtschaftsordnung

Merke:

Unter einer **Wirtschaftsordnung** versteht man die Art und Weise, wie eine Volkswirtschaft die Produktion und die Verteilung der hergestellten Güter organisiert.

Die Ausgestaltung der Wirtschaftsordnung hängt weitgehend von den gesellschaftspolitischen Grundentscheidungen zwischen **Individualismus** einerseits und **Kollektivismus** andererseits ab. Individualismus und Kollektivismus stellen die beiden großen gegensätzlichen Anschauungen über das Wesen des Menschen dar.

(2) Individualismus als Grundlage der freien Marktwirtschaft

Im Mittelpunkt der individualistischen Geisteshaltung steht der *einzelne* Mensch, das *Individuum*.[1] Für den **Individualismus** ist die Freiheit des Einzelnen oberster Grundsatz. Der Staat ist nur ein Zweckverband, innerhalb dessen die Bürger ihren einzelwirtschaftlichen egoistischen[2] Zielen nachgehen. Die Aufgabe des Staates besteht lediglich darin, den inneren und äußeren Rechtsschutz zu gewährleisten (Nachtwächterstaat).

Der Individualismus ist davon überzeugt, dass die uneingeschränkte Verfolgung der Einzelinteressen der Erreichung des höchsten Allgemeinwohls dient. Das ist der Gedanke der **natürlichen Harmonie.** Wenn nämlich jeder seinen eigenen Vorteil sucht, so wird der Produzent diejenigen Waren herstellen, die er am billigsten produzieren kann, um einen Höchstgewinn zu erzielen (Maximalprinzip). Auf der anderen Seite wird jeder die Waren dort kaufen, wo sie am billigsten zu haben sind (Minimalprinzip). Der freie, d.h. der nicht vom Staat beeinflusste Wettbewerb (Konkurrenz) ist nach dieser Auffassung so imstande, wie eine „unsichtbare Hand" die Einzelinteressen auf das Gesamtinteresse zu lenken: Eigennutz ist zugleich Gemeinnutz.

In der Wirklichkeit gibt es keine reine freie Marktwirtschaft. Es handelt sich hier um eine idealtypische Wirtschaftsordnung. Von **„Idealtyp"** spricht man deswegen, weil das genannte extreme Wirtschaftsmodell lediglich in der Idee, aber nicht in der Realität (Wirklichkeit) vorkommt.

Merke:

Die **freie Marktwirtschaft** ist eine idealtypische Wirtschaftsordnung, in der der Staat nicht in das wirtschaftliche Geschehen eingreift. Die Freiheit des Einzelnen ist oberster Grundsatz.

---

1 Individuum (lat.): Einzelwesen.

2 Egoistisch: selbstsüchtig.

(3) Kollektivismus als Grundlage der Zentralverwaltungswirtschaft

Während das Modell der freien Marktwirtschaft auf dem Individualismus beruht, ist die geistige Grundlage der Zentralverwaltungswirtschaft der Kollektivismus.[1] Für den **Kollektivismus** ist der Mensch in erster Linie ein Sozialwesen (Gemeinschaftswesen). Deswegen stehen *Staat* und *Gesellschaft* über dem Einzelnen. Hieraus folgt, dass sich der Einzelne den Prinzipien der Gesellschaft bzw. des Staates *unterzuordnen* hat.

Im Gegensatz zum Individualismus stellt der Kollektivismus fest, dass sich die Einzelinteressen keineswegs immer mit dem Gesamtinteresse decken. Vielfach stehen sie derart im Widerspruch, dass der Forderung „Gemeinnutz geht vor Eigennutz" Geltung verschafft werden muss. Für die Wirtschaftsordnung ergibt sich daraus die Notwendigkeit der zentralen Planung, der Abschaffung der Vertragsfreiheit, der Gewerbefreiheit, des privaten Unternehmergewinns („Profit") und des privaten Eigentums an den Produktionsmitteln. Hierbei handelt es sich um extreme Vorstellungen, die bis heute noch nirgends vollständig verwirklicht worden sind.[2] Die Zentralverwaltungswirtschaft ist – wie die freie Marktwirtschaft – eine idealtypische Wirtschaftsordnung.

Merke:

Die **Zentralverwaltungswirtschaft** ist eine idealtypische Wirtschaftsordnung, in der der Staat das gesamte wirtschaftliche Geschehen plant, lenkt und kontrolliert. Gemeinnutz geht vor Eigennutz.

13.1.2 Soziale Marktwirtschaft als Realtyp einer Wirtschaftsordnung

13.1.2.1 Wesen der sozialen Marktwirtschaft

Wird in der öffentlichen Diskussion von „sozialer Marktwirtschaft" gesprochen, ist immer die in der Wirklichkeit (Realität) der Bundesrepublik Deutschland bestehende Wirtschaftsordnung gemeint. „Vater" der sozialen Marktwirtschaft ist Ludwig Erhard.[3]

Das der sozialen Marktwirtschaft zugrunde liegende Menschenbild ist dualistisch, d.h., der Mensch wird sowohl als Individual- als auch als Kollektivwesen gesehen. (Man spricht deswegen auch von der dualistischen oder auch von der personalistischen Gesellschaftsauffassung.) Hieraus folgt bereits, dass die soziale Marktwirtschaft zwischen den beiden extremen Modellen der freien Marktwirtschaft einerseits und der

1 Kollektiv: Gesamtheit, Zusammenschluss (Kollektivum: das Ganze).

2 Versuche zur Verwirklichung der Idee der Zentralverwaltungswirtschaft waren z.B. die sozialistischen Wirtschaftsordnungen der ehemaligen Ostblockstaaten (z.B. die der UdSSR, der DDR, der VR Polen) sowie der Volksrepublik China.

3 Ludwig Erhard, der erste Wirtschaftsminister der Bundesrepublik Deutschland, verwendete den Begriff der „Sozialen Marktwirtschaft", als er nach 1948 die Marktwirtschaft in der Bundesrepublik einführte und damit die Zwangswirtschaft der ersten Nachkriegsjahre ablöste. Der Begriff „Soziale Marktwirtschaft" selbst stammt von seinem Mitarbeiter, dem Staatssekretär Alfred Müller-Armack.

Zentralverwaltungswirtschaft andererseits stehen muss. Schlagwortartig könnte man das Grundziel dieser Wirtschafts- und Gesellschaftsordnung wie folgt umreißen: „So viel Freiheit wie möglich, so viel staatlichen Zwang wie nötig", wobei man sich freilich immer darüber streiten kann, was möglich bzw. was nötig ist.

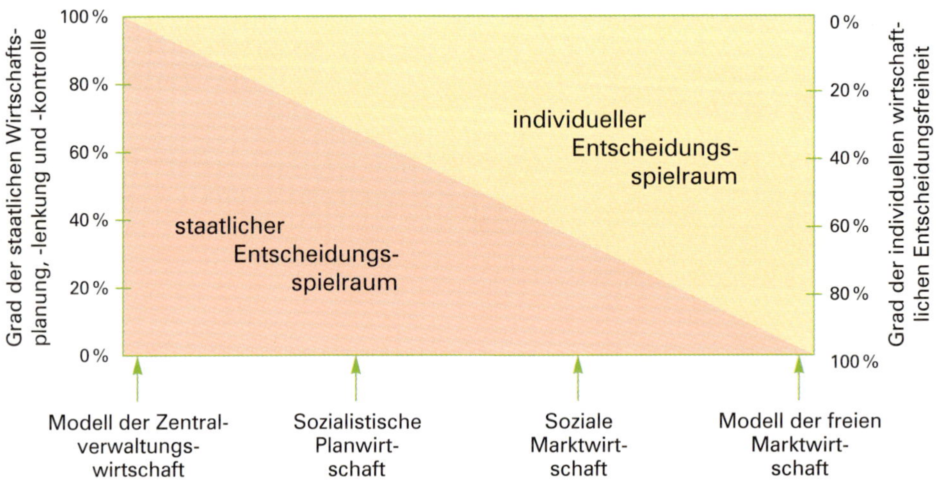

Stellung der sozialen Marktwirtschaft im Rahmen möglicher Wirtschaftsordnungen

Merke:

Die **soziale Marktwirtschaft** ist eine realtypische Wirtschaftsordnung, die grundsätzlich den freien Markt bejaht, ohne die Nachteile der freien Marktwirtschaft in Kauf nehmen zu wollen.

13.1.2.2 Grundgesetz und soziale Marktwirtschaft

(1) Überblick

In einem Rechtsstaat muss die Wirtschaftsordnung in eine Rechtsordnung eingebunden sein, die sich wiederum an der Verfassung, in der Bundesrepublik Deutschland also am Grundgesetz [GG][1] auszurichten hat.

Das Grundgesetz schreibt ausdrücklich *keine* bestimmte Wirtschaftsform vor, sondern lässt einen weiten Spielraum für denkbare Wirtschaftsordnungen.[2] Diese Tatsache ermöglicht es der Regierung bzw. dem Gesetzgeber (dem Bundestag und/oder den Land-

1 Grundgesetz für die Bundesrepublik Deutschland [GG] vom 23. Mai 1949. Das GG ist kein Paragrafengesetz, sondern ein Artikelgesetz.

2 Nach einem Urteil des Bundesverfassungsgerichts aus dem Jahre 1961. Quelle: Pilz, F.: Das System der Sozialen Marktwirtschaft, 1974, S. 29.

tagen), die als angemessen erscheinenden wirtschafts- und sozialpolitischen Maßnahmen zu ergreifen bzw. Gesetze zu beschließen. Allerdings enthält das Grundgesetz bestimmte Vorschriften (Normen), die gewissermaßen als „Eckpfeiler" auf der einen Seite eine reine Marktwirtschaft und auf der anderen Seite eine reine Zentralverwaltungswirtschaft ausschließen. Laut Grundgesetz sind daher die verschiedensten Mischformen möglich (siehe Abb. auf S. 238), von denen eine die soziale Marktwirtschaft ist.

Das Grundgesetz enthält deshalb neben garantierten Freiheitsrechten auch eine Vielzahl von Einschränkungen dieser Rechte, damit das Gemeinwohl nicht zu kurz kommt.

(2) Garantierte Freiheitsrechte des Grundgesetzes

Art. 2 GG: (1) Jeder hat das Recht auf die freie Entfaltung seiner Persönlichkeit, soweit er nicht die Rechte anderer verletzt und nicht gegen die verfassungsmäßige Ordnung oder das Sittengesetz verstößt. (2) Jeder hat das Recht auf Leben und körperliche Unversehrtheit. Die Freiheit der Person ist unverletzlich. In diese Rechte darf nur aufgrund eines Gesetzes eingegriffen werden.

Im wirtschaftlichen Bereich bedeutet der Freiheitsgrundsatz, dass im Kern folgende Freiheitsrechte garantiert sind:

- **Gewerbefreiheit** (Jeder hat das Recht, ein Unternehmen zu gründen, zu führen oder auch aufzulösen.),
- **Vertragsfreiheit** (Jeder hat das Recht, Verträge abzuschließen, aufzulösen und deren Inhalt frei zu gestalten.),
- **Konsumfreiheit** (Jeder hat das Recht, jede Ware dort zu kaufen, wo es ihm am günstigsten erscheint.).

In den Art. 9, 11, 12 und 14 GG wird der Freiheitsgrundsatz des Art. 2 GG fortgeführt, denn in einer vorwiegend auf Privatinitiative und Wettbewerb beruhenden Gesellschaftsordnung müssen auch folgende Rechte garantiert sein:

- **Vereinigungsfreiheit** (Jeder hat das Recht zur Gründung von Handelsgesellschaften, Gewerkschaften [Arbeitnehmerverbände] und Arbeitgeberverbänden.),
- **Recht auf Freizügigkeit** (Jeder hat das Recht, dort seinen Arbeitsplatz [und seinen Wohnsitz] zu nehmen, wo es ihm beliebt.),
- **Recht auf Berufsfreiheit** (Jeder hat das Recht auf freie Wahl des Berufs, des Arbeitsplatzes und der Ausbildungsstätte.),
- **Recht auf Privateigentum** (Jeder hat das Recht auf Privateigentum sowohl an Konsumgütern [z.B. Kleidung, Privatauto, Eigenheim, Eigentumswohnung] als auch an Produktionsmitteln [Kapital im volkswirtschaftlichen Sinne] einschließlich Grund und Boden.).

Nur wenn diese „Freiheiten" bestehen, können sich die verschiedenen Märkte entwickeln, auf denen Angebot und Nachfrage durch einen sich frei bildenden Preis (z.B. Güterpreis) automatisch ins Gleichgewicht gebracht werden. Umgekehrt gilt: Soll eine Wirtschaft mit Hilfe des Preismechanismus gesteuert werden, müssen die Wirtschaftssubjekte in ihrer Entscheidungsfreiheit unbeeinträchtigt bleiben.

Viele dieser Rechte hängen zusammen: Wer z.B. das Recht haben soll, ein Unternehmen zu gründen, muss auch das Recht haben, Eigentümer der Produktionsmittel zu werden.

(3) Einschränkung der Freiheitsrechte in der sozialen Marktwirtschaft

Die Grenze der Freiheitsrechte nach Art. 2 GG ist dort erreicht, wo die Rechte anderer verletzt werden können. Im Folgenden werden die wichtigsten Einschränkungen von Freiheitsrechten genauer betrachtet:

→ Einschränkung der Gewerbefreiheit

Nach Art. 20 I GG ist die Bundesrepublik Deutschland ein demokratischer und sozialer Bundesstaat. Hieraus folgt, dass im Interesse der *sozialen Gerechtigkeit* die Freiheit (Autonomie) der Wirtschaftssubjekte eingeschränkt werden muss.

Beispiele:

Einschränkungen der Gewerbefreiheit z.B. durch Approbation[1] von Ärzten und Apothekern, durch die Anmeldepflicht der Gründung eines Gewerbebetriebs, durch den Meisterzwang für bestimmte Handwerksbetriebe oder die staatliche Überwachung gefährlicher Anlagen und Betriebe sowie bestimmter Gewerbezweige.

Schließlich ist auch das **Umweltrecht** ein Eingriff in die Gewerbefreiheit. Bei Nichteinhaltung gesetzlicher Umweltvorschriften drohen privatrechtliche Schadensersatzansprüche und verwaltungsrechtliche bzw. strafrechtliche Sanktionen.[2]

Wichtige umweltschutzrechtliche Vorschriften:

Schutzbereich	Umweltschutzgesetze	Sanktionen
Luftreinhaltung Lärmbekämpfung	Gesetz zum Schutz vor schädlichen Umwelteinwirkungen durch Luftverunreinigungen, Geräusche, Erschütterungen und ähnliche Vorgänge (Bundes-Immissionsschutzgesetz [BImSchG])[3]	Betriebsverbot; Freiheits- oder Geldstrafen
Schutz vor gefährlichen Stoffen	Gesetz zum Schutz vor gefährlichen Stoffen (Chemikaliengesetz [ChemG])	Verbot der Inverkehrbringung; Freiheits- oder Geldstrafen
Gewässerschutz	Gesetz zur Ordnung des Wasserhaushalts (Wasserhaushaltsgesetz [WHG])	Gefährdungshaftung nach dem UmweltHG; Freiheits- oder Geldstrafen
Naturpflege, Artenschutz, Bodenschutz	Gesetz über Naturschutz und Landschaftspflege (Bundesnaturschutzgesetz [BNatSchG])	Geld- oder Freiheitsstrafen

1 Approbation: staatliche Zulassung.

2 Sanktionen (lat.): wörtl. Vergeltung (positiv oder negativ); hier: Bußgelder, Freiheitsstrafen.

3 Immission (lat.): Einleitung von Schadstoffen; das Einwirken von Luftverunreinigungen, Schadstoffen, Lärm, Strahlen u.Ä. auf Menschen, Tiere und Pflanzen.

→ Einschränkung der Vertragsfreiheit

Insbesondere zum Schutz der schwächeren Vertragspartner hat der Gesetzgeber im Sinne des Art. 20 I GG viele Einschränkungen der Vertragsfreiheit beschlossen.

Beispiele:

- Vorschriften bezüglich der Geschäftsfähigkeit,[1] der Nichtigkeit (z. B. wucherische und sittenwidrige Rechtsgeschäfte) und der Anfechtbarkeit von Rechtsgeschäften[2] und durch Verbraucherschutzvorschriften des BGB.
- Bei Haustürgeschäften und Fernabsatzverträgen gilt für Konsumenten und Nichtkaufleute ein gesetzliches Widerrufsrecht.[3] Dies sind gleichzeitig Beispiele für staatlich regulierte (gelenkte) Märkte.
- Die im Rahmen der Tarifautonomie[4] durch die Gewerkschaften und Arbeitgeberverbände ausgehandelten Tariflöhne haben die Wirkung von Mindestlöhnen, die in Einzelarbeitsverträgen nicht unterschritten werden dürfen.

→ Einschränkung der Eigentumsrechte

Das Grundgesetz gewährt dem Gesetzgeber weitgehende Eingriffsrechte in das Privateigentum.

- Eigentum verpflichtet. Sein Gebrauch soll zugleich dem Wohl der Allgemeinheit dienen [Art. 14 II GG]. Wir sprechen auch von der **sozialen Bindung des Eigentums.** Eigentum berechtigt also nicht zur Willkür, sondern nur zum „rechten Gebrauch".

Beispiele:

- Der Eigentümer darf beispielsweise sein Haus oder gar seinen Einzelhandelsbetrieb nicht anzünden.
- Die Veräußerung landwirtschaftlicher Grundstücke ist genehmigungspflichtig.
- Ein Grundstück kann mit einem Bauverbot belegt sein.
- Beim Bau einer Industrieanlage ist der Landschaftsschutz zu berücksichtigen.

- Nach Art. 14 III GG ist in der Bundesrepublik Deutschland eine **Enteignung** möglich.

Beispiel:

Eine Gemeinde möchte ein neues Krankenhaus bauen, weil die Bevölkerung derzeit noch medizinisch unterversorgt ist. Der gemeindeeigene Bauplatz reicht nicht aus, die Gemeinde muss noch Grundstücke hinzukaufen. Ein Teil der Grundstückseigentümer weigert sich jedoch, die erforderlichen Grundstücke an die Gemeinde zu verkaufen. Die Folge: Die bisherigen Eigentümer werden enteignet.

Die bisherigen Eigentümer müssen entschädigt werden [Art. 14 III GG]. Im Übrigen ist eine Enteignung nur möglich, wenn sie dem „Wohle der Allgemeinheit" dient [Art. 14 III

1 Vgl. hierzu in Band 1 das Kapitel 3.2.1.2, S. 28.
2 Vgl. hierzu in Band 1 das Kapitel 3.2.4.1, S. 46.
3 Vgl. hierzu das Kapitel 11.8.3.2 in diesem Band, S. 77 ff.
4 Autonom: unabhängig, ohne staatliche Einflussnahme.

16 Speth u. a. – ISBN 3-8120-0529-8

GG]. Die Entschädigung darf auch nicht einseitig vom Staat festgesetzt werden. Vielmehr hat jeder durch ein Enteignungsverfahren betroffene Bürger das Recht, wegen der Höhe der Entschädigung vor einem ordentlichen Zivilgericht (Amtsgericht, Landgericht) zu klagen, um eine unabhängige richterliche Entscheidung zu erhalten.

→ Einschränkung der Vereinigungsfreiheit

Die soziale Marktwirtschaft ist eine Wirtschaftsordnung, die auf die Steuerung durch Märkte und Preise nicht verzichten will. Wenn aber der Preismechanismus wirken soll, muss **Wettbewerb** herrschen. Der Erhaltung des Wettbewerbs dient die **Wettbewerbspolitik,** die in der **Wettbewerbsgesetzgebung** ihren Niederschlag findet. Das wichtigste Gesetz, das der Erhaltung des Wettbewerbs dienen soll, ist das Gesetz gegen Wettbewerbsbeschränkungen [GWB], das Unternehmenszusammenschlüsse unter bestimmten Umständen verbietet.

Der Wettbewerb wird ferner geregelt z.B. durch

- das **Gesetz gegen den unlauteren Wettbewerb** [UWG],
- die **Gewerbeordnung** [GewO] und
- das **Markengesetz** [MarkenG].

→ Einschränkung der Konsumfreiheit

Selbst die Konsumfreiheit ist in manchen Bereichen eingeengt: Bestimmte Arzneimittel dürfen von den Apotheken nur gegen ärztliches Rezept abgegeben werden. Der Handel mit Rauschgiften aller Art ist verboten.

Bei all diesen Einschränkungen bleibt es aber nicht aus, dass Konflikte (Spannungen) im Verhältnis von „Freiheit" einerseits und „staatlicher Reglementierung"[1] andererseits auftreten.

Merke:

In einer demokratischen Gesellschaft ist es letztlich die Mehrheit der Wähler, die über die konkrete Ausgestaltung der Wirtschaftsordnung entscheidet.

(4) Maßnahmen zum Schutz sozial Schwacher in der sozialen Marktwirtschaft

→ Schaffung von Chancengleichheit

Art. 3 GG: (1) Alle Menschen sind vor dem Gesetz gleich. (2) Männer und Frauen sind gleichberechtigt. (3) Niemand darf wegen seines Geschlechtes, seiner Abstammung, seiner Rasse, seiner Sprache, seiner Heimat und Herkunft, seines Glaubens, seiner religiösen oder politischen Anschauungen benachteiligt oder bevorzugt werden.

Der Art. 3 GG verlangt Gleichbehandlung in vergleichbaren Fällen. Man hat aus dem Gleichheitsgrundsatz des Grundgesetzes viele wirtschafts- und sozialpolitische Ziele abgeleitet. Folgende seien beispielhaft erwähnt:

1 Reglementieren (lat., franz.): durch Vorschriften regeln.

- **Gleicher Lohn für gleiche Arbeit**

Gleicher Lohn für gleiche Arbeit, d.h. also auch zwischen Mann und Frau oder zwischen In- und Ausländern. Dass gerade hier für Staat, Gewerkschaften und Arbeitgeber noch viel zu tun bleibt, um die Kluft zwischen dem Anspruch der Verfassung und der Wirklichkeit zu überbrücken, ist erkennbar.

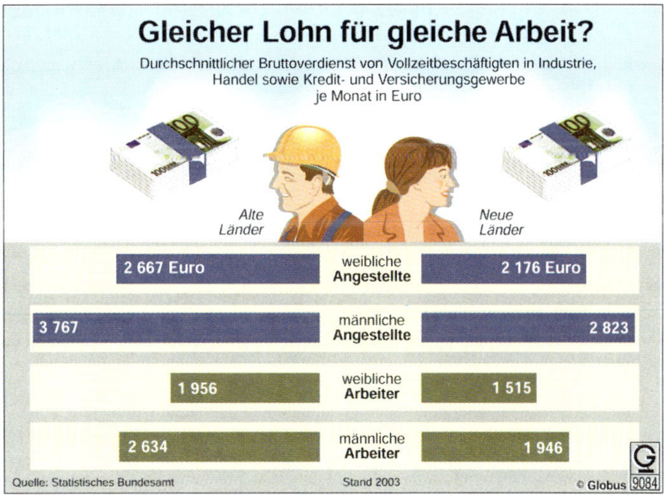

- **Gleiche Bildungs- und Berufschancen für alle**

Maßnahmen zur Verwirklichung des Ziels der Chancengleichheit sind z.B. Bereitstellung von Mitteln zum Ausbau von Schulen, betrieblichen Ausbildungsstätten und Hochschulen; Maßnahmen zur Umschulung und Weiterbildung Erwachsener (z.B. durch die gesetzliche Arbeitsförderung, SGB III), Ausbildungsförderung für Schüler und Studenten nach dem Bundesausbildungsförderungsgesetz (BAföG).

→ Schaffung einer sozialverträglichen Einkommens- und Vermögensverteilung

Der Markt verteilt die Einkommen ungleichmäßig. Setzt sich nun der Staat zum Ziel, die Einkommen gleichmäßiger zu verteilen, muss er die Einkommen der gut Verdienenden beschneiden und diese Mittel den sozial Schwachen zuführen.

Beispiel:

Die progressive[1] Lohn- bzw. Einkommensteuer dient unter anderem dazu, den mittleren und höheren Einkommensschichten Einkommen zu entziehen, um es den schlechter Verdienenden oder Mittellosen zuzuführen (z.B. Wohngeld, Ausbildungsförderung, Arbeitslosengeld II). Mehr soziale Gleichheit (Gerechtigkeit) geht zu Lasten der Freiheit, hier also zu Lasten des Rechts, über das selbst Erarbeitete verfügen zu dürfen.

Da aber die Chance, durch Mehrleistung auch mehr verdienen zu können, ein wichtiger Antrieb („Motor") einer marktwirtschaftlichen Ordnung ist, muss es Ziel der Wirtschafts- und Sozialpolitik in der sozialen Marktwirtschaft sein, einen für alle Schichten tragbaren Kompromiss[2] zwischen Gleichheitsprinzip einerseits und Leistungsprinzip andererseits zu finden („soziale Symmetrie").

→ Sozialgesetzgebung

Aufgabe der **Sozialgesetzgebung** ist, die **soziale Sicherung** zu erhalten und zu verbessern. Die Sozialgesetzgebung umfasst die Bereiche der **Aufklärung, Beratung** und **Versorgung** breiter Bevölkerungsschichten.

1 Progressiv (lat.): stufenweise fortschreitend, ansteigend.
2 Kompromiss (lat.): Übereinkunft, Ausgleich.

- **Aufklärung** liegt vor, wenn private oder öffentliche Stellen über Vorsorgemaßnahmen, Rechte und Pflichten *informieren*.

> **Beispiele:**
>
> Die Gesundheitsämter klären über die Vermeidung ansteckender Krankheiten auf. Die gesetzlichen Krankenkassen informieren ihre Versicherten und andere Interessierte über ihre Leistungen.

- Unter **Beratung** versteht man im Rahmen der sozialen Sicherung die persönliche Hilfe oder Einflussnahme in Fragen der Gesundheit, Lebensgestaltung, Erziehung, Berufsfindung, Berufswechsel, Weiterbildung usw. durch private oder staatliche Einrichtungen.

> **Beispiele:**
>
> Die soziale Marktwirtschaft hat sehr viele Beratungseinrichtungen geschaffen. Es entstanden Erziehungs-, Mütter-, Eheberatungsstellen. Die Berufsberatung macht aufgrund von Eignungsuntersuchungen entsprechende Berufsvorschläge.[1]

- Die **Versorgung** will dem Einzelnen (oder bestimmten Gruppen) auch dann einen angemessenen Lebensstandard sichern, wenn dieser (bzw. die betreffende soziale Gruppe) keine entsprechende Leistung (z.B. eine Gegenleistung in Form von Versicherungsbeiträgen) erbracht hat.

> **Beispiele für staatliche Versorgungsleistungen:**
>
> - **Versorgungsmaßnahmen des Staates** bestehen z.B. zugunsten der eigenen Bediensteten (z.B. „Beamtenpensionen", Beihilfezahlungen im Krankheitsfall) oder zugunsten solcher Personengruppen, für die Versorgungsansprüche gegenüber dem Staat wegen besonderer Schädigungen gesetzlich festgelegt wurden (z.B. politisch Verfolgte, Asylanten, Katastrophengeschädigte, Aussiedler, Geschädigte durch Gewaltverbrechen).
> - Das **Arbeitslosengeld II** und das Sozialgeld sind Versorgungseinrichtungen des Staates zugunsten von Bürgern, die in Not geraten sind. Die Mittel werden im Rahmen der öffentlichen Haushalte bereitgestellt.
> - Ein weiteres Ziel der sozialen Sicherung ist die **Hilfe zur Selbsthilfe.** Hierzu dienen soziale Subventionen (Zuschüsse) und Steuervorteile. Es handelt sich dabei um Maßnahmen des Staates zugunsten von Personen, die i.d.R. vorübergehende wirtschaftliche und soziale Belastungen übernehmen und damit zu ihrer eigenen Wohlfahrt, aber auch zur besseren Verwirklichung allgemeiner Interessen beitragen (z.B. Zahlung staatlicher Sparprämien; Kindergeldzahlung und Gewährung von Kinderfreibeträgen; Gewährung staatlicher Zuschüsse auf Einfamilienhäuser und Eigentumswohnungen; Ausbildungsförderung durch Zuschüsse und zinslose Darlehen).[2]

---

1 Vgl. hierzu Band 1, Kapitel 4, S. 98ff.

2 Soziale Subventionen sind typische Beispiele für marktkonforme Eingriffe des Staates in die Preisbildung, weil sich zwar das Nachfrageverhalten der Begünstigten ändert, aber die Funktion des Marktes erhalten bleibt.

- Als äußerstes Mittel der Sozialgesetzgebung wird die **direkte Preislenkung** (staatliche Vorgabe von Höchst- oder Mindestpreisen) gesehen, weil dadurch der Markt in Teilbereichen außer Kraft gesetzt wird.

> **Beispiele:**
>
> - Zum Schutz der Verbraucher werden vom Staat Höchstpreise für Grundnahrungsmittel (z. B. Brot) festgelegt.
> - Damit die Arbeitnehmer nicht zu Niedriglöhnen arbeiten müssen, wird ein gesetzlicher Mindestlohn festgelegt (z. B. gilt im Baugewerbe zum Schutz der inländischen Bauarbeiter vor den billigen Arbeitskräften aus den neuen EU-Ländern seit 1. Sept. 05 in Lohngruppe 1 ein Mindestlohn von 10,54 EUR (West) bzw. 9,10 EUR (Ost).[1]

- Die **Sozialversicherung** (Kranken-, Pflege-, Renten-, Arbeitslosen- und Unfallversicherung) ist eine gesetzliche Pflichtversicherung[2] und beruht grundsätzlich auf dem **Solidaritätsprinzip**: „Einer für alle, alle für einen". Der Staat springt hier nur ein, wenn die Beiträge der Versicherten nicht ausreichen, um die Versicherungsleistungen zu finanzieren.

Das Bündel aller Maßnahmen zur Verwirklichung der Ziele der sozialen Sicherung bezeichnet man als das **soziale Netz.**

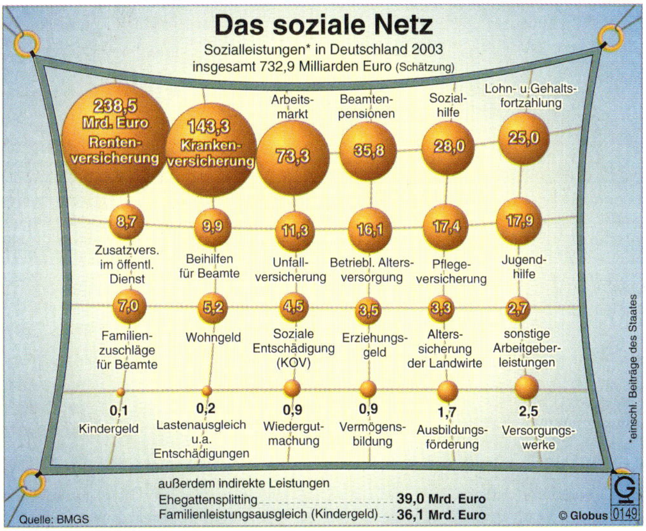

Jede wirksame soziale Sicherung beansprucht einen großen Teil des Volkseinkommens. Die infolge der gestiegenen Sozialausgaben hohen Staats- und Abgabenquoten[3] stellen heute ein erhebliches Problem für den Handlungsspielraum der deutschen Volkswirtschaft dar. Verschiedene Reformmaßnahmen zielen inzwischen darauf ab, die Finanzierbarkeit des Sozialstaates auch für die Zukunft zu sichern.

Die Finanzierung der Sozialleistungen setzt voraus, dass das Potenzial (die Leistungsfähigkeit) der Volkswirtschaft, d.h. auch die Leistungsfähigkeit der Arbeitskräfte, ausgeschöpft wird. Ein hoher Beschäftigungsstand ist somit eine der wichtigsten Voraussetzungen für die Schaffung und/oder Beibehaltung hoher Sozialstandards.

---

1 Vgl. „Vierte Verordnung über zwingende Arbeitsbedingungen im Baugewerbe".

2 Die Versicherungspflicht entfällt ab einer bestimmten Einkommenshöhe.

3 **Staatsquote:** Umfang der Staatstätigkeit bezogen auf das Bruttoinlandsprodukt (die gesamte Wirtschaftsleistung). Die Staatsquote in Deutschland liegt zurzeit bei 47,2 % (2005).

Abgabenquote: Anteil von Steuern und Sozialabgaben an der Wirtschaftsleistung (Bruttoinlandsprodukt) eines Landes. In Deutschland liegt die Abgabenquote bei gut 42 % (2005).

→ Arbeitsschutzgesetzgebung

Ein weiterer Bereich der Sozialpolitik ist die Arbeitsschutzpolitik. Gemeint sind damit vor allem folgende Bereiche:

- **Schutz der materiellen Rechte** der Auszubildenden und Arbeitnehmer durch Arbeitsvertrags-, Berufsbildungs-, Mitbestimmungs- und Tarifvertragsrecht (z.B. Bürgerliches Gesetzbuch, Berufsbildungsgesetz, Tarifvertragsgesetz, Betriebsverfassungsgesetz),
- **Sozialer Arbeitsschutz** (z.B. Arbeitszeitgesetz, Mutterschutzgesetz, Jugendarbeitsschutzgesetz),
- **Betriebs- und Gefahrenschutz** (z.B. Arbeitsschutzgesetz, Geräte- und Produktsicherheitsgesetz, Arbeitsstättenverordnung).

Die Vorschriften des Arbeitsschutzrechts stellen Gebote und Verbote auf, zu deren Beachtung Arbeitgeber und Arbeitnehmer verpflichtet sind. Die Einhaltung der Arbeitsschutzvorschriften wird z.B. durch die *Gewerbeaufsichtsämter* und die *Berufsgenossenschaften* (Träger der gesetzlichen Unfallversicherung) überwacht.

→ Beschäftigungspolitik

Das Recht auf freie Berufs-, Arbeitsplatz- und Ausbildungsstättenwahl nach Art. 12 GG ist ein schwieriges sozial- und wirtschaftspolitisches Problem. Der Anspruch ist in der Wirklichkeit dort begrenzt, wo es an Arbeits- und Ausbildungsplätzen fehlt. Ein gerichtlich durchsetzbares „Recht auf Arbeit" gibt es nach dem Grundgesetz nicht. Ein solches Recht kann es in einer (wenn auch staatlich gesteuerten) Marktwirtschaft nicht geben, weil kein Unternehmen und keine Behörde gezwungen werden kann, mehr Arbeitskräfte einzustellen als benötigt werden. Das viel zitierte „Recht auf Arbeit" beinhaltet jedoch eine moralische Verpflichtung des Staates.

Arbeitslosigkeit belastet auf Dauer jede Volkswirtschaft in vielfacher Weise:

- Durch die Leistung von Arbeitslosengeld, Arbeitslosengeld II und sonstigen staatlichen Unterstützungszahlungen fließen Gelder in den Konsum, die bei geringerer Arbeitslosigkeit für investive Zwecke verwendet werden könnten (was wiederum zu höherem Wirtschaftswachstum und mehr Beschäftigung führen würde).
- Dauerarbeitslosigkeit bedeutet, dass der Staat weniger Steuern und die Sozialversicherungsträger weniger Beiträge als bei Vollbeschäftigung einnehmen können.
- Hierdurch steigen die Sozialabgaben, sodass das verfügbare Einkommen der Beitragszahler sinkt. Steigen die Bruttoentgelte nicht im gleichen Verhältnis wie die Sozialabgaben, nimmt der Konsum ab, sodass die Beschäftigung weiter negativ beeinflusst wird.
- Aufgrund der Dauerarbeitslosigkeit sinkt das Qualifikationsniveau der Arbeitslosen, d. h., die Volkswirtschaft verliert Humankapital.[1]

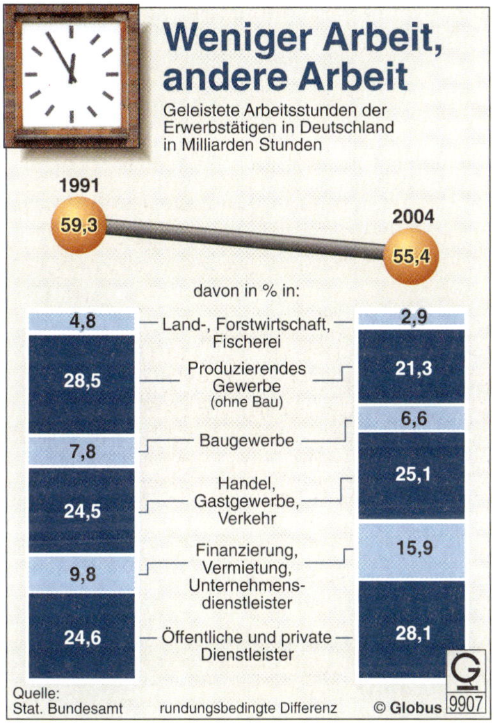

Die Aussage des Art. 12 GG stellt eine Aufforderung an den Staat dar, dafür Sorge zu tragen, dass genügend Arbeits- und Ausbildungsplätze zur Verfügung stehen. Das aus Art. 12 GG folgende wirtschafts- und sozialpolitische Ziel ist somit ein hoher **Beschäftigungsstand** und das (stetige) **Wirtschaftswachstum.**

Ein noch nicht bewältigtes Problem stellt der in der nebenstehenden Grafik veranschaulichte **Strukturwandel** in unserer Volkswirtschaft dar. Wesentlich weniger gearbeitet wird heute in der Landwirtschaft, in der Industrie und im Baugewerbe. Diese drei Sektoren beanspruchen nur noch knapp 31 % des gesamtwirtschaftlichen Arbeitszeitvolumens; 1991 waren es noch über 41 %. Kräftig zugelegt haben die Dienstleistungssektoren, vor allem die Bereiche Finanzierung, Vermietung und Unternehmensdienstleistungen sowie die öffentlichen und privaten Dienstleister.

Aufgabe der Beschäftigungspolitik ist es, den **Strukturwandel** durch die Schaffung geeigneter Rahmenbedingungen zu **unterstützen.**

➜ Sonstige sozialpolitische Maßnahmen

Zu den sonstigen sozialpolitischen Maßnahmen gehören u. a.

- die **Umweltschutzpolitik,** weil sie nicht nur dem Schutz der natürlichen Umwelt dient, sondern auch den Menschen vor den schädlichen Auswirkungen der heutigen Produktionsweisen und des Verbraucherverhaltens zu schützen versucht,
- die **Gesundheitspolitik,** weil sie zur Erhaltung der Arbeitsfähigkeit und damit zur Wohlstandssteigerung beiträgt,

1 Humankapital: Kenntnisse, Fähigkeiten und Fertigkeiten der Arbeitskraft.

- die **Strukturpolitik,** weil sie – falls sie zukunftsweisend angelegt ist – künftige Arbeitsplätze schafft und damit die Berufschancen vor allem der jüngeren Generation erhöht,
- die **Familienpolitik,** weil sie – wenn sie sozial ausgewogen ist – dazu beiträgt, den sozialen Status der Familien zu stärken und die Chancen der Kinder in Schule und Beruf zu erhöhen, sowie
- die **Bildungspolitik,** weil durch eine Verbesserung des Bildungswesens die Qualität des Produktionsfaktors Bildung (des Humankapitals) verbessert wird.

Zusammenfassung

- Die konkrete Ausgestaltung der Wirtschaftsordnungen hängt von den **gesellschaftspolitischen Grundentscheidungen** zwischen Individualismus einerseits und Kollektivismus andererseits ab.
- Der **Individualismus** ist eine Geisteshaltung, die den Menschen primär als Einzelwesen sieht.
- Der **Kollektivismus** ist eine Geisteshaltung, die den Menschen primär als Gesellschaftswesen sieht.
- Das Modell der **freien Marktwirtschaft** basiert auf dem Individualismus (Prinzip der Freiheit), das Modell der **Zentralverwaltungswirtschaft** auf dem Kollektivismus.
- Die **soziale Marktwirtschaft** setzt sich zum Ziel, auf der Grundlage der Marktwirtschaft das Prinzip der Freiheit mit dem des sozialen Ausgleichs und der sozialen Gerechtigkeit zu verbinden.
- Wirtschaftlich bedeutsame **Freiheitsrechte des Grundgesetzes** sind:
  - Gewerbefreiheit,
  - Vertragsfreiheit,
  - Konsumfreiheit,
  - Vereinigungsfreiheit,
  - Recht auf Freizügigkeit,
  - Berufsfreiheit und
  - das Recht auf Privateigentum.
- Das Sozialstaatsprinzip nach Art. 20 GG bringt u.a. folgende **Einschränkungen**:
  - Einschränkung der Vertrags- und Gewerbefreiheit,
  - Einschränkung der Eigentumsrechte (Sozialverpflichtung des Eigentums),
  - Einschränkung der Vereinigungsfreiheit (Wettbewerbsgesetzgebung) und
  - Einschränkung der Konsumfreiheit (Gesundheitsgefährdung).
- **Aufgabe der Sozialpolitik** ist, für den sozialen Ausgleich Sorge zu tragen. Die **Aufgabenfelder der Sozialpolitik** sind vor allem:
  - Schaffung von Chancengleichheit,
  - Verteilungspolitik,
  - Sozialgesetzgebung (einschließlich staatlicher Eingriffe in Markt und Preis),
  - Arbeitsschutzpolitik,
  - Beschäftigungspolitik und
  - sonstige sozialpolitische Maßnahmen wie beispielsweise Verbraucherschutz-, Gesundheits-, Bildungs- und Umweltpolitik.

Aufgaben zur Sicherung und Vertiefung des Lernerfolgs

82 1. Warum hängt die Ausgestaltung der Wirtschaftsordnungen von den gesellschaftspolitischen Grundentscheidungen zwischen Individualismus einerseits und Kollektivismus andererseits ab?

2. Prüfen Sie, ob Sie Ihre zu Frage eins gemachte Aussage tatsächlich verstanden haben! Welche Forderungen müsste ein Anhänger des Individualismus aufstellen, wenn es in der Bundesrepublik Deutschland um die Zukunft folgender Institutionen bzw. Unternehmen ginge:

   2.1 das staatliche Schulwesen,

   2.2 das staatliche Gesundheitswesen,

   2.3 das öffentliche Straßennetz und

   2.4 die Unternehmen, die Atomkraftwerke bauen wollen.

3. Grenzen Sie die Begriffe Individualismus und Kollektivismus voneinander ab!

4. Zeigen Sie auf, wie unser Staat versucht, Auswüchse in der Wirtschaft zu vermeiden und seiner sozialen Verpflichtung gerecht zu werden! Nennen Sie 4 Beispiele!

5. Nennen Sie fünf wesentliche Ordnungsmerkmale der sozialen Marktwirtschaft!

6. 6.1 Erklären Sie anhand von Beispielen, wie in der sozialen Marktwirtschaft
   6.1.1 die Vertragsfreiheit,
   6.1.2 die Gewerbefreiheit und
   6.1.3 die Eigentumsrechte eingeschränkt werden!

   6.2 Erklären Sie, warum die Tarifautonomie ein wesentlicher Bestandteil der sozialen Marktwirtschaft ist!

7. Entscheiden Sie, ob die folgenden Regelungen des Staates mit den Prinzipien der sozialen Marktwirtschaft vereinbar sind!

   7.1 Das Steuersystem wird so geordnet, dass jeder Steuerpflichtige über das gleiche Nettoeinkommen verfügen kann.

   7.2 Jeder Einwohner erhält das Recht, in Notfällen seinen Anspruch auf Unterstützung durch den Staat gerichtlich einklagen zu können.

   7.3 Der Staat erhält das Recht, zum Wohle der Allgemeinheit Enteignungen gegen Entschädigung vornehmen zu dürfen.

   7.4 Zur Erhaltung von 40000 Arbeitsplätzen räumt der Staat dem Unternehmen X auf Dauer eine Ermäßigung der Umsatz- und Gewerbesteuer ein.

   7.5 Zur Ankurbelung der Konjunktur gewährt der Staat Sonderabschreibungen für Anlageinvestitionen, die innerhalb eines bestimmten Zeitraums durchgeführt werden.

   7.6 Der Staat verbietet durch Gesetz den Zusammenschluss von Unternehmen, wenn diese dadurch eine Marktbeherrschung erreichen wollen.

   7.7 Der Staat gewährt nach sozialen Gesichtspunkten gestaffelte Prämien für Arbeitnehmer, die einen Teil ihres Einkommens vermögenswirksam anlegen.

   7.8 Der Staat schreibt Preise für Grundnahrungsmittel und Mietwohnungen vor.

   7.9 Der Staat zahlt Umschulungsbeihilfen für Arbeitnehmer, die ihre Arbeitsplätze infolge technologischer Entwicklungen verloren haben.

83 Textauszug:

Was heißt heute sozial?

Kein anderer Begriff bestimmt heutzutage die politische Debatte so stark wie der des „Sozialen". Und es gibt anscheinend kaum eine schärfere Verurteilung von Reformkonzepten als durch das Prädikat „unsozial". Aber worin besteht eigentlich das Soziale in der sozialen Marktwirtschaft?

Eine erste Antwort finden wir bei Alfred Müller-Armack, einem der Begründer unserer Wirtschaftsordnung. Er hat es als die Leitidee der sozialen Marktwirtschaft bezeichnet, „auf der Basis der Wettbewerbswirtschaft die freie Initiative mit einem gerade durch die marktwirtschaftliche Leistung gesicherten sozialen Fortschritt zu verbinden".

Nach diesem Verständnis verdient sich die soziale Marktwirtschaft das Prädikat sozial zunächst deshalb, weil sie eine leistungsfähige Wirtschaftsordnung ist. Ihre Vorzüge kommen allen zugute; sie nutzen der Gemeinschaft: Nur eine leistungsfähige Wirtschaftsordnung schafft Wohlstand für breite Schichten der Bevölkerung.

Nur sie bietet ihnen die Chance, aus eigener Kraft am Wohlstand teilzuhaben. Und nur sie schafft die wirtschaftliche Basis für die notwendige Absicherung gegenüber den großen Lebensrisiken sowie die Solidarität mit den wirklich Schwachen. Soziale Marktwirtschaft ist also nicht primär ein Umverteilungskonzept, sondern in erster Linie ein Konzept für eine dauerhaft funktionsfähige Marktwirtschaft, die zugleich Teil und Grundlage des sozialen Ausgleichs ist.

Die Verbindung von marktwirtschaftlicher Freiheit und sozialem Ausgleich im Konzept der sozialen Marktwirtschaft ist im Laufe der Jahre immer häufiger missverstanden worden. Viele sehen heute die Marktwirtschaft und die Forderung nach sozialem Ausgleich fälschlicherweise als etwas Getrenntes, ja Gegensätzliches. ... Ein derartiges Verständnis von sozialer Marktwirtschaft verkennt jedoch zweierlei. Erstens: Ein zentrales Element der sozialen Gerechtigkeit ist die Leistungsgerechtigkeit. Das, was jemand erhält, muss immer in einem vernünftigen Verhältnis zu seiner Leistung stehen.

Zweitens: Jeder Versuch staatlicher Umverteilung, der die volkswirtschaftliche Leistungskraft überfordert, ist zum Scheitern verurteilt. Die notwendige soziale Sicherung darf nicht in erster Linie eine Frage der guten Absichten sein. Sie muss den ökonomischen Möglichkeiten Rechnung tragen und zugleich Eigeninitiative und Eigenverantwortung fördern.

Der Sozialstaat ist aber bei uns im Laufe der Jahre zu einem Wohlfahrtsstaat geworden, der die Menschen bevormundet, ihnen immer mehr Lasten aufbürdet und immer weniger Gestaltungsmöglichkeiten lässt. ...

Ludwig Erhard hat schon früh vor dem „modernen Wahn des Versorgungsstaates" gewarnt, an dessen Ende der „soziale Untertan" und nicht der eigenverantwortliche Bürger steht.

Dass die soziale Marktwirtschaft solidarisch mit denen sein muss, die sich nicht selbst helfen können, steht außer Zweifel. Jedoch richten sich die Wirkungen des ausgeuferten Sozialstaates in der Praxis zu oft gerade gegen die Schwachen in der Gesellschaft. Das sichtbarste Zeichen dafür ist die hohe Arbeitslosigkeit. Ist es wirklich sozial, wenn etwa ein Übermaß an Regulierungen am Arbeitsmarkt die Beschäftigten schützt, gleichzeitig aber den mehr als vier Millionen Erwerbslosen Beschäftigungschancen nimmt? Ich meine nein.

Wir müssen uns bei der Definition des „Sozialen" wieder auf die ordnungspolitischen Grundsätze der sozialen Marktwirtschaft besinnen. Es kann nicht sozialstaatliche Aufgabe sein, Versorgung für alle zu gewährleisten und jedes denkbare Risiko für jeden Personenkreis abzudecken. Das ist falsch verstandene Solidarität, die der wirtschaftlichen Entwicklung und damit letztlich allen schadet.

Sozialstaatliche Umverteilung muss sich auf die wirklich Hilfsbedürftigen konzentrieren. Die elementarste Form des Sozialen liegt in der sozialen Marktwirtschaft aber darin, jedermann die Chance zu eröffnen, aus eigener Kraft am Wohlstand teilzuhaben. Die eigentliche soziale Frage unserer Zeit lautet daher: Wie schaffen wir mehr wirtschaftliche Dynamik und mehr Arbeitsplätze? Oder anders gewendet: Sozial ist heute vor allem, was mehr Beschäftigung schafft.

Wir müssen umsteuern und uns wieder stärker an Ludwig Erhards Prinzipien der Eigenverantwortung, des Wettbewerbs und der echten sozialen Verantwortung – also des Handelns zum Nutzen der Allgemeinheit und der Solidarität mit den wirklich Schwachen – orientieren. Denn wenn uns das nicht gelingt, dann ist eine der größten Erfolgsgeschichten der Bundesrepublik Deutschland – die soziale Marktwirtschaft – ernsthaft in Gefahr, an einer Inflation der Ansprüche zu scheitern.

Quelle: Tietmeyer, H.: Was heißt heute sozial? In: Handelsblatt vom 31. Mai 2002.[1]

Aufgaben:

1. Worin sieht der Verfasser das Wesentliche des „Sozialen" in einer sozialen Marktwirtschaft?
2. Der Verfasser ist der Meinung, dass der Begriff „sozial" häufig missverstanden wird. Worin besteht nach Ansicht des Verfassers das Missverständnis?
3. Welches sind die zentralen Elemente (Grundbestandteile) der sozialen Marktwirtschaft?

1 Hans Tietmeyer war zu dieser Zeit Präsident der Deutschen Bundesbank.

13.2 Wirtschaftspolitik

13.2.1 Ziele des Stabilitätsgesetzes

13.2.1.1 Übersicht über die wirtschaftspolitischen Ziele nach dem Stabilitätsgesetz

Die Ziele der Wirtschaftspolitik sind im **Gesetz zur Förderung der Stabilität und des Wachstums der Wirtschaft [StabG]** festgehalten.

Oberstes Ziel [§ 1 S. 1 StabG] ist die Herstellung des gesamtwirtschaftlichen Gleichgewichts. Ein gesamtwirtschaftliches Gleichgewicht liegt vor, wenn die Produktionsfaktoren vollbeschäftigt sind und sich alle Märkte (z.B. Arbeits-, Kredit-, Gütermarkt) ausgleichen.

Aus diesem Oberziel leiten sich folgende **Unterziele** ab [§ 1 S. 2 StabG]:

- **Stabilität des Preisniveaus**
- **Hoher Beschäftigungsstand**
- **Außenwirtschaftliches Gleichgewicht**
- **Stetiges und angemessenes Wirtschaftswachstum**

Die hier genannten Ziele sind **quantitative Ziele,** weil sie sich in Zahlen erfassen lassen. Weitere wichtige, nicht ausdrücklich im Stabilitätsgesetz erwähnte **qualitative Ziele** sind:

- **gerechte Einkommens- und Vermögensverteilung,**
- **Erhaltung einer lebenswerten Umwelt.**

13.2.1.2 Besprechung der wirtschaftspolitischen Ziele

(1) Stabilität des Preisniveaus

Merke:

Eine **absolute Geldwertstabilität** liegt vor, wenn sich das Preisniveau[1] überhaupt nicht verändert. Die Preise der einzelnen Güter können sich dabei durchaus verändern. Bedingung ist jedoch, dass Preissteigerungen einzelner Wirtschaftsgüter durch die Preissenkungen anderer Wirtschaftsgüter ausgeglichen werden.

Beispiel:

Benzin wird teurer. Diese Preissteigerung wird dadurch ausgeglichen, dass Digitalkameras billiger werden. Im Durchschnitt besteht Preisstabilität.

Die Wirtschaftspolitik konnte bisher auf Dauer keine absolute Preisstabilität erreichen. Aus diesem Grund wird heute eine **relative Preisstabilität** gefordert. Dabei gelten Preissteigerungsraten von bis zu 2 % bereits als großer Erfolg.

1 Preisniveau: gewogener Durchschnitt aller Güterpreise.

Inflationsraten[1], die über der genannten Zielvorstellung liegen, bringen erhebliche Nachteile mit sich. Die Sparer werden dann geschädigt, wenn die Inflationsraten (Preissteigerungsraten) höher als die Sparzinsen sind. Hingegen werden die Schuldner und die Eigentümer von Realvermögen (z. B. von Grundstücken, Betriebsvermögen und Anteilsrechten wie z. B. Aktien) bevorzugt. Steigt das inländische Preisniveau schneller als das ausländische, wird der Export beeinträchtigt, sodass die Arbeitsplätze in Gefahr geraten.

(2) Hoher Beschäftigungsstand

→ Begriff Beschäftigung

Merke:

Unter **Beschäftigung** verstehen wir den Grad der Kapazitätsausnutzung einer Volkswirtschaft.

Im Allgemeinen wird die Beschäftigungslage einer Volkswirtschaft an den Arbeitslosenzahlen und an den offenen Stellen beurteilt.

Als **Vollbeschäftigung** wird in der Bundesrepublik Deutschland eine Arbeitslosenquote von etwa 1–2 % angesehen. Als **Arbeitslosenquote** werden in der Bundesrepublik Deutschland zwei Werte ausgewiesen, und zwar entweder

- der Anteil der **„registrierten Arbeitslosen"** an der **„Gesamtzahl der nichtselbstständigen Erwerbspersonen"** in Prozent oder
- der Anteil der **„registrierten Arbeitslosen"** an der **„Gesamtzahl aller Erwerbspersonen"** in Prozent.

Bei **Überbeschäftigung** liegt die Arbeitslosenquote unter 1 %, bei **Unterbeschäftigung** über etwa 2 %. Die Zahl der offenen Stellen und die der Kurzarbeiter ist bei der Beurteilung des Arbeitsmarktes mit zu berücksichtigen. Wenn in einer Volkswirtschaft Vollbeschäftigung vorliegt, so befindet sich der Arbeitsmarkt im **Gleichgewicht,** bei Arbeitslosigkeit (Unterbeschäftigung) hingegen liegt ein **Ungleichgewicht** des Arbeitsmarktes vor.

Nebenstehende Grafik zeigt, dass der deutsche Arbeitsmarkt schon seit vielen Jahren durch eine Unterbeschäftigung gekennzeichnet ist.[2]

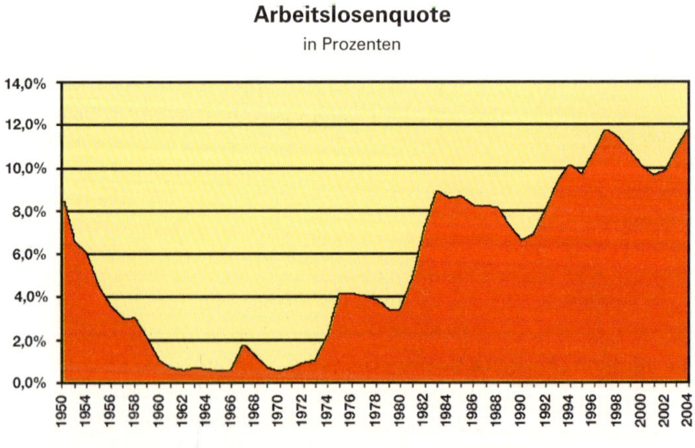

1 Inflationsraten: Preissteigerungsraten (prozentuale durchschnittliche Preissteigerungen in Bezug auf das Vorjahr). Unter Inflation (lat. Aufblähung) versteht man eine lang anhaltende und starke Steigerung des Preisniveaus.

2 www.spd-ebersbach.de/.../Arbeitslosenquote.jpg; 2.9.2005.

➔ Probleme der Überbeschäftigung

- Die Unternehmen werben gegenseitig Arbeitskräfte ab.
- Dadurch steigen die Effektivlöhne schneller als die Produktivität.[1]
- Die Folge sind Preiserhöhungen und damit Beeinträchtigungen der Exportchancen.
- Die Leistungsbereitschaft der Arbeitnehmer sinkt, die Produktqualität nimmt ab.
- Der Krankenstand ist in Zeiten der Überbeschäftigung hoch (schlechte „Arbeitsmoral").

➔ Probleme der Unterbeschäftigung

- Drohende Arbeitslosigkeit bewirkt einen Rückgang der Nachfrage.
- Die Steuereinnahmen des Staates gehen zurück, sodass dieser seine Aufgaben nicht mehr in vollem Umfang erfüllen kann.
- Die Familien der Arbeitslosen kommen in finanzielle Schwierigkeiten, sodass die sozialen Probleme zunehmen.
- Sinkende Beitragseinnahmen der Sozialversicherungsträger und zugleich steigende Ausgaben (z.B. der Arbeitslosenversicherung), steigende Lohnnebenkosten der Unternehmen durch Erhöhung der Beitragssätze, dadurch Gefährdung der internationalen Wettbewerbsfähigkeit, Verschärfung einer bestehenden Arbeitslosigkeit.
- Soziale Konflikte können sich verstärken (z.B. Radikalisierung).

Die Probleme der Über- wie der Unterbeschäftigung zeigen, dass eine der wichtigsten Aufgaben der Wirtschaftspolitik die Sicherung eines hohen Beschäftigungsstands ist.

(3) Außenwirtschaftliches Gleichgewicht

➔ Begriff außenwirtschaftliches Gleichgewicht

Der Maßstab dafür, ob außenwirtschaftliches Gleichgewicht oder Ungleichgewicht herrscht, ist die **Zahlungsbilanz.** In der Zahlungsbilanz eines Landes werden sämtliche (in Geld ausgedrückten) Transaktionen[2] zwischen dem Inland und dem Ausland in einer Zeitperiode (meist das Kalenderjahr) festgehalten. Aus einer Zahlungsbilanz kann man daher leicht Informationen über die wirtschaftliche Verflechtung eines Landes mit dem Ausland gewinnen.

Merke:

Außenwirtschaftliches Gleichgewicht herrscht, wenn die Zahlungsbilanz mittelfristig ausgeglichen ist.

---

1 Die **Produktivität** ist die technische Ergiebigkeit eines Produktionsvorgangs. Sie stellt das Verhältnis von Ausbringungsmenge zu den Einsatzmengen der Produktionsfaktoren dar.

$$\text{Produktivität} = \frac{\text{Ausbringungsmenge}}{\text{Einsatzmenge}}$$

Aus dieser allgemeinen Formulierung lassen sich **Teilproduktivitäten** ableiten. Zum Beispiel:

Arbeitsproduktivität = Ausbringungsmenge : Anzahl der Lohnstunden
Maschinenproduktivität = Ausbringungsmenge : Anzahl der Maschinenstunden

2 Transaktion: Geschäftsabschluss.

→ Auswirkungen eines außenwirtschaftlichen Ungleichgewichts am Beispiel der Handelsbilanz

Die **Handelsbilanz** ist eine wichtige Teilbilanz der Zahlungsbilanz. In ihr wird der Wert aller Aus- und Einfuhren der Bundesrepublik ausgewiesen, immer bezogen auf ein Jahr. Ein Handelsbilanzungleichgewicht liegt vor, wenn die Exporterlöse[1] nicht den Importausgaben[2] entsprechen.

- Ein **Exportüberschuss** entsteht, wenn die Exporterlöse höher sind als die Importausgaben.

  Exportüberschüsse in Fremdwährungsländer (z. B. in die Schweiz oder USA) führen zu Devisenüberschüssen, weil die Exporteure die eingenommenen Devisen[3] in der Regel bei den Banken in Binnenwährung umtauschen. Die Banken wiederum tauschen die Devisen bei der Zentralbank in Binnenwährung um. Somit steigt der Geldumlauf. Bei bestehender Vollbeschäftigung steigt das Preisniveau („importierte Inflation").

- Ein **Importüberschuss** entsteht, wenn die Importausgaben die Exporterlöse übersteigen.

  Importüberschüsse aus Fremdwährungsländern haben die gegenteilige Wirkung. Die Importeure zahlen die Importe entweder in Binnen- oder in Fremdwährung. Wird in Binnenwährung gezahlt, tauschen die ausländischen Exporteure ihre Erlöse in ihre eigene Währung um. Wird in Fremdwährung gezahlt, müssen die Importeure die benötigten Devisen bei den Banken des eigenen Währungsgebiets kaufen. In beiden Fällen schrumpft der Devisenvorrat des eigenen Währungsgebiets: Die Zahlungsbilanz wird passiv. Die abnehmende Geldmenge bremst zwar den Preisauftrieb, gefährdet aber die Arbeitsplätze.

(4) Stetiges und angemessenes Wirtschaftswachstum[4]

Merke:

Ein **Wirtschaftswachstum** liegt vor, wenn die Leistungsfähigkeit der Volkswirtschaft, also ihre Kapazität, zugenommen hat.

Das Wirtschaftswachstum ist in allen Wirtschaftsordnungen ein wesentliches Ziel der Wirtschaftspolitik, denn nur dann, wenn die Produktion wirtschaftlicher Güter schneller als die Bevölkerung wächst, kann der materielle Lebensstandard pro Kopf der Bevölkerung erhöht werden. Wirtschaftliches Wachstum ist umso wichtiger, je geringer der Entwicklungsstand und damit der Lebensstandard einer Volkswirtschaft ist.

Wichtige **Faktoren, die das Wirtschaftswachstum fördern,** sind z. B. das Vorhandensein von Rohstoffen und Energie, ständiger technischer Fortschritt, gute Ausbildung der arbeitenden Bevölkerung, ausreichende Konsum- und Investitionsgüternachfrage, optimistische Zukunftserwartungen von Produzenten und Konsumenten.

---

1 Exporterlöse (kurz: Export): Erlöse aus der Ausfuhr von Waren und Erlöse aus Dienstleistungen, die das Inland für das Ausland erbracht hat (z. B. Schiffsreparaturen).

2 Importausgaben (kurz: Import): Ausgaben für die Einfuhr von Waren und Ausgaben für Dienstleistungen, die das Ausland für das Inland erbracht hat (z. B. Ausgaben für Auslandsreisen).

3 Unter Devisen versteht man fremde Zahlungsmittel in Form von Buchgeld (z. B. Schecks, Überweisungen).

4 Es handelt sich hier um ein wirtschaftspolitisches Ziel, das nur langfristig zu erreichen ist. Vgl. hierzu auch Kapitel 13.2.2, S. 263 ff.

Faktoren, die das **Wirtschaftswachstum begrenzen,** sind z.B. fehlende Rohstoff- und Energievorräte, mangelnder technischer Fortschritt, Bevölkerungsrückgang in den hoch industrialisierten Ländern, mangelnde Ausgaben für Bildung und Forschung, zunehmende Umweltverschmutzung. Hinzu kommt, dass in den industriellen „Wohlstandsgesellschaften" die materiellen Grundbedürfnisse weitgehend befriedigt sind.

(5) Gerechte Einkommens- und Vermögensverteilung

→ Zielsetzung

Das wirtschafts- und sozialpolitische Ziel einer sozial verträglichen Einkommens- und Vermögensverteilung läuft darauf hinaus, die Einkommen und Vermögen in Zukunft gleichmäßiger unter die großen sozialen Gruppen der Arbeitnehmer einerseits und der Selbstständigen („Unternehmer") einschließlich der sonstigen Vermögensbesitzer andererseits zu verteilen.

Merke:

Sozial verträgliche Einkommenspolitik ist bestrebt, die Lohnquote (Anteil der Arbeitnehmer am Gesamteinkommen) zu erhöhen.

Das Ziel einer sozial verträglichen Einkommensverteilung hängt eng mit der Vermögensverteilung zusammen. Dies ist einmal deswegen der Fall, weil die Bezieher hoher Einkommen leichter Vermögen bilden können als die Bezieher niedrigerer Einkommen, zum anderen aber auch deshalb, weil die Eigentümer der Produktionsfaktoren Boden und Kapital auch die Bodenrente (Fruchtertrag, Miete, Pacht) und den Kapitalzins beziehen. Haushalten mit viel Vermögen fließen damit entsprechend hohe Einkommen zu.

→ Träger der Umverteilungspolitik

Träger der Umverteilungspolitik sind der **Staat** und die **Sozialpartner** (Gewerkschaften und Arbeitgeberverbände).

Die Verfolgung des Ziels einer sozial verträglichen Einkommensverteilung ist für die Regierung der Bundesrepublik Deutschland deswegen schwierig, weil **Tarifautonomie** besteht, d.h., weil die Sozialpartner (Tarifpartner) das Recht haben, die Arbeitsentgelte selbstständig und ohne staatliche Einmischung zu vereinbaren. Dennoch verbleiben dem Staat eine Reihe von wirtschafts- und sozialpolitischen Maßnahmen vor allem vermögenspolitischer Art. Hierzu gehören z.B. der Ausbau des Vermögensbildungsgesetzes und Sparförderungsmaßnahmen.

(6) Erhaltung einer lebenswerten Umwelt

Merke:

Das wirtschafts- und sozialpolitische Ziel, die Umwelt lebenswert zu erhalten und/oder zu verbessern, ist ein **qualitatives Ziel.**

Wird in den Zielkatalog einer sozialen Marktwirtschaft das Ziel des Umweltschutzes aufgenommen, müssen – ebenso wie dies zur Erreichung sozialer Ziele erforderlich ist – **staatliche Eingriffe** erfolgen, die die Marktbedingungen so verändern, dass Nachfrage und Angebot in der gewünschten Weise gelenkt werden. **Marktkonforme Maßnahmen** müssen hierbei die Regel, **marktkonträre Maßnahmen** die Ausnahme bilden.

→ Marktkonforme Maßnahmen

Merke:

- Staatseingriffe, die den Preismechanismus (die Steuerungsfunktion des Preises) nicht außer Kraft setzen, bezeichnet man als **marktkonform.**
- Indem der Staat marktkonforme Maßnahmen ergreift, **beeinflusst** er **das Verhalten** der Wirtschaftssubjekte (Haushalte, Unternehmen) **indirekt.**

Mit Hilfe von Steuern, Abgaben und Zöllen (so genannten **„Ökosteuern"**) sollen als umweltschädigend erkannte Maßnahmen und Produkte so stark belastet werden, dass in absehbarer Zeit sowohl Nachfrage als auch Angebot reagieren werden. Umgekehrt sollen alle als umweltschonend erkannten Maßnahmen und Produkte so stark entlastet (erforderlichenfalls auch subventioniert) werden, sodass sich Nachfrage und Produktion in die gewünschte Richtung bewegen.

Beispiele:

- Erhebung einer „Ausgleichsabgabe für Eingriffe in Natur und Landschaft", wie dies z.B. in Baden-Württemberg seit 1973 der Fall ist, und die 1990 verzehnfacht wurde. Seit 1990 wird für die Entnahme von Boden (etwa in Steinbrüchen und Kiesgruben) ein Mengenentgelt erhoben (je Kubikmeter 0,25 EUR bis 0,75 EUR). Die Mittel fließen der baden-württembergischen Stiftung Naturschutz zu.
- Mögliche Einführung von „Öko-Produktsteuern", z.B. für Batterien, normale Glühlampen, tropisches Holz, Waschmittel und Streusalz.
- Einführung von Öko-Abgaben in der Landwirtschaft für Pestizide, Massentierhaltung und Futtermittelimporte.
- Erhebung von Müllvermeidungssteuern für Einwegflaschen, Getränkedosen, Kunststoffbehälter und -flaschen, Aluminiumfolien und für Werbezwecke verwendetes Papier.
- Rücknahmeverpflichtung für umweltbelastende Produkte, nachdem ihre Nutzungsdauer abgelaufen ist (z.B. Kühlschränke, Autos, Batterien).

→ Marktkonträre Maßnahmen

Merke:

- Staatseingriffe, die den Preismechanismus außer Kraft setzen, bezeichnet man als **marktkonträr.**
- Indem der Staat marktkonträre Maßnahmen ergreift, **beeinflusst** er **das Verhalten** der Wirtschaftssubjekte **direkt.**

Der Preismechanismus wird dann außer Kraft gesetzt, wenn der Staat

- entweder die Produktions- und Verbrauchsmengen durch Gesetz festsetzt
- oder den Preis unmittelbar vorschreibt.

Beispiele:

Die Umweltpolitik kommt ohne marktkonträre Maßnahmen nicht aus. Marktkonträre Maßnahmen sind z.B. **Verbote** und die Vorgabe von **Grenzwerten:**

- Umweltschädliche Produkte, auf die vollständig verzichtet werden kann, müssen verboten werden (z. B. umweltschädliche Treibgase in Sprühdosen).
- Einzelschadstoffe, die mit technischen Mitteln auf einen bestimmten Stand reduziert werden können, sind mit Hilfe von Grenzwerten zu verringern (z.B. Schadstoffe in Autoabgasen).

→ Wirtschaftliche Folgen der Umweltpolitik

Die wirtschaftlichen Folgen der skizzierten Umweltpolitik sind Beschäftigungsrückgänge in den umweltbelastenden Wirtschaftszweigen und positive Beschäftigungseffekte in den Umweltschutzindustrien. Viele Wirtschaftswissenschaftler sind der Meinung, dass die positiven Beschäftigungseffekte überwiegen, d.h., dass langfristig der Umweltschutz kein „Jobkiller" ist.

Kurzfristig führt der Strukturwandel in bestimmten Bereichen sicher zu sozialen Härten, die der Staat – also die Allgemeinheit – ausgleichen muss.

13.2.1.3 Mögliche Zielkonflikte

Die Forderung, dass die Wirtschaftspolitik gleichzeitig Vollbeschäftigung, Preisniveaustabilität (Geldwertstabilität), außenwirtschaftliches Gleichgewicht und stetiges Wirtschaftswachstum anzustreben habe, ist leicht zu erheben, aber schwierig zu erfüllen.

Je nach Ausgangslage besteht **Zielharmonie** oder **Zielkonflikt**.

(1) Zielharmonie

Von **Zielharmonie** spricht man, wenn bestimmte wirtschaftspolitische Maßnahmen der Erreichung mehrerer Ziele dienlich sind.

Beispiel:

Wenn die Wirtschaft wächst, erhöht sich in der Regel auch die Zahl der Beschäftigten. Zwischen den Zielen Wirtschaftswachstum und Beschäftigung besteht Zielharmonie – allerdings oft mit einer zeitlichen Verzögerung, da die Unternehmen meist abwarten, ob sich das Wachstum als stabil und nachhaltig erweist.

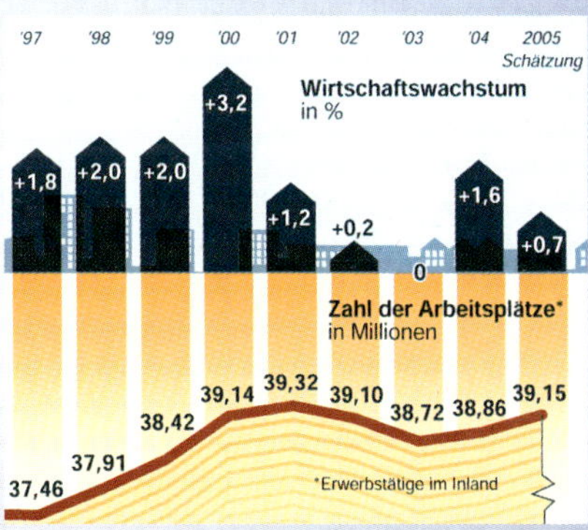

Quelle: Globus-Infografik 2002 (modifiziert)

17 Speth u.a. – ISBN 3-8120-0529-8

(2) Zielkonflikte

Ein **Zielkonflikt** liegt vor, wenn die Ergreifung einer bestimmten Maßnahme die Wirtschaft zwar einem Ziel näher bringt, sie dafür aber von anderen Zielen entfernt.

Die Realität hat gezeigt, dass es bei der Verfolgung eines noch nicht realisierten Ziels häufig zu unerwünschten Veränderungen bei den anderen Zielen kommt. Beispielhaft sollen im Folgenden einige Zielkonflikte zwischen den wirtschaftspolitischen Zielen dargestellt werden.

→ Fall 1: Eine Volkswirtschaft ist unterbeschäftigt

Ausgangssituation: Die Zahl der Arbeitslosen übersteigt die Anzahl der offenen Stellen; der Preisauftrieb ist gedämpft. Die Investitionsneigung der Unternehmen ist gering, weil der entsprechende Absatz fehlt. Die Steuereinnahmen des Staates reichen nicht aus, um die Staatsausgaben zu finanzieren. Die Zahlungsbilanz ist ausgeglichen.

Wirtschaftspolitische Maßnahme: Die Wirtschaft soll mit Hilfe von **Exportförderungsmaßnahmen** (z.B. Exportsubventionen) belebt werden.

Auswirkungen auf die wirtschaftspolitischen Ziele: Das Ziel der **Vollbeschäftigung** wird **gefördert.** Das Ziel der **Preisstabilität** ist **nicht gefährdet,** weil die unterbeschäftigte Wirtschaft zunächst zu konstanten Preisen anbieten kann. Durch die Exportförderung entsteht jedoch ein Exportüberschuss und damit ein Zahlungsbilanzungleichgewicht, d.h., das Ziel des **außenwirtschaftlichen Gleichgewichts wird verletzt.**

→ Fall 2: Eine Volkswirtschaft ist vollbeschäftigt

Ausgangssituation: Das Preisniveau steigt verhältnismäßig schnell; die Staatseinnahmen decken die Ausgaben, sodass auch die Parlamente ausgabefreudig sind. Es bestehen Zahlungsbilanzüberschüsse.

Wirtschaftspolitische Maßnahme: Die Inflationsrate soll durch **Ausgabenkürzungen des Staates** gesenkt werden.

Auswirkungen auf die wirtschaftspolitischen Ziele: Das Ziel **Preisstabilität** wird **gefördert.** Durch die Ausgabenkürzungen des Staates nimmt die Nachfrage ab und die Beschäftigung geht zurück. Durch die Politik der Preisstabilisierung wird die **Vollbeschäftigung gefährdet.** Durch die Preisstabilität kann es außerdem zu Exportüberschüssen kommen, sodass das Ziel des **außenwirtschaftlichen Gleichgewichts nicht erreicht** werden kann.

Es ist ersichtlich, dass in der Regel die gleichzeitige Verfolgung der genannten Ziele nicht möglich ist. Man spricht daher vom **„magischen Dreieck"**: Nur ein Zauberer (Magier) könnte alle Ziele gleichzeitig erreichen.

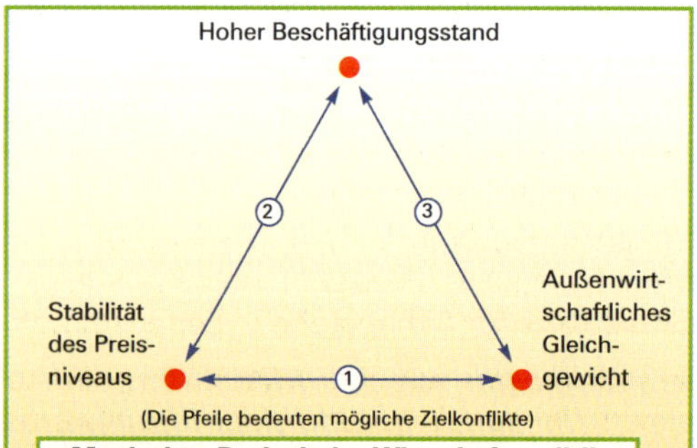

Magisches Dreieck der Wirtschaftspolitik

➔ Fall 3: Soziale Schieflage der Einkommens- und Vermögensverteilung

Ausgangssituation: Die Kräfte des Marktes haben zu einer ungerechten Einkommens- und Vermögensverteilung geführt.

Wirtschaftspolitische Maßnahme: Einführung eines Steuertarifs, der besser verdienende Einkommensbezieher stärker belastet. In Deutschland tragen 10 % der Steuerpflichtigen rund 54 % des gesamten Aufkommens an der Einkommen- bzw. Lohnsteuer. Die schlechter verdienende Hälfte der Einkommensbezieher trägt nicht einmal ein Zehntel zum Einkommensteueraufkommen bei. Jeder fünfte Steuerbürger braucht aus sozialen Gründen überhaupt keine Einkommen- bzw. Lohnsteuer zu zahlen.

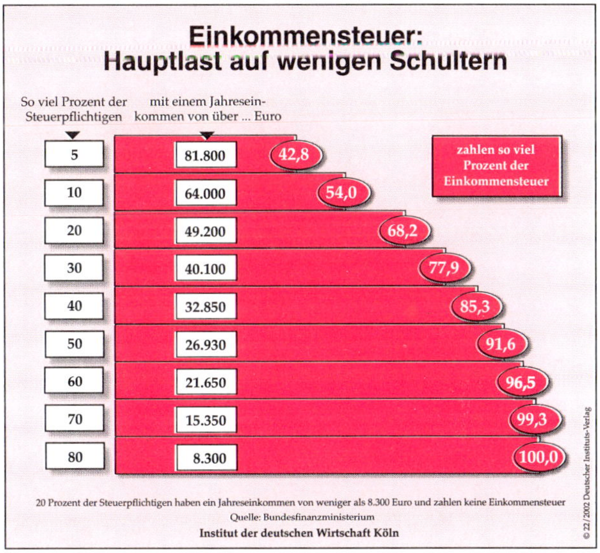

Auswirkungen auf die wirtschaftspolitischen Ziele: Eine Änderung der Einkommens- und Vermögensverteilung ist dann am leichtesten erreichbar, wenn die Volkswirtschaft regelmäßig wächst. Dann nämlich können die Zuwächse an Vermögen und Einkommen zugunsten der Arbeitnehmer verlagert (umverteilt) werden, ohne dass die Investitionstätigkeit leidet. In einer stagnierenden Wirtschaft bei Unterbeschäftigung führen die Lohnerhöhungen lediglich zu einer Erhöhung der Stückkosten in allen Bereichen, was zu weiteren Preissteigerungen beiträgt. Zwar mag eine Lohnerhöhung bei der Konsumgüterindustrie zu höheren Umsätzen (bei steigenden Preisen) beitragen, in der Investitionsgüterindustrie wird sich jedoch der Konsumzuwachs kaum als höhere Nachfrage nach Investitionsgütern bemerkbar machen, solange die Konsumgüterindustrie selbst unterbeschäftigt ist; denn kein Unternehmen wird Erweiterungsinvestitionen vornehmen, wenn seine Kapazität ohnehin nicht ausgelastet ist. Zwischen den Zielen „Wachstum", „Preisniveaustabilität" und „sozial verträgliche Einkommens- und Vermögensverteilung" können somit erhebliche Zielkonflikte bestehen.

➔ Fall 4: Steigende Umweltverschmutzung

Ausgangssituation: Mit dem industriellen Wachstum steigt auch der Verschmutzungsgrad. Die Folgen sind verkürzte Lebenserwartung, Zerstörung der Erholungsgebiete, Vernichtung des ökologischen Gleichgewichts und Rückgang der land-, fisch- und forstwirtschaftlichen Produktion.

Wirtschaftspolitische Maßnahmen: Der Energieverbrauch wird mit einer speziellen Öko-Steuer verteuert. Produktionsabfälle müssen fachgerecht entsorgt werden. Der Staat legt Grenzwerte für Schadstoffe in Lebensmitteln, Kosmetika, Autoabgasen usw. fest.

Auswirkungen auf die wirtschaftspolitischen Ziele: Zwischen dem wirtschaftspolitischen Ziel der „Erhaltung einer lebenswerten Umwelt" und dem Wachstumsziel besteht somit ein unauflöslicher Zielkonflikt, soweit sich das Wachstum auf die materielle Produktion bezieht. Wird hingegen das Wachstum gebremst, um die Umwelt zu schonen, geraten das Vollbeschäftigungsziel und eventuell das außenwirtschaftliche Gleichgewicht in Gefahr.

Somit wird deutlich, dass alle wirtschafts- und sozialpolitischen Ziele miteinander zusammenhängen (magisches Sechseck):[1]

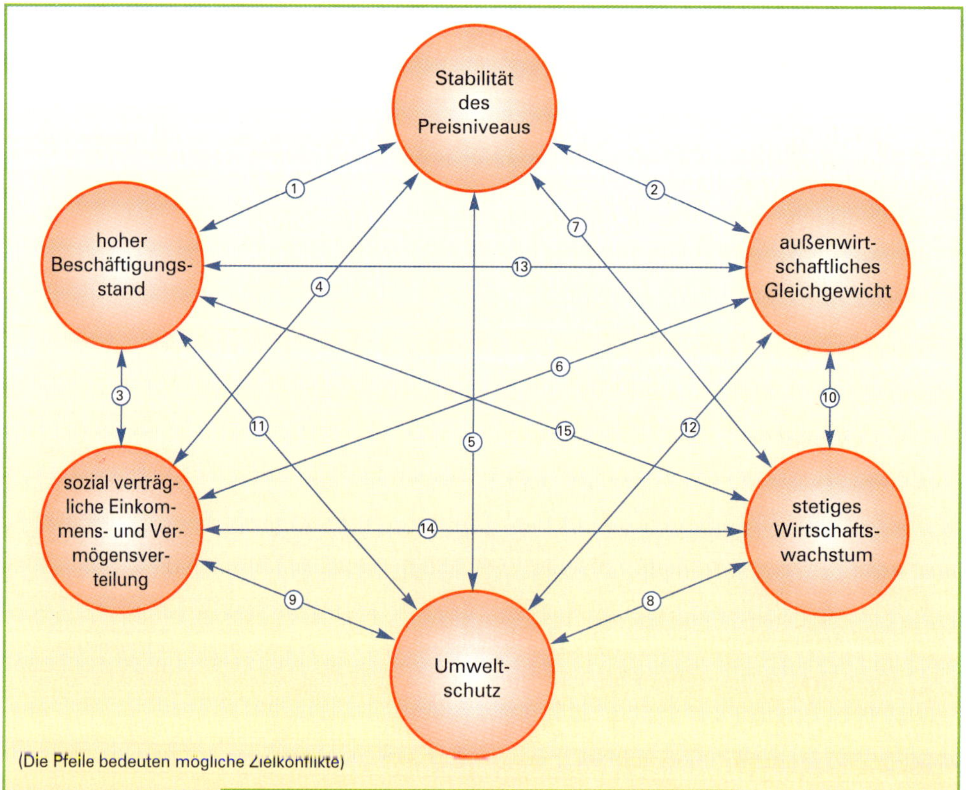

Magisches Sechseck der Wirtschaftspolitik

13.2.1.4 Wirtschaftspolitische Kompromisse

Da es häufig nicht möglich ist, alle wirtschaftspolitischen Ziele gleichzeitig zu erreichen, müssen sich die politischen Instanzen (z. B. Bundesregierung, Länderregierungen und die Europäische Zentralbank) in erster Linie mit demjenigen wirtschaftspolitischen Ziel auseinander setzen, das am meisten gefährdet erscheint. Anders ausgedrückt: Die politischen Instanzen müssen Prioritäten[2] setzen.

Herrscht z. B. Arbeitslosigkeit, wird man versuchen, den Beschäftigungsstand zu erhöhen, selbst wenn dadurch die Preisstabilität und das außenwirtschaftliche Gleichgewicht

1 Diese Konfliktbeziehungen bestehen nur, wenn gleichzeitig alle sechs Ziele verfolgt werden. Werden nur einzelne Zielpaare betrachtet, ist auch Zielharmonie möglich, z. B. zwischen hohem Beschäftigungsstand und stetigem Wirtschaftswachstum (siehe auch Beispiel auf S. 257 unten).

2 Priorität: Vorrangigkeit.

gefährdet werden. Herrscht hingegen Inflation bei Vollbeschäftigung, wird die Wirtschaftspolitik versuchen müssen, die Preissteigerungsrate herabzudrücken, auch auf die Gefahr hin, dass Arbeitslosigkeit entsteht.

Zusammenfassung

- Die **Ziele des Stabilitätsgesetzes** von 1967 sind **quantitative Ziele.** Sie lauten:

Oberziel:	Gesamtwirtschaftliches Gleichgewicht			
Unterziele:	Stabilität des Preisniveaus	hoher Beschäftigungsstand	außenwirtschaftliches Gleichgewicht	stetiges und angemessenes Wirtschaftswachstum

- **Zusätzliche qualitative Ziele** sind z.B. sozialverträgliche Einkommens- und Vermögensverteilung und Erhaltung des ökologischen Gleichgewichts. Diese beiden Ziele sind im Stabilitätsgesetz nicht ausgewiesen.

- Bei der gleichzeitigen Verfolgung wirtschafts- und sozialpolitischer Ziele können **Zielkonflikte** auftreten, z.B. zwischen
  - Stabilität des Preisniveaus einerseits und Vollbeschäftigung andererseits,
  - Vollbeschäftigung einerseits und Wirtschaftswachstum andererseits,
  - Ökologie einerseits und Ökonomie andererseits.

- Von einem **Zielkonflikt** spricht man, wenn mit einer wirtschaftspolitischen Maßnahme ein Ziel (oder ein Zielbündel) nur zu Lasten eines anderen Ziels (oder Zielbündels) erreicht werden kann.

- **Zielharmonie** liegt vor, wenn zwei oder mehrere Ziele mit ein und denselben wirtschaftspolitischen Maßnahmen erreicht werden können.

Aufgaben zur Sicherung und Vertiefung des Lernerfolgs

84

1. Das Oberziel der Wirtschaftspolitik der Bundesrepublik Deutschland ist nach § 1 StabG das „gesamtwirtschaftliche Gleichgewicht".

   Aufgabe:

   Was ist hierunter zu verstehen?
2. Welche quantitativen Ziele werden im § 1 StabG genannt?
3. Warum ist die Vollbeschäftigung ein wichtiges Ziel der Wirtschaftspolitik?
4. Erklären Sie das wirtschaftspolitische Ziel „Preisniveaustabilität"!
5. Begründen Sie, warum der Staat für außenwirtschaftliches Gleichgewicht sorgen sollte!
6. Welche möglichen Zielkonflikte können zwischen den Zielen „hoher Beschäftigungsstand", „Stabilität des Preisniveaus" und „außenwirtschaftliches Gleichgewicht" bestehen?
7. Erklären Sie, was unter stetigem und angemessenem Wirtschaftswachstum zu verstehen ist!

8. Durch welche Maßnahmen versucht der Staat einen Ausgleich zwischen Ökologie und Ökonomie zu erreichen? Nennen Sie zwei Maßnahmen!

9. Betrachten Sie die folgende Karikatur!

Aufgaben:

9.1 Welche wirtschaftspolitischen Ziele werden in der Grafik angesprochen?

9.2 In welcher Beziehung stehen die Ziele zueinander? Begründen Sie Ihre Einschätzung!

13.2.2 Konjunktur

13.2.2.1 Begriff Konjunktur

Das Phänomen[1] ist den Menschen seit jeher bekannt: Die wirtschaftliche Entwicklung vollzieht sich nicht regelmäßig, sondern in „Schwankungen". Selbst die Bibel berichtet von den „sieben fetten und den sieben mageren Jahren".

Merke:

Unter **Konjunktur** versteht man mittelfristige Schwankungen der wirtschaftlichen Aktivitäten in einer Volkswirtschaft mit einer Dauer von 4 bis 6 Jahren.

13.2.2.2 Merkmale des Konjunkturverlaufs

Die Wirtschaftsschwankungen, wegen ihrer Regelmäßigkeit auch Zyklen[2] (Konjunkturzyklen) genannt, erscheinen als Wellenbewegungen um den Trend (langfristiger Wachstumspfad einer Wirtschaft).

Grafisch lässt sich der idealtypische Konjunkturverlauf wie folgt darstellen:

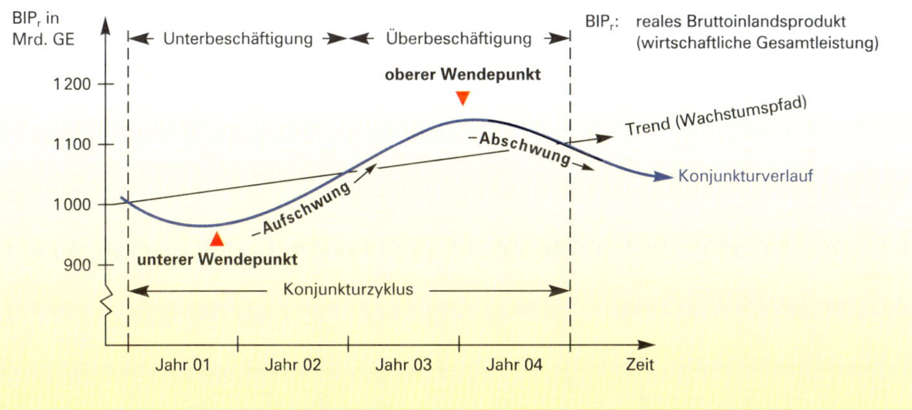

Darstellung eines Konjunkturzyklus von vierjähriger Dauer

Erläuterungen:

(1) Zur Messung der wirtschaftlichen Gesamtleistung

Die Konjunkturentwicklung wird anhand der wirtschaftlichen Gesamtleistung einer Volkswirtschaft im Zeitablauf gemessen. Die wirtschaftliche Gesamtleistung drückt sich im **Bruttoinlandsprodukt (BIP)** aus. Dieses misst die Produktion von Waren und Dienstleistungen in einem bestimmten Gebiet (z.B. der Bundesrepublik Deutschland) für einen bestimmten Zeitraum (i.d.R. ein Jahr) unabhängig davon, ob diejenigen, von denen die Produktionsfaktoren bereitgestellt werden (Erwerbstätige, Kapitaleigner), ihren ständigen Wohnsitz in diesem Gebiet haben oder nicht. Das **reale** BIP berücksichtigt dabei – im Gegensatz zum nominalen BIP – das geänderte Preisniveau zum Vorjahreszeitraum. Man spricht daher auch vom „preisbereinigten" BIP.

1 Phänomen: Erscheinung.

2 Zyklus (griech./lat.): Folge, Reihe.

(2) Zu den einzelnen Konjunkturphasen

- **Aufschwung:** Der konjunkturelle Aufschwung ist durch zunehmende Kapazitätsauslastung und abnehmende Arbeitslosigkeit gekennzeichnet. Da die Unternehmen jetzt mit sinkenden Stückkosten arbeiten, bleibt trotz steigender Nachfrage nach Konsum- und Investitionsgütern das Preisniveau weitgehend stabil. Zu Beginn des Aufschwungs ist der Kreditmarkt noch flüssig, d.h., die Banken besitzen genügend finanzielle Mittel zur Kreditgewährung. Somit bleiben die Zinsen noch verhältnismäßig niedrig.
- **Oberer Wendepunkt:** Bevor die Konjunktur „umkippt", tritt die Situation der **Konjunkturüberhitzung** ein, die als **Boom** oder **Hochkonjunktur** bezeichnet wird. Auf den Kreditmärkten werden die Mittel knapp. Die Zinsen steigen. Die Preissteigerungsraten erhöhen sich. Ebenso steigen die Löhne verhältnismäßig schnell, weil die Arbeitskräfte knapp sind: Die Gewerkschaften haben eine starke Stellung. Infolge der erhöhten Kosten nehmen die Unternehmergewinne ab. Die Investitionsgüternachfrage geht zurück, während die Nachfrage nach Konsumgütern noch steigt. Im Investitionsgüterbereich finden die ersten Betriebsstilllegungen und Entlassungen statt. Die Krise (**oberer Wendepunkt** des Konjunkturverlaufs) tritt ein, der Abschwung wird eingeleitet.
- **Abschwung:** Die allgemeine Grundhaltung der Verbraucher und Unternehmer ist pessimistisch. Die allseits zu beobachtende Kaufzurückhaltung führt zu Umsatzeinbußen, zu weiteren Betriebsstilllegungen, Vergleichen und Insolvenzen. Die Arbeitslosenzahl steigt. Die abnehmende Kreditnachfrage führt zu sinkenden Zinssätzen. Einen lang anhaltenden Tiefstand wirtschaftlicher Aktivitäten bezeichnet man als Stagnation.[1]
- **Unterer Wendepunkt:** Kommt der Abschwung zum Stillstand und beginnt sich die Konjunktur wieder zu erholen, nimmt die Nachfrage also wieder zu, ist der untere Wendepunkt – die so genannte Talsohle – überschritten.

Nachfolgende Grafik zeigt die Wellenbewegungen des Wirtschaftswachstums der letzten 50 Jahre in Deutschland:

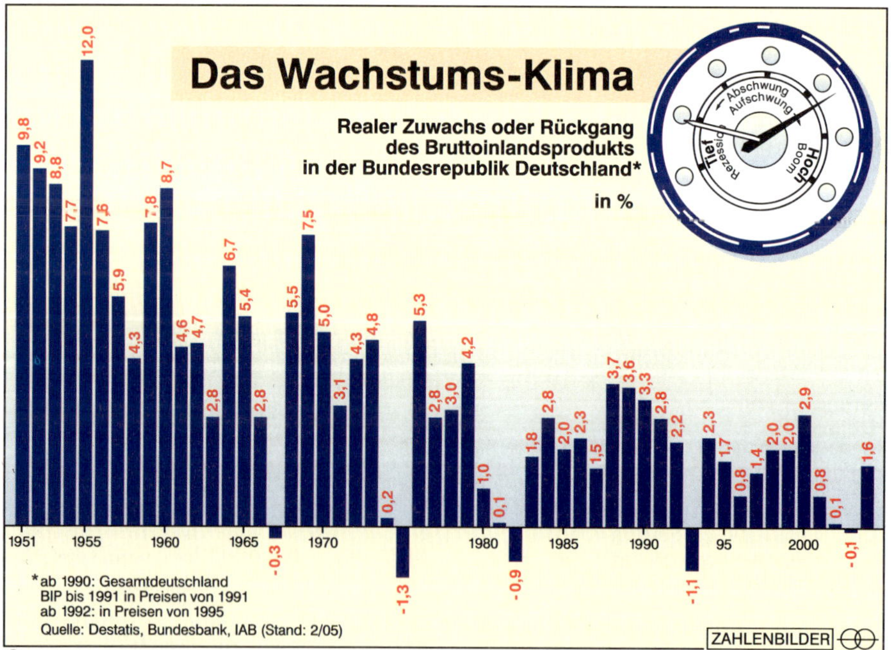

220 000

1 Stagnation (lat.): Stillstand.

Die Wirkungszusammenhänge der verschiedenen Konjunkturphasen im Überblick beschreibt die nachfolgende Tabelle:

Zusammenfassender Überblick über die Konjunkturphasen								
Konjunkturphasen	**Auftragsbestände/ Produktion**	**Konjunkturelle Arbeitslosigkeit**	**Lohnentwicklung**	**Zinsen**	**Wertpapierkurse**	**Preisentwicklung**	**Sparneigung**	**Zukunftserwartungen**
Aufschwung	steigend	noch hoch	mäßige Lohnerhöhungen	noch niedrig	hoch	geringe Preissteigerungsraten	sinkend	optimistisch
Boom (Hochkonjunktur, Überkonjunktur, Überbeschäftigung)	bei Konsumgütern noch steigend, bei Investitionsgütern stagnierend oder sinkend	sinkend	kräftige Lohnerhöhungen	steigend	sinkend	hohe Preissteigerungsraten	niedrig	optimistisch
oberer Wendepunkt (Konjunkturgipfel)	bei Konsumgütern stagnierend, bei Investitionsgütern sinkend	gleich bleibend	kräftige Lohnerhöhungen („Lohnlag"[1])	hoch	niedrig	hohe Preissteigerungsraten	niedrig	abwartend bis pessimistisch
Abschwung (Rezession, Niedergang)	sinkend	steigend	mäßige Lohnerhöhungen (Inflationsausgleich), u. U. Abbau übertariflicher Leistungen	langsam sinkend	langsam steigend	abnehmende Preissteigerungsraten (auf polypolistischen Märkten u. U. sinkende, auf oligopolistischen und monopolistischen Märkten weiter steigende Preise)	steigend	pessimistisch
unterer Wendepunkt (Talsohle)	auf niedrigem Niveau verharrend	hoch	mäßige Lohnerhöhungen, geringe übertarifliche Leistungen	niedrig	hoch	geringere Preissteigerungsraten; Kosteninflation (Stagflation) jedoch möglich	hoch	abwartend oder vorsichtiger Optimismus

1 Lag (engl.): Verschiebung, Verzögerung.

13.2.2.3 Konjunkturindikatoren

Im vorigen Kapitel haben wir das reale Bruttoinlandsprodukt als Maßstab verwendet, um Konjunkturschwankungen zu erfassen. Das wirtschaftliche Auf und Ab lässt sich jedoch mit Hilfe weiterer Größen messen. Bestimmte wirtschaftliche Erscheinungen lassen sogar Rückschlüsse auf die künftige Entwicklung zu, dienen also der Konjunkturprognose.[1]

Merke:

Daten, die den Konjunkturverlauf messen und/oder Voraussagen (Prognosen) für künftige Entwicklungen zulassen, werden als **Konjunkturindikatoren**[2] bezeichnet.

(1) Realwirtschaftliche Konjunkturindikatoren

Realwirtschaftliche Konjunkturindikatoren beziehen sich vor allem auf die Entwicklung der volkswirtschaftlichen Gesamtnachfrage (Inlandsnachfrage nach Konsum- und Investitionsgütern, Exportgüternachfrage) sowie auf den Arbeitsmarkt:

→ Entwicklung der Arbeitslosenzahlen und offenen Stellen

Steigende Arbeitslosenzahlen und sinkende offene Stellen zeigen an, dass die Wirtschaft unterbeschäftigt ist. Die Unternehmen werden sich bei den Investitionen zurückhalten, weil sie eine stagnierende oder gar zurückgehende Konsumgüternachfrage erwarten. Die umgekehrte Reaktion tritt ein, wenn die Bundesagentur für Arbeit eine steigende Zahl offener Stellen meldet und wenn die Arbeitslosenzahlen zurückgehen.

→ Entwicklung der Konsumgüternachfrage

Steigt der private Konsum (angezeigt durch steigende Einzelhandelsumsätze), ist eine positive Entwicklung des wirtschaftlichen Geschehens zu erwarten, weil in der Folge die Großhandelsumsätze und schließlich die Umsätze der Herstellerbetriebe steigen werden. Ist die Wirtschaft vollbeschäftigt, werden Preissteigerungen eintreten. Stagnierende oder sinkende Einzelhandelsumsätze bewirken das Gegenteil.

→ Entwicklung der Investitionsgüternachfrage

Steigt die Investitionsgüternachfrage (angezeigt durch steigende Umsätze und/oder Auftragsbestände in der Investitionsgüterindustrie), kann eine Erhöhung der Beschäftigung erwartet werden, die auch nicht ohne Einfluss auf die Arbeitsnachfrage bleiben wird. Bei Vollbeschäftigung können steigende Preise (zunächst in der Investitionsgüterindustrie) und steigende Löhne vorausgesagt werden. Sinkende Investitionsgüternachfrage lässt den gegenteiligen Schluss zu.

→ Entwicklung des Außenhandels

Nimmt der Export schneller als der Import zu, ist auf eine Belebung der Konjunktur zu schließen. Eine vollbeschäftigte Wirtschaft muss mit Preissteigerungen rechnen, weil die Gesamtnachfrage (Auslands- und Inlandsnachfrage) das Gesamtangebot der Volkswirtschaft übersteigt. Steigen die Importe indessen schneller als die Exporte, ist der gegenteilige Effekt wahrscheinlich.

---

1 Prognose: Voraussage, Vorausschau.

2 Indikator: Anzeiger.

→ Entwicklung der Staatsausgaben und -einnahmen

Aus dem Staatshaushaltsplan kann entnommen werden, in welchem Verhältnis die Staatsausgaben zu den Staatseinnahmen stehen werden. Strebt der Staat große zusätzliche Konsum- oder Investitionsvorhaben an, ohne die Steuern zu erhöhen, ist eine Belebung der Wirtschaftstätigkeit wahrscheinlich. Auch in diesem Fall sind Preiserhöhungen zu erwarten, wenn die Wirtschaft vollbeschaftigt ist. Voraussichtliche Steuererhöhungen indessen können die Investitionstätigkeit der Unternehmen vermindern.

→ Entwicklung der Lagerbestände

Steigen die Lagerbestände der Unternehmen über das saisonal übliche Maß, so liegt offenbar Überproduktion vor. Es kann der Schluss gezogen werden, dass die Unternehmen ihre Produktion drosseln werden, was einen Konjunkturabschwung bewirken kann. Nehmen die Lagerbestände ab, ist das Gegenteil der Fall.

Diese Aussage gilt jedoch nicht uneingeschränkt. Es mag nämlich sein, dass die Unternehmen ihre Lagerbestände bewusst abbauen, weil sie sinkende Umsatzzahlen erwarten, und ihre Lagerbestände aufstocken, weil ein Konjunkturanstieg eingesetzt hat.

→ Kapazitätsauslastung und Auftragsbestände

Steigende Auftragsbestände kündigen einen Konjunkturaufschwung an. Die Auslastung der Kapazität folgt der Entwicklung der Auftragsbestände.

→ Vertrauensindikatoren

Für die Beurteilung zukünftiger Entwicklungen spielen die Erwartungen der Unternehmen und der Verbraucher eine große Rolle. Nimmt das Vertrauen in eine (positive) wirtschaftliche Entwicklung zu, ist mit einer steigenden Konsum- und Investitionsgüternachfrage zu rechnen.

(2) Finanzwirtschaftliche Konjunkturindikatoren

→ Geldpolitik

Als Konjunkturindikator zählt auch die (vermutete) künftige Geldpolitik einer Zentralbank. Aufgrund von Zinssenkungen kann die Konjunktur belebt, aufgrund von Zinserhöhungen ein „Überschäumen“ der Konjunktur verhindert werden.

→ Wechselkurse

Steigende Wechselkurse (Mengennotierung)[1] verteuern die Binnenwährung. Der Export in Fremdwährungsländer wird gebremst, die Konjunktur wird negativ beeinflusst. Sinken die Wechselkurse, wird die Binnenwährung für die Devisenausländer billiger. Es ist zu erwarten, dass die Exporte steigen und die Konjunktur angekurbelt wird.

(3) Bedeutung

Voraussagen über die mutmaßliche Konjunkturentwicklung liefern Unterlagen für die Wirtschaftspolitik. So kann die Regierung ihre konjunkturpolitischen Entscheidungen – vorausgesetzt, die Prognosen stimmen – rechtzeitig treffen.

---

1 Bei der **Mengennotierung** gibt der Kurs an, welchen Betrag an Fremdwährung man für einen bestimmten Betrag inländischer Währung erhält bzw. bezahlen muss. Bei der Mengennotierung geht man jeweils von einem Euro aus. Die Frage lautet daher, welchem Wert ein Euro in der Fremdwährung entspricht. Beispiel: CHF 1,5620, d.h., ein Euro entspricht dem Wert von 1,5620 Schweizer Franken.

Es muss aber an dieser Stelle auf die Problematik derartiger Voraussagen hingewiesen werden. Vorhersagen können auch die Wirtschaftssubjekte veranlassen, ihr Verhalten zu ändern. Die Folge ist dann, dass der vorhergesagte Verlauf nicht eintreten kann, eben weil sich die Grundlagen der Vorhersage geändert haben.

13.2.2.4 Konjunkturpolitik

Sowohl der konjunkturelle Abschwung (die **Rezession**) als auch die Konjunkturüberhitzung (der **Boom**) stellen Störungen in der wirtschaftlichen Entwicklung dar, die nicht nur die Europäische Zentralbank, sondern auch der Staat (besser: die Regierung) zu bekämpfen suchen.

(1) Begriff Konjunkturpolitik

Merke:

Die **Konjunkturpolitik** hat die Aufgabe, die Konjunkturausschläge so gering wie möglich zu halten, d.h. für ein „stetiges und angemessenes Wirtschaftswachstum" bei gleichzeitiger „Stabilität des Preisniveaus", „hohem Beschäftigungsstand" und „außenwirtschaftlichem Gleichgewicht" zu sorgen [§ 1 StabG].

Da das Haushaltsgebaren des Staates erheblichen Einfluss auf die Gesamtwirtschaft ausübt, liegt es nahe, dass der Staat seine Einnahmen- und Ausgabenpolitik (Finanzpolitik) bewusst in den Dienst der Wirtschaftspolitik stellt. Die staatliche Konjunkturpolitik mit Hilfe der Einnahmen- oder Ausgabepolitik wird auch als **Fiskalpolitik** bezeichnet.[1]

(2) Staatliche Konjunkturpolitik am Beispiel der Beschäftigungspolitik

➜ Notwendigkeit staatlicher Beschäftigungspolitik

Die Ursachen konjunktureller und struktureller Arbeitslosigkeit sind nicht immer zu trennen. So wirken sich z.B. Störungen, die die Angebotsseite betreffen, nicht nur auf den (mittelfristigen) Konjunkturverlauf aus, sondern auch auf die (langfristige) strukturelle Entwicklung der Volkswirtschaft. Daher müssen sich auch konjunkturpolitische und strukturpolitische Maßnahmen ergänzen. Lediglich aus theoretischer und systematischer Sicht können (und müssen) Konjunktur- und Strukturpolitik getrennt betrachtet werden.

Die meisten Ursachen der heutigen Massenarbeitslosigkeit sind in diesen beiden Bereichen zu suchen.

Beispiel:

Hohe Lohnkosten führen zu verstärkten Rationalisierungsmaßnahmen. Die teure menschliche Arbeit wird durch Maschinenarbeit ersetzt. Arbeitsplatzabbau ist die Folge (technologische Arbeitslosigkeit). Infolgedessen steigen die Transferausgaben des Staates (z.B. Arbeitslosengeld II). Hat der Staat keine finanziellen Reserven gebildet, müssen die Sozialversicherungsbeiträge und/oder die Steuern erhöht werden, was wiederum zu Lasten der Konsumausgaben geht. Die Wirtschaft erhält einen weiteren Dämpfer, mit der Folge, dass die Steuereinnahmen hinter den Erwartungen zurückbleiben.

1 Unter **„Fiskus"** versteht man heute den Staat schlechthin, insoweit er es mit den Staatseinnahmen (vor allem Steuern), den Staatsausgaben oder dem Staatsvermögen zu tun hat („Einheit von Fiskus und Staat"). Das Wort Fiskus kommt aus dem Lateinischen und bedeutet Korb, Geldkorb, Kasse. Fiskalpolitik ist somit Wirtschaftspolitik mit Geldmitteln aus der „Staatskasse".

Die Arbeitslosigkeit hat viele Ursachen. Zur Bekämpfung der Arbeitslosigkeit müssen deswegen ebenso viele Strategien eingesetzt werden. Die Anwendung einseitiger „Rezepte“, wie man sie immer wieder hören kann, ist von vornherein zum Scheitern verurteilt.

→ Kurzfristige nachfrageorientierte Maßnahmen

Merke:

Bei der **nachfrageorientierten Wirtschaftspolitik** tritt die öffentliche Hand durch Erhöhung der Staatsausgaben selbst am Markt als Nachfrager auf, um so die Unternehmen zur Einstellung von Arbeitnehmern zu bewegen.

Unter einem staatlichen Beschäftigungsprogramm zur Bekämpfung der Unterbeschäftigung (Arbeitslosigkeit) versteht man die einmalige Finanzierung von Investitionen durch die öffentliche Hand. Solche Beschäftigungsprogramme können sich z.B. auf den Wohnungsbau, den Bau von Schulen und Universitäten, Krankenhäusern, Straßen, Schifffahrtswegen usw. beziehen. Die Befürworter von Beschäftigungsprogrammen erhoffen sich eine Multiplikatorwirkung (Vervielfältigungswirkung) dieser zusätzlichen Staatsausgaben.

Beispiel:

Der Staat fördert den Straßenbau. Die Bauunternehmen stellen mehr Arbeitskräfte ein. Das Einkommen der Arbeitskräfte steigt. Damit nehmen auch die Konsumausgaben zu. Der Einzelhandel, später der Großhandel und die Herstellungsbetriebe verzeichnen Umsatzzuwächse. Unter sonst gleichen Bedingungen werden zusätzliche Arbeitskräfte eingestellt. Gleichzeitig steigen die Staatseinnahmen (Steuern, Sozialversicherungsbeiträge usw.).

Hat der Staat Rücklagen, ist ein Beschäftigungsprogramm sicherlich eine Möglichkeit, die Arbeitslosigkeit in bestimmten Bereichen zu verringern. Bei bestehenden Haushaltsüberschüssen schaden Beschäftigungsprogramme auch dann nicht, wenn sie sich als „Strohfeuer“ erweisen sollten, die im Beispiel beschriebene Multiplikatorwirkung also ausbleibt.

Ist der Staat jedoch verschuldet, führt das Auflegen von Beschäftigungsprogrammen zur weiteren Staatsverschuldung – langfristig eine weitere Ursache der Arbeitslosigkeit. Positive und negative Wirkungen der Beschäftigungsprogramme gleichen sich aus. Vollkommen negativ sind Beschäftigungsprogramme im Verschuldungsfall dann, wenn die erhoffte „Initialzündung“ (die Multiplikatorwirkung) ausbleibt.

→ Langfristige angebotsorientierte Maßnahmen

Merke:

Die **angebotsorientierte Wirtschaftspolitik** beruht auf monetären (geldlichen) Anreizen für die Unternehmen (z.B. Senkung der Lohnzusatzkosten, Reform des Steuerrechts zugunsten der Unternehmen, Vereinfachung von Genehmigungsverfahren), sich zu entfalten und neue Arbeitsplätze anzubieten.

Senkung der Lohnzusatzkosten[1]

Die Arbeitskosten setzen sich aus den Arbeitsentgelten (Löhne und Gehälter) und den Entgeltzusatzkosten (häufig als Lohnnebenkosten oder Lohnzusatzkosten bezeichnet) zusammen. Da in der Bundesrepublik Deutschland Tarifautonomie[2] herrscht, hat der Staat auf die Höhe der Arbeitsentgelte keinen unmittelbaren Einfluss. Er kann lediglich versuchen, die Gewerkschaften und Arbeitgeber in gemeinsamen Gesprächen zum Maßhalten zu bewegen.

Einen unmittelbaren Beitrag zur Senkung der Arbeitskosten hat der Staat, wenn er dafür sorgt, dass die gesetzlichen Entgeltzusatzkosten (z.B. die Sozialversicherungsbeiträge der Arbeitgeber) gesenkt werden. Dies kann nur durch eine mutige Reformierung der Kranken-und Rentenversicherung geschehen. Derzeit ist die Tendenz der Lohnnebenkosten (Lohnzusatzkosten) eher noch steigend.

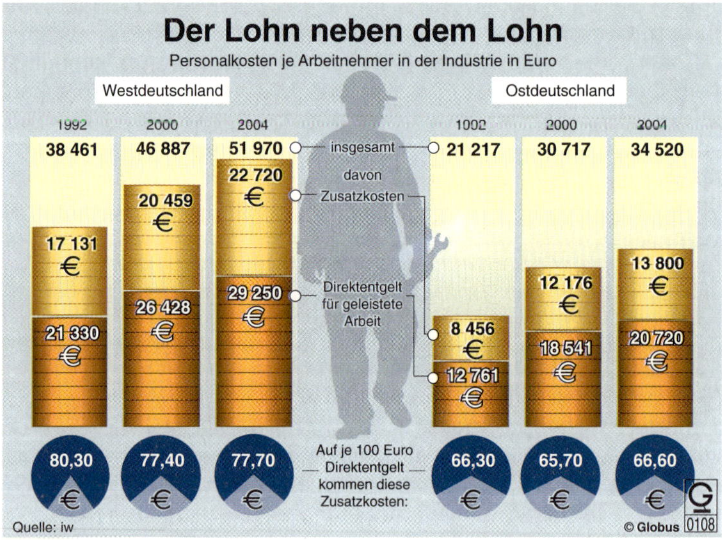

Wie hoch sind die Löhne in Deutschland? Bei dieser Frage werden die meisten Arbeitnehmer auf ihre Lohn- oder Gehaltsabrechnung schauen und schnell eine Antwort geben können. Doch für den Arbeitgeber sieht die Rechnung anders aus. Da zählt nicht nur das, was auf der Lohnabrechnung steht. Aus den Arbeits- und Tarifverträgen, aus gesetzlichen Bestimmungen und aus der Sozialversicherung entstehen noch weitere Personalkosten. Zu den gewichtigsten Zusatzkosten gehört der Arbeitgeberanteil zur Sozialversicherung (Renten-, Kranken-, Arbeitslosen- und Pflegeversicherung). Aber auch freiwillige Leistungen wie beispielsweise Jubiläums-Gratifikationen fließen in die Berechnung der Personalzusatzkosten ein.

Einführung von Niedriglohn-Arbeitsplätzen

In begrenztem Rahmen kann die lohnkostenbedingte Arbeitslosigkeit durch so genannte „Niedriglohnjobs“ gemildert werden. Vor allem die Arbeitgeber sehen Beschäftigungschancen bei einfachen Arbeiten, vor allem im Dienstleistungsbereich. Dazu ist erforderlich, dass die Tarife für einfache Arbeiten wesentlich herabgesetzt werden und dass die Arbeitseinkommen nur zu Teilen auf das Arbeitslosengeld II angerechnet werden.

1 Wenn in der Öffentlichkeit von „Lohnkosten“ und „Lohnzusatzkosten“ die Rede ist, sind i.d.R. mit dem Begriff Löhne alle Arbeitsentgelte, also auch die Gehälter gemeint.

2 Autonom: unabhängig, ohne staatliche Einflussnahme.

- **Senkung der sonstigen Produktionskosten**

Im Rahmen einer angebotsorientierten Wirtschaftspolitik wird auch die Herabsetzung bzw. die Abschaffung von bestimmten Unternehmenssteuern wie z.B. der Gewerbesteuer gefordert.

Steuersenkungen sind erforderlich, um die Gewinnsituation der Unternehmen zu verbessern und so den Herausforderungen der Globalisierung[1] begegnen zu können.

- **Deregulierung**

Unter Deregulierung versteht man den weitgehenden Rückzug des Staates aus bisher von ihm wesentlich bestimmten Bereichen sowie eine Lockerung von Vorschriften und von Schutzmaßnahmen für die Arbeitnehmer (z.B. Lockerung des Kündigungsschutzes). Von der Deregulierung (zu der auch die Entbürokratisierung gehört) verspricht man sich eine Freisetzung unternehmerischer Kräfte, weil sie die Unternehmen in die Lage versetzt, beweglicher auf die Herausforderungen des Marktes zu reagieren und so die Beschäftigung zu stabilisieren oder sogar neue Arbeitsplätze zu schaffen.

Zur Deregulierung gehört auch die Privatisierung von bisherigen Staatsunternehmen mit der Begründung, dass weniger staatliche Aufgaben auch weniger staatliche Ausgaben und damit weniger Steuern bedeuten. Die Befürworter der Deregulierung sind der Ansicht, dass es viele Bereiche gibt, in denen der private Bereich wirtschaftlicher arbeitet als der Staat.

- **Durchführung einer umfassenden Steuerreform**

Eine Ursache der wachsenden Arbeitslosigkeit ist das Hinauszögern notwendiger struktureller wirtschaftlicher und sozialer Reformen, ein Verhalten, für das sich das Wort „Reformstau" durchgesetzt hat.

Dringend notwendig ist z.B. eine Steuerreform, durch die die direkten Steuern gesenkt werden, damit wieder mehr Anreiz für Leistung entsteht. Legale Steuervergünstigungen müssten mit dem Ziel abgeschafft werden, die Steuereinnahmen für wachstumsfördernde Maßnahmen zu verwenden. Die öffentlichen Haushalte wären nicht weiter gezwungen, eine restriktive Wirtschaftspolitik mit all ihren negativen Auswirkungen auf den Arbeitsmarkt zu betreiben.

- **Flexibilisierung[2] der Arbeit**

Die **Ziele der Arbeitszeitflexibilisierung** können unter drei Aspekten (Gesichtspunkten) betrachtet werden:

Individuelle Zielebene: Auf der individuellen Zielebene geht es z.B. um die Anpassung der Arbeitszeit an die individuellen Bedürfnisse eines Mitarbeiters. Die Arbeitsmotivation[3] nimmt zu, weil der Mitarbeiter seine Arbeitszeit freier gestalten kann.

Beispiel:

Herr Lohr arbeitet in der Forschungsabteilung eines Chemiewerkes. Er hat Gleitzeitarbeit, d.h., er kann seine tägliche Arbeitszeit innerhalb bestimmter Bandbreiten (Arbeitsbeginn 07:00 Uhr bis 09:30 Uhr, Arbeitsende 15:00 Uhr bis 17:30 Uhr) selbst bestimmen. Herr Lohr beginnt regelmäßig um 07:00 Uhr, damit er am Nachmittag noch seinen Hobbys nachgehen kann.

1 Zum Thema Globalisierung vgl. Kapitel 13.3, S. 276ff.

2 Flexibilisierung: Erhöhung der Beweglichkeit; flexibilisieren: beweglich machen.

3 Motivation (lat.): Antrieb.

Betriebliche Zielebene: Auf der betrieblichen Zielebene wird z. B. die Anpassung der Personalkapazität an einen möglicherweise schwankenden Bedarf, eine bessere Ausnutzung der Maschinen durch Ausdehnung der Laufzeiten sowie eine Reduzierung der Überstunden angestrebt.

Beispiel:

Die Geschäftsleitung der Maschinenfabrik Moosmann GmbH will die Maschinen besser ausnutzen. Sie möchte deswegen den Samstag als Regelarbeitstag einführen, für die Mitarbeiter jedoch die Fünftagewoche beibehalten. Es soll also ein rollierendes[1] Arbeitssystem eingeführt werden, wobei die Mitarbeiter jeweils einen Arbeitstag in der Woche frei haben. Der freie Tag kann sich jeweils kontinuierlich vorwärts oder rückwärts weiterschieben.

Volkswirtschaftliche Zielebene: Auf der volkswirtschaftlichen Ebene wird von der Flexibilisierung der Arbeitszeit ein Abbau der Arbeitslosigkeit erhofft, weil durch frei gewählte verkürzte Arbeitszeiten das gegebene Gesamtvolumen an Arbeit auf eine größere Zahl von Erwerbspersonen verteilt wird.

Beispiel:

Das Kaufhaus Kessel GmbH beschäftigt mehrere Mitarbeiterinnen in Halbtagsarbeit, weil diese ihren familiären Verpflichtungen nachkommen wollen.

Wichtige **Arbeitszeitmodelle** sind in der nachfolgenden Übersicht zusammengestellt.

Flexibilisierung der Tagesarbeitszeit (Zeitspanne in Stunden, die die Mitarbeiter innerhalb eines Tages für die Arbeit im Betrieb zur Verfügung stehen.)	• **Gleitzeitarbeit** mit festen Kernstunden. • **Staffelarbeitszeit.** Den Mitarbeitern werden mehrere festgelegte Normalarbeitszeiten zur Wahl angeboten, z. B. entweder 08:30 Uhr bis 16:30 Uhr oder 09:30 Uhr bis 17:30 Uhr. • **Schichtarbeit.** Die Betriebszeiten betragen i. d. R. entweder 16 oder 24 Stunden, sodass in 2 bzw. 3 Schichten gearbeitet wird. Daneben gibt es auch Kurz- und Langschichten (z. B. bis 12 Stunden). • **Teilzeitarbeit** gibt es in verschiedenen Arten, z. B. als Halbtagsarbeit. • **Jobsharing**[2] ist ein Arbeitszeitmodell, bei dem sich Mitarbeiter innerhalb einer vorgegebenen Arbeitszeit ihre individuelle Arbeitszeit in vom Arbeitgeber vorgegebenen Grenzen selbst einteilen. • **Individuelle Arbeitszeitverkürzung** oder **-verlängerung** mit oder ohne Lohnausgleich.
Flexibilisierung der Wochenarbeitszeit (Zeitspanne in Stunden, die die Mitarbeiter innerhalb einer Woche für die Arbeit im Betrieb zur Verfügung stehen. Die Wochenarbeitszeit ist häufig in den Tarifverträgen geregelt.)	• **Teilzeitarbeit** (z. B. 3 oder 4 Tage je Woche) • **Jobsharing** • **Rollierendes Arbeitszeitsystem.** Das rollierende Arbeitszeitsystem wird vor allem im Einzelhandel angewendet. • **Sonntags- und Feiertagsarbeit** mit Ruhetagen. Dieses Arbeitszeitmodell kommt z. B. in Krankenhäusern, Kurhäusern, in der Gastronomie und in Verkehrsbetrieben vor.

1 Rollieren: nach bestimmten Zeitabständen regelmäßig wiederkehren.

2 Job (engl.): Arbeit; to share (engl.): teilen. Jobsharing: Arbeitsverteilung, Arbeitsaufteilung.

Flexibilisierung der Monatsarbeitszeit (Zeitspanne in Stunden, die die Mitarbeiter für die Arbeit im Betrieb innerhalb eines Monats zur Verfügung stehen. Die Monatsarbeitszeit ist in den verschiedenen Branchen[1] unterschiedlich geregelt.)	• **Anpassung der Arbeitszeit an den Arbeitsanfall** (Einführung der **kap**azitäts**o**rientierten **v**ariablen **A**rbeits**z**eit (KAPOVAZ). Betragen z. B. die Monatssollstunden im Februar 150 Stunden, so kann es sein, dass der Mitarbeiter in den ersten beiden Wochen je 50 Stunden und in den nächsten beiden Wochen je 25 Stunden arbeitet. (Das Arbeitszeitgesetz ist zu beachten). • **Anpassung der monatlichen Arbeitszeiten an Saisonschwankungen.** • **Monatlicher Ausgleich von Mehrarbeitsstunden durch Freizeit.**
Flexibilisierung der Jahresarbeitszeit (Zeitspanne in Stunden, die die Mitarbeiter für die Arbeit im Betrieb jährlich zur Verfügung stehen.)	• **Sonderurlaub für Wochen oder Monate.** Diese so genannten Sabbaticals[2] sind i. d. R. unbezahlte Urlaube. • **Saisonarbeit.** Diese kommt vor allem in der Landwirtschaft und in Gärtnereien vor. • **Festlegung einer Gesamtjahresarbeitszeit mit variabler Verteilung auf Tage, Wochen und Monate.** Der Mitarbeiter hat ein „Arbeitszeitkonto", das nach Bedarf des Betriebs oder nach den Bedürfnissen des Mitarbeiters mit wechselnden Tages-, Wochen- und/oder Monatsstunden „abgearbeitet" werden kann. • **Jährlicher Ausgleich der Mehrarbeit durch Verlängerung des Erholungsurlaubs.**
Flexibilisierung der Lebensarbeitszeit (Gesamtdauer der Erwerbstätigkeit eines Mitarbeiters.)	• **Frühpensionierung.** • **Gleitender Übergang in den Ruhestand** durch eine ein- oder mehrstufige Verkürzung der Arbeitszeit (Teilzeitarbeit).

Zusammenfassung

- Unter **Konjunktur** versteht man mittelfristige Schwankungen der wirtschaftlichen Aktivitäten einer Volkswirtschaft mit einer Dauer von 4 bis 6 Jahren.
- Im Allgemeinen wird der **Konjunkturverlauf** an den Schwankungen des realen **Bruttoinlandsprodukts** gemessen.
- Der Konjunkturverlauf wird in folgende Phasen (Zeitabschnitte) eingeteilt:
  - Aufschwung,
  - Boom (Hochkonjunktur) und
  - Abschwung.
- Die **Konjunkturprognose** stützt sich auf die Beobachtung der Konjunkturindikatoren.
- Als **Konjunkturindikatoren** bezeichnet man Daten, die den Konjunkturverlauf messen und/oder Voraussagen (Prognosen) für künftige Entwicklungen zulassen.
- Man unterscheidet **realwirtschaftliche** und **finanzwirtschaftliche Indikatoren.**
- Die **Konjunkturpolitik** hat die Aufgabe, die Konjunkturausschläge so gering wie möglich zu halten.
- Im Rahmen der kurzfristigen **nachfrageorientierten** Konjunkturpolitik kann der Staat durch Erhöhung der Staatsausgaben oder Senkung der Staatseinnahmen für eine höhere Nachfrage sorgen und so die Beschäftigungssituation verbessern.

1 Branche (frz.): Zweig, Wirtschaftszweig.
2 Sabbaticals (engl.) kommt vom Sabbat (hebr., gr., lat.), dem jüdischen Ruhetag (Samstag).

18 Speth u. a. – ISBN 3-8120-0529-8

- Die langfristig angelegte **angebotsorientierte** Konjunkturpolitik (Senkung der Lohnzusatzkosten, Senkung der Unternehmenssteuern, Entbürokratisierung, Flexibilisierung der Arbeitszeit) soll die unternehmerischen Kräfte wecken und so das Angebot an offenen Stellen erhöhen.

Aufgaben zur Sicherung und Vertiefung des Lernerfolgs

85 Welche Ursachen der Arbeitslosigkeit und Hinweise auf wirtschaftspolitische Maßnahmen werden in dem nachstehenden Textauszug angesprochen?

ifo: Höhere Ausgaben für Informations- und Kommunikationstechnologie (IKT) verpuffen in Deutschland nahezu wirkungslos

Technologie-Investitionen schaffen keine Jobs

PETRA PRENZEL HANDELSBLATT, 2.9.2005

DÜSSELDORF. Höhere Investitionen in Informations- und Kommunikationstechnologien (IKT) bleiben in Deutschland nahezu wirkungslos. Ursache dafür ist der unflexible Arbeitsmarkt. Diese kritische These formulieren Forscher des Münchener Ifo-Instituts in Zusammenarbeit mit dem britischen Forschungsinstitut Cambridge Economics und der Universität Konstanz.

„Der deutsche Arbeitsmarkt ist zu stark reguliert", kritisiert Ifo-Ökonom Hans-Günther Vieweg, Leiter der Untersuchung. Die übliche Kausalkette, dass höhere Technologie-Investitionen die Produktivität steigern und damit zu mehr Wachstum führen, funktioniere nur auf flexiblen Märkten. Zum Beispiel in den USA: Dort nimmt der Output eines Arbeitnehmers je Stunde seit Mitte der 90er-Jahre schneller zu als in Deutschland und in der Euro-Zone – und auch die Wirtschaft wächst schneller.

„Statt neue Arbeitsplätze zu schaffen, nutzen deutsche Unternehmer die IKT-Investitionen für Rationalisierungen und investieren, wenn überhaupt, im Ausland", sagt Vieweg. Sein Fazit: „Was Deutschland dringend braucht, ist eine Reform des Arbeitsmarktes."

Dieses Ergebnis dürfte dem Auftraggeber der Studie, dem Bundesministerium für Wirtschaft und Arbeit, kaum gefallen haben. Die Ergebnisse wurden nicht der Presse präsentiert – stattdessen veröffentlichte Ifo die Ergebnisse unauffällig in den monatlichen Publikationen des Instituts.

Welches Potenzial in Deutschland verloren geht, formuliert die Organisation für wirtschaftliche Zusammenarbeit und Entwicklung (OECD). Aus ihrer Sicht schaffen IKT-Investitionen die Möglichkeit, „die wirtschaftlichen und sozialen Rahmenbedingungen umzuwälzen", schrieb die OECD im Jahr 2003 in einer rückblickenden Analyse des New-Economy-Booms des Jahres 2000. Länder, deren Wirtschaftswachstum stark von Technologie-Investitionen getrieben wird, hätten langfristig die Nase vorn.

Tatsächlich liegen zwischen Deutschland und den USA Welten: Während IKT-Investitionen hier zu Lande zwischen 1999 und 2002 nur knapp 0,4 Prozentpunkte des jährlichen BIP-Wachstums ausmachten, war der Wachstumsschub in den USA mit gut 0,8 Prozentpunkten doppelt so groß.

Dabei seien die IKT-Investitionen in Deutschland gar nicht so niedrig, wie sie oft dargestellt werden, meint das Ifo-Institut. [...] Bei dieser Betrachtung werde aber außer Acht gelassen, dass die deutsche Wirtschaft anders strukturiert ist, meint Vieweg. So habe die Industrie in Deutschland einen größeren Anteil an der Wirtschaftsleistung als in den USA oder in der Euro-Zone insgesamt. Während ihr Anteil an der gesamtwirtschaftlichen Bruttowertschöpfung in Deutschland im Jahr 2003 24,4 Prozent ausmachte, betrug er in den Niederlanden nur 18,9 Prozent. Aber gerade in diesem Sektor hätten IKT-Investitionen naturgemäß eine geringere Bedeutung – wichtiger seien Investitionen in Maschinen.

Die Ifo-Forscher haben daher den Anteil der IKT-Investitionen einzelner Branchen in Deutschland untersucht – im Fahrzeugbau, bei den Banken und im Einzelhandel. Das Ergebnis: Der Anteil der IKT-Investitionen an den gesamten Kapitalkosten ist im Vergleich zum europäischen Ausland, vor allem im deutschen Einzelhandel, hoch. Dort liegt der Anteil bei 17,2 Prozent – in Frankreich bei nur 7,2 Prozent. Auch beim Fahrzeugbau liegt Deutschland vor Frankreich, den Niederlanden und Großbritannien.

86 In nachfolgender Abbildung sind die wesentlichen Phasen (Abschnitte) des typischen Konjunkturverlaufs mit den Ziffern I bis V versehen.

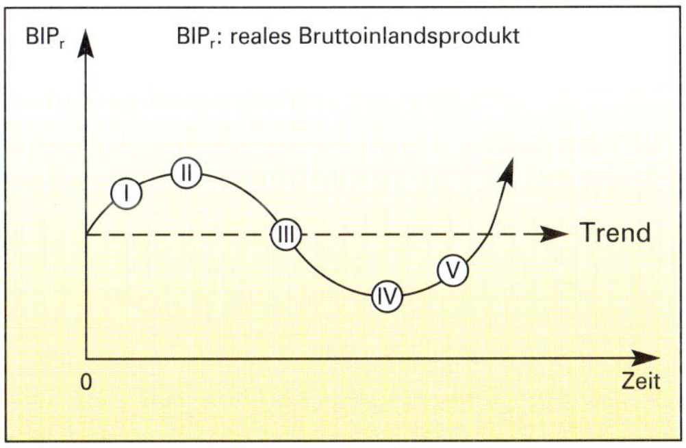

Aufgaben:

1. Erklären Sie den Begriff Konjunktur!
2. Benennen Sie die einzelnen Konjunkturphasen!
3. Beschreiben Sie kurz das Wesen der einzelnen Konjunkturphasen!
4. Welche Faktoren können den Konjunkturaufschwung auslösen? Begründen Sie Ihre Antworten!
5. Welche Faktoren können den Konjunkturabschwung auslösen? Begründen Sie Ihre Antworten!
6. 6.1 Definieren Sie den Begriff Konjunkturindikatoren!

   6.2 Nennen Sie jeweils ein Beispiel für einen realwirtschaftlichen und finanzwirtschaftlichen Konjunkturindikator!

   6.3 In welcher Konjunkturphase befinden sich die in der nebenstehenden Übersicht angesprochenen Länder?

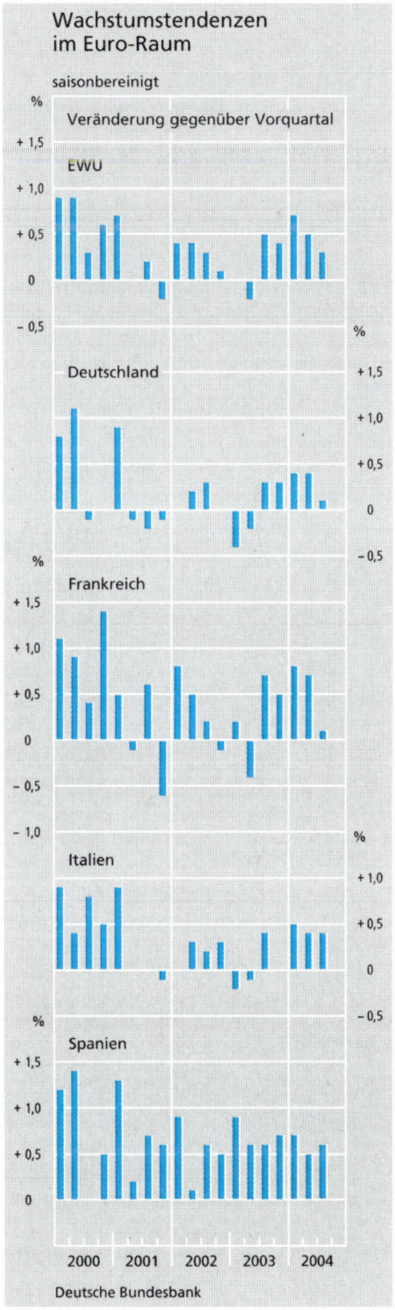

Quelle: DEUTSCHE BUNDESBANK, Monatsbericht November 2004, S. 17.

13.3 Globalisierung

13.3.1 Begriff

Merke:

Globalisierung im wirtschaftlichen Sinne bedeutet die zunehmende **erdweite Verflechtung von Volkswirtschaften.**

Bis 1990 sprach man in diesem Zusammenhang noch von der Internationalisierung der Märkte. Erst danach setzte sich der viel umfassendere Begriff „Globalisierung“[1] durch.

Wichtige Voraussetzungen für weltweite Wirtschaftsaktivitäten sind der Abbau von Zöllen und die Beseitigung von Beschränkungen für den internationalen Kapitalverkehr. Die aus dem GATT[2] hervorgegangene **Welthandelsorganisation (WTO)**[3] mit Sitz in Genf beschäftigt sich im Auftrag der 148 Mitgliedsländer[4] mit der Verbesserung und Regelung der internationalen Handels- und Wirtschaftsbeziehungen.

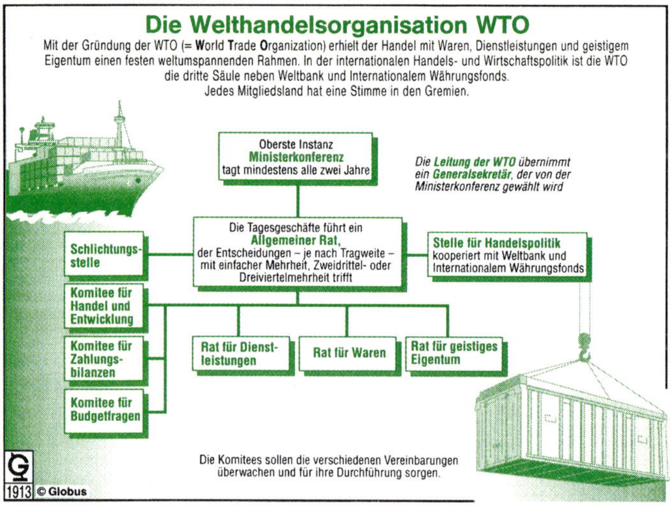

Die Öffnung der Grenzen veranlasst die Unternehmen, die sich ergebenden Standortvorteile in den verschiedenen Ländern der Erde durch Handelsbeziehungen, Informationsaustausch, Unternehmenszusammenschlüsse und sonstige Aktivitäten aller Art zunutze zu machen.

Beispiel:

Ein Automobilkonzern, der Forschungs- und Entwicklungsstandorte in Deutschland, den USA und Japan besitzt, kann die Entwicklungszeit für einen neuen Motor auf ein Drittel verkürzen, da aufgrund der Zeitverschiebung ohne Schichtarbeit rund um die Uhr geforscht und getestet werden kann. Bevor der deutsche Kollege Feierabend macht, stellt er sein Arbeitsergebnis seinem amerikanischen Kollegen via Internet zur Verfügung, dieser wiederum dem japanischen Kollegen usw.

1 Vgl. zu diesem Kapitel auch: Informationen zur politischen Bildung Nr. 280, 3. Quartal 2003 (Themenheft Globalisierung).
2 Englisch: General Agreement on Tariffs and Trade (deutsch: Allgemeines Zoll- und Handelsabkommen).
3 Englisch: World Trade Organization.
4 Stand: 16. Februar 2005.

Globalisierung umfasst jedoch weit mehr als die zunehmende Integration der Weltwirtschaft und sollte nicht auf wirtschaftliche Prozesse verkürzt werden. Insbesondere die Umweltprobleme (z.B. Treibhauseffekt, Ozonloch) erfordern eine weltweite Zusammenarbeit.[1]

13.3.2 Internationale Handelsverflechtungen

Merke:

Die zunehmend liberalisierte und digitalisierte Weltwirtschaft mit ihren offenen nationalen Märkten erlaubt Handelsverflechtungen der Volkswirtschaften in einem bisher nicht gekannten Ausmaß.

Der Welthandel wird von den reichen Industrieländern dominiert – allein die Europäische Union hat einen Anteil von mehr als einem Drittel. Die Handelsströme zwischen den großen Regionen der Erde spiegeln dies wider. Aus Asien kommen die Waren vor allem aus Japan und den so genannten „Tigerstaaten". Afrikanische und südamerikanische Länder haben zusammen nur einen Anteil von 12 % an den Weltexporten.

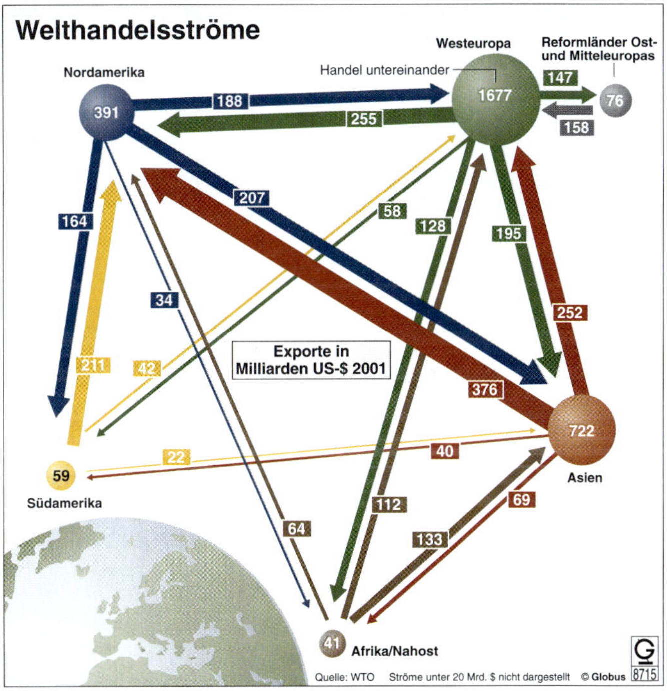

Die ärmeren Länder kämpfen deshalb seit Jahren für größere Exportchancen. Trotz WTO-Mitgliedschaft gibt es noch zu viele Handelshemmnisse für Entwicklungs- und Schwellenländer.

Besonders intensiv sind die internationalen Handelsverflechtungen der Volkswirtschaften mit starker Exportorientierung. In letzter Zeit wird der Warenexport und -import zunehmend durch den Handel mit Dienstleistungen erweitert. Die modernen Kommunikationstechniken – vor allem das Internet – erleichtern den weltweiten Handel mit Dienstleistungen (z.B. Beratung, Know-how-Transfer).

1 Vgl. Kapitel 13.3.4, S. 280f.

Nebenstehende Grafik zeigt die wichtigsten Handelspartner des „Exportweltmeisters“ Deutschland. Der deutschen Industrie ist es trotz vergleichsweise hoher Preise gelungen, ihre Position am Weltmarkt durch innovative Produkte und technisch hochwertige Erzeugnisse zu sichern. Die engste Handelsverflechtung besteht mit unserem Nachbarland Frankreich. Zunehmende Bedeutung hat in den letzten Jahren der Handel mit den ostasiatischen Ländern gewonnen.

Die im Vergleich zum Ausland zu hohen Kosten (Personalkosten, Kosten des Umweltschutzes) und Steuern veranlassen zahlreiche Unternehmen aus den Industrieländern, im Ausland produzieren zu lassen („Globalsourcing“)[1] – mit weitreichenden Konsequenzen für die heimische Wirtschaft und den Welthandel.

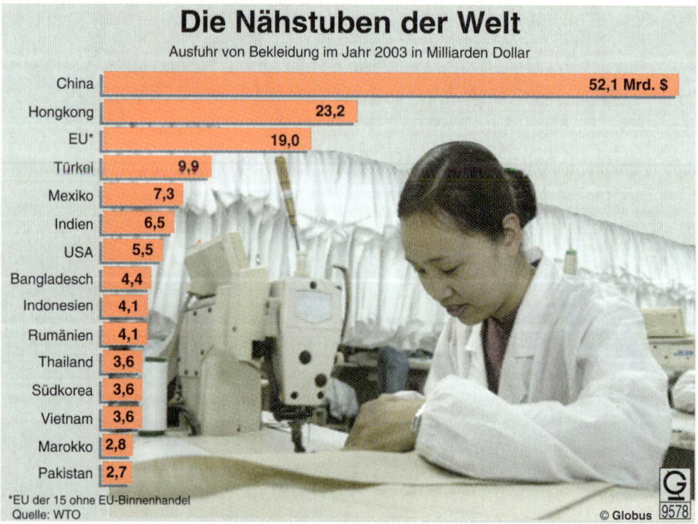

Besonders deutlich wird dieser Strukturwandel am Beispiel der Textilindustrie. Während es vor wenigen Jahrzehnten noch viele florierende deutsche Textilunternehmen gab, werden heute die meisten Textilien in Niedriglohnländern hergestellt. China – noch 1980 kaum am Weltmarkt vertreten – kleidet heute die Welt. In dieser Branche hat ein regional teilweise schmerzhafter „Arbeitsplatzexport“ stattgefunden.

1 Globalsourcing (engl.): wörtl. „Erdausschöpfung“, d.h. erdweit die (günstigsten) Quellen nutzen; global: erdweit; source: Quelle.

13.3.3 Chancen und Risiken der Globalisierung

Kaum ein Thema wird hinsichtlich seiner Auswirkungen kontroverser diskutiert: Im Zeitalter der Globalisierung und der zusammenwachsenden Märkte eröffnen sich einerseits große Chancen; andererseits müssen aber auch die Risiken ernst genommen werden:

Chancen	Risiken
• Nutzung der Kostenvorteile anderer Volkswirtschaften • Günstige Einkaufspreise durch weltweite Konkurrenz der Anbieter • Risikostreuung durch weltweites Engagement der multinationalen Konzerne („Global Players") • Verbesserung des Lebensstandards in den Entwicklungsländern durch Know-how-Transfer • Verringerung der Kriegsgefahr wegen der gestiegenen wirtschaftlichen Abhängigkeiten • Steigende Toleranz gegenüber anderen Kulturen und Mentalitäten durch den intensiven Austausch von Waren und Dienstleistungen	• Vergrößerung der Umweltprobleme durch eine verstärkte Wirtschaftstätigkeit und höheren Konsum • Gefahr einer ruinösen Konkurrenz zwischen den einzelnen Volkswirtschaften • Menschen können mit der Geschwindigkeit des Strukturwandels nicht mithalten • Gefahr zunehmender Arbeitslosigkeit in Hochlohnländern • Sinkende Sozialstandards in den bisherigen Industrieländern durch den zunehmenden Kostendruck • Fremde Kultureinflüsse können zu Identitätsängsten führen (Gefahr des Terrorismus) • Weltweit operierende Konzerne untergraben die Macht der Nationalstaaten

Ob letztlich die Chancen oder die Risiken überwiegen werden, hängt vor allem vom fairen Umgang miteinander (z. B. gleichberechtigter Zugang zum Kapitalmarkt für alle Volkswirtschaften) und von der Fähigkeit der Staatengemeinschaft ab, staatsübergreifende Institutionen (z. B. WTO, Weltbank, UNO) zu stärken und mit den erforderlichen Mitteln auszustatten.

Fairer Handel begreift sich als alternatives Konzept von weltweiten Handelsbeziehungen auf partnerschaftlicher Ebene mit Produzenten aus der Dritten Welt, die durch die geltende Weltwirtschaftsordnung benachteiligt sind.

Beispiel:

Der Förderverein TransFair vermarktet Produkte von 400 Genossenschaften aus 19 Ländern. So bieten heute über 25000 Geschäfte u. a. Kaffee mit dem TransFair-Siegel an.

TRANSFAIR
FAIRTRADE

Wesentliches Prinzip des fairen Handels ist die Nachhaltigkeit.

13.3.4 Nachhaltigkeit des Wirtschaftens

13.3.4.1 Begründungszusammenhang und Begriffsklärung

Globale Umweltprobleme wie die Erwärmung der Erdatmosphäre, das Ozonloch oder die Vernichtung der tropischen Regenwälder zeigen, dass eine Globalisierung der Maßnahmen zur Erhaltung unserer Lebensgrundlagen notwendig ist.

Nebenstehende Grafik macht das Ausmaß der weltweiten Umweltzerstörung deutlich, die sich tagtäglich wiederholt.

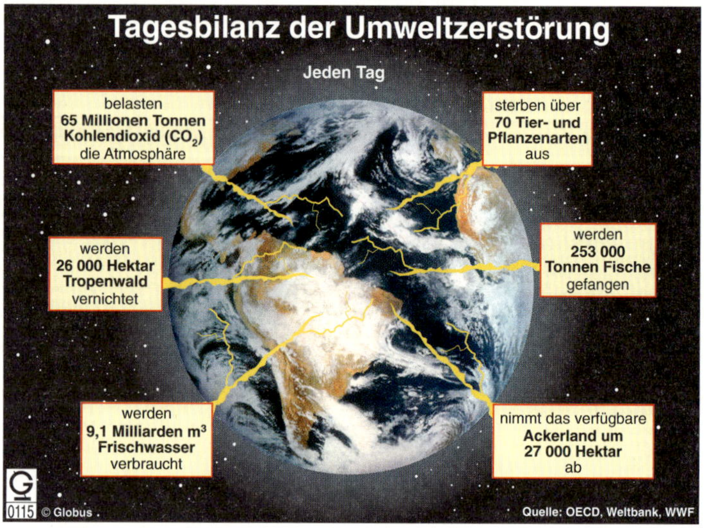

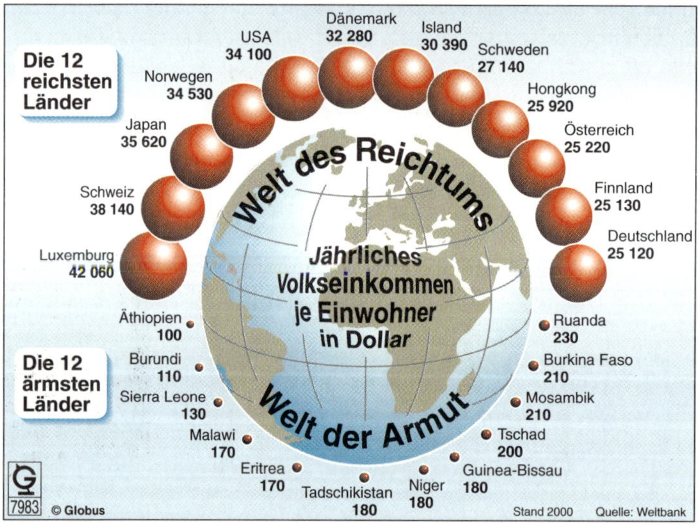

Die Überwindung der immer größer werdenden Kluft zwischen armen und reichen Ländern, aber auch zwischen Arm und Reich innerhalb einzelner Volkswirtschaften bedarf ebenfalls globaler Anstrengungen.

Ein Luxemburger verdient beispielsweise im Durchschnitt an einem Tag mehr als ein Äthiopier im ganzen Jahr!

Auf der UNO-Konferenz „Umwelt und Entwicklung" in Rio de Janeiro im Jahre 1992 wurde die Resolution[1] **Agenda 21** beschlossen, die bis heute von 179 Staaten (darunter auch Deutschland) unterzeichnet wurde. Die Agenda 21 ist ein Handlungsprogramm für das 21. Jahrhundert. Sie fordert als Leitziel eine nachhaltige Entwicklung (engl: **sustainable development**).

1 Resolution: Beschluss, Entschließung.

Merke:

Nachhaltiges Wirtschaften bedeutet, dass wir heute so leben und handeln, dass künftige Generationen überall eine lebenswerte Umwelt vorfinden und ihre Bedürfnisse befriedigen können.

Der Begriff der Nachhaltigkeit stammt ursprünglich aus der Forstwirtschaft und wurde erstmals Anfang des 18. Jahrhunderts von *Hans Carl von Carlowitz* verwendet. Die vom Bergbau ausgelöste Holzknappheit veranlasste ihn zur Erarbeitung eines **Nachhaltigkeitskonzepts**[1] zur Sicherung des Waldbestands als natürliche Ressource für die Holzwirtschaft, wonach immer nur so viel Holz geschlagen wird, wie durch Wiederaufforstung nachwachsen kann. Auf heutige Verhältnisse übertragen ist außerdem dafür zu sorgen, dass dem Wald nicht die **natürlichen Lebens- und Wachstumsvoraussetzungen** entzogen werden, z.B. durch Schadstoffe im Boden und in der Luft (saurer Regen, Waldsterben), durch Klimawandel (Treibhauseffekt) oder durch Schädigung der Erdatmosphäre (Ozonloch).[2]

13.3.4.2 Ziele der Agenda 21

Die **Agenda 21** fordert, dass Industrienationen und Entwicklungsländer zukunftsfähige, dauerhafte und tragfähige Konzepte erstellen, die

- ökologisches Gleichgewicht,
- ökonomische Sicherheit und
- soziale Gerechtigkeit

schaffen („Magisches Dreieck“ der Nachhaltigkeit).

Damit die Agenda 21 ihre Ziele erreicht, müssen insbesondere die reichen Industrienationen ihre ressourcenfressende und umweltschädigende Produktions- und Lebensweise umstellen.

Im **Kyoto-Zusatzprotokoll**,[3] das Anfang 2005 in Kraft trat, wird der Klimaschutz als eine globale Aufgabe definiert. Die Unterzeichner-Staaten verpflichten sich darin zur Reduktion des Kohlendioxidausstoßes.[4] So haben die zehn Staaten, deren Kohlendioxidausstoß 1990 am höchsten lag, mit Ausnahme der USA bis Ende 2012 folgende Reduktionen versprochen (in %):[5]

Russland	17,4	Kanada	3,3	Australien	2,1
Japan	8,5	Italien	3,1	Spanien	1,9
Deutschland	7,4	Polen	3,0		
Großbritannien	4,3	Frankreich	2,7		

Entwicklungsländer wurden von der Reduzierungsverpflichtung befreit.

1 Konzept: Entwurf, Plan.
2 Vgl. http://www.learn-line.nrw.de/angebote/agenda21/info/nachhalt.htm#Mag3eck, 12.08.2005.
3 Das Protokoll ist nach der japanischen Stadt Kyoto, dem Konferenzort, benannt.
4 Vor allem die Verbrennung fossiler Brennstoffe (Öl, Kohle und Gas) setzt in starkem Maße Kohlendioxid frei und verstärkt deshalb den Treibhauseffekt in der Atmosphäre.
5 http://www.bundesregierung.de/Politikthemen/Umwelt-,12014/Klimaschutz-international.htm; 12.09.2005.

Beispiel für die Umsetzung der Zusagen:

Die Reduktion des Kohlendioxidausstoßes kann in Deutschland u.a. durch folgende Maßnahmen erreicht werden:

- Einsatz sparsamerer Autos und Heizungen,
- Ausweitung der Anlagen zur Gewinnung erneuerbarer Energien,
- Ersatz fossiler Brennstoffe durch nachwachsende Rohstoffe (Holz, Pflanzenöl),
- Nutzung der Kernenergie.

Die **Forderung zur Nachhaltigkeit** ist auch für ein Handelsunternehmen **von Bedeutung**:

Bereich Ökonomie	• Nur Waren ins Sortiment aufnehmen, bei denen verantwortungsvoll mit Rohstoffen und Energie umgegangen wird. • Nur Waren aus ökologisch kontrolliertem Anbau bzw. ökologisch kontrollierter Tierhaltung ins Sortiment aufnehmen. • Ständig auf die Wettbewerbsfähigkeit achten, um die geschaffenen Arbeitsplätze langfristig zu erhalten.
Bereich Ökologie	• Vermeidung von überflüssigem und aufwendigem Verpackungsmaterial bei Waren. • Recycelfähige Abfälle aussondern. • Maßnahmen ergreifen, um Energie einzusparen. • Umweltverträgliche sowie regionale Produkte ins Sortiment aufnehmen. • Umweltschädliche Waren bzw. umweltschädliches Verpackungsmaterial meiden.
Bereich soziale Gerechtigkeit	• Mitarbeiter leistungsgerecht bezahlen und hierbei auf die Gleichstellung von Mann und Frau achten. • Sozialverträgliche Arbeitszeitmodelle anbieten. • Lehrstellen anbieten. • Nur Waren ins Sortiment aufnehmen, die die Sozialstandards einhalten. • Soziale Einrichtungen unterstützen (z.B. durch die Weitergabe überzähliger Kleidung, Lebensmittel).

Beispiel:

Die adidas-Salomon AG verlangt als Reaktion auf entsprechende Kritik seit einigen Jahren von ihren weltweiten Zulieferern verbindliche Verhaltensnormen für Arbeitsplatzbedingungen und Geschäftspraktiken: Sie dürfen keine Kinder mehr beschäftigen, Mitarbeitern nicht mehr als 60 Arbeitsstunden pro Woche zumuten und müssen faire Löhne bezahlen. Ferner überwacht ein 32-köpfiger Zentralbereich Soziales und Umwelt die Einhaltung der zurzeit international vorbildlichen Richtlinien für Umweltschutz, Sicherheit, Gesundheit und Arbeitsbedingungen.[1]

1 Vgl. Bergius, Susanne: Adidas bekommt die Zulieferer in den Griff, in: Handelsblatt vom 29. September 2004.

13.3.4.3 Zielbeziehungen im „Magischen Dreieck" der Nachhaltigkeit

Die Ansichten darüber, ob zwischen den ökonomischen, ökologischen und sozialen Zielen grundsätzlich eine **Konkurrenzbeziehung** (ein **Zielkonflikt**) oder eine sich ergänzende **Zielbeziehung (Zielharmonie)** besteht, sind unterschiedlich.

(1) Zielharmonie

Bisherige Untersuchungen zeigen weitgehend übereinstimmend, dass zumindest in den größeren, von Umweltproblemen besonders betroffenen Unternehmen (Branchen) zwischen den **ökologischen** und **ökonomischen Unternehmenszielen** grundsätzlich eine sich gegenseitig ergänzende, fördernde Zielbeziehung und **keine Zielkonkurrenz** besteht.

Beispiel:

Der Einbau von Rußfiltern bei Dieselautos hat zum einen zu einer höheren Nachfrage nach diesen Autos geführt und zum anderen zu einer besseren Reinhaltung der Luft beigetragen.

Merke:

Eine umweltbewusste Unternehmensleitung kann dazu beitragen, Kosten bei gleichzeitiger Schonung der Umwelt zu sparen.

Nachfolgende Grafik belegt, dass nicht nur die meisten Entwicklungsländer, sondern auch Deutschland noch einen Nachholbedarf in Bezug auf nachhaltiges Wirtschaften hat.

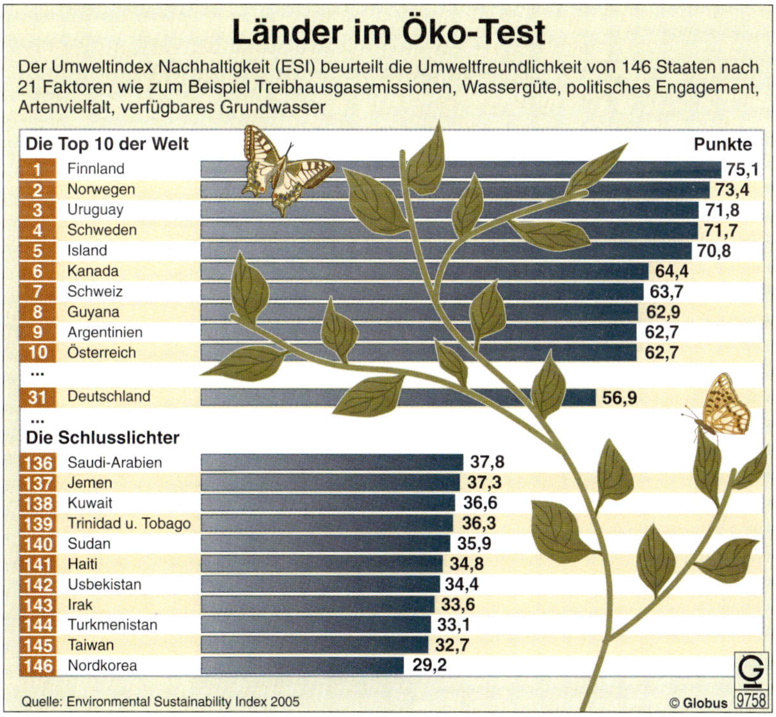

(2) Zielkonflikt

Häufig bestehen dagegen **Zielkonflikte** zwischen den **ökonomischen** und den **sozialen Zielen.**

Beispiel:

Strebt ein Unternehmen zugleich Arbeitsplatzsicherung und Kostensenkung an, kann ein Zielkonflikt vorliegen, weil durch den Einsatz von Kosten sparenden Maschinen (z.B. Selbstbedienungswaagen, Leergutautomaten) Arbeitskräfte „freigesetzt“, d.h. entlassen werden müssen.

Zusammenfassung

- **Globalisierung** im wirtschaftlichen Sinne bedeutet die zunehmende **erdweite Verflechtung von Volkswirtschaften.**
- Wichtige Voraussetzung ist die **Öffnung der internationalen Märkte** (Abbau von Zöllen und anderen Beschränkungen).
- Die Nutzung der Globalisierungschancen erfordert einen **fairen Umgang** der Wirtschaftspartner miteinander.
- **Nachhaltigkeit** bedeutet, dass wir heute so leben und handeln, dass künftige Generationen überall eine lebenswerte Umwelt vorfinden und ihre Bedürfnisse befriedigen können **(Agenda 21).**
- Die Agenda 21 fordert Maßnahmen, die **ökologisches Gleichgewicht, ökonomische Sicherheit** und **soziale Gerechtigkeit** schaffen **(„Magisches Dreieck“ der Nachhaltigkeit).**
- Während zwischen ökologischen und ökonomischen Zielen grundsätzlich **Zielharmonie** hergestellt werden kann, entstehen bei der gleichzeitigen Verfolgung sozialer und ökonomischer Ziele häufig **Zielkonflikte.**

Aufgaben zur Sicherung und Vertiefung des Lernerfolgs

87 1. 1.1 Erläutern Sie den Globalisierungsbegriff mit Hilfe eines selbst gewählten Beispiels!

1.2 Welche Chancen und Risiken ergeben sich aus der Globalisierung?

2. Aus dem Umweltbericht der adidas-Salomon AG:[1]

Transportkilometer für die Beschaffung von Rohstoffen für die Serienfertigung der Fußballschuhe und für die Ballproduktion sowie die Verlagerung der Schaftproduktion und des Ballnähens:

Rohstoffeinkauf Fußballschuhe:	179.633 km
Rohstoffeinkauf Fußbälle:	22.075 km
Schaftproduktion:	69.163 km
Ballnähen:	164.416 km

1 Vgl. adidas-Salomon AG (Hrsg.): Umweltbericht 2001, S. 16.

Aufgaben:

2.1 Welche Konsequenzen hat in diesem Fall die Globalisierung für den Standort Deutschland?

2.2 Erläutern Sie die weltweiten ökonomischen, ökologischen und sozialen Auswirkungen des Globalsourcings!

3. 3.1 Erläutern Sie die Begriffe Nachhaltigkeit und Agenda 21!

3.2 Nennen Sie Beispiele, wie ein Sportgeschäft das Prinzip der Nachhaltigkeit umsetzen könnte!

4. Welcher Zielkonflikt bzw. welche Zielharmonie besteht zwischen dem Umweltschutzziel und den nachstehend genannten Zielen? Begründen Sie Ihre Antworten!

4.1 Langfristige Gewinnmaximierung,

4.2 Sicherung und Vermehrung der Arbeitsplätze,

4.3 Verbesserung des Unternehmensimages.

5. Dem Staat als Träger der Umweltpolitik stehen unterschiedliche Instrumente für die Durchsetzung des Klimaschutzes zur Verfügung. Lesen Sie zunächst nachfolgenden Zeitungsartikel!

Für Emissionshandel

Knapp 350 Wirtschaftswissenschaftler fordern den deutschen Umweltminister auf, sich auf der Klimakonferenz in Buenos Aires für den Handel mit Emissionsrechten einzusetzen. Obwohl die vereinbarte Minderung der Emissionen für die Jahre 2008 bis 2012 ökologisch unbefriedigend sein möge, sei mit ihrer verbindlichen Vorgabe in Kyoto ein Durchbruch erzielt worden. Damit sei der Weg für den Einsatz flexibler marktwirtschaftlicher Instrumente geebnet worden, schreiben sie in einem offenen Brief an den Umweltminister. Dies erlaube es, Emissionsminderungen dort vorzunehmen, wo dies zu den geringsten Kosten möglich sei. Sonst müsste jeder Staat dafür sorgen, dass künftig im eigenen Land nicht mehr Treibhausgase emittiert würden, als dies das Klimaprotokoll zulasse. Wenn der Handel mit Emissionsrechten zugelassen werde, könnten Regierungen Rechte von solchen Staaten kaufen, die diese nicht in Anspruch nähmen. Die Ökonomen verweisen auf das Kostensenkungspotenzial des marktwirtschaftlichen Instruments. Wenn dies ausgeschöpft werden solle, müssten aber auch andere Akteure wie die Industrie, Verbände und Einzelpersonen in den Handel mit Emissionsrechten eingebunden werden, mahnten sie.

Quelle: Frankfurter Allgemeine Zeitung

Aufgaben:

5.1 Worin besteht der wesentliche Unterschied zwischen Abgaben und Steuern auf der einen und Umweltzertifikaten auf der anderen Seite?

5.2 Warum wird die Einführung des Emissionshandels als „marktwirtschaftliches" Instrument bezeichnet?

5.3 Welcher wesentliche Vorteil des Emissionshandels wird von den Ökonomen besonders betont?

5.4 Erläutern Sie, warum die Einführung von Umweltzertifikaten im nationalen Alleingang die Umweltprobleme auf Dauer nicht lösen kann!

14 Abwicklung betrieblicher Geschäftsprozesse mit Einsatz einer integrierten Unternehmenssoftware

14.1 Softwareunterstützung der Geschäftsprozesse

Neben dem Verkaufsprozess[1] wird in der Praxis auch der Einkaufsprozess im Rahmen eines integrierten Unternehmenssoftwaresystems[2] unterstützt. Die enge Verzahnung der einzelnen Module eines solchen Softwaresystems ermöglicht auf der Basis einer zentralen Datenbank so die ineinander greifende Abwicklung dieser Geschäftsprozesse. Verkaufs- und Einkaufsprozesse, die sich in weitere Teilprozesse aufgliedern, können so zusammenhängend bearbeitet werden, wobei unmittelbar die warenwirtschaftlichen Auswirkungen im Lager und die finanzwirtschaftlichen Auswirkungen in der Finanzbuchhaltung sichtbar werden.

14.2 Projekt: Einkaufsprozess

14.2.1 Grundlagen

Situation

Die HWR GmbH ist ein Handelsunternehmen, zu dessen Stammkundschaft hauptsächlich Fachgeschäfte für Artikel aus dem Bereich Hobby, Werken und Renovieren gehören. Die an die Kunden abgegebenen Angebote führen meist auch zu Aufträgen, die zuverlässig und zur Zufriedenheit der Kunden abgewickelt werden.

Eine zuverlässige Abwicklung der Kundenaufträge erfordert eine laufende Überwachung der Lagerbestände und eine rechtzeitige Wiederbestellung der Artikel, um eine ständige Lieferbereitschaft zu gewährleisten.

Kundenaufträge sind somit für den Einkaufsbereich das auslösende Ereignis, um Bestellungen vorzunehmen, wenn für die Erfüllung eines Kundenauftrages der verfügbare

1 Siehe Band 1, Abschnitt: Integrierte Unternehmenssoftware, Kapitel 10.2.2, S. 401ff.

2 Für die softwareunterstützte Abwicklung der Geschäftsprozesse wird die im Bereich mittelständischer Unternehmen führende Unternehmenssoftware „Microsoft Business Solutions – Navision®" eingesetzt. Das Hauptmenü wurde auf einige wenige Module reduziert.

Lagerbestand nicht ausreicht oder eine bestimmte Bestandsgrenze bei den Artikeln im Lager unterschritten wird.

Verkaufsprozess:

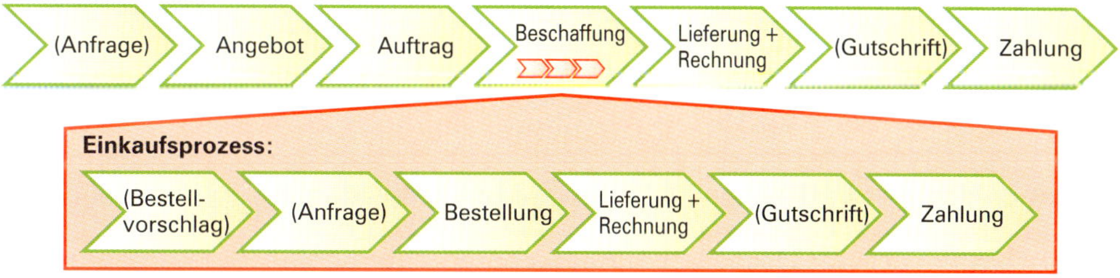

In der HWR GmbH ist auch der Einkaufsbereich in das integrierte Unternehmenssoftwaresystem eingebunden, mit dessen Unterstützung Sie den Einkaufsprozess, der sich aus Kundenaufträgen ergibt, im Weiteren durchführen sollen.[1]

Projektaufgabe

88 Die HWR GmbH hat ein umfangreiches Warenlager. Der Lagerbestand muss jedoch laufend überwacht werden, um rechtzeitig feststellen zu können, ob ein Einkaufsprozess eingeleitet werden muss, wenn bei einzelnen Artikeln der Lagerbestand eine bestimmte Grenze unterschreitet. Die entsprechenden Bestellinformationen für einen Einkaufsprozess sind in der jeweiligen Artikelkarte hinterlegt.

Aufgaben:

1. Stellen Sie am Beispiel des Artikels Nr. *221014 Kneifzange* fest, welche Angaben zum Meldebestand, zum Mindestbestand (Sicherheitsbestand), zur optimalen Bestellmenge und zur Beschaffungszeit bei diesem Artikel hinterlegt sind!

   Lager • **Artikel**

2. Erläutern Sie die Bedeutung der Begriffe Meldebestand[2], Mindestbestand[2] (Sicherheitsbestand) und optimale Bestellmenge[3]!
3. Ermitteln Sie beim Artikel Nr. *221014 Kneifzange*, von welchem durchschnittlichen täglichen Verbrauch bzw. Bedarf ausgegangen wird!
4. In der integrierten Unternehmenssoftware der HWR GmbH ist bereits ein Kundenauftrag erfasst.

   Prüfen und begründen Sie, ob dieser Kundenauftrag beim Artikel Nr. *221014 Kneifzange* einen Einkaufsprozess auslösen würde!

   Debitoren & Verkauf • **Aufträge**

   Lager • **Artikel**

5. Welche Menge würde die HWR GmbH aufgrund der beim Artikel hinterlegten Daten bestellen, sofern der Auftrag zu einem Einkaufsprozess führt?
6. Wie hoch wäre der Lagerbestand beim Artikel Nr. *221014 Kneifzange* nach Auslieferung des Kundenauftrages und nach Eintreffen der beim Lieferanten beschafften optimalen Bestellmenge?

---

1 Praktische Hinweise zum Einsatz der integrierten Unternehmenssoftware „Microsoft Business Solutions – Navision®" enthält Band 1, Kapitel 10.1.2, S. 395ff. Ein Verzeichnis der Datenstände (Mandanten) befindet sich auf der Begleit-CD sowie im Lösungsheft.

2 Siehe Kapitel 11.7.2.2, S. 63f.

3 Siehe Kapitel 11.6.2., S. 54ff.

14.2.2 Abwicklung des Einkaufsprozesses auf der Basis eines Kundenauftrages

Die folgende Abbildung skizziert vereinfacht den grundsätzlichen Ablauf eines Kundenauftrages in Verbindung mit einem Einkaufsprozess. Reicht für die Erfüllung des Kundenauftrages der vorhandene Lagerbestand nicht aus oder wird der festgelegte Meldebestand beim Artikel unterschritten, so wird parallel zum Verkaufsprozess ein Einkaufsprozess ausgelöst.

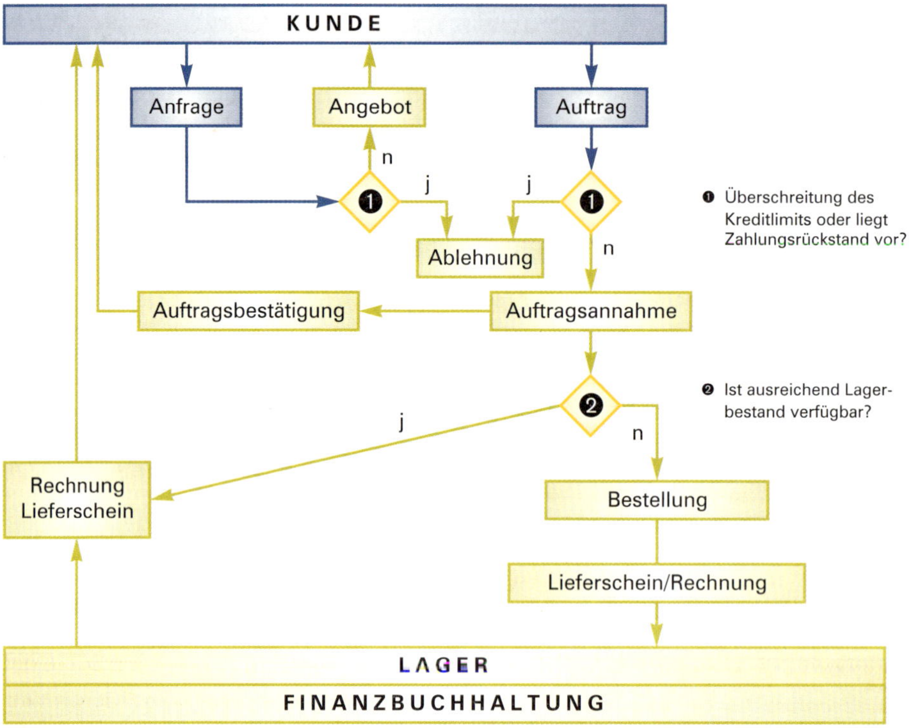

Erläuterung

Bei der Erfassung eines Angebotes oder eines Auftrages führt das System eine so genannte **Bonitätsprüfung** durch. Hierbei wird geprüft, ob durch den Auftrag das dem Kunden laut Debitorenkarte eingeräumte Kreditlimit überschritten wird und/oder ob aufgrund bereits früher abgewickelter Aufträge der Kunde einen „überfälligen Saldo" hat, also im Zahlungsrückstand ist. Gegebenenfalls hat hier der Sachbearbeiter auch einen Entscheidungsspielraum, ob der Auftrag des Kunden angenommen wird oder nicht.

Außerdem wird bei der Erfassung der Auftragspositionen vom System die **Verfügbarkeit des Artikels im Lager** geprüft. Bei nicht ausreichender Verfügbarkeit muss in einen Einkaufsprozess verzweigt werden, um die Artikel durch eine Bestellung zu beschaffen. Nach Eintreffen der bestellten Artikel (Lieferschein/Rechnung) können schließlich dem Kunden die Artikel geliefert werden. Aus Vereinfachungsgründen ist in der Abbildung die Zahlung an den Lieferanten und die Zahlung des Kunden nicht dargestellt.

89 Kundenauftrag und Bestellung beim Lieferanten

1. In der integrierten Unternehmenssoftware der HWR GmbH ist bereits ein Kundenauftrag erfasst.

Aufgaben:

1.1 Prüfen und begründen Sie, ob bei diesem Kundenauftrag neben dem Artikel Nr. *221014 Kneifzange* auch beim Artikel Nr. *221035 Gummihammer* ein Einkauf erforderlich wird!

Debitoren & Verkauf • **Aufträge**

Lager • **Artikel**

1.2 Stellen Sie anhand der Artikelkarte fest, welche optimalen Bestellmengen bei welchem Lieferanten aufgrund des Kundenauftrages zu bestellen sind!

1.3 Erstellen Sie unter dem Arbeitsdatum des 21.01. die Bestellung und drucken Sie die Bestellung aus!

Kreditoren & Einkauf • **Bestellungen**

Bearbeitungshinweis

Über das Einfügesymbol der Symbolleiste oder über Funktionstaste F3 erhält man eine leere Bestellmaske. Im Feld *Bestellung Nr.* der Bestellmaske erhält man für die Bestellung über die Enter-Taste einen Nummernvorschlag. Im folgenden Feld ist über die Pfeilschaltfläche die Auswahl des Lieferanten möglich, sodass die Adressdaten in den „Bestellkopf" übernommen werden.

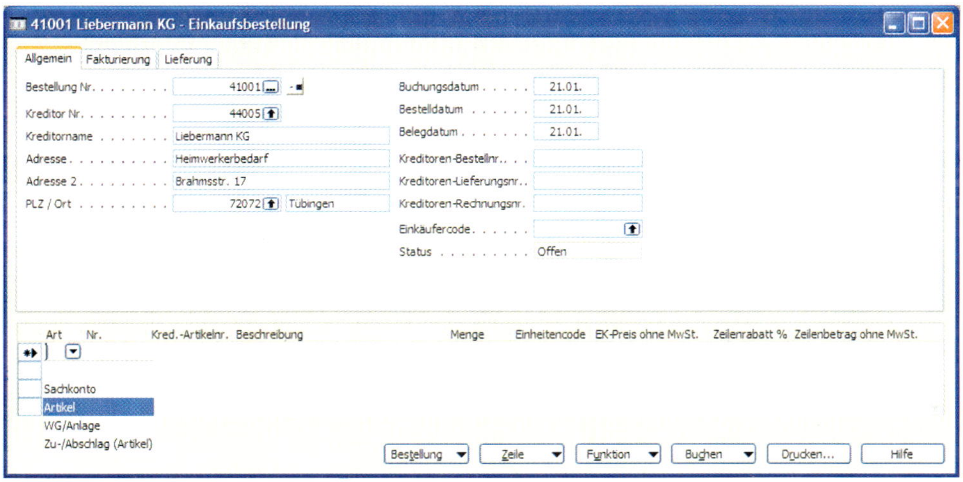

Der untere, tabellarische Teil der Maske dient der Erstellung der Bestellpositionen. Im Feld *Art* ist *Artikel* auszuwählen, um im Weiteren den Bestellartikel mit Einkaufspreis aus dem Artikelverzeichnis zu übernehmen. Die Bestellmenge und ein eingeräumter Rabattsatz sind in den entsprechenden Feldern der Zeile noch zu erfassen.

Über die Schaltfläche *Drucken* kann man sich die Bestellung als Dokument ausdrucken oder anzeigen lassen. Hierbei kann im Folgefenster über das Register *Optionen* ein bereits vorhandener, einleitender und abschließender Text zum Bestellungsinhalt entsprechend abgeändert werden.

19 Speth u. a. – ISBN 3-8120-0529-8

1.4 Die angezeigte/ausgedruckte Bestellung enthält auch die vom Lieferanten eingeräumte Liefer- und Zahlungsbedingung, obwohl diese nicht ausdrücklich in der Bestellung erfasst wurde.

Begründen Sie, wo die vom einzelnen Lieferanten gewährte Liefer- und Zahlungsbedingung hinterlegt sein muss und überprüfen Sie dies!

1.5 Erläutern Sie, welche Änderung sich im Register *Allgemein* der Artikelkarte des Artikels Nr. *221014 Kneifzange* durch die Bestellung ergeben hat!

2. An den Kunden Heimwerkermarkt GmbH wurde ein Angebot abgegeben, das im ERP-System bereits erfasst ist. Von diesem Kunden ging folgende E-Mail ein:

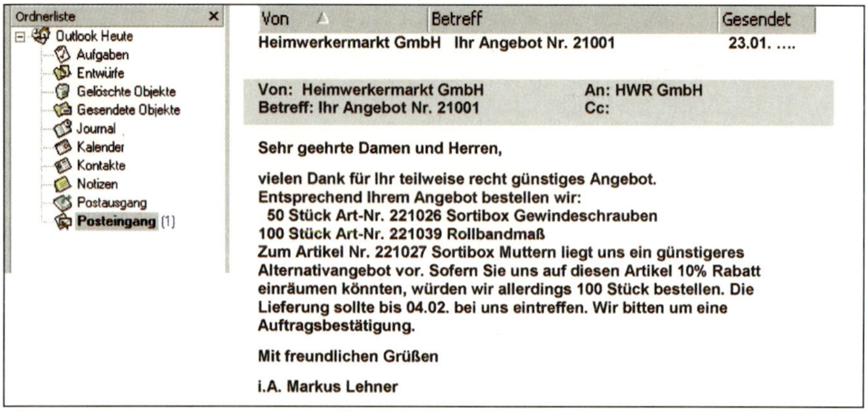

Heimwerkermarkt GmbH Ihr Angebot Nr. 21001 23.01. ....

Von: Heimwerkermarkt GmbH An: HWR GmbH
Betreff: Ihr Angebot Nr. 21001 Cc:

Sehr geehrte Damen und Herren,

vielen Dank für Ihr teilweise recht günstiges Angebot.
Entsprechend Ihrem Angebot bestellen wir:
50 Stück Art-Nr. 221026 Sortibox Gewindeschrauben
100 Stück Art-Nr. 221039 Rollbandmaß
Zum Artikel Nr. 221027 Sortibox Muttern liegt uns ein günstigeres Alternativangebot vor. Sofern Sie uns auf diesen Artikel 10% Rabatt einräumen könnten, würden wir allerdings 100 Stück bestellen. Die Lieferung sollte bis 04.02. bei uns eintreffen. Wir bitten um eine Auftragsbestätigung.

Mit freundlichen Grüßen

i.A. Markus Lehner

Aufgaben:

2.1 Der Auftrag soll entsprechend dem Kundenwunsch angenommen werden. Erläutern Sie, was vom ERP-System bei der Erstellung eines Kundenauftrages abgeprüft wird! Führen Sie diese Prüfvorgänge vorab manuell durch!

2.2 Nehmen Sie unter dem Arbeitsdatum des 23.01. im „Angebotskopf" und bei den Angebotspositionen des an den Kunden Heimwerkermarkt GmbH abgegebenen Angebotes die entsprechenden Änderungen vor und erzeugen Sie aus dem Angebot einen Auftrag!

Auftrag erst.

2.3 Nehmen Sie den auf die Auftragserstellung folgenden Arbeitsschritt vor!

Debitoren & Verkauf • Aufträge

2.4 Inwiefern ist am Beispiel des Artikels Nr. *221027 Sortibox Muttern* aus der Artikelkarte nun ersichtlich, dass ein zu erfüllender Kundenauftrag vorliegt?

Lager • Artikel

2.5 Prüfen und begründen Sie anhand der Artikelkarte, ob und in welcher Menge sowie bei welchem Lieferanten durch diesen Kundenauftrag gegebenenfalls ein Einkauf vorzunehmen ist!

2.6 Erstellen Sie unter dem Arbeitsdatum des 24.01. die Bestellung und drucken Sie diese aus!

Kreditoren & Einkauf • Bestellungen

2.7 Erläutern Sie, welche Änderung sich im Register *Allgemein* der Artikelkarte des Artikels Nr. *221027 Sortibox Muttern* sowie auch bei den anderen bestellten Artikeln durch die Bestellung ergeben hat!

90 Lieferung und Eingangsrechnung

1. Die bei der Liebermann KG bestellten Artikel sind zusammen mit der Eingangsrechnung (siehe nachfolgender Rechnungsauszug) bei der HWR GmbH eingegangen.

Liebermann KG

Heimwerkerbedarf

Brahmsstr. 17 · 72072 Tübingen · Tel.: 07071 483531

HWR GmbH
Im Industriegebiet 20
72336 Balingen

Rechnung-Nr.: 58624
Kunden-Nr.: 38941

Datum: 29.01. ..

Lieferschein / Rechnung

Art.-Nr.	Text	Menge	Einzelpreis	Betrag
42946	Kneifzange	300	3,80 EUR	1.140,00 EUR
86423	Gummihammer 230 g	600	4,00 EUR	2.400,00 EUR
			Nettowarenwert	3.540,00 EUR
			+ 16% MwSt	566,40 EUR
			Rechnungsbetrag	4.106,40 EUR

Aufgaben:

1.1 Geben Sie die Buchung an, die das ERP-System beim Einbuchen der Lieferung und Rechnung automatisch vornimmt!

1.2 Rufen Sie die Bestellung auf und

1.2.1 ergänzen Sie im „Bestellkopf" das Buchungsdatum und die Kreditoren-Rechnungsnummer,

1.2.2 buchen Sie nun über die Schaltfläche *Buchen / Buchen* die eingegangene Lieferung und Rechnung entsprechend der Bestellvorlage ein!

Kreditoren & Einkauf • **Bestellungen**

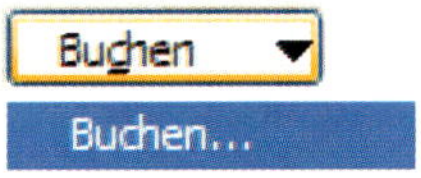

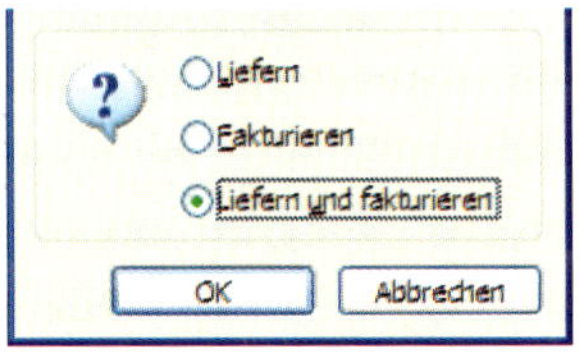

1.3 Vergleichen Sie in der Finanzbuchhaltung in *Journale* die erzeugte Buchung im Journal EINKAUF mit der Buchung unter 1.1!

Finanzbuchhaltung • **Journale**

EINKAUF

1.4 Erläutern Sie, welche Änderung sich im Register *Allgemein* der Artikelkarte bei den gelieferten Artikeln durch die eingebuchte Lieferung ergeben hat!

2. Am 31.01. trifft von der Kulmbach & Forch OHG die Lieferung und Rechnung ein. Aufgrund einer derzeit laufenden Verkaufsaktion erhielten wir, wie im nachfolgenden Rechnungsauszug zu ersehen ist, auf die einzelnen Artikel einen Rabatt, der in der erfassten Bestellung noch nicht berücksichtigt ist.

KULMBACH & FORCH OHG

Hirschweg 14
72072 Tübingen
Tel.: 07071 483531
Fax: 07071 483532

HWR GmbH
Im Industriegebiet 20
72336 Balingen

Rechnung-Nr.: 73483
Kunden-Nr.: 38941

Datum: 31.01. ..

Lieferschein / Rechnung

Art.-Nr.	Text	Menge	E-Preis	Rabatt%	Betrag
78529	Sortibox Gewindeschrauben	200	2,50 EUR	5	475,00 EUR
835462	Sortibox Muttern	200	2,50 EUR	7,5	462,50 EUR
				Nettowarenwert	937,50 EUR
				+ 16% MwSt	150,00 EUR
				Rechnungsbetrag	1.087,50 EUR

Aufgaben:

2.1 Erläutern Sie, welche Auswirkung bzw. Veränderung der Wareneingang im Lager (Artikelkarte) hervorruft!

2.2 Geben Sie die Buchung für die vorige Eingangsrechnung an, die im ERP-System automatisch vorgenommen wird!

2.3 Buchen Sie aus der Bestellung heraus über die Schaltflächen *Buchen / Buchen* unter Berücksichtigung des Rabattes die Lieferung und Rechnung!

Vergleichen Sie anschließend in der Finanzbuchhaltung in *Journale* die erzeugte Buchung im Journal EINKAUF mit der Buchung unter 2.2!

91 Rücksendung und Einkaufsgutschrift

Bei der Einlagerung der von der Liebermann KG gelieferten Artikel stellte man fest, dass beim Artikel Nr. *„221035 Gummihammer 230 g"* 300 Stück eine andere Größe aufweisen als die bestellten. Bei einem sofortigen Telefongespräch mit dem Lieferanten wurde vereinbart, dass der falsch gelieferte Teil der Gummihämmer sofort zurückgeschickt wird und die HWR GmbH unverzüglich eine Gutschrift über die Rücksendung erhält (siehe nachfolgenden Auszug). Die spätere Ersatzlieferung wird dann neu in Rechnung gestellt.

Liebermann KG

Heimwerkerbedarf

Brahmsstr. 17 · 72072 Tübingen · Tel.: 07071 483531

HWR GmbH
Im Industriegebiet 20
72336 Balingen

Gutschrift-Nr.:	99341
Kunden-Nr.:	38941
Datum:	01.02. ..

Gutschrift

Art.-Nr.	Text	Menge	Einzelpreis	Betrag
86423	Gummihammer 230 g	300	4,00 EUR	1.200,00 EUR

Nettowarenwert	1.200,00 EUR
+ 16% MwSt	192,00 EUR
Rechnungsbetrag	1.392,00 EUR

Aufgaben:

1. Erläutern Sie, welche Auswirkung bzw. Veränderung die Gutschrift in der Finanzbuchhaltung und im Lager haben wird!
2. Bilden Sie den Buchungssatz für die Rücksendung bzw. Gutschrift!
3. Erfassen und buchen Sie die Gutschrift im System!

Bearbeitungshinweis **Kreditoren & Einkauf** • **Reklamation / Gutschrift**

Eine Gutschrift mit Artikelrückgabe (mengen- und wertmäßige Gutschrift) erfolgt über den Menüpunkt *Reklamation / Gutschriften*. Steht der Cursor im Feld „Nr." der Maske, vergibt das System über die Enter-Taste eine Gutschriftnummer.

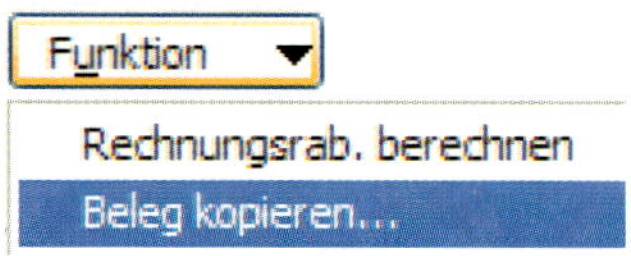

Anschließend ist über die Schaltfläche *Funktion / Beleg kopieren* am unteren Bildschirmrand die gebuchte Rechnung aufzurufen, auf die eine Gutschrift erteilt werden soll.

Durch das Setzen des Häkchens im Feld *„Inklusive Kopf"* werden die Adressdaten und der Inhalt der gebuchten Rechnung in die Gutschrift übernommen. Die von der Gutschrift nicht betroffenen Positionen (Zeilen) sind zu löschen, während betroffene Positionen entsprechend mit der Rücksendungsmenge zu korrigieren sind.

Anschließend kann der Beleg über die Schaltflächen *Buchen /Buchen* gebucht werden.

4. Vergleichen Sie in der Finanzbuchhaltung in *Journale* die erzeugte Buchung im Journal EINKAUF mit der Buchung unter 2.!

Finanzbuchhaltung • **Journale**
EINKAUF

5. Stellen Sie fest, ob die HWR GmbH den Auftrag der Hahn & Widmann OHG trotz der teilweisen Falschlieferung der Gummihämmer abwickeln kann!

Lager • **Artikel**

92 Lieferung und Ausgangsrechnung

Am 02.02. liefert die HWR GmbH die Aufträge an die Kunden Hahn & Widmann OHG und Heimwerkermarkt GmbH aus.

Aufgaben:

1. Erläutern Sie, welche Auswirkung die Auslieferung der Aufträge im Lager (Artikelkarte) hervorruft!
2. Erzeugen Sie unter dem oben genannten Datum aus dem Auftrag des Kunden Hahn & Widmann OHG über die Schaltflächen *Buchen* / *Buchen* eine Lieferung und Rechnung!

Lassen Sie sich für die Lieferung und Rechnungsstellung (Fakturierung) vom System auch die Belege ausdrucken!

Bearbeitungshinweis

Alternativ ist auch ein Ausdruck über die nebenstehenden Menüpunkte möglich.

Debitoren & Verkauf • Belege
• **Gebuchte Lieferungen**
• **Gebuchte Rechnungen**

3. Geben Sie die Buchung für die Ausgangsrechnung an die Hahn & Widmann OHG an, die im ERP-System automatisch vorgenommen wird!
4. Vergleichen Sie in der Finanzbuchhaltung in *Journale* die erzeugte Buchung im Journal VERKAUF mit der Buchung unter 3.!

Finanzbuchhaltung • **Journale**
VERKAUF

5. Erzeugen Sie unter dem oben genannten Datum aus dem Auftrag des Kunden Heimwerkermarkt GmbH eine Lieferung und Rechnung!
6. Aus der Differenz zwischen dem Warenerlös und dem Warenaufwand (Wareneinsatz) ergibt sich der Warenrohgewinn.

   Ermitteln Sie in der Finanzbuchhaltung über den *Kontenplan* aus den Zahlen der betreffenden Konten den Warenrohgewinn, den die beiden Kundenaufträge der HWR GmbH eingebracht haben!

Finanzbuchhaltung • **Kontenplan**

93 Zahlungsabwicklung

Die HWR GmbH erhielt von ihrer Hausbank nachfolgenden Kontoauszug.

SPARKASSE ZOLLERNALB		Auszug 10	Konto	24 999 111
	Alter Kontostand vom 08.02.		EUR	57.363.03+
Tag	**Text**	**Wert**	**Belastung**	**Gutschrift**
10.02	LIEBERMANN KG, KD-NR 38941 R-NR 58624 ABZÜGL. GUTSCHRIFT NR 99341 UND SKONTO	10.02	2632,97	
12.02	HEIMWERKERMARKT GMBH R-NR 26002 KD-NR 24001 ABZÜGL. SKONTO	13.02		877,66
13.02	KULMBACH & FORCH OHG R-NR 73483 AZÜGL. SKONTO	13.02	1065,75	
14.02	HAHN & WIDMANN OHG KD-NR 24007 R-NR 26001 ABZÜGL. SKONTO	15.02		7.750,00
	Neuer Kontostand vom 18.02.			62.291,97+
++++	**NEUER ZINSSATZ SEIT 15.01. 10,75%**			

Aufgaben:

1. Prüfen Sie die sachliche und rechnerische Richtigkeit der Überweisung an den Lieferanten Liebermann KG anhand der auf der S. 291und S. 293 abgebildeten Eingangsrechnung und Gutschrift!

2. Geben Sie den Buchungssatz an, der sich durch den Zahlungseingang mit Skontoabzug von der Heimwerkermarkt GmbH ergibt!

   Bearbeitungshinweis

   Lassen Sie sich zur Bearbeitung der Aufgabe die entsprechende gebuchte Rechnung am Bildschirm anzeigen.

3. Geben Sie den Buchungssatz an, der sich durch die Überweisung mit Skontoabzug an die Kulmbach & Forch OHG ergibt!

   Bearbeitungshinweis

   Lassen Sie sich zur Bearbeitung der Aufgabe die entsprechende gebuchte Rechnung am Bildschirm anzeigen.

4. Ermitteln Sie, ob es für die HWR GmbH von Vorteil war, die Rechnung der Kulmbach & Forch OHG mit Skontoabzug zu zahlen, wenn sie von ihrer Bank dazu Kredit zum im Kontoauszug genannten Zinssatz in Anspruch genommen hat!

5. Der glatte Überweisungsbetrag der Hahn & Widmann OHG lässt vermuten, dass sie bei der Zahlung zu ihren Gunsten „gerundet" hat.

   Stellen Sie fest, ob die Vermutung zutrifft und ermitteln Sie gegebenenfalls den Differenzbetrag!

   Bearbeitungshinweis

   Lassen Sie sich zur Bearbeitung der Aufgabe die entsprechende gebuchte Rechnung am Bildschirm anzeigen.

6. Erläutern Sie, wovon Sie es abhängig machen würden, dass bei unberechtigten Abzügen auf eine Nachforderung verzichtet werden soll, und treffen Sie gegebenenfalls im vorliegenden Fall eine entsprechende Entscheidung!

7. Erfassen Sie die Zahlungsvorgänge laut Kontoauszug im System!

Bearbeitungshinweis **Finanzbuchhaltung • Fibu Buch.-Blätter**

Im Feld *Belegart* ist *Zahlung* einzustellen. Die Nr. des Kontoauszuges ist sowohl interne als auch externe Belegnummer. Im Feld *Kontonr.* bzw. *Gegenkontonr.* ist aus dem Kontenplan das entsprechende Sach- bzw. Personenkonto (Kreditor bzw. Debitor) auszuwählen.

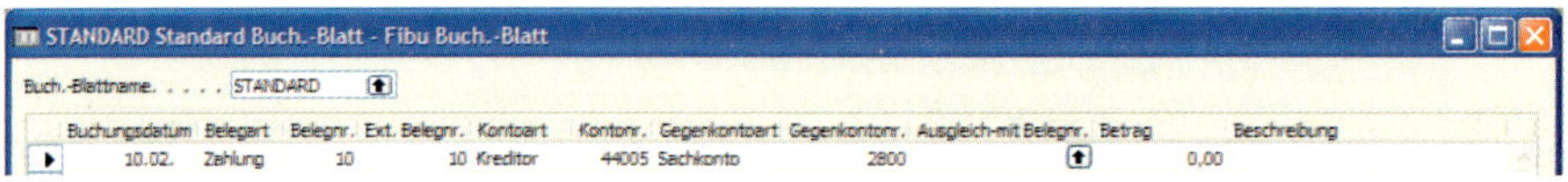

Im Feld *Ausgleich mit Belegnr.* ist über die Pfeilschaltfläche der offene Posten auszuwählen, der ausgeglichen werden soll.

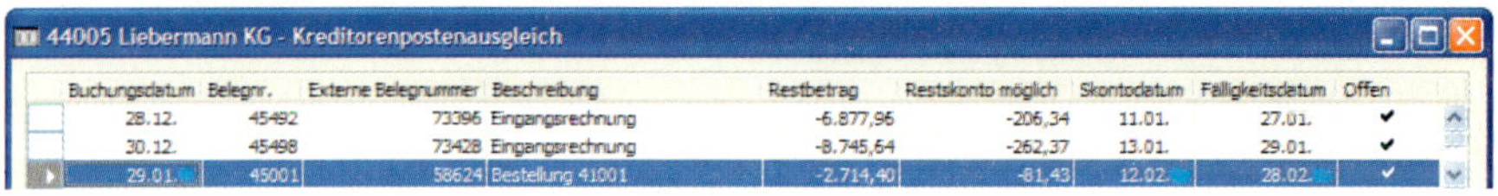

Über die Schaltfläche *OK* in diesem Fenster wird der Betrag in das Betragsfeld der Buchungszeile übertragen.

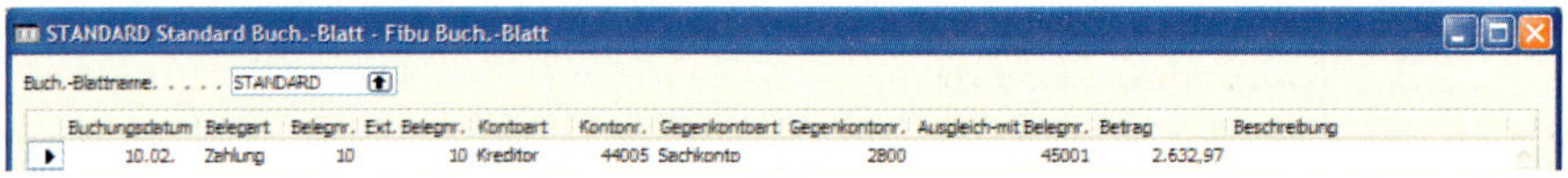

Nun muss überprüft werden, ob der Betrag laut Kontoauszug mit dem vom System vorgeschlagenen Betrag übereinstimmt. Sollte dies nicht der Fall sein, wäre der vorgeschlagene Betrag durch den tatsächlichen Betrag laut Kontoauszug zu ersetzen.

Liegt der Betrag innerhalb einer im Programm eingestellten Toleranzspanne, so wird vom System abgefragt, wie mit dem Differenzbetrag verfahren werden soll (als Skonto ausbuchen oder einen offenen Restposten übrig lassen). Der Sachbearbeiter muss dies dann entscheiden.

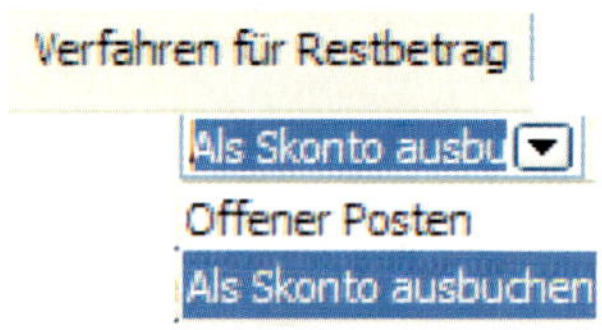

Mit einem kurzen Beschreibungstext für den Zahlungsvorgang kann nun die Buchungszeile fertig gestellt und anschließend die nächste Buchungszeile für einen weiteren Zahlungsausgleich erfasst werden. Bei einem Zahlungseingang ist die Vorgehensweise analog.

8. Vor dem Buchen der erfassten Zahlungsvorgänge im Buchungsblatt sollte eine Kontoabstimmung erfolgen. Hierbei kann abgeglichen werden, ob die erfassten Zahlungsvorgänge in der Finanzbuchhaltung zum gleichen Kontostand führen wie im Bankkontoauszug ausgewiesen. Bei Abweichungen sind die erfassten Buchungen nochmals zu überprüfen. Hierdurch lassen sich spätere Korrekturbuchungen vermeiden.

   Führen Sie eine Kontoabstimmung durch und buchen Sie anschließend die erfassten Zahlungsvorgänge über die Schaltflächen *Buchen / Buchen* in das System ein!

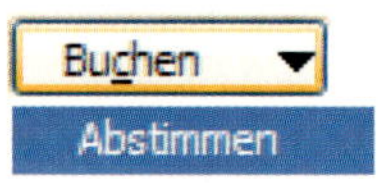

9. Analysieren Sie die Buchungen über *Journale* und vergleichen Sie diese mit Ihren manuellen Buchungen in Aufgabe 2. und 3.!

   Finanzbuchhaltung • Journale

Abkürzungen der Gesetze

BGB	Bürgerliches Gesetzbuch
EStG	Einkommensteuergesetz
FGG	Gesetz über die Angelegenheiten der freiwilligen Gerichtsbarkeit
DrittelbG	Gesetz über die Drittelbeteiligung der Arbeitnehmer im Aufsichtsrat (Drittelbeteiligungsgesetz)
GewO	Gewerbeordnung
GG	Grundgesetz für die Bundesrepublik Deutschland
GmbHG	Gesetz betreffend die Gesellschaften mit beschränkter Haftung
GPSG	Gesetz über technische Arbeitsmittel und Verbraucherprodukte (Geräte- und Produktsicherheitsgesetz)
GWB	Gesetz gegen Wettbewerbsbeschränkungen („Kartellgesetz")
HGB	Handelsgesetzbuch
HRV	Handelsregisterverordnung
InsO	Insolvenzordnung
KrW-/AbfG	Kreislaufwirtschafts- und Abfallgesetz
MarkenG	Gesetz über den Schutz von Marken und sonstigen Kennzeichen (Markengesetz)
MitbestG (1976)	Gesetz über die Mitbestimmung der Arbeitnehmer (Mitbestimmungsgesetz)
StabG	Gesetz zur Förderung der Stabilität und des Wachstums der Wirtschaft
UmweltHG	Gesetz über die Umwelthaftung (Umwelthaftungsgesetz)
UStG	Umsatzsteuergesetz
UWG	Gesetz gegen den unlauteren Wettbewerb
VerpackV	Verpackungsverordnung

Stichwortverzeichnis

AUFWENDUNGEN		ERGEBNIS-RECHNUNG
6 Kontenklasse **Betriebliche Aufwendungen**	**7 Kontenklasse** **Weitere Aufwendungen**	**8 Kontenklasse** **Ergebnisrechnung**
Aufwendungen für bezogene Waren und Betriebsstoffe 600 Aufwendungen Warengruppe I (Warenaufwand) 6001 Bezugskosten 6002 Preisnachlässe und Rücksendungen 6003 Liefererskonti 6004 Liefererboni 601 Aufwendungen Warengruppe II 604 Aufwendungen für sonst. Vorräte (z. B. Verpackungsmaterial) 605 Aufwendungen für Energie und Treibstoffe 607 Aufwendungen für Recycling/Entsorgung Aufwendungen für bezogene Leistungen 613 Instandhaltung u. Reparaturen 614 Frachten und Fremdlager 615 Vertriebsprovisionen 617 Sonstige Aufwendungen für bezogene Leistungen Löhne Gehälter Soziale Abgaben und Aufwendungen für Altersversorgung und Unterstützung 640 Arbeitgeberanteil zur Sozialversicherung 642 Beiträge zur Berufsgenossenschaft Abschreibungen 650 Abschreibungen auf Sachanlagen 654 Abschreibung auf geringwertige Wirtschaftsgüter Sonstige Personalaufwendungen Aufwendungen für die Inanspruchnahme von Rechten und Diensten 670 Mieten, Pachten 671 Leasing 675 Kosten des Geldverkehrs 677 Rechts- und Beratungskosten 679 Sonstige Aufwendungen für die Inanspruchnahme von Rechten und Diensten Aufwendungen für Kommunikation 680 Büromaterial 682 Postentgelte 683 Telefonentgelte 685 Reisekosten 686 Bewirtung und Repräsentation	70 Betriebliche Steuern 702 Grundsteuer 703 Kraftfahrzeugsteuer 707 Verbrauchsteuern 708 Sonstige betriebliche Steuern 75 Zinsen und ähnliche Aufwendungen 751 Zinsaufwendungen 76 Außerordentliche Aufwendungen 77 Steuern vom Einkommen und Ertrag 770 Gewerbesteuer 771 Körperschaftsteuer 687 Werbung 688 Spenden 689 Sonstige Aufwendungen für Kommunikation 69 Aufwendungen für Beiträge und Sonstiges sowie Wertkorrekturen u. periodenfremde Aufwendungen 690 Versicherungsbeiträge 692 Beiträge zu Wirtschaftsverbänden und Berufsvertretungen 693 Verluste aus Schadensfällen 696 Verluste aus dem Abgang von Gegenständen des Sachanlagevermögens 6961 Erlöse aus dem Abgang von Gegenständen des Sachanlagevermögens bei Buchverlust (Verrechnung mit Konto 696)	80 Eröffnung/Abschluss 800 Eröffnungsbilanz 801 Schlussbilanz 802 GuV-Konto **9 Kontenklasse** **Kosten- und Leistungsrechnung** Vorgesehen für die buchhalterische Abwicklung der Kosten- und Leistungsrechnung

Debitoren- und Kreditorenliste

KREDITOREN:

44001 Franz Forster GmbH
44002 Otto Sauer KG
44003 Werner Prompt OHG
44004 Max Weber GmbH
44005 Ravensburger Metallwerke AG
44006 Stark GmbH
44007 Fritz Freund KG
44008 Fritz Leist e. K.
44009 Metall Peter GmbH
44010 Maschinenbau Hansen GmbH
44011 Otto GmbH
44012 Heinz Pfeffer e. K.
44013 Bürozentrum B. Sieglinger GmbH
44014 Franz Nadi e. K.
44015 Kempf GmbH
44016 Einkaufsverband Baden-Württemberg eG
44017 Fenster- und Rollladenwerke Werner GmbH
44018 Hans Kempter KG
44019 Maschinenfabrik Weingarten AG
44020 Franz Gut OHG
44021 Franz Sicherheit e. Kfm.
44022 Inge Happel e. Kfr.
44023 Busch GmbH

TOREN:

1 Ihle & Klein OHG
2 Franz Abel OHG
3 Fritz Bebel KG
4 Claus Cebel e.K.
5 Fabian Schlau KG
6 Gertrud Traub OHG
7 Franz Leib OHG
8 Hans Rab OHG
9 Schwaben Plastik AG
0 Heinz Umme e.K.
1 Franz Rief KG
2 Josef Sigg e.K.
3 Bauder GmbH
4 Ulrike Schnell e.Kfr.
15 Möbelhaus Schmid e.K.
16 Möbel Maihofer KG
17 Papierfabrik Saulgau GmbH
18 Vereinigte Verlage Calw AG
19 Fetzer GmbH
20 Karl Gross KG

roßhandel[1]

TIVA		PASSIVA		ERTRÄGE	
	Umlaufvermögen				
ntenklasse zanlagen	2 Kontenklasse Umlaufvermögen und aktive Rechnungsabgrenzung	3 Kontenklasse Eigenkapital, Wertberichtigungen und Rückstellungen	4 Kontenklasse Verbindlichkeiten und Passive Rechnungsabgrenzung	5 Kontenklasse Erträge	
des Anlagevermögens nzanlagen sforderungen)	20 Waren 200 Warengruppe I 201 Warengruppe II 21 Sonstige Vorräte (z.B. Verpackungsmaterial) Untergliederung wie 20 24 Forderungen 240 Forderungen aus Lieferungen und Leistungen 241 Zweifelhafte Forderungen 26 Sonst. Vermögensgegenstände 260 Vorsteuer 263 Sonstige Forderungen an Finanzbehörden 265 Forderungen an Mitarbeiter (z.B. Vorschüsse) 28 Flüssige Mittel 280 Guthaben bei Kreditinstituten (Bank) 282 Kasse	30 Eigenkapital/Gezeichnetes Kapital **Bei Einzelkaufleuten:** 300 Eigenkapital 3001 Privat	41 Anleihen 42 Verbindlichkeiten gegenüber Kreditinstituten 44 Verbindlichkeiten aus Lieferungen und Leistungen 48 Sonstige Verbindlichkeiten 480 Umsatzsteuer 483 Sonstige Verbindlichkeiten gegenüber Finanzbehörden (z.B. abzuführende Lohnsteuer) 484 Verbindlichkeiten gegenüber Sozialversicherungsträgern 486 Verbindlichkeiten aus vermögenswirksamen Leistungen	50 Umsatzerlöse 500 Umsatzerlöse Warengruppe I 5001 Preisnachlässe und Rücksendungen 5002 Kundenskonti 5003 Kundenboni 501 Umsatzerlöse Warengruppe II Untergliederung wie 500 54 Sonst. betriebliche Erträge 540 Erträge aus Vermietung und Verpachtung 541 Provisionserträge 543 Andere sonstige betriebliche Erträge 546 Erträge aus dem Abgang von Gegenständen des Sachanlagevermögens 5461 Erlöse aus dem Abgang von Gegenständen des Sachanlagevermögens bei Buchgewinn (Verrechnung mit Konto 546) 57 Sonstige Zinsen und ähnliche Erträge 571 Zinserträge 58 Außerordentliche Erträge	60 61 62 63 64 65 66 67 68

ehrplanvorgaben nicht mehr benötigt werden, gestrichen.